KB268445

국립국어원 문학 속의 방언 총서 03

문학 속의 충청 방언

국립국어원
문학 속의 방언 총서 ❸

문학 속의
충청 방언

박경래

글누림

발간사

소설과 시, 수필과 같은 문학 작품 안에는 작가의 고향이나 작중 인물들의 성격, 출신 지역에 따라 여러 지역의 방언이 반영되어 있다. 그러므로 문학 작품을 바르게 이해하기 위해서는 작품에 반영된 방언을 자세히 살펴보는 일이 매우 필요하다.

문학 작품에 쓰인 여러 지역의 방언은 언어에 대한 감각이 있는 작가들이 비교적 상세하고 안정되게 사용하고 있기 때문에 방언으로서 매우 중요한 가치를 갖는다. 작품에 쓰인 방언의 여러 모습들은 상당히 정제된 형태로 나타나기 때문에 비교적 안전하게 사용할 수 있다. 흔히 국어사전을 편찬할 때 문학 작품을 가지고 예문을 뽑는데 이는 작가들의 국어에 대한 감각을 높이 평가하기 때문일 것이다.

그간 문학 작품을 읽으면서 평소에 들어보지 못한 방언의 출현으로 인하여 시와 소설을 제대로 이해하기 어려웠을 것이다. 전혀 해독이 안 되어 오랫동안 궁금한 채로 해독을 미루어 온 어휘들도 많았을 것이다. 전문가들조차도 해독이 잘 안 되는 방언 어휘들을 일반인들이 읽고 이해한다는 것은 매우 어려운 일이다. 이 책에서는 문학 작품에 나오는 독특하고 난해한 방언 어휘들을 지역별로 나누어 해설하고자 노력하였다.

이 책은 국립국어원에서 수행한 '21세기 세종계획'(국어 정보화 중장기 발전 계획) 중 '한민족 언어 정보화' 분과에서 2004년부터 2007년까지 수행한 '문학 작품 속에 사용된 방언 검색 프로그램 개발을 위한 기초 연구'의 작업 결과물을 보완하고 다듬어서 편찬한 책이다. 이 책에서는 방언 어휘를 표준어와 대비하여 독자들이 이해하기 쉽게 해설하였다. 따라서 앞으로 방언 어휘를 연구하는 데 하나의 지표가 될 것으로 생각한다. 논문을 제외하고는 아직까지 지역 방언의 어휘를 모아 자세하게 해설하고 풀이한 책이 없기 때문이다. 따라서 이 책은 향후 국어사전을 편찬하는 데에도 크게 기여하리라 생각한다.

이 사업에서 '이북 방언'은 서강대 곽충구 교수, '제주 방언'은 제주대 강영봉 교수, '강원 방언'은 관동대 박성종 교수, '충청 방언'은 세명대 박경래 교수, '경상 방언'은 경북대 이상규 교수와 영남대 신승용 교수, '전라 방언'은 전북대 이태영 교수가 맡아서 집필하였다. 이 선생님들은 사업이 끝나고 책으로 펴내기 위해 보완과 마무리 교정 작업에 참여해 주셨다. 이 가운데 '강원 방언'에 대한 사업 결과물은 미리 출판한 바 있다. 이 사업에 함께 참여한 연구보조원은 서강대 박진혁, 삼척대 전혜숙, 세명대 김남정, 경북대 홍기옥, 영남대 전명미, 제주대 김순자, 제주대 김동윤 교수, 전북대 황용주, 김응용, 신은수, 백은아, 여은지 선생님 등이다.

이 사업을 하면서 참고한 문학 작품은 시와 소설, 그리고 수필 등이다. 주옥과 같은 작품에서 방언을 감칠맛 있게 표현해 주신 여러 작가들께 진심으로 감사드린다.

21세기 세종계획 한민족 언어 정보화 분과의 책임자로 여러 해 동안 함께 수고해 주신 전 연세대 홍윤표 교수, 경기대 박형익 교수께 진심으로 감사드린다. 아울러 용역을 할 수 있도록 배려해 주시고 책으로 나올 수 있도록 도와주신 국립국어원 관계자 여러분들께 감사드린다. 상업성이 없는 이 책을 아름답게 출판해 주신 글누림출판사의 최종숙 사장님과 편집을 위해 수고하신 이태곤 부장님, 추다영 선생님께 고마움을 전해드린다.

2010. 10.

21세기 세종계획 한민족언어정보화 분과 연구책임자
전북대학교 이태영

언어는 우리 인간 생활에서 없어서는 안 될 중요한 의사소통 도구인 동시에 사람과 동물을 구별하는 가장 큰 특징 가운데 하나다. 따라서 언어에는 그 언어가 사용되는 지역의 문화나 주민들의 정서가 반영되게 마련이다. 특히 토박이들의 말 속에는 그들의 삶과 숨결이 배어 있어 그 고장의 정서나 멋을 가장 잘 나타내주는 언어재가 된다. 언어의 지리적인 분화 결과인 방언은 그 자체로서 하나의 독립적인 체계를 가지기 때문에 특정 지역의 방언을 이해한다는 것은 그 지역민들의 삶을 이해하는 길도 된다. 시인이나 소설가들이 문학작품에 사용한 방언도 마찬가지다. 방언은 그 방언이 사용되는 지역의 문화와 역사 속에서 발전해 온 국어의 하위 분화체이기 때문이다.

이 책은 국가사업으로 추진된 21세기 세종계획의 "한민족 언어정보화 사업"의 일환으로 2004년부터 3년 동안 수행된 충청도 방언에 대한 연구 결과물을 정리한 것이다. 귀중한 문화유산으로서의 충청도 방언을 문학작품 속에서 찾아내어 <문학작품에 나타나난 방언 검색 프로그램>으로 개발한 내용을 상당부분 깁고 다듬어서 펴내는 것이다. 여기에 소개하는 방언 어휘들은 지역의 정서가 배어 있어 지역의 맛과 멋을 느끼게 해 순다. 방언은 그것이 사용되는 상황적 맥락과 언어적 맥락을 동시에 고려할 때 그 의미와 용법을 정확하게 파악할 수 있다. 다른 방인형들과 함께 고유하고 전통적인 방언 어휘가 사용될 때 비로소 그 고장의 정취를 느낄 수 있게 해주기 때문이다. 이 책에서 소개하는 방언들은 충청도 출신 작가들이 집필한 문학작품 속에서 발굴한 국어 자료들이다.

이 책에는 '강준희, 김성동, 김중태, 박경수, 박범신, 복거일, 윤대녕, 이광복, 이기영, 이동하, 이무영, 이문구, 정지용, 홍명희' 등 열네 분의 작품에서 가려 뽑은 방언 어휘와 문법 형태 그리고 속담과 관용구가 실려 있다. 이 책에 실려 있는 방언들을 통하여 애초에 <문학작품에 나타나난 방언 검색 프로그램>이 목표했던 '방언에 관심이 있는 연구자들이나 일반 독자들을 대상으로 문학작품 속에 나타난 방언 가운데 국어사전에 실려 있지 않은 것들을 가려 뽑아 간략한 뜻풀이와 언어적 특징을 예문을 통하여 이해하는 기회'를 제공할 수 있는 기회가 되기를 기대한다. 이 책에 소개한 각 항목들에 대하여는 가급적이면 음운, 문법, 어휘 체계 등을 고려하여 기술하고자 하였다. 표제항으로 다루지 못한 방언형들에 대하여는 색인으로 대신하였다.

이러한 작업은 문학작품이 쓰였던 시대의 시대적인 배경이나 작가의 일생을 이해해야 하고 현지 방언 조사와 문헌을 통한 고증 등 언어학적인 연구가 뒤따라야 할 것이다. 또한 작가의 표기체계와 작품이 발표될 당시의 표기법 등을 이해해야 하고 방언의 표기법을 정리한 다음 일관성 있는 기술을 해야 하나 이 책에서는 이러한 점을 충분히 고려하지 못했다. 현재의 한글 맞춤법에 비추어볼 때 오류라고 판단되는 항목이라도 문학작품에 사용된 그대로 표제어로 제시하고 종합설명에서 바로잡기도 하였다. 또한 이 책에 인용한 문학작품이 1930년대 발표된 것부터 근래에 발표된 것까지 있어 시간의 폭이 크고, 충청도라고 하더라도 지역적인 범위가 넓어 주석의 완성도를 높이기 위해서는 면밀한 현지 조사와 연구가 이어져야 할 것이다. 따라서 이 책에서 기술한 내용은 앞으로 더 깁고 다듬어져야 할 것임을 밝혀 둔다. 물론 이 책에 나타나는 오류는 전적으로 필자의 몫이다. 이 책이 문학작품을 읽는 일반 독자들은 물론이고 작가나 언론인, 학자 등 많은 사람들에게도 도움이 되기를 기대한다. 앞으로 이러한 자료들이 축적된다면 국어를 더욱 풍부하게 하고 우리의 언어문화를 더욱 살

지게 할 것이다. 정해진 분량을 제한된 시간 동안 완수해야 하는 국가사업의 특성상 충청도 방언이 반영된 문학작품들을 모두 검토하지 못한 아쉬움이 남는다. 이는 후일의 과제가 될 것이다.

이 책이 나오기까지는 많은 분들의 도움을 받았다. 무엇보다 이 책을 위한 일련의 작업에 필자와 함께 참여하여 자료정리와 교정을 꼼꼼하게 해준 보조연구원 김남정 군의 도움이 컸다. 그리고 "21세기 세종계획"의 <문학작품에 나타난 방언 검색 프로그램> 분과를 책임진 이태영 교수(전북대)와 황용주 선생(문화체육관광부)의 배려와 독려가 없었더라면 이 책은 세상에 나오기가 어려웠을 것이다. 이 자리를 빌려 이 분들에게 다시 한 번 고마움을 전한다.

2010. 10.

박경래 씀

차 례

ㄴ

ㄷ

ㅈ

문학 속의
충청 방언

▌일러두기▐

1. 표제어는 방언형의 가나다순으로 배열하였다.
2. 표제어에는 어휘뿐만 아니라 문법 형태소, 구, 관용어, 속담 등이 포함되어 있다.
3. 표제어에 대응하는 표준어가 있으면 대응 표준어를 제시하고, 대응하는 표준어가 없으면 '대응 표준어 없음'이라 표시하였다. 표제어와 유사한 표준어가 있으면 유사 표준어 앞에 #을 넣었다.
4. '품사'는 표제어로 제시된 방언형의 품사를 제시하였다.
5. '뜻풀이'는 제시된 예문에 쓰인 용법을 중심으로 하였고, 지역어 조사에서 추출한 용법도 참고하여 기술하였다.
6. '다른 방언형'에는 같은 방언권에서 사용되는 방언형들을 우선 제시하였고, 다른 방언권에서 사용되는 방언형들을 이어서 제시하였다. '다른 방언형'이 확인되지 않은 경우에는 이 부분을 삭제하였다.
7. 표제어(방언)는 '사용 지역'에 제시된 지역 외의 다른 지역에서도 사용될 수 있다.
8. '예문'은 표제어의 의미와 용법을 잘 파악할 수 있도록 문학 작품에서 찾아 가급적이면 문장 또는 소단락 단위로 제시하였다.
9. '설명'은 제시된 방언 표제어의 역사와 어휘 체계, 지역의 문화 등을 고려하여 종합적으로 설명하였다.

가마리

- 표준어 : 감
- 품　사 : 명사
- 뜻풀이 : ① 일부 명사 뒤에 쓰여 그 명사가 나타내는 자격이나 능력을 갖춘 사람의 뜻을 나타내는 말.
  ② 일부 명사 뒤에서 그 명사의 재료나 소재가 됨을 나타내는 말.
- 다른 방언형 : 가머리, 깜
- 사용 지역 : 충청도

아무리 봐도 박사 **가마리**가 안 되는데도 박사가 돼 거들먹거리는 사람을 경멸한 채 넓을 박자 선비 사자의 박사(博士) 대신 엷을 박자 선비 사자의 박사(薄士) 또는 엷을 박자 거짓사자의 박사(薄詐)로 치부해 버리는 버릇 말이다. 〈강준희, 이카로스의 날개는 녹지 않았다(하), 1996, 310〉

문정은 냉랭한 대꾸를 하면서 의곤이를 찬찬히 뜯어보았다.
보니 심의 아들로서 보기는 처음이지만 무싯날에도 싸리다방뿐 아니라 공석진의 딸이 낸 인삼 찻집이며, 정봉환의 작은마누라가 하는 통닭집 근처에서도 자주 보던 안면으로, 곧 초면이 구면인데 책에 아비만한 자식 없더라더니 덩지만 있지 않아서도 물끄러미 천상바라기로 폼 두는 것이 당최 눈에 안 들뿐더러, 어디에 내놓아도 육장(肉將) **가마리**로 능준한 데라곤 없이 그저 오죽잖을 따름이었다. 〈이문구, 산 너머 남촌, 1990, 135〉

공개하기 거북한 내막이기도 했지만 그보다는 남에게 웃음 **가마리**를 보태주기 싫어서도 혼자나 속 썩는 편이 낫겠던 것이다. 〈이문구, 우리 동네 정씨, 문학과지성33, 1978〉

'가마리'는 일부 명사 뒤에 붙어 그 명사가 나타내는 자격이나 능력 또는 재료나 소재, 도구 사물을 나타내는 '감'에 접미사 '-아리'가 결합된 말이다. 접미사 '-아리'는 '마가리, 매가리, 아가리, 이파리, 주둥아리, 항아리, 히마리' 등에서와 같이 작음이나 낮춤의 뜻을 나타낸다. '가마리'와 같은 뜻으로 쓰이는 충청도 방언형 '가머리'는 '감'에 접미사 '-어리'가 결합한 것이다. 예를 들면, 바느질 재료인 '헝겊'을 가리킬 때도 '바느질 가마리'라고 한다. '바느질 가마리가 없어서 바느질을 못 하겠다, 가마리를 끊어다 삼베적삼을 지(지어) 입었다'에서와 같이 쓰이는데 이때의 '가마리'는 '바느질감'의 '감'과 거의 같은 뜻과 용법으로 쓰인다. 옷감이나 이불감을 나타낼 때는 '감을 끊어 온다'와 같이 쓰이기도 한다.

턱에 접미사 '-어리'가 붙은 '터거리'나 '턱'의 방언형 '택'에 접미사 '-아리/-어리'가 붙은 '태가리/태거리'도 '감'에 접미사 '-어리'가 붙어 이루어진 '가마리'와 조어법상 궤를 같이한다. '터거리'나 '태거리', '태가리'의 '-아리/-어리'가 비칭의 의미를 가지는데 비해 '가마리'나 '가머리'의 '-아리/-어리'에는 비칭의 의미가 없다.

충청도 방언에서는 '감'이 사람 외에 '구경감, 놀림감, 땔감, 양념감, 안줏감, 장난감' 등에서와 같이 일부 명사나 명사적으로 쓰이는 말 뒤에 붙어 대상이 되는 도구, 사물, 사람, 재료, 소재의 뜻을 나타낼 때도 쓰인다.

참고로 '감'의 방언형 '깜'은 접미사로도 쓰이고 단독으로도 쓰인다. 단독으로 쓰일 때는 '깜이 아니다', '깜이 안 된다'에서와 같이 주로 부정적인 의미로 쓰인다. '깜'이 접미사로 쓰일 때는 '안깜, 회장깜'에서와 같이 사이시옷이 들어갈 환경에서 쓰인다. 사이시옷에 의해 '감'이 '깜'으로 실현되는 것으로 간주한다면 '깜'을 접미사가 아닌 명사로 보아야 할 것이다. '깜'을 명사로 처리하면 '안깜'이나 '회장깜' 등은 명사 합성어가 될 것이다. 그런데 '깜'이 단독으로 쓰일 때는 어떤 지위나 직책을 뜻하는 말이 이미 언급되어 화자와 청자가 그 직책을 공유하고 있는 경우에 쓰인다. 가령 '장관'이나 '회장'을 화제로 이야기하다가 어떤 사람이 그 지위에 적합한지를 말할 때 '깜이 안 된다'고도 하고 '장관깜/회장깜이 안 된다'고도 한다.

가새보리

- 표준어 : 대응 표준어 없음
- 품   사 : 명사
- 뜻풀이 : 보리 싹이 자라서 보리 잎이 가위 모양으로 두세 잎 정도로 자란 보리.
- 다른 방언형 : 가위보리
- 사용 지역 : 충청도

인분은 옥수수 뿐만 아니라 밀과 보리에도 퍼다 주는데, 이는 대개 밀, 보리가 **가새보리** 또는 가새밀이 될 때 퍼다 준다. 〈강준희, 이카로스의 날개는 녹지 않았다(상), 1996, 343〉

'가새보리'는 '가새'와 '보리'의 합성어로 분석된다. '가새'는 표준어 '가위'의 충청도 방언형이고 '보리'는 오곡의 하나로 충청도에서는 '버리'라고도 한다. '가새보리'는 보리가 자라 보리 잎이 가위처럼 X자 모양으로 겹칠 정도가 된 것을 가리킨다. 가을에 심은 보리가 싹이 나서 반 뼘 점도 자란 채로 겨울을 나게 되는데 깊은 겨울이나 이른 봄까지는 더 자라지 않는다. 겨울을 나고 봄이 되어 날씨가 따뜻해지면 보리가 조금씩 자라서 보리 잎이 어른 손가락 길이 정도가 되어 가위 모양으로 보이게 되는데 그 무렵의 보리를 '가새보리'라고 한다. 충북 보은 지역에서도 '가새보리'가 관찰된다. 충북 보은군 토박이인 황종연(86세) 할아버지에 의하면 '가새보리'는 봄에 자란 보리 잎이 가위와 같이 생겼다고 해서 붙여진 이름이라고 한다.

예전에는 봄에 보리가 자라기 시작할 무렵에 인분을 주어 거름을 하기도 했다. 이때 주는 인분은 '망오' 또는 '망옷'이라고 한다. '망오' 또는 '망옷'은 액체로 된 인분을 뜻한다.

가용푼

- 표준어 : 대응 표준어 없음
- 품　사 : 명사
- 뜻풀이 : 집안 살림이나 생활을 하는 데 드는 소소한 돈 또는 비용.
- 다른 방언형 : 가용돈
- 사용 지역 : 충청도

> 　그새 소나기 한줄만 있었더라도 봄것 거둔 터에 뒷그루로 푸성가리를 부쳐, 벌써 여러 뭇 솎아 **가용푼**이나 해 썼을 거였다. 〈이문구, 제3세대한국문학9:李文求, 우리 동네, 1983, 267〉

　'가용푼'은 '가용'과 '푼'의 합성어로 분석할 수 있다. '가용(家用)'은 '집안 살림이나 생활에 드는 비용'을 뜻하는 말이고 '푼'은 예전에, 엽전을 세던 단위로 쓰이던 말인데 지금은 표준어에서 '돈을 세는 단위'로 쓰인다. '푼'은 '푼돈', '푼푼이 모은 돈' 등에서와 같이 화자 스스로 적은 액수라고 여길 때 쓰이는 말이다. 예문에서는 '푼'이 '돈을 세는 단위'라기보다 '액수가 많지 않은 돈' 또는 '소소한 돈, 소소한 비용'의 의미로 쓰였음을 알 수 있다. 따라서 예문에 쓰인 '가용푼'은 '집안 살림이나 생활을 하는 데 드는 많지 않은 액수의 돈' 정도의 의미를 갖는다. '가용푼'과 비슷한 뜻으로 쓰이는 충청도 방언으로 '가용돈'이 있다. '가용푼'이 '집안 살림을 하는 데 드는 많지 않은 액수의 비용'을 뜻하는데 비해 '가용돈'은 '액수가 적다'는 의미는 없고 '집안 살림에 드는 비용' 정도의 의미로 쓰인다는 점에서 차이가 있다.

가지뿌렁

- 표준어 : 거짓말
- 품　사 : 명사
- 뜻풀이 : 사실이 아닌 것을 사실인 것처럼 꾸며대어 말함. 또는 그런 말.
- 다른 방언형 : 거지뿌렁, 거짓부리, 가짓말
- 사용 지역 : 충청도

> "웬일이우?"
> "임자 보고 싶어서……."
> "가지뿌렁."
> "정말야!" 〈이기영, 고향2, 1947, 312〉

'가지뿌렁'은 사실이 아닌 것을 사실인 것처럼 꾸며 대어 하는 말을 뜻하는 표준어 '거짓말'에 대응하는 충청도 방언이다. 거짓말의 방언형은 매우 다양하게 나타난다. 〈2007 한민족 언어 정보화 통합 검색 프로그램〉을 검색해 보면 '가짓말, 그짓말' 등 '-말' 계열의 방언형은 경기도와 강원도, 황해도 등 중부 지역에서 많이 쓰이고, '거접소리, 거짓소리, 거집소리, 거집뿌리, 겁소리, 겉소리' 등 '-소리' 계열의 방언형은 주로 평안도 지역에서 쓰인다. '거짓갈, 거짓골' 등 '-갈/골' 계열의 방언형은 전라도 지역에서 많이 쓰이고, '거접부리, 거지뿌리, 거젓부데기, 거젓부래이, 거줏부레, 거줏부리' 등 '-부리' 계열의 방언형은 주로 함경도 지역에서 많이 쓰인다. 그리고 '거지뿌래, 거지뿌렝이, 거짓부레, 거짓부레이, 거짓부렝이' 등은 강원도와 함경도에서 주로 쓰이고, '부시, 비끼, 부끼, 뿌끼'와 '얼러뿌지, 얼레뿌지, 얼리각지, 얼리

뿌데기, 얼리뿌재이, 얼리뿌지' 등은 함경도에서 주로 쓰이는 분포상
의 특징을 보인다.

뿌데기, 얼리뿌재이, 얼리뿌지' 등은 함경도에서 주로 쓰이는 분포상

각거리놀이

- 표준어 : 대응 표준어 없음
- 품   사 : 명사
- 뜻풀이 : 어린이 놀이의 하나. 두 사람 이상이 마주 앉아 다리를 뻗어 서로 섞바꿔 끼워 놓은 채 "이거리 저거리 각거리 —."로 시작하는 사설을 먹이며 노는 데서 붙여진 놀이 이름. 차례로 다리를 짚어가는 놀이로 사설의 마지막 말이 끝날 때 짚는 다리를 빼어 놓고 남은 다리를 처음부터 다시 사설을 먹이며 차례로 짚어가면서 마지막 말이 끝날 때 빼고 하여 마지막 남는 다리에 해당하는 사람이 지는 놀이. "이거리 저거리 각거리, 천두 만두 두만두, 짝발내 새양강, 도리김치 사리육." 하는 등의 사설을 매겨서 붙여진 놀이 이름.
- 사용 지역 : 충청도, 전라도, 경기도

내가 걸음을 걷기 시작하자 어머니는 하루 몇 번이고 어린아이 부라질 시키듯 내 양쪽 겨드랑이를 붙들고 좌우로 흔들어 다리운동을 시켰다. 그리고는 여러 가지 놀이로 내 동무가 돼 주었다. 옛날 이야기, 수수께끼, **각거리놀이** 등등. 〈강준희, 이카로스의 날개는 녹지 않았다(상), 1996, 140〉

어머니는 옛날 이야기만 많이 아는 게 아니어서 수수께끼와 **각거리**도 많이 알고 있었다. 〈강준희, 이카로스의 날개는 녹지 않았다(상), 1996, 140〉

"각거리놀이"는 두 사람 이상이 마주 앉아 다리를 뻗어 서로 섞바꿔 끼워 놓은 채 차례로 다리를 짚어가는 놀이로 사설의 마지막 말이 끝날 때 짚이는 다리를 빼어 놓고 남은 다리에 대하여 처음부터 다시 '이거리 저거리 —'하며 사설을 먹이며 차례로 짚어가면서 마지막 말이 끝날 때 짚이는 다리를 빼고 하여 마지막까지 남는 사람이 지게 되는 놀이. 각거리놀이의 사설은 지역에 따라 차이를 보인다. 충청도 지역에서 이 놀이의 사설은 지역에 따라 다음과 같이 여러 가지로 변형되어 쓰인다.

1) 이거리 저거리 각거리 천두 만두 두만두 짝발내 새양강 도리김치 사리육.

2) 이거리 저거리 각거리 천두 만두 두만두 짝별려 새양강 오래김치 사래육.

3) 이거리 저거리 각거리 한두 만두 두만두 짝별려 새양갑 오리김치 사대육.

4) 이거리 저거리 각거리 천두 만두 두만두 짝발내 새양강 도리김치 사리육.

5) 이거리 저거리 각거리 천두 만두 두만두 지리지리 장둑개 짐치탱기 열한 양 구름속에 가락지 드메 있는 사람들 조밥 먹다 캑.

6) 한 낱대 두 낱대 은단지 꽃단지 바람의 생쥐 영남거지 팔대장군 고드레 뽕.

7) 한나 은나 매와 때와 메기 삼촌 어디 갔니 기장밭에 삼따러 갔다 몇 말 땄니 닷 말 땄다 요꼼 조꼼 두더지총.

충남 아산 지역에서는 이 놀이의 사설로 "삼거리 짓거리 각거리 인사만사 주머니끈 앵:경도 허리띠 둘둘 말아 장도칼 고리짝 납짝 동기 땡."(서강대, 곽충구 교수님 제공)이라고 하기도 한다. 전라도 지역에도 이 놀이가 있다고 하나 이 지역에서 채록된 사설은 찾아보기 어렵다. 그러나 전라도뿐만 아니라 충청도와 경기도, 강원도 등 다른 지역에도 이러한 사설이 있을 것으로 보이나 보고된 사설을 찾아보기 어렵다. '각거리놀이'의 사설은 제주도 지역에서 매우 다양하게 채록되어 있다.

간두다

- 표준어 : 그만두다
- 품　사 : 동사
- 뜻풀이 : 하던 일이나 하던 말을 더 이상 하지 말고 그치다.
- 다른 방언형 : 고만두다, 곤두다, 건두다
- 사용 지역 : 충청도

> "거짓말이라이. 거짓말이 아이여 언눔이 도령."
> "간도."
> "언눔이 도령."
> "간두라니까." 〈강준희, 이카로스의 날개는 녹지 않았다(상), 1996, 132〉

'간두다'는 '하던 일이나 하던 말을 더 이상 하지 말고 그치다'의 뜻으로 쓰이는 표준어 '그만두다'에 대응하는 충청도 방언형이다.

    A. 이거 줌 먹어라.
    B. 간도!
    A. 너두 같이 갈래?
    B. 간도!

표준어 '그만두다'의 명령형 '그만둬'에 대응하는 충청도 방언형으로 '간도, 간둬, 관둬' 등이 쓰인다. 이들 충청도 방언에는 '하던 일이나 하던 말을 더 이상 하지 말고 그치라'는 명령의 뜻과 '싫다'는 뜻이 내포되어 있다. '간두다'가 청자를 향해 쓰이면 '그만두라'는 명령의 뜻으로 쓰이고, 화자 스스로에 대해 쓰이면 '하다가 간뒀어/간뒀어', '힘들만 간두지 머'에서와 같이 '그만두다' 또는 '싫다'의 뜻으로 쓰인다. '간 뒤'는 '간두다'의 어간 '간두-'에 어떤 사실을 서술하거나 물음 명령 청 유를 나타내는 종결 어미 '-어'가 결합된 형태고, '간도'는 '간뒤'의 둘째 음절 모음 '워'가 '오'로 단모음화한 형태다. '관뒤'는 '고만두다'의 어간 '고만-'에 명령형 어미 '어'가 결합된 '고만뒤'의 축약형으로 해석된다. '간도'는 '고만뒤'의 축약형인 '관뒤'가 단모음화한 형태로 파악된다. 따 라서 '관두다'에 소급하는 '간두다'는 '고만두다'에 기원하는 것으로 이 해된다. '충청도 방언에서 '간도' 외에 '건도' 또는 '곤도'도 쓰인다.

　충청도 방언에서 '나좀 봐, 재워 줘'와 같이 자음을 선행시키는 이중 모음 '와, 워'는 각각 '나좀 바, 재워 조'와 같이 '아, 오'로 단모음화 하 는 현상이 있는데 '관뒤'도 이런 유형의 단모음화 결과라고 할 수 있다.

갈

- 표준어 : 떡갈나무
- 품 사 : 명사
- 뜻풀이 : 참나뭇과의 낙엽 활엽 교목. 늦봄에 황갈색의 잔꽃이 이삭 모양으로 늘어져 피고 열매는 2cm 정도의 갸름한 견과(堅果)로 10월에 익는다.
- 사용 지역 : 충청도

> 봄이면 밭 갈고 씨 뿌리고 갈 꺾고 새조밭 파야지, 여름이면 밭 매고 퇴비 배고 푸재 사르고 밀, 보리타작하고 디딜방아 찧어야지, 가을이면 추수하고 타작하고 새끼 꼬고 새 베어다 이엉과 용마름 엮어 지붕해 이야지, 겨울이면 품앗이로 돌아가며 나무 해다 가려야지 정말 한 시 반 시 놀 사이 없이 바쁜 나날이었다. 〈강준희, 이카로스의 날개는 녹지 않았다(중), 1996, 44〉
>
> 샘가 둔덕배기 돈들막엔 연분홍빛 복사꽃이 줄 듯이 피어 있었고 동네 안 골목 담 너머론 살구꽃이 구름처럼 흐드러지게 피어 있었다. 그날 나는 옥수수에 거름할 갈을 꺾어 지고 오다 긴 솔밭 쉼터에서 숨을 돌리고 있었다. 〈강준희, 이카로스의 날개는 녹지 않았다(중), 1996, 326〉

'갈'은 떡갈나무의 잎을 가리키기도 하고 떡갈나무의 잎과 줄기를 가리키기도 하는 충청도 방언이다. 특별히 식물로서의 '떡갈나무'를 가리킬 때는 '갈나무'라고 한다. '갈 꺾는다'나 '갈 뜯는다'와 같이 주로 '뜯는다'나 '꺾는다'와 호응하여 쓰인다. 예문에서와 같이 '갈 꺾는다'고 하면 봄철에 논이나 밭에 거름으로 쓰기 위해 넓고 두꺼운 떡갈나무 잎이 달린 새 순을 꺾는다는 뜻으로 쓰이는 말이다. 떡갈나무의 새순은 원줄기에서 벋은 가지의 끝에서 나기도 하고 원줄기를 베고 남은 그루터기에 수북하게 돌려나기도 한다. '갈'은 원줄기에서 벋은 가지 끝에 나는 새순보다는 원줄기를 베고 남은 그루터기의 둘레에 무성하게 나는 것을 꺾거나 뜯는 것이 일도 수월하고 양도 많다.

예전에는 산에서 나무를 해다가 땔감으로 썼기 때문에 갈나무를 베고 남은 그루터기들이 많아서 봄이 되면 여기에서 새순이 다복하게 돋아났다. 이렇게 나무의 원줄기를 베고 남은 자리에서 다복하게 돌려나는 새순을 충청도 방언에서는 '뚜거지'라고도 한다. 봄에 꺾는 '갈'은 새순이 돋은 것이어서 쉽게 썩기 때문에 비료가 흔하지 않던 시절에는 이 '갈'을 꺾거나 베어다가 논에 넣고 썩혀 거름을 하거나 다른 풀들과 함께 베어다가 쌓아 놓고 썩혀서 퇴비로 쓰기도 하였다.

가을이나 겨울에 떡갈나무에 달려 있는 잎을 특별히 '갈잎'이라고 한다. '갈잎'은 긴 타원형이고 두꺼운데 가을이 되어 마른 뒤에도 낙엽이 지지 않고 겨우내 붙어 있다가 봄에 새싹이 돋아날 때 떨어진다. '갈잎이 솔잎보고 바스락거린다고 한다'는 속담에 쓰이는 '갈잎'은 떡갈나무의 마른 잎을 가리킨다.

'갈잎'이 달리는 나무는 '떡갈나무'와 '신갈나무'가 있다. '떡갈나무'는 참나뭇과의 낙엽 활엽 교목으로 높이는 10미터 정도이며, 잎은 넓고 긴 타원형으로 두꺼우며 어긋난다. 가을에 잎이 마른 뒤에도 겨우내 붙어 있다가 새싹이 나올 때 떨어진다. 늦봄에 황갈색의 잔 꽃이 이삭 모양으로 늘어져 피고 열매는 털모양의 깍지에 2cm 정도의 갸름한 견과(堅果)로 10월에 익는다. 재목은 단단하여 침목, 선박재, 기구재 따위로 쓰고 나무껍질의 타닌은 물감 또는 가죽을 다루는 데 쓰며, 열매는 주로 묵을 만들어 먹는다. 이에 비해 '신갈나무'는 참나뭇과의 낙엽 활엽 교목으로 높이는 30미터 정도로 크며, 잎은 달걀 모양으로 떡갈나무 잎보다 작다. 6월에 꽃이 피고 털이 없는 깍지에 동글동글한 견과(堅果)로 9월에 익는다. 재목은 농기구, 차량, 철도 침목 따위에 쓴다.

갈비

- 표준어 : 솔가리
- 품　사 : 명사
- 뜻풀이 : 낙엽이 진 소나무의 잎.
- 다른 방언형 : 솔검불, 솔까래, 솔깔비, 솔까리
- 사용 지역 : 충청도, 함경도

> 돈 될 것이라곤 만고에 나무밖에 없어서였다. 나무는 주로 **갈비**였는데 가파른 한팃재를 넘어 20리가 실한 읍내까지 죽어라고 지고가 봤자 겨우 쌀 한 되박 값이었다. 〈강준희, 이카로스의 날개는 녹지 않았다(상), 1996, 325〉
>
> 아, 금수산자락 긴 솔밭엔 지금쯤 빠알간 알밤색 **갈비**가 여기 이 은행잎처럼 쌓였겠구나. 〈강준희, 이카로스의 날개는 녹지 않았다(중), 1996, 155〉

'갈비'는 소나무의 낙엽, 즉 솔잎이 땅에 떨어져 쌓여 있는 것을 뜻하는 충청도 방언이다. '갈비'를 갈퀴로 긁어모아 땔감으로 쓰기도 하고 아궁이에 불을 지피는 불쏘시개로 쓰기도 하여 '땔감'의 의미로도 쓰인다. 이와 같이 '갈비'는 소나무의 낙엽을 의미하기도 하고 땔감이나 불쏘시개의 의미로도 쓰이는데 후자의 경우는 넓은 의미로 땔감을 의미하는 '나무'의 일종이라고 할 수 있다. 이런 경우 '무슨 나무 해 왔니?'하고 물으면 '갈비 해 왔어.'와 같이 대답한다. 이때의 '갈비'는 솔잎이 주가 되는 낙엽 나무라는 뜻이 강하다. 갈퀴로 '갈비'를 그러모을 때 솔잎뿐만 아니라 솔잎과 함께 떨어진 다른 나무의 잎도 그러모으게 된다는 점에서 '땔감'의 의미로 쓸 때는 '잎나무'라는 말을 쓰기도 한다. '잎나무'는 낙엽으로서의 땔감 외에 잔가지가 많고 잎이 달려 있는 가는 줄기 나무를 뜻하기도 한다.

충북 방언에서는 '땔감'을 가리키는 말로 '잎나무' 외에 '물거리'와 '등거리'가 있다. 싸리나무나 물푸레나무 등과 같이 가늘고 긴 나뭇가지를 낫으로 베어 단으로 묶은 나무를 '물거리'라고 하고, 톱으로 베어 장작을 팰 수 있는 굵고 긴 나무토막을 '등거리'라고 한다. '물거리'는 '졸가리' 또는 '쫄가리'라고도 하고 '줄거리' 또는 '쭐거리'라고도 한다.

땔감으로 쓸 나무는 주로 겨울에 한다. 관목과 교목 등 낫으로 베어 단으로 묶은 '물거리' 나무를 지게로 져다가 뒤꼍이나 마당가에 쌓아 놓았다가 주로 밥을 지을 때 아궁이에 땐다. 이에 반해 굵은 소나무나 참나무 등의 밑동을 톱으로 베어 가지를 잘라 줄기나무인 '물거리'를 하고, 굵은 통나무는 지게로 져다가 적당한 길이로 잘라 토막을 내어 도끼로 장작을 팬다. 장작은 뒤꼍 처마 밑이나 울타리 밑에 차곡차곡 쌓아 말렸다가 겨울에 군불을 때거나 밥을 지을 때 땔감으로 쓰기도 한다.

갑북

- 표준어 : #흠뻑
- 품　사 : 부사
- 뜻풀이 : ① 분량이나 수요 따위가 어떤 범위나 한도에 꽉 찬 모양.
　　　　② 술에 흠뻑 취해 있거나 물에 흠뻑 젖어 있는 모양.
- 다른 방언형 : 깝북
- 사용 지역 : 충청도, 평안도

한 잔 술에 **갑북** 취해 나는 홍당무가 된 얼굴로 길을 나섰다. 〈강준희, 이카로스의 날개는 녹지 않았다(중), 1996, 26〉

우리는 일어섰다. 나는 벌써 **갑북** 취해 있었다. 걸음이 비칠비칠 헛놓였다. 〈강준희, 이카로스의 날개는 녹지 않았다(하), 1996, 62〉

나는 막걸리 한 사발을 더 들이켰다. 그러자 비로소 술이 오르기 시작했다. 나는 **깝북** 취한 상태로 아무 데고 마구 쏘다녔다. 〈강준희, 이카로스의 날개는 녹지 않았다(하), 1996, 249〉

예문에서의 '갑북'은 술에 흠뻑 취한 모양을 나타내는 말로 쓰였는데 술 외에도 물이나 다른 액체에 흠뻑 젖어 있는 모양을 나타낼 때도 쓰인다. '갑북'이 부피나 분량을 나타내는 말과 호응하여 어떤 상태에 꽉 찬 모양 또는 흠뻑 취하거나 젖은 모양을 나타낸다는 것을 알 수 있다. 그런데 '갑북'이 '갑북 정이 들었다'에서와 같이 '양이 차고 넘치도록 아주 넉넉한 모양'을 뜻하는 말로도 쓰이고, '술에 취해 갑북 졸았다'에서와 같이 술에 취하거나 졸음이 와서 눈이 잠깐 감겼다 뜨이면서 고개를 꾸벅하는 모양을 나타낼 때도 쓰인다. 이에 비해 여러 사람이 하나하나 다 술에 흠뻑 취해 있는 모양을 나타낼 때는 '갑북갑북 취했다'에서와 같이 '갑북'이 중복된 '갑북갑북'이 쓰이기도 한다.

갑북갑북

- 표준어 : 깜빡깜빡. #흠뻑흠뻑.
- 품　사 : 부사
- 뜻풀이 : ① 졸음이 오거나 술에 취해서 눈이 자꾸 감겼다 뜨였다 하면서 고개를 꾸벅이는 모양.
  ② 여러 사람이 모두 술에 흠뻑 취해 있거나 물에 흠뻑 젖어 있는 모양.
- 다른 방언형 : 깜빡깜빡
- 사용 지역 : 충청도

> 그러면 나는 어리어리한 환몽에서 다시 진달래를 씹었고 또 그러면 솔솔 불어오는 재넘이에 **갑북갑북** 졸음이 왔다. 〈강준희, 이카로스의 날개는 녹지 않았다 (중), 1996, 325〉

'갑북갑북'은 '갑북'이 중첩된 의태 부사다. '갑북'은 졸음이 오거나 술에 취하여 눈이 잠깐 감겼다 뜨이면서 고개를 한 번 꾸벅하는 모양을 나타내는 말이고, '갑북갑북'은 '갑북' 하는 모습이 반복되는 모양을 나타내는 말이다. 예문에 쓰인 '갑북갑북'은 졸음이 오거나 술에 취하여 눈이 자꾸 잠깐씩 감겼다 뜨이면서 고개를 꾸벅거리는 모양을 뜻하는 말이다. 여러 사람들이 하나하나 다 술에 흠뻑 취해 있거나 물에 흠뻑 젖어 있는 모양을 나타낼 때도 '갑북갑북 취했다'에서와 같이 '갑북'이 중첩된 '갑북갑북'이 쓰이기도 한다.

갑산 돈피

- 표준어 : 대응 표준어 없음
- 품　사 : 구
- 뜻풀이 : 아주 튼튼하고 체력이 강함을 비유적으로 나타낸 말.
- 사용 지역 : 충청도

> 이런 중에도 부역 나가고 남의 집 품팔이 하고 나무해다 장에 팔고 틈틈이 공부까지 하려니 몸이 **갑산 돈피**라도 지탱할 수가 없어 파김치 되기 십상이었다. 〈강준희, 이카로스의 날개는 녹지 않았다(중), 1996, 44〉

'갑산 돈피'는 '갑산'과 '돈피'로 이루어진 말이다. '갑산'은 함경남도 갑산군의 지명인 '갑산'을 뜻하고 '돈피(豚皮)'는 돼지의 껍질을 가리키는 말이다. '갑산 돈피'는 본래 갑산 지역에서 나는 돼지 껍질을 말하던 것이었는데 예문에서 보듯이 갑산 지역에서 나는 돼지 껍질이 질기고 억세다는 데서 연유한 말로 몸이 아주 튼튼하고 체력이 강함을 비유적으로 이르는 말로 쓰인 것이다.

강심사리

- 표준어 : 고생살이
- 품　사 : 명사
- 뜻풀이 : 강한 마음으로 고되게 꾸려가는 살림살이.
- 사용 지역 : 충청도, 북한

그러나 지금은 때려부실 세간사리도 없지마는 박성녀도 전과 같이 영감에게 대들지 않었다. 그들은 인제 **강심사리**에 늙어서 내외 싸움도 지치고 말었다. 싸움도 어지간해야 하지 않는가. 〈이기영, 고향, 1947, 166〉

박성녀는 날마다 한숨 안 쉬는 날이 없다. 눈물 마를 날이 없었다. **강심사리**에 고생만 파고드는 생활은 하염없는 눈물과 탄식을 자아낼 뿐 아닌가. 끝없는 인생의 먼 길을 고닯으게만 것고 있는 신세는 오직 실망과 락담할 것밖에 없었든 것이다. 자기네 내외는 젊어서부터 오십평생을 하루와 같이 애꾸진 한탄과 눈물을 짜내며 밑 없는 구멍에 물 기러 붓기 같은 땅파기 생활을 허덕지덕 되푸리해 사러 왔다. 〈이기영, 고향2, 1947, 398〉

그 다음으로 놀랜 것은 그의 안해였다. 그는 희준이보다 몇 살 더 먹어 뵈이는데 이마에는 주름살이 잡히고 **강심사리**에 고생을 많이 해서 그런지 얼굴에는 지심이가 끼고 살결은 검누렇게 푸석돌 같이 푸수수해 보인다. 〈이기영, 고향2, 1947, 408〉

'강심사리'는 강한 마음을 뜻하는 '강심(强心)'에 일부 명사 뒤에 붙어 '어떤 일에 종사하거나 어디에 기거하여 사는 생활'의 뜻을 더하는 접미사 '-살이'가 결합된 것으로 분석되기 때문이다. 예문의 '강심사리'는 한글맞춤법 제19항 "어간에 '-이'나 '-음/ㅁ'이 붙어서 명사로 된 것

과 ‘-이’나 ‘-히’가 붙어서 부사로 된 것은 그 어간의 원형을 밝히어 적
는다.”는 규정에 따라 ‘강심살이’로 표기해야 할 것이다. 의미는 강한
마음으로 고되게 꾸려가는 살림살이를 뜻하는 표준어 ‘고생살이’와 비
슷한 말로 쓰였다. ‘강심사리’와 ‘고생살이’는 다 같이 고된 살림살이를
꾸려간다는 점에서는 비슷하지만 ‘강심사리’가 고생하면서 강한 마음
으로 살아간다는 데 초점이 놓인다면 ‘고생살이’는 고생한다는 데 초점
이 놓여 있다고 할 것이다. ‘강심살이’와 같은 조어법에 의해 이루어진
충청도 방언으로 ‘젙방살이(곁방살이), 셋방살이, 종살이, 지경살이,
타향살이, 서포살이(협호살이)’ 등이 있다.

개가죽 같다

- 표준어 : 대응 표준어 없음
- 품　사 : 구
- 뜻풀이 : 쓸모없고 형편없는 물건을 비유적으로 이르는 말.
- 다른 방언형 : 개 같다, 개뼈다구 같다, 개뻑다구 같다
- 사용 지역 : 충청도

소도 언덕이 있어야 비비고 올가미 없이는 개장수 못하듯 살림이라곤 만고에 쓰잘 데 없이 덩그런 집 한 채에 **개가죽 같은** 돌담불 밭 한 뙈기 뿐인데… 〈강준희, 이카로스의 날개는 녹지 않았다(중), 1996, 54〉

집에 비해 농토는 돌이 반이나 되는 **개가죽 같은** 돌담불 밭 한 뙈기 뿐이었다. 〈강준희, 이카로스의 날개는 녹지 않았다(상), 1996, 333〉

새는 앉을 때마다 깃털이 빠지듯, 또 이사를 하고보니 남은 건 쓸데적게 큰 집 하나와 **개가죽 같은** 돌담불밭 한 뙈기 뿐이었다. 〈강준희, 이카로스의 날개는 녹지 않았다(상), 1996, 335〉

'개가죽'은 '개'와 '가죽'의 합성어로 분석된다. 동물의 가죽 중에서 호랑이 가죽이나 소가죽 등과 같이 가공해서 다른 물건을 만드는 데 유용한 것과 개가죽이나 돼지가죽과 같이 그렇지 못한 것이 있다. '개가죽'은 이렇게 쓸모없는 가죽이라는 뜻으로 쓰이는 말로 주로 '같다'와 어울려 쓰인다. 따라서 '개가죽 같다'는 말은 쓸모없고 형편없는 물건이나 그런 상황을 비유적으로 가리킬 때 쓰이는 말이다.

개갈 안 나다

- 표준어 : 대응 표준어 없음
- 품 사 : 구
- 뜻풀이 : 하는 짓이나 말이 칠칠치 못하거나 갈피가 없어 이치에 맞지 않고 논리
도 없다.
- 사용 지역 : 충청도

개갈 안 나는 소리 모 붓구 있네. 젊은이들 쇠견이 그거뿐여? 〈이문구, 제3세대한국문학9:李文求, 우리 동네 김씨, 1983, 282〉

그 **개갈 안 나는** 소리 웬만큼 허슈. 〈이문구, 제3세대한국문학9:李文求, 관촌수필, 1983, 66〉

"부디 덜렁대지 좀 말구, 워디 가서 충그리구 무슨 일에 해찰부리지 말구, 다다 입 다물구, 그릇 좀 구만 깨치구, 그러구 지발 그 **개갈 안 나는** 창가 좀 구만 불러라." 〈이문구, 제3세대한국문학9:李文求, 관촌수필, 1983, 83〉

'개갈'의 의미를 파악하기는 어렵지만 '개갈 안 나다'는 구성으로 볼 때 '개갇 나다'의 부정형으로 파악된다. '개갈 안 나다'는 뒤에 오는 '말'이나 '소리, 창가'와 같이 앞뒤가 논리적인 흐름과 줄거리가 있는 이야기를 뜻하는 말과 함께 쓰여 부정적인 의미를 나타낼 때 쓰이는 말이다. 문맥 의미로 볼 때 '말도 안 되다'와 바꾸어 쓸 수 있을 것으로 보인다. 즉 말의 앞뒤가 안 맞거나 논리적이지 않을 때 부정적인 의미로 쓰이는 말이다.

개도 딸 낳을 때 있고 거지도 손 볼 때가 있다

- 표준어 : 대응 표준어 없음
- 품　사 : 속담
- 뜻풀이 : 어려운 처지에 있는 사람일지라도 반가운 사람을 만나 기쁨을 나눌 수 있는 기회가 있음을 비유적으로 이르는 말.
- 사용 지역 : 충청도

> 　개도 딸 낳을 때가 있고 쥐구멍에도 볕들 날이 있다더니 이날이야말로 그랬다. 나는 오늘 밥값은 톡톡히 했구나 하고 걸음도 가볍게 공장으로 돌아왔다.
> 〈강준희, 이카로스의 날개는 녹지 않았다(하), 1996, 80〉
>
> 　나는 개도 딸 낳을 때가 있고 거지도 손(손님) 볼 때가 있다더니 나도 돈 꿔줄 때가 다 있구나 싶어 기쁜 마음으로 캐비닛에서 3백만원을 꺼내줬다. 〈강준희,
> 이카로스의 날개는 녹지 않았다(하), 1996, 261〉

　예문에 쓰인 충청도 속담 '거지도 손 볼 때가 있다'에 쓰인 '손'은 '손님'을 뜻하는 말이다. 따라서 '거지도 손 볼 때가 있다'는 거지와 같이 어려운 처지에 있는 사람일지라도 반가운 사람을 만나 기쁨을 나눌 수 있는 기회가 있다는 뜻으로 쓰이는 충청도 속담이다. 이와 같은 뜻을 가진 또 다른 충청도 속담으로 예문에 쓰인 '개도 딸 낳을 때가 있다'와 '쥐구멍에도 볕 들 날이 있다' 외에 '개도 손 들 날이 있다'가 있다. '개도 손들 날이 있다'는 '개도 손님이 찾아올 날이 있다'는 뜻이다. 모두 어려운 처지에 있는 사람에게도 언젠가 좋은 때가 찾아온다는 뜻으로 쓰인다.

개랑물

- 표준어 : #개울물
- 품　사 : 명사
- 뜻풀이 : 골짜기나 들에 흐르는 좁고 작은 물줄기.
- 사용 지역 : 충청도

물이 들면 개펄에서 뒹굴며 **개랑물**에 미역감고 게나 뿔고둥 따위를 못 잡게 되었다. 〈이문구, 제3세대한국문학9:李文求, 관촌수필, 1983, 74〉

그중에서도 개배미는 자갈 투배기 가풀막 버덩을 일군 층층다랑이로, 지룡산 곁가지 **개랑물**이 아니면 두더지 한마리 얼씬않을 개자리였다. 〈이문구, 우리 동네 金氏, 한국문학49, 1977〉

　'개랑물'은 '개랑'과 '물'의 합성어로 분석된다. '개랑물'은 '골짜기나 들에 흐르는 작은 물줄기'를 뜻하는 표준어 '개울'과 '매우 좁고 작은 물줄기'를 뜻하는 표준어 '도랑'이 혼성된 '개랑'에 '물'이 결합된 합성어로 이해된다. 표준어에서는 '개울'이 '도랑'보다 약간 더 큰 것으로 설명되어 있는데 충청북도 방언에서는 "개울에서 물고기를 잡았다", "개울에서 미역을 감았다"나 "도랑에서 물고기를 잡았다", "도랑에서 미역을 감았다"에서와 같이 '개울'과 '도랑'이 거의 비슷한 뜻으로 쓰이기도 한다. '개랑물'과 관련된 말로 '개랑둑'이 있다. '개랑둑'은 '개랑'과 '둑'의 합성어로 분석된다. '개랑둑'은 '골짜기나 들에 흐르는 좁고 작은 물줄기'를 뜻하는 '개랑'에 '하천이나 호수의 물, 바닷물의 범람을 막기 위하여 흙이나 돌, 콘크리트 따위로 쌓은 구축물'을 뜻하는 '둑'이 결합된 합성어다.

 참고로, 논에 물을 대기 위해 보를 막아 들로 물이 흐르도록 물줄기를 낸 것을 '봇도랑'이라고 한다. '봇도랑'이 큰 것은 폭이 4~5m 정도 되는 것도 있고 폭이 1~2m 정도 되는 것도 있다. '봇도랑'은 물줄기가 논에 가까이 갈수록 좁아져 폭이 50cm 이내인 것도 있다. '도랑 치고 가재 잡는다'고 할 때의 '도랑'은 물줄기가 10m 이내의 폭이 넓지 않은 것을 가리키고 보를 막을 수 있을 만큼 큰 물줄기는 '개울'이라고 하는 것이 보통이다. 개울은 폭이 50m 이상 100m가 넘는 것도 있다. 개울의 크기에 따라서 흐르는 물의 양이 다르고 깊이도 다른 것이 보통이다.

개살스럽다

- 표준어 : #독살스럽다
- 품　사 : 형용사
- 뜻풀이 : 성품이나 행동이 살기가 있고 날카로우며 모질고 악독한 데가 있다.
- 다른 방언형 : 매살스럽다
- 사용 지역 : 충청도, 강원도

> 홀어머니가 며느리를 보면 **개살스러워져** 심통부리기 예사요, 아들 내외가 정분이라도 좋으면 이게 질투가 나 심술을 부리며 눈에 쌍심지를 켠다는 말 말이다. 〈강준희, 이카로스의 날개는 녹지 않았다(중), 1996, 135〉

'개살스럽다'는 '날카로우며 모질고 악독한 기운'을 뜻하는 어근 '개살-'에 형용사를 만드는 접미사 '-스럽다'가 결합하여 이루어진 말이다. '성품이나 행동이 살기가 있고 날카로우며 모질고 악독한 데가 있다'는 뜻을 가진 형용사로 파악된다. 그런데 충청도 방언에서 '성질이 모질고 날카로우며 악독한 기운'을 뜻하는 어근 '개살-'이 단독으로 쓰인 예는 찾아보기 어렵다. 위의 예문에 쓰인 '개살스러워져'는 '개살스럽다'의 어간 '개살스럽-'에 앞말이 뜻하는 대로 하게 됨을 나타내는 접미사 '-어지다'가 결합된 '개살스러워지다'의 활용형이다.

참고로, 강원도 방언에서는 '개살'이 '동생의 새옷을 보고는 개살이 나서 심술을 부렸다'에서와 같이 '샘(시샘)'의 의미로도 쓰이는데 예문의 '개살'과는 거리가 있다. '샘(시샘)'의 의미로 쓰이는 '개살'이 경남 지역에서는 'ㄱ'이 탈락한 '애살' 또는 '에살'로 나타나기도 하나 역시 충청도 방언 '개살'과는 거리가 있다.

개토시

- 표준어 : 개차반
- 품　사 : 명사
- 뜻풀이 : 말과 행동이 아주 거칠고 너절한 사람을 비유적으로 속되게 이르는 말.
- 다른 방언형 : 개차반
- 사용 지역 : 충청도

> 　선생님한테 불려가 치도곤을 당한 게 한두 번이 아니요 악동의 **개토시**로 악명 높아 어머니가 대신 무릎 꿇은 게 한두 번이 아니었지만 나는 예원이 앞에서만은 늘 주인 앞의 강아지 같았다. 〈강준희, 이카로스의 날개는 녹지 않았다(상), 1996, 46〉

　표준어의 '개토시'는 '개'와 '토시'의 합성어로 분석된다. '토시'는 추위를 막기 위하여 팔뚝에 끼는 것으로 저고리 소매처럼 한쪽은 좁고 다른 쪽은 넓게 되어 있는 것을 가리키기도 하고, 일을 할 때 팔소매를 가뜬하게 하거나 팔소매가 해지거나 더러워지지 않도록 소매 위에 덧끼는 것을 가리키기도 한다. 예문에서의 '개토시'는 '털이 있는 개의 가죽으로 만들어 팔뚝에 끼는 방한용품'을 비유적으로 이르는 말로 이해된다. '악동의 개토시'는 행실이 나쁘고 장난이 심한 아이가 낀 개가죽으로 만든 토시라는 뜻에 비유하여 말과 행실이 아주 거칠고 더러운 사람을 이르는 말로 쓰인 것이다. 즉 '말과 행동이 아주 거칠고 너절한 사람을 비유적이고 속되게 이르는 말'로 풀이할 수 있다. '개토시 같다'는 '별 쓸모가 없다'는 뜻으로 쓰이기도 한다.

객사한 놈 지팡이 버리듯 한다

- 표준어 : 대응 표준어 없음
- 품　사 : 속담
- 뜻풀이 : 객지에서 죽은 사람이 가지고 다니던 지팡이를 쉽게 버리듯이 지조나
　　　　　청렴을 쉽게 버림을 비유적으로 이르는 말.
- 다른 방언형 : 원두쟁이 쓴 외 버리듯 한다, 객사한 눔 지팽이 버리듯 한다.
- 사용 지역 : 충청도

　‘객사(客死)’는 집을 나갔다가 객지에서 죽는 것을 뜻하고, ‘지팡이’
는 걸을 때에 도움을 얻기 위하여 짚는 막대기다. 예문에서는 ‘지팡이’
를 살아가는데 올바른 길에서 벗어나 부패하거나 타락하여 잘못된 길
로 빠지지 않게 하는 청렴에 비유한 것으로 해석된다. 객사한 사람이
가지고 다니던 지팡이가 다른 사람에게는 쓸모가 없으므로 쉽게 버리
듯이 돈을 추구하여 부패하고 타락한 사람은 올바른 길에서 벗어나 지
조나 청렴을 쉽게 버리는 것을 비유적으로 이르는 속담이다. 예문의
‘원두장이 쓴 외 버리듯 하다’도 밭에 오이를 심어 기르는 사람은 쓴
오이가 상품 가치가 없어 쉽게 버리듯이 지조나 청렴을 중시하지 않고
쉽게 버리는 것을 비유적으로 이르는 속담이다. 이와 비슷한 말로 ‘헌
신짝 버리듯 한다’가 있다. 헌 신짝은 쓸모도 없고 값어치도 없어 버려
도 아깝지 아니한 것을 비유적으로 이르는 말이다. 예문의 ‘원두장이

쓴 외 버리듯 하고 청렴 따위는 객사한 놈 지팡이 버리듯 한다'는 말은
타락하고 부패한 사람들은 지조나 청렴을 중요하게 여기지 않고 쉽게
버린다는 것을 비유적으로 이르는 속담이다.

갱긋찮다

- 표준어 : #괜찮다
- 품 사 : 형용사
- 뜻풀이 : 별로 나쁘지 않고 보통 이상이다.
- 다른 방언형 : 갠잖다
- 사용 지역 : 충청도

> 그녀가 묻잖은 소리를 꺼내자 어머니는 다시 "워디 츠녀라더냐?" "예, 슴 시약씨래유. 배슴(舟島) 츠년디, 어물전 들랑대던 워느 뱃놈이 중신했대유." 그녀는 이어서 "슴것슴것 허다가 막상 슨을 보니께 아주 **갱긋찮게** 생겼더라며, 궁합두 썩 좋다구 신서방 마누라는 자랑했쌓던 디유." "슴 츠녀라구 다 시커먼허구 볼상 숭허게 생긴다더냐?" 〈이문구, 관촌수필, 1972, 143〉

'갱긋찮다'는 그다지 나쁘지 않고 보통 이상은 된다는 뜻의 표준어 '괜찮다'와 비슷한 충청도 방언이다. 형태적으로 보면 '갱긋찮다'는 '갱긋하지않다'의 준말로 이해된다. 즉 '갱긋하지않다'에서 '하'의 'ㅏ'가 줄어 '갱긋치않다'로 된 다음 다시 '치'와 '않'이 축약되어 '갱긋찮다'가 된 것이다. 그런데 '갱긋하지않다'를 한글맞춤법의 준말 표기법에 따라 준말로 표기하면 '하지'의 '하'가 완전히 준 경우에는 준대로 적는다는 규정에 따라 '갱긋잖다'로 표기하고 〔갱그짠타〕로 발음할 것이다. 그런데 예문에서 '갱긋찮다'로 표기된 것은 작가가 방언에서 '〔갱그찬타〕'로 발음하는 것을 반영한 것으로 보인다.

갸기부리다

- 표준어 : 대응 표준어 없음
- 품 사 : 동사
- 뜻풀이 : 남을 업신여기고 잘난 체하며 뽐내는 행동을 하다.
- 사용 지역 : 충청도

> 인사를 받든 안 받든 나만 인사하면 되고 등기부 열람해다 사무보면 그게 사무원다운 거지. 위인들이 **갸기부리고** 곤댓짓하는 거야 제가 잘나 그런 줄 착각하는 모양이니 치지도외 해버리자. 〈강준희, 이카로스의 날개는 녹지 않았다(중), 1996, 140〉

'갸기부리다'는 '갸기'와 '부리다'가 결합된 합성어로 분석할 수 있다. '갸기'는 표준어 '교기(驕氣)'의 충청도 방언형이다. 표준어 '교기'는 '남을 업신여기고 잘난 체하며 뽐내는 태도'를 뜻하는 말로 언제나 '부리다'와 함께 통합되어 쓰인다. '부리다'는 '행동이나 성질 따위를 계속 드러내거나 보이다'의 뜻으로 쓰이는 말이다. 표준어 '교기'와 '부리다'가 항상 함께 쓰인다는 점에서 '교기부리다'를 하나의 단어로 처리할 수 있을 것이다. 충청도 방언 '갸기부리다'는 '남을 업신여기고 잘난 체하며 뽐내는 행동을 하다' 정도의 뜻을 가지는 합성동사로 보아야 할 것이다. '갸기부리다'와 비슷한 뜻으로 쓰이는 말로 '거들먹거리다'가 있다. '갸기부리다'가 남을 업신여기고 잘난 체하며 뽐내는 행동을 일회성으로 하는 것이라면 '거들먹거리다'는 신이 나서 잘난 체하며 자꾸 함부로 거만하게 행동하는 것이라는 점에서 차이가 있다.

거렁뱅이

- 표준어 : 비렁뱅이
- 품 사 : 명사
- 뜻풀이 : 남에게 빌어먹고 사는 사람을 낮잡아 이르는 말.
- 다른 방언형 : 걸뱅이, 걸빙이, 걸비이, 동냥아치, 동냥치, 동냥박씨, 어더배기, 어
  더박시, 어더뱅이, 으더박시, 비렁뱅이, 비렁배이, 비렁배, 비렁이,
  비렝박이, 그지
- 사용 지역 : 충청도

'거렁뱅이'는 표준어 '거지'를 낮잡아 이르는 말인 '비렁뱅이'에 대응
하는 충청도 방언형이다. '거렁뱅이'는 '남에게 빌어먹고 사는 사람을
낮잡아 이르는 말'이다. '거렁뱅이'는 '거지'에 비해 더 낮잡아 이르는
의미가 있다. '거지'와 거의 같은 뜻으로 쓰이는 방언형은 '그지, 거렁
뱅이, 걸뱅이, 걸비이, 동냥아치, 동냥치, 동냥박씨, 어디배기, 이디박
씨, 어더뱅이, 으더박씨, 비렁뱅이, 비렁배이, 비렁배, 비렁이, 비렝박
이' 등 매우 다양하다. '그지'는 '거지'의 어두음절 모음이 장모음으로
실현되면서 고모음화한 형태로 전국적인 분포를 보인다.

'거렁뱅이'와 '걸뱅이, 걸빙이, 걸비~이'는 모두 어원을 같이 하는
것으로 보인다. '걸뱅이'와 '걸빙이', '걸비~이'는 '거렁뱅이'에 기원하
는 형태로 파악된다. '거렁뱅이'는 '걸엉-+-뱅이'로 분석할 수도 있고,

거-+-렁뱅이'로 분석할 수도 있어 보인다. '걸엉-+-뱅이'로 볼 경우 '걸엉-'은 '빌다'나 '구하다'의 뜻으로 쓰이는 '걸인(乞人)'이나 '구걸(求乞)'의 '걸(乞)'에 명사화 접미사 '-엉'이 결합된 것으로 보인다. 명사화 접미사 '-엉'은 충청도 방언에서 어간말모음이 음성모음으로 끝나는 '검다', '누렇다', '퍼렇다' 등의 어간과 결합하여 '검정', '누렁', '퍼렁' 등을 파생시키고, '-앙'은 어간말모음이 양성모음으로 끝나는 '까맣다', '노랗다', '파랗다' 등의 어간과 결합하여 '까망', '노랑', '파랑' 등을 파생시킨다.

'-뱅이'는 '가난뱅이, 게으름뱅이, 앉은뱅이, 주정뱅이, 좁쌀뱅이' 등에서와 같이 일부 명사에 붙어 그러한 특성을 가진 사람의 뜻으로 쓰이는 접미사다. '거렁뱅이'를 '거렁-+-뱅이'로 볼 수 있는 근거는 접미사 '-뱅이'에 선행하는 형태는 명사나 명사적으로 쓰이는 말이기 때문이다.

'거렁뱅이'와 관련이 있는 방언형 '걸뱅이, 걸빙이, 걸비~이'는 '껄뱅이, 껄배이' 등과 함께 주로 경상도 지역에서 쓰인다.

'동냥아치, 동냥치, 동냥박씨' 등은 모두 '동냥'에서 파생된 말로 각각 이집 저집으로 돌아다니면서 밥이나 돈 같은 것을 빌어 얻는 것을 뜻하는 '동냥'에 그 일에 종사하는 사람의 뜻을 더하는 접미사 '-아치, -치, -박씨'가 결합된 말이다. '동나아치, 동냥치, 동냥바지' 등과 함께 전라도와 충청도를 비롯한 중부 지역은 물론 북한 지역에서도 쓰이는 방언형들이다.

'어더배기, 어더박씨, 어더뱅이, 으더박씨' 등은 동사 '얻다'와 관련이 있는 말로 이해된다. 즉 '얻다'의 활용형 '얻어-'에 그 일에 종사하는 사람의 뜻을 더하는 접미사 '-배기, -박씨, -뱅이' 등이 결합하여 파생된 것이라고 할 수 있다. 이들 방언형 외에도 '어더뱅이, 어더박수' 등도 쓰이는데 모두 얻어먹는 사람을 낮잡아 이르는 말을 뜻한다. 주로 전라도와 충청도 지역에서 쓰이는 것으로 알려져 있다.

'비렁뱅이, 비렁배이, 비렁배, 비렁이, 비렝박이' 등은 동사 '빌다'와 관련이 있는 말로 이해된다. 즉 '빌다'의 어간 '빌-'에 그 일에 종사하는 사람의 뜻을 더하는 접미사가 결합하여 파생된 것이라고 할 수 있다. '비렁뱅이, 비렁배이'는 '빌+엉뱅이'로 분석할 수 있는 '비렁뱅이'에서 변한 형태로 파악된다. '비렁이'와 '비렝박이'는 각각 '빌다'의 어간 '빌-'에 접미사 '-엉이'와 '-엉박이'가 결합하여 파생된 것으로 분석된다. 이외에도 '비렁배이, 비렝이' 등의 방언형이 쓰이는데 역시 빌어먹는 사람을 낮잡아 이르는 말이고 충청도 지역에서 주로 쓰인다.

거루다

- 표준어 : 대응 표준어 없음
- 품　　사 : 동사
- 뜻풀이 : 거름이나 양분 따위를 주거나 하여 식물이나 동물이 잘 자라도록 기르고 가꾸다.
- 다른 방언형 : 걸구다
- 사용 지역 : 충청도

> 쇠득이는 나무하러 가고 그의 모친은 허리가 아퍼서 일순이와 함께 집을 보고 있었다. 보리는 겨울내 잘 **거루어서** 장하게 되였다. 울섶같이 둘어선 보리때는 고랑이 잘 뵈지 않게 우굿하다. 그들은 단둘이 되자 이상히도 마음에 고적을 느끼였다. 〈이기영, 고향, 1947, 62〉

'거루다'는 '식물이나 동물이 잘 자라도록 기르고 가꾸다'의 뜻을 가진 충청도 방언이다. '거루다'와 호응하는 단어는 자랄 수 있는 동물이나 식물이 되고, 거룬 결과는 거루지 않고 자연적으로 성장한 것보다 더 낫도록 기대한다는 의미가 내포되어 있다.

'거루다'는 '흙이나 거름 따위가 기름지고 양분이 많다'의 뜻으로 쓰이는 형용사 '걸다'의 어간 '걸-'에 사동접미사 '-우-'가 결합된 것으로 이해된다. 따라서 '거루다'는 '거름이나 양분 따위를 주거나 하여 식물이나 동물이 잘 자라도록 기르고 가꾸다'의 뜻으로 쓰이는 타동사다.

충청도 방언에서는 '거루다'보다는 사동접미사 '-구-'가 결합된 '걸구다'가 더 많이 쓰인다. 어간에 사동접미사 '-구-'가 결합된 충청도 방언의 예로 '줄구다(줄다)', '늘구다(늘다)', '돋구다(돋다)' 등이 있다.

거악하다

- 표준어 : #그악하다
- 품   사 : 형용사
- 뜻풀이 : 산세나 지세가 발을 디디기 어려울 만큼 험하고 가파르다.
- 다른 방언형 : 그악스럽다, 그악시룹다
- 사용 지역 : 충청도

먼저 살던 곳에서 이곳까지는 60리가 실한 산길이고 이 산길 중간엔 길마재라고 하는 **거악한** 재와 곧은터재라고 하는 가파른 재가 있는데 우리는 이 두 재를 지게로 이삿짐을 다 져날랐다. 〈강준희, 이카로스의 날개는 녹지 않았다(상), 1996, 333〉

'거악하다'는 표준어 '그악하다'에 대응하는 충청도 방언형이다. '거악하다'는 어근 '거악-'에 접미사 '-하다'가 결합하여 이루어진 말로 분석할 수 있다. '거악'은 '모질고 사나움'을 뜻하는 표준어 '그악'에 대응하는 말로 '거악하다'의 어근이다. 충청도 방언에서의 '거악하다'는 '땅의 형세가 발을 디디기 어려울 만큼 험하고 가파르다'의 뜻을 가지므로 표준어 '그악하다'와 유사한 의미로 쓰인다. 표준어 '그악하다'는 충청도방언 '거악하나'의 어두음절 모음 '이'가 '으'로 고모음화한 것으로 보인다. 충청도 방언에서는 어두음절 모음이 '어'이고 장모음으로 실현되면 어두음절 모음 '어'가 '으'로 고모음화한 '그악하다'로 나타나기도 한다.

'거악하다'나 '그악하다' 외에 어근 '그악-'에 형용사를 만드는 접미사 '-스럽다'가 결합한 '그악스럽다'와 이의 방언형 '그악시룹다'도 충청도 방언으로 쓰인다.

거우듬하다

- 표준어 : 대응 표준어 없음
- 품 사 : 형용사
- 뜻풀이 : 해나 달 따위가 기울어 저물어가다.
- 다른 방언형 : 꺼우름하다
- 사용 지역 : 충청도

> 해가 **거우듬하도록** 혼자 궁리해 봤지만 딸이 휘어들음직한 말은 떠오르지 않았다. 〈이문구, 제3세대한국문학9:李文求, 우리 동네, 1983, 352〉

표준어에서의 '거우듬하다'는 공간적으로 볼 때 '조금 기울어진 듯하다'의 의미를 갖는데 비해 충청도 방언에서는 예문에서와 같이 시간적인 뜻을 나타낼 때도 쓰인다. '거우듬하다'가 '조금 기울어진 듯하다'의 공간적인 의미에서 '해나 달이 저물어가다'와 같이 시간적인 의미에까지 확대되어 쓰인 것이라고 할 수 있다. 시간적으로 해나 달이 저무는 것은 공간적으로 해와 달이 하늘에서 한쪽으로 기울어지는 것과 관련이 있기 때문이다.

충청도 방언에서 '거우듬하다'는 "병얼 거우듬하게 하구 있어야 안에 들어 있는 기 흘러 나오지."에서와 같이 '어떤 물건이 한쪽으로 기울어져 있다'의 뜻으로도 쓰인다. 이러한 뜻으로 쓰이는 '거우듬하다'와 비슷한 말로 '거울다', '거울르다', '꺼울다', '꺼울르다' 등이 있다.

'거우듬하다'와 '기울어지다'는 의미상 약간의 차이가 있다. '거우듬하다'는 공간적으로 완전히 기울어진 것은 아니고 조금 기울어진 듯한 느낌이 들 때 쓰이고 '기울어지다'는 비스듬하게 한쪽이 낮아지거나 비뚤어진 것을 가리킬 때 쓰인다.

건건찝질하다

- 표준어 : 대응 표준어 없음
- 품　사 : 형용사
- 뜻풀이 : 감칠맛이 없으면서 조금 짠 맛이 있다.
- 사용 지역 : 충청도

> 오줌이라도 받아마시자! 나는 생각다 못해 마침내 오줌을 받아마시기에 이르렀다. 뜨뜻미지근하고 **건건찝질한** 액체가 목줄기를 타고 꿀꺽꿀꺽 넘어가자 그래도 한결 살 것 같았다. 〈강준희, 이카로스의 날개는 녹지 않았다(중), 1996, 286〉

'건건찝질하다'는 '건건하다'와 '찝질하다'의 어간이 합성된 단어로 분석된다. '찝질하다'는 한글 맞춤법 제13항 "한 단어 안에서 같은 음절이나 비슷한 음절이 겹쳐 나는 부분은 같은 글자로 적는다."는 규정에 따라 '찝찔하다'로 표기해야 한다.

'건건하다'는 김장할 때 소금을 뿌려 절인 배추에 양념 무친 것을 금방 먹으면 감칠맛은 없고 간이 배어 조금 짠 맛이 느껴지는 것을 가리킨다. 즉 '간이 배어 짠 맛은 약간 있지만 감칠맛이 없다'는 뜻으로 쓰인다.

다 자란 옥수숫대 껍질을 벗기고 속대를 씹어 단물을 싸 먹을 때 딜고 감칠맛은 안 나고 약간 짠 듯한 맛이 느껴지는데 이런 맛을 표현할 때 '맛이 찝찔하다' 또는 '찝찔해서 못 먹겠다'와 같이 쓴다. '건건찝찔하다'는 '건건하다'와 '찝찔하다'가 합성된 말이므로 의미도 두 단어의 의미가 복합되어 있다. 감칠맛이 없고 조금 짠 맛이 느껴질 때 쓰인다.

건지

- 표준어 : #재미, #낙(樂), #근거
- 품　사 : 명사
- 뜻풀이 : ① 살아가면서 느끼는 즐거움이나 재미.
　　　　　② 어떤 일이나 의논, 의견의 바탕이 되는 근본이나 까닭.
- 다른 방언형 : 건덕지, 껀떡지
- 사용 지역 : 충청도

　　명희는 재롱동이였다. 신서방네 집안의 유일한 웃음거리였다. "저것이라두 읎으면 무슨 **건지**루 살겄어유." 〈이문구, 제3세대한국문학9:李文求, 관촌수필, 1983, 159〉

　예문에 쓰인 '건지'는 위의 뜻풀이 ①에서와 같이 '살아가면서 느끼는 즐거움이나 재미'를 뜻하는 '낙(樂)' 또는 '아기자기하게 즐거운 기분이나 느낌'을 뜻하는 '재미' 정도의 의미로 쓰였다. 이렇게 볼 수 있는 근거는 위의 예문에 쓰인 '재롱동이'와 '웃음거리'에서 찾을 수 있다. 신서방네가 사는 재미나 즐거움의 근거는 '재롱동이'가 제공하는 '웃음거리'이기 때문이다. 여기에서 예문의 '사는 건지'를 '사는 낙'이나 '사는 즐거움' 또는 '사는 재미'라고 해석할 수 있다.

　충청도 방언에서 '그때는 무슨 건지루 그렇게 했는지 모르겠다'와 같은 예에서는 뜻풀이 ②에서와 같이 '건지'를 '어떤 일의 근거 또는 근본이 되는 까닭'의 의미로도 쓰인다. 충청도 방언에서는 '건지'와 같은 뜻으로 '건덕지'와 '껀덕지'도 쓰인다.

검비검비

> 그는 어떤 여순경에게 손목을 잡힌 채 배가 금방 떠난다던 어느 나루터로 가는 참이었다. 얼마동안 여순경을 **검비검비** 따라가던 그는 문득 걸음을 멈추었다. 〈이문구, 우리 동네 金氏, 한국문학49, 1977, 11〉

> 오늘도 들어오며 일변 등멱부터 했건만 질어터진 밥에 집을 게 없어 심심하게 입가심한 탓인지 뒷맛이 특특하니 개운찮았고, 끓는 열무 솎음국에 말아 **검비검비** 떠넣은 바람에 땀만 배어 옆구리고 오금탱이고 찐득거리지 않는 데가 없었다. 〈이문구, 으악새 우는 사연, 1977, 124〉

‘검비검비’는 표준어의 ‘곰비임비’와 비슷한 뜻을 가진 충청도 방언이다. ‘곰비임비’와 ‘검비검비’는 다 같이 어떤 일이나 행동이 거듭해서 일어나는 모양을 나타낸다는 점에서는 비슷하다. 충청도 방언에서는 어떤 일이나 행동이 계속해서 일어나는 모양을 나타내는 ‘검비검비’ 외에 ‘곰배임배’와 ‘곰배곰배’도 쓰인다. ‘검비검비’나 ‘곰배임배’, ‘곰배곰배’는 어떤 일이나 행동이 계속되거나 반복되는 모습을 나타내기 때문에 이 말의 수식을 받는 동사도 어떤 일이나 행동이 계속되는 동작을 나타낼 수 있는 것이어야 한다는 특징이 있다. 평북 방언에서는 ‘곰배님배’ 형으로 쓰이기도 한다.

고비임비

- 표준어 : 곰비임비
- 품　사 : 부사
- 뜻풀이 : 어떤 일이나 행동이 계속해서 일어나는 모양.
- 다른 방언형 : 곰배임배, 검비검비, 곰배곰배, 곰배님배
- 사용 지역 : 충청도

> 아내의 해산이 오늘 내일 하는데. 마당질도 곧 해야 되고 밀, 보리도 **고비임비** 갈아야 하는데. 그리고 새를 베어다 이엉을 엮어 지붕도 해 덮어야 하는데. 그런데 이런 때, 이런 형편에 나 몰라라 하고 집을 떠나다니. 〈강준희, 이카로스의 날개는 녹지 않았다(중), 1996, 152〉

'고비임비'는 표준어 '곰비임비'에 대응하는 충청도 방언으로 어떤 일이 계속하여 일어나거나 어떤 행동이 끊이지 않고 계속해서 일어나는 모양을 뜻하는 말이다. 충청도 방언에서는 '고비임비' 외에 '검비검비', '곰배임배', '곰배곰배'도 쓰이는데 어떤 일이나 행동이 계속되거나 반복되는 뜻을 나타내는 동사와 함께 쓰이는 특징이 있다. 평북 방언에서는 '곰배님배'로도 쓰인다.

참고로, '님이 오마 흐거늘'로 시작하는 청구영언에 실려 있는 고시조에는 "보션 버서 품에 품고 신 버서 손에 쥐고 겻븨님븨 님븨곰븨 천방지방 지방천방 즌 듸 무른 듸 굴희지 말고 위렁충창 건너가셔 情엣말 흐려 흐고 겻눈을 흘긋보니 上年 七月 사흘날 굴가벅긴 주추리 삼대 술드리도 날 소겨다"라는 부분이 있는데 여기에 나오는 '겻븨님븨'와 '님븨곰븨'도 같은 뜻을 가지는 말로 이해된다.

고주배기

- 표준어 : ① 고주박 ② 붙박이
- 품　사 : 명사
- 뜻풀이 : ① 땅에 박힌 채 썩은 나무의 그루터기.
　　　　　② 대대로 그 땅에서 나서 붙박이로 살고 있는 사람.
- 다른 방언형 : 고주박, 고자박, 고자배기
- 사용 지역 : 경상도, 전라도, 충청도

① 진달래 **고주배기** 잉걸불에 하루에도 몇 마리씩 구워먹었던 참새고기도 옛맛이 그리워, 재작년 겨울인가 서울 살며 처음 시민회관 뒷골목 리어카아 포장 속에서 막소주 안주로 삼아 본 일이 있지만, 어딘지 제맛이 아니다 싶더니 부화장에서 무녀리와 열중이를 골라버린 병아리구이였음을 뒤늦게 알아내기도 했다. 〈이문구, 관촌수필, 1972, 109〉

② 중년에 진 빚이 말년으로 이어지고 희수(喜壽)는커녕 미수(米壽)가 지나 천수를 다하도록 생전의 빚을 못 벗고 간 이도 문정은 알고 있었다. 향교리의 **고주배기**였던 이성록(李成綠) 옹의 경우가 그러하였다. 〈이문구, 산 너머 남촌, 1990, 150〉

　'고주배기'는 표준어 '고주박'에 대응되는 충청도 방언이다. '고주배기'는 '고주박'에 접미사 '-이'가 결합되어 파생된 '고주박이'의 움라우트형으로 분석된다. 표준어 '고주박'은 땅에 박힌 채 썩은 소나무의 그루터기를 가리키지만 충청도 방언에서의 '고주배기'는 소나무의 그루터기뿐만 아니라 어떤 나무든 굵은 줄기를 베어내고 남은 그루터기가 땅에 박힌 채 썩은 것을 가리킨다. 고주배기 가운데 소나무 그루터기가 땅에 박힌 채 썩은 것은 송진이 굳은 관솔을 둘러싼 겉 부분은 썩어서 푸석푸석하게 된 것을 가리키고, 소나무 외 다른 나무의 그루터기는 남는 것이 없이 전체가 다 썩는다. 이 때문에 산에 가서 땔감을 할 때는 주로 소나무 그루터기가 썩은 '고주배기'를 해 온다.

'고주박, 고주배기'는 충북과 경기 지역에서 많이 쓰이고, '고자박, 고자배기'는 충북, 경기 지역 외에 전남북 지역에서도 쓰인다.

충청도 방언에서 나무를 베고 아직 썩지 않은 그루터기는 '끄렁, 끌끄렁, 끌텅'이라고 한다. '끄렁'이나 '끌끄렁'은 벼나 보리, 밀 등을 베고 남은 그루터기를 가리키는 말로도 쓰인다.

씨름이나 팔씨름을 할 때 힘없이 넘어질 때 '썩은 고주배기 넘어지듯 한다.'고 하는데 이 말은 나무를 베고 남은 그루터기가 썩은 고주배기는 뿌리 부분이 썩어 있어 밀거나 당기면 쉽게 넘어지데는 이것을 비유적으로 이르는 말이다.

한편 충청도 방언의 '고주배기'는 두 번째 예문에서 보는 바와 같이 '한 지역에서 붙박이로 오랫동안 살고 있는 사람'을 가리키는 말로도 쓰인다.

곱은탱이

- 표준어 : #모롱이
- 품   사 : 명사
- 뜻풀이 : 강, 길, 울타리, 골목 등이 굽이지거나 꺾어져 돌아가는 곳.
- 다른 방언형 : 곱은태이, 곱은팅이, 곱은티이, 모링이, 모리이, 모퉁이, 모티이
- 사용 지역 : 전국

나는 이윽고 신작로가 나뉘면서 검붉은 황토를 드러낸 좁다란 골목길로 들어섰다. 몇 걸음 안 가서 이내 과수원이 나왔다. 이제 과수원 탱자나무 울타리 **곱은탱이**만 돌아가면 철철이 선대의 손길이 닳아지고, 사변 이듬해부터는 여러 가지 푸성귀와 그루갈이를 내 손으로 직접 거두어 먹다가 집과 함께 모개흥정으로 처분하고 떠났던, 팔백여 평의 터앝이 나타날 숨가쁜 길목이었다. 〈이문구, 관촌수필, 1972, 13〉

김이 진모랭이 **곱은탱이**를 돌아서자 이미 요란스럽게 타오르는 모닥불 이쪽으로 사람이 나와 몰려 있는게 보였다. 그는 손에 든 주전자 무게를 가늠해 가며 나온 사람이 몇이나 되는지, 모닥불에 얼비추는 틈으로 어림해 보려고 했다. 〈이문구, 으악새 우는 사연, 1977, 135〉

'곱은탱이'는 곧지 않고 한쪽으로 약간 휘어 있다는 뜻을 가진 '곱다'의 어간 '곱-'의 관형사형 '곱은'에 접미사 '-탱이'가 결합된 것으로 분석할 수 있다. 접미사 '-탱이'가 '곰탱이, 미련탱이, 잠탱이, 눈탱이' 등에서와 같이 사람의 성격이나 태도 또는 외모와 관련된 말에 붙어 쓰이면 비하의 의미가 있지만 '귀탱이, 꼬부랑탱이, 쪼글탱이' 등에서와 같이 어떤 사물의 모양이나 위치 등을 나타내는 어근에 붙으면 비하의

의미가 반감되거나 사라지는 것으로 보인다. 이것은 접미사 '-탱이'가 본래 비하의 의미를 나타내던 것이었는데 점차 중립적인 용법을 가지게 되었음을 의미하는 것이라고 할 수 있다.

예문에 쓰인 '곱은탱이'는 산이나 울타리, 골목 등이 구부러지거나 꺾여진 곳을 뜻하는 충청도 방언이다. 구부러지거나 꺾어져 돌아가는 곳을 뜻하는 '모퉁이'와는 약간의 의미 차이가 있다. '모퉁이'는 산이나 울타리 또는 골목과 같이 어떤 대상을 끼고 있으면서 구부러지거나 꺾어져 돌아가는 곳을 뜻하지만 충청도 방언 '곱은탱이'는 대상 자체가 구부러지거나 꺾어져 돌아가는 곳을 뜻하기 때문이다. 충청도 방언 '곱은탱이'에 대응하는 또 다른 방언형 '고분뎅이, 고분댕이'는 전라도 지역에서도 쓰이고 '곱은탱이'는 충청도를 비롯하여 전국적인 분포를 보이는데 이들 방언형은 유의어 관계에 있는 것으로 보인다. '고분뎅이'와 '고분댕이'의 축약형으로 '공뎅이'와 '공댕이'도 쓰이는데 주로 전라남도 지역에서 쓰이는 것으로 알려져 있다.

충청도 방언에서는 표준어 '모퉁이'를 뜻하는 말로 '모롱이'와 '모링이', '모리이'가 쓰인다. '모리이'는 단어의 끝에 오는 모음 '이' 앞에서 선행하는 음절의 받침 'ㅇ'이 탈락된 형태다. 충청도 방언에서는 '호랑이〉호랭이〉호래이, 지팡이〉지팽이〉지패이'나 '가마니〉가마이, 어머니〉어머이, 할머니〉할머이' 등에서와 같이 단어의 끝에 오는 모음 '이' 앞에서 'ㅇ'이나 'ㄴ'이 탈락하는 현상이 있는데 '모리이'도 이와 같은 과정을 거친 것이다. '모퉁이'와 '모티이'의 관계도 마찬가지다. '모티이'는 '모퉁이〉모팅이〉모튀이〉모티이'의 과정을 거친 것으로 이해된다.

공이백이

- 표준어 : 대응 표준어 없음
- 품 사 : 명사
- 뜻풀이 : 도라지, 더덕, 잔대 따위의 속에 박힌 질기고 딱딱한 줄기.
- 다른 방언형 : 옹이백이
- 사용 지역 : 충청도

다 쇠터져서 **공이백인** 것이야 가마니루 캐 온들 무슨 쇠용 있데? 〈이문구, 제
3세대한국문학9:李文求, 관촌수필, 1983, 192〉

'공이백이'는 무 따위의 뿌리 속에 섞인 질긴 줄기를 뜻하는 표준어
'심(心)'과 같은 뜻으로 쓰이는 '공이'에 일부 명사 뒤에 붙어 무엇이
박혀 있는 물건이라는 뜻을 더하는 접미사 '-백이'가 결합된 것으로 분
석된다. '-백이'는 '박다'의 어간 '박-'에 명사를 만드는 접미사 '-이'가
결합된 '-박이'의 움라우트형이다. 예문의 '공이백이'는 도라지나 잔대
따위의 뿌리 속에 질기고 좀 딱딱한 줄기가 박혀서 먹을 수 없거나 먹
기 어려운 것을 가리키는 말이다.

'공이'와 관계있는 충청도 방언형으로 표준어형 '옹이'가 쓰인다. '옹
이'는 나무의 굵은 줄기에서 뻗은 가지를 베고 난 자리에 박힌 그루터
기를 가리키는 말이다.

굽마리

- 표준어 : 대응 표준어 없음
- 품　사 : 명사
- 뜻풀이 : 한복 바지의 양 옆구리 앞쪽의 겉옷과 속옷 사이 또는 속옷과 살 사이
  에서부터 가랑이까지 사이.
- 다른 방언형 : 골마리, 골마루, 골막, 꼴막
- 사용 지역 : 충청도

구장은 별안간 이가 물든지 배꼽에 글친 **굽마리**를 까고 득득 극는다. 때비늘이 허 – 야케 글킨다. 〈이기영, 가가가가, 1988, 208〉

"너 요새 기운 셋다드구나. 어디 얼마나 센가 보자 건방진 자식."
막동이는 **굽마리**를 추키며 윗통을 벗어 부친다. 〈이기영, 고향2, 1947, 316〉

'굽마리'는 한복 바지의 양 옆구리 앞쪽의 겉옷과 속옷 사이 또는 속옷과 살 사이에서부터 가랑이까지를 뜻하는 충청도 방언이다. 예전에는 한복 바지를 입고 헝겊 허리띠를 매었는데 바지가 내려가지 않도록 허리띠를 맬 수 있을 만큼 접어서 여미는데 그 여민 앞부분의 허리춤 안쪽에서부터 가랑이까지 사이를 가리킨다. 겨울에는 여기에 손을 넣어 손을 녹이거나 손이 얼지 않게 하기도 한다. 충청도 방언형으로 '굽마리' 외에 '골마리, 골마루, 골막, 꼴막'이 쓰이기도 한다. '꼴막에 손을 넣는다'고 하면 허리띠를 맨 허리춤의 앞부분에 손을 넣는다는 뜻이다.

구덕살

- 표준어 : 굳은살
- 품　사 : 명사
- 뜻풀이 : 잦은 마찰로 손바닥이나 발바닥에 생긴 두껍고 단단한 살.
- 다른 방언형 : 굳은살, 구둑살, 꾸덕살, 꾸뚝살, 장알, 뚝살, 석살, 썩살, 장아리
- 사용 지역 : 충청도

> 손바닥이 부르터 물집이 생기고 물집이 터져 동전 같은 **구덕살**이 박혔을 때는 땅도 2백여 평 일구었고 온 몸은 뱀 허물처럼 얼룩얼룩 벗겨져 구릿빛으로 변해 있었다. 〈강준희, 이카로스의 날개는 녹지 않았다(중), 1996, 303〉

‘구덕살’은 ‘구덕-’과 ‘살’로 분석할 수 있고 ‘구덕’은 다시 ‘굳-’과 ‘-억’으로 분석할 수 있다. ‘구덕-’은 ‘무른 물질이 단단하게 되다’의 뜻으로 쓰이는 ‘굳다’의 어간 ‘굳-’에 접미사 ‘-억’이 결합된 것이다. ‘구덕살’은 ‘구덕-’에 사람이나 동물의 뼈를 싸고 있는 부드럽고 연한 물질을 뜻하는 ‘살’이 결합된 합성어다. ‘구덕살이 백혔다’나 ‘구덕살이 백였다’에서와 같이 주로 뒤에 ‘박이다’나 ‘박히다’와 같은 피동사와 잘 호응된다. 충북 지역에서는 ‘구덕살’ 외에 ‘꾸둑살’과 ‘뚝살’도 많이 쓰이고 표준어형 ‘굳은살’도 많이 쓰인다.

구렁찰논

- 표준어 : 대응 표준어 없음
- 품　사 : 명사
- 뜻풀이 : 바닥이나 면이 주변보다 낮고 길며 물길 좋고 기름진 논.
- 다른 방언형 : 구렁논, 고래실논
- 사용 지역 : 충청도

미나리꽝으로 쓴 마당 밑 박우물 아래 초입 배미부터, 내리닫이로 신작로까지 늘어섰으려니 했던, 가뭄을 모르던 무논이어서 해마다 오려를 거둔 **구렁찰논**들은, 벌써 그런 흔적마저 찾아볼 수 없게 붉은 기와나 슬레이트로 지붕한 헙스름한 집들만이 들쑹날쑹 제멋대로 들어차있었다. 〈이문구, 관촌수필, 1972, 132〉

여러 다랭이 중에서도 한길가에 있는 **구렁찰논**부터 들러보러 가나 보았다. 부친은 그런 고집을 피우며 부득부득 신작로 쪽으로 내려갔던 것이다. 〈이문구, 장한몽최종, 1976, 584〉

표준어에서의 '구렁찰'은 '늦게 익는 찰벼'를 가리킨다. 이렇게 보면 예문의 '구렁찰논'은 '늦게 익는 찰벼를 심은 논'으로 이해된다. 그런데 같은 예문에서 '해마다 오려를 거둔 구렁찰논'의 '오려'는 제철보다 일찍 익는 벼인 '올벼'를 뜻하므로 '해마다 올벼를 거둔 늦게 익는 찰벼를 거둔 논'이라는 뜻이 되어 논리적으로 맞지 않는다. 따라서 위의 예문에 쓰인 '구렁찰논'은 다르게 이해하여야 한다.

'구렁논'은 땅이 주변보다 낮고 길게 생긴 곳을 가리키는 '구렁'과 '논'이 합성된 말이다. 즉 '구렁논'은 주변보다 낮고 길게 생긴 곳에 있는 논을 가리키므로 '구렁찰논'은 '구렁＋찰＋논'으로 분석할 수 있다. 문제는 '찰'인데 '찰'은 '모자라거나 부족한 점이 없이 가득하다'의 뜻을 가진 '차다'의 관형사형으로 볼 수 있다. 이렇게 보면 '구렁찰논'은 조어법상 관형사형과 명사가 결합된 합성어라고 보아야 한다는 점에서 자연스럽지 못하다. 국어에서는 관형사형과 명사가 결합되어 합성어를 만드는 것이 자연스러운 조어법이 아니기 때문에 '구렁＋찰＋논'으로 보는 것도 재고해야 할 것이다. 여전히 '찰'에 대한 처리가 문제다. '구렁찰논'과 '구렁논'을 직접구성 성분으로 분석하면 각각 '구렁찰＋논' 과 '구렁＋논'이 된다는 점에서 '구렁찰'을 '구렁'과 같이 '늦게 익는 찰벼'를 뜻하는 하나의 단어로 해석하는 것이 타당해 보인다. '구렁논'이나 '구렁찰논'은 다 같이 물길이 좋고 기름진 논을 가리키기 때문이다. 즉 '늦게 익는 찰벼'를 뜻하는 '구렁찰'이 '논'과 합성되면서 '구렁논'의 의미에 이끌려 땅이 주변보다 좀 낮은 곳에 있으며 물길이 좋고 기름진 논을 가리키는 말로 의미변화가 일어난 것으로 해석할 수 있다.

'구렁찰논'과 같은 구성으로 이루어진 '고래실논'은 '고래실'과 '논'의 합성어로 분석된다. '고래실'이 '바닥이 주변보다 낮고 물길이 좋아 기름진 논'을 뜻하는데 여기에 다시 '논'이 결합된 합성어로 가뭄에도 논에 물이 마르지 않아 벼농사를 짓기에 아주 좋은 논을 가리킨다.

'구렁찰논'이나 '고래실논' 외에 '엇답, 천수답' 등도 논을 가리키는 말로 쓰인다. '천수답'은 비가 와야 농사를 지을 수 있는 매우 적박한 논인데 비해 '엇답'은 가뭄이 들거나 비가 오지 않으면 벼농사를 짓기 어려운 논으로 천수답보다는 여건이 좀 나은 논을 가리킨다는 점에서 차이가 있다.

구죽죽

- 표준어 : #구질구질
- 품　사 : 부사
- 뜻풀이 : 비나 눈이 내려서 날씨가 맑지 않고 분위기가 어둡고 침침한 모양.
- 다른 방언형 : 구질구질, 우중충
- 사용 지역 : 충청도

> 밭 매고 나무하고 똥지게 지고 새조밭 파고. 그러다 시간나면 책 읽고 글 쓰면서 날씨 맑아 쾌청한 날은 강으로 나가 고기도 낚고 비가 **구죽죽** 내리는 날은 낮잠도 혼곤히 즐기는 청조우수. 그 청조우수로 나는 살자. 〈강준희, 이카로스의 날개는 녹지 않았다(중), 1996, 146〉

　　충청도 방언 '구죽죽'은 표준어 '구질구질'과 대응하는데 약간의 의미 차이가 있다. ≪표준국어대사전≫에 의하면 '구질구질'은 '날씨가 맑게 개지 못하고 비나 눈이 내려서 더럽고 지저분한 모양'이라고 풀이되어 있다. 그런데 충청도 방언 '구죽죽'은 비나 눈이 내려서 분위기가 가라 앉아 있으면서 축축한 기운이 있는 상태 또는 흐리거나 비가 와서 어둡고 침침하거나 가라앉은 분위기를 나타내지만 지저분하거나 더러운 뜻은 거의 없다. '구질구질'이나 '구죽죽'이 다 같이 비나 눈이 오는 날씨를 나타내고 부정적인 상태나 부정적인 분위기를 나타낼 때 쓰인다는 공통점이 있지만 '구질구질'은 더러운 느낌과 지저분한 느낌이 있는데 비해 '구죽죽'은 분위기가 가라앉아 어둡고 침울한 분위기만을 나타낸다는 점에서 차이가 있다.

군둥내

- 표준어 : 군내
- 품　사 : 명사
- 뜻풀이 : 본래의 제 맛이 변하여 나는 좋지 않은 냄새.
- 다른 방언형 : 군내
- 사용 지역 : 충청도

"막걸리는 뭐니뭐니 해도 금석 막걸 리가 최고지. 서포나 흥양 가서 먹어 보믄 그건 막걸리두 아니구 뜨물두 아니라니께유. 아무 맛대가리두 없구 취기두 없는 술이 **군둥내**는 왜 그렇게 나는지……." 〈이광복, 목신의 마을, 1991, 43〉

"서울물이 좋아 **군둥내** 나던 투가리가 곰내 나는 대접만 된다면야 성을 갈아서라도 주민등록부터 파 옮기고 말고……." 하며 하기 좋은 말로 빈정거렸다. 〈이문구, 산너머 남촌, 1990, 54〉

불면증의 기피자로, 건강에 해로운 무직자로, 또 그 두 가지가 합쳐져 부득이 이뤄진 따분한 처가살이 등의 당연한 체험들은 죽어 지옥엘 가더라도 별반 생소하지 않을 거라는 짜디짜면서도 시큰둥한 **군둥내**로 쩔은 김치를 똑같은 분량으로 나눠 먹고, 조갈이 들어 물을 켜대지 않곤 움직이기 힘들었던 경우의 경우였다. 〈이문구, 장한몽, 1976, 610〉

양념 없이 버무리는 김장은 지짐거리고 **군둥내** 나서 먹을 수 없다. 〈이문구, 관촌수필, 1972〉

'군둥내'는 '군내'의 충청도 방언형으로 '군둥'과 '내'로 분석할 수 있다. '-내'는 '고린내, 구린내, 암내' 등에서 보듯이 냄새를 뜻하는 접미사로 분석할 수 있다. '군둥내'는 본래의 제 맛이 변하여 나는, 좋지 아니한 음식 냄새를 뜻한다. 충북 지역에서는 김치나 깍두기 등 주로 김장류에 곰팡이가 끼고 맛이 변하여 먹기에 좋지 않은 냄새가 날 때 쓰이는 말이지만 충남 지역에서는 위의 예문에서와 같이 막걸리, 투가리(뚝배기) 등 다른 음식이나 음식을 담았던 그릇에서 나는 좋지 않은 음식 냄새를 가리키는 말로도 쓰인다는 점에서 차이가 있다. 음식에서 이 냄새가 나면 먹기가 역겹다.

충청도 방언에서 '군둥내'와 대립되는 말로 '화둥내'가 쓰인다. '화둥내'는 '화득내'의 비음동화 결과로 '화득＋내'로 분석 가능하다. '화득'은 숯불을 피워 놓고 쓰게 만든 큰 화로를 가리키는 '화덕'의 충청도 방언형이고 '내'는 냄새를 뜻하는 말이다. '화둥내'는 음식을 조리하거나 익힐 때 음식을 태워서 음식에서 나는 탄 냄새를 뜻한다. '화둥내'와 마찬가지로 표준어 '군내'를 뜻하는 충청도 방언형 '군둥내'는 '군득내'의 비음동화한 결과로 '군득＋내'로 분석 가능하다. '화득'이 '화덕'의 충청도 방언형임을 고려하면 '군득'은 '군덕'과 관련이 있을 것으로 보이나 '군덕'이 무엇인지는 알 수 없다.

굴굴거리다

- 표준어 : #꾀다
- 품 사 : 동사
- 뜻풀이 : 그럴듯한 말이나 행동으로 남을 속이거나 부추겨서 자꾸 자기 생각대로 이끌다.
- 사용 지역 : 충청도

어떻게 하면 아버지 몰래 광산을 처분하고 달아날까 궁리하다가 아버지가 달수를 찾아 강원도로 갔다는 소식을 듣고 옳다, 때는 이때다 하고 예천 사람 하나를 **굴굴거려** 광산을 싸게 팔고는 그대로 달아나버렸다. 〈강준희, 이카로스의 날개는 녹지 않았다(상), 1996, 242〉

'굴굴거리다'는 어근 '굴굴'에 동작이나 상태를 나타내는 어근 뒤에 붙어서 '그런 상태가 잇따라 계속됨'의 뜻을 더하는 접미사 '-거리다'가 결합되어 이루어진 동사로 분석된다. 방언에서 '굴굴'만 따로 쓰이는 예는 관찰되지 않지만 예문의 문맥으로 볼 때 '그럴듯한 말이나 행동으로 계속하여 남을 속이거나 부추기는 모양' 정도의 의미를 가지는 것으로 파악된다. '굴굴거리다'와 비슷한 뜻으로 쓰이는 충청도 방언형으로 '충충거리다'가 있다. '충충거리다'는 '남을 자꾸 부추겨서 자기가 생각하는 대로 행동하도록 이끌다'의 뜻으로 쓰인다.

굴밤

- 표준어 : 도토리
- 품　　사 : 명사
- 뜻풀이 : 갈참나무, 졸참나무, 굴참나무, 떡갈나무의 열매를 통틀어 이르는 말.
  묵을 쑤어 먹기도 한다.
- 다른 방언형 : 구람, 꿀밤
- 사용 지역 : 충청도, 경상도, 강원도

> 가을이 되어 **굴밤**을 줍고, 머루 다래를 따고 그리고 겨울이 되어 토끼사냥 돼지사냥을 다녀오면서도 휜봉산에 대한 이야기는 별로 없었다. 〈강준희, 이카로스의 날개는 녹지 않았다(상), 1996, 118〉

'굴밤'은 본래 '졸참나무'의 열매를 뜻하는 표준말이다. 따라서 충청도에서는 졸참나무를 '굴밤나무'라고 부르기도 한다. 지역에 따라 상수리나무의 열매를 '굴밤'이라고 하기도 하는데 충청도 방언에서는 갈참나무, 졸참나무, 굴참나무, 떡갈나무의 열매를 통틀어 이르는 말로 쓰이기도 한다. 충청도 지역에서 상수리나무와 졸참나무는 거의 구별을 못하는 편이다. 충청도 방언에서 졸참나무(굴밤나무)와 상수리나무를 통틀어 참나무라고도 하는데 열매는 좀 다르다.

도토리에 여러 가지 종류가 있고 도토리가 달리는 나무의 종류도 다양하다. 도토리의 모양이나 크기 또는 도토리가 달리는 나무의 모양이나 크기, 용도 등에 따라 이름도 다양한데 이들을 정확하게 구별하는 화자는 거의 없다.

도토리 종류 가운데 충청도 방언에서 '굴밤'은 밤처럼 둥글고 큰 것을 가리키는데 이것은 졸참나무에 달리는 열매이고 모양은 밤같이 생겼지만 크기가 이보다 좀 작은 것은 상수리나무에 달리는 열매다. 이 두 종류의 도토리를 '굴밤'이라고 하기도 하고 '구람'이라고도 하는데 충청도 지역 화자들은 이 두 종류의 도토리 이름을 엄격하게 구별하지 못한다. 굴밤이 달리는 나무는 키가 20미터 이상 자라며 나무껍질로는 병마개(코르크)를 만들고 목질부는 참숯을 굽는 재료로 쓰이는데 비해 상수리가 달리는 나무는 껍질이 얇아서 병마개를 하지 못한다고 한다. 도토리 가운데 2, 3미터 정도의 키가 작은 나무에 달리는 길쭉하고 끝이 뾰족한 열매를 충청도 방언에서 '속소리, 속소리꿀밤'이라고도 하고 '가도토리'라고도 한다. 참나무 종류와 거기에 달리는 도토리의 이름은 지역에 따라 명칭과 지칭 대상 사이에 차이가 많고 사용상 혼란을 보여 명쾌하게 설명하기 어려운 면이 있다.

표준어에서는 '도토리'가 상위어이고 '굴밤, 속소리, 상수리' 등이 하위어인데 충청도에서는 '도토리'라고 하면 '굴밤, 속소리, 상수리' 등을 포괄하는 말로도 쓰이고 각각을 가리키는 말로도 쓰이는 것이 보통이다. 마찬가지로 '참나무'가 상위어이고 '졸참나무, 갈참나무, 속소리나무, 상수리나무' 등이 하위어인데 보통은 이들을 포괄하는 말로도 쓰이고 각각을 가리키는 말로도 쓰인다.

그니거리다

- 표준어 : 그닐거리다, 근질거리다
- 품 사 : 동사
- 뜻풀이 : ① 어떤 일을 참기 어려울 정도로 몹시 하고 싶어 마음에 저릿한 느낌
  이 잇달아 계속되다.
  ② 살갗으로 벌레가 기어가는 것처럼 근지럽고 저릿한 느낌이 잇달아
  계속되다.
- 다른 방언형 : 그닐거리다
- 사용 지역 : 충청도

그년 승질에 오금 **그니거려** 배기겠남." 〈이문구, 제3세대한국문학9:李文求, 관촌수필,
1983, 60〉

오금이 **그니거려** 한켠에만 붙어 있을 수가 없는 것이다. 〈이문구, 장한몽, 1976,
632〉

'그니거리다'는 표준어 '근질거리다'에 대응하는 충청도 방언형으로
위의 예문에서와 같이 '어떤 일을 참기 어려울 정도로 몹시 하고 싶어
마음에 저릿한 느낌이 잇달아 계속되다'의 의미로 쓰이는 말이다. 이
와 같은 의미로 동일한 작가가 다음의 예에서와 같이 '그닐거리다'도
쓰고 있다.

특히 말조심이 앞서야 될 성싶었고 무조건 비위를 맞춰줘야 될 것 같
아 가던 것이다. 그렇게 긴장하다 보니 억울하기도 했다. 남들처럼 맘
놓고 떠들며 취하도록 마셔선 안 될 것 같은 자기의 얇은 배짱과 좁다
란 담력이 한스럽기만 한 거였다. 한참을 그렇게 오금이 그닐거리는 걸

견뎌 보고서야 상배는 다른 방향으로 추리를 해 볼 줄 알았다〈이문구, 장한몽최종, 1976, 613〉

그런데 '그닐거리다'가 동일한 작가의 동일한 작품에서 다음의 예에서와 같이 '살갗으로 벌레가 기어가는 것처럼 근지럽고 저릿한 느낌이 잇달아 계속되다'의 의미로도 쓰인다.

악슈 론고하난 것도 오날뿐이요, 보보행진 산뾰험두 오날뿐이라······ 나는 온몸이 그닐거리고 쑤셔 잠은커녕 진드근히 누워 있을 수도 없었다〈이문구, 제3세대한국문학9:李文求, 관촌수필, 1983, 149〉
    그러면서도 그는 모멸감을 주체할 길 없어 온 몸이 그닐거렸으며 오금 또한 마려운 듯 저렸다.〈이문구, 장한몽3, 1976, 294〉)

그릏다

- 표준어 : 그렇다
- 품   사 : 형용사
- 뜻풀이 : 상태, 모양, 성질 따위가 그와 같다.
- 다른 방언형 : 그맇다
- 사용 지역 : 충청도, 평안도

하지만도 나한테까지 그를 필요가 뭐 있노 자네가 이지경으로 궁한 처지에 놓여 있는 줄은 상상도 몬한 기라. 이건 내가 데면데면해서 **그릏겠제**. 〈강준희, 이카로스의 날개는 녹지 않았다(중), 1996, 267〉

'그릏다'는 표준어 '그렇다'에 대응하는 충청도 방언형으로 '그릏구, 그릏지, 그릏게, 그래, 그래서, 그를' 등으로 활용하는 형용사다. 어떤 물음에 대하여 묻는 내용에 긍정적인 대답을 할 때나 긍정적인 대답을 기대하면서 묻는 말에 쓰이기도 한다. 상태나 모양이나 성질 따위를 나타내는 말 뒤에서 앞에 오는 말이 가리키는 상태나 모양이나 성질과 같다는 뜻을 나타내는 말로 쓰인다.

충청도 방언에서 표준어 '그렇다'에 대응하는 충청도 방언형으로 '그맇다'도 쓰인다. '그맇다'는 '그맇구, 그맇지, 그맇게, 그리여, 그래서, 그릴' 등으로 활용한다.

그식이 장식

- 표준어 : 대응 표준어 없음
- 품　사 : 구
- 뜻풀이 : 별다른 차이가 없는 일정한 방법이나 형식.
- 다른 방언형 : 그눔이 그눔, 그기 그거, 그날이 그날
- 사용 지역 : 충청도

나는 장님 간장 떠먹듯 도나 개나 마구 두들겨댔다. 그식이장식이었다. 나는 그만 엿가위를 리어카 위에 올려놓고 망연자실 주저앉았다. 〈강준희, 이카로스의 날개는 녹지 않았다(중), 1996, 203〉

위 예문의 '그식이장식'은 붙여 썼는데 '그식이 장식'과 같이 띄어 써야 할 것이다. '그식이 장식'은 '그 식이 장 그 식'의 준말로 이해되는데 작가는 이것을 하나의 단어로 인식하고 쓴 것으로 보인다. '그식'은 '그 식'이 하나의 단어로 굳어져 쓰이는 말이고 '장식'은 '장 그 식'이 줄어든 '장식'이 하나의 단어로 굳어져 쓰이는 말이라고 할 수 있다. 이렇게 볼 수 있는 근거는 동어 반복을 통하여 별반 다르지 않음을 나타낼 때 쓰이는 충청도 방언형 '그눔이 그눔', '그기 그거', '그날이 그날'과 구성이 같고 의미도 거의 같다는 데서 찾을 수 있다. 따라서 '그식이 장식'은 의미상으로 보면 '그 식이 장 그 식이다'와 같은 뜻으로 쓰이는 말이라는 것을 알 수 있다. '그식'은 '그 식' 즉 '그런 방식'을 뜻하고 '장식'은 '장 그 식' 즉 '장 그러한 방식'을 뜻하는 말이다. '장'은 '언제나 늘' 정도의 의미를 가지는 부사이고 '식'은 '그 식'의 준말로 '일정한 방식'이나 '일정한 투'의 의미로 쓰이는 명사이므로 '그식이 장식'은 '그러

한 방식이 늘 같은 방식'이라는 뜻으로 풀이된다. 충청도 방언의 '장'은 '장 그 식이지 뭐.' '여기만 오만(오면) 장 우리지비(우리집에) 왔다 갔어' 등에서와 같이 '언제나', '늘' 정도의 의미로 쓰이는 부사다. 예문에서의 '그식이 장식'은 엿가위로 가위질을 열심히 해도 가위질 솜씨가 더 나아지지 않고 늘 같은 방식으로 되풀이될 뿐임을 뜻하는 말로 쓰였다.

그쩍

- 표준어 : 그적
- 품 사 : 대명사
- 뜻풀이 : 말하는 이와 듣는 이가 알고 있는 과거의 어느 때를 가리키는 말.
- 다른 방언형 : 그직
- 사용 지역 : 충청도

"이 왕솔은 토정 할아버지께서 짚고 가시던 지팽이를 꽂어 놓셨는디 이냥 자란 게란다. **그쩍**에 그 할아버지 말씀은, 요 지팽이 앞으루 철마가 지나가 들랑 우리 한산 이씨 자손들은 이 고을에서 뜨야 허리라구 하셨다는 게 여……." 〈이문구, 제3세대한국문학9:李文求, 관촌수필, 1983, 10〉

'그쩍'은 표준어 '그적'에 대응하는 충청도 방언형이다. 표준어 '그적' 은 앞에서 이미 이야기하였거나 듣는 이와 말하는 이가 알고 있는 대 상을 가리키는 지시 대명사 '그'와 어떤 동작이 진행되거나 어떤 상태 가 나타난 과거의 어떤 때를 가리키는 '적'이 결합된 말이다.

'그쩍'은 표준어 '그적'의 충청도 방언 음성형 〔그쩍〕이 그대로 대명 사로 굳어져 쓰인 것으로 이해된다. 충청도 방언형 '그적'이나 '그쩍'은 주로 '그적에'나 '그쩍에'의 꼴로 쓰인다.

기다

- 표준어 : 그렇다, 맞다
- 품   사 : 형용사
- 뜻풀이 : ① 상태, 모양, 성질 따위가 그와 같다.
          ② 묻는 내용에 대한 답이 틀리지 아니하다.
- 다른 방언형 : 그릏다, 그맇다
- 사용 지역 : 충청도, 전라도

> 예원은 파리 한국 대사관에 볼일이 있어 갔다가 그곳에서 우연히 서울신문을 보고 내 사진과 당선 소감이 실린 글을 읽었는데 동명이인이 아닌가 싶어 사진을 유심히 봤으나 긴 것 같기도 하고 아닌 것 같기도 해 출생지를 보니 단양으로 돼 있어 확신을 가지고 주소를 베껴왔는데, 그래도 못 미더워 한국의 서울신문사로 국제전화를 해 내 신상명세를 확인하고서야 편지를 한다면서 언제 파리에 올 기회가 있거든 꼭 좀 만나자며 전화번호를 적어 보냈다. 〈강준희, 이카로스의 날개는 녹지 않았다(하), 1996, 165〉

충청도 방언에서 '기다'는 '기다, 기구, 기지, 기니, 기여/겨'와 같이 활용한다. '기다'는 표준어 '그렇다' 또는 '맞다'에 대응하는 충청도 방언으로 예문에서와 같이 '긴 것 같기도 하고 아닌 것 같기도 해'에서와 같이 '아니다'와 짝을 이루어 쓰이거나 '기여 안 기여'에서와 같이 부정어 '안'과 함께 부정 표현으로 쓰이는 것이 보통이다. '기여 안 기여'를 표준어로 바꾸면 '그래 안 그래?' 또는 '맞아 안 맞아?', '옳아 안 옳아?' 정도가 가 된다. 예문의 "긴 것 같기도 하고 아닌 것 같기도 해"를 표준어로 고치면 '그런 것 같기도 하고 아닌 것 같기도 해'가 된다. 이와 같이 '기다'에 대립되는 표현은 '안 기다'이고 '기다'의 의미는 '그렇다'

와 '맞다'의 뜻으로 쓰인다고 할 수 있다. 그러나 '이 사람이 기다, 이 책상이 기다'와 같이 문장의 주어가 '사람, 사물' 등 체언일 때는 선행하는 문장에 따라 '기다'가 '그렇다'의 의미로 쓰일 수도 있고 '맞다'의 의미로 쓰일 수도 있다. 즉 선행 문장이 '늦게 온 사람이 누구니?'나 '부숴진 책상이 어느 것이니?'와 같이 서술어가 요구하는 대상을 확인하는 의문사를 포함한 의문문이고 판정을 요구하는 의문문일 때는 '기다'가 '맞다'의 의미로 자연스럽게 쓰인다. 또한 충청도 방언에서 '기다'가 "이기 기지?(이게 맞지?/이게 옳지?/이게 틀림없지?)"와 같은 예문에 쓰이면 '맞다, 옳다, 틀림없다'의 의미로 쓰이고, "이 전화번호가 깁니다"와 같은 예문서는 '옳다, 맞다'의 의미로 쓰인다는 점에서 '기다'가 넓은 의역을 가지고 있다는 것을 알 수 있다.

까미

- 표준어 : 대응 표준어 없음
- 품 사 : 명사
- 뜻풀이 : 시집간 여인네가 뒤통수에 둥그스름하게 머리를 틀어 올려 핀을 꽂은 것.
- 다른 방언형 : 깨미
- 사용 지역 : 충청도

승섭이 어머니가 말한 대로 **까미** 풀어 빠마를 하고 맘보바지에 히루를 신은 옹점이는 찾아볼 수가 없던 것이다. 〈이문구, 제3세대한국문학9:李文求, 관촌수필, 1983, 86〉

접때 달밭 대감댁(외가)에 왔는디 봉께, 유똥치마를 입구, 머리는 힛사시 **까미**를 허구, 근사헌 우데마끼두 차구…… 여간 하이카라가 아니던디유. 〈이문구, 관촌수필, 1972, 127〉

'까미'는 여인네들이 긴 머리를 동그랗게 틀어 올려 뒤통수에다 붙여 놓은 것을 말한다. 시집간 여자가 머리를 손질할 때 머리가 풀어지지 않도록 뒤통수에 동그랗게 틀어 올려 ㄷ자 모양의 핀을 여러 개 꽂아 고정시킨 것을 일컫는다. 땋은 머리를 틀어 올려 풀어지지 않게 비녀를 하나 꽂아 고정시키는 것을 '쪽'이라고 하는 데 비해 '까미'는 머리를 땋지 않고 틀어 올려 풀어지지 않도록 여러 개의 핀을 꽂는다는 점에서 차이가 있다.

깜뭇

- 표준어 : 깜빡
- 품 사 : 부사
- 뜻풀이 : ① 기억이나 의식 따위가 잠깐 흐려지거나 흐려졌다 맑아지는 모양.
          ② 불빛이나 별빛 따위가 잠깐 어두워졌다 밝아지는 모양.
          ③ 무엇인가가 잠깐 나타났다 사라지는 모양.
- 다른 방언형 : 깜빡
- 사용 지역 : 충청도

나는 좀전의 칠성바위, 그 중에서도 할아버지 산소가 있었던 범바위 앞에서 **깜뭇** 그 허연 고인을 만났었지만, 사랑마루 앞에 서 있으니 또 다시 할아버지의 환영이 어른거려 눈시울을 적시지 않을 수 없었다. 〈이문구, 관촌수필, 1972, 26〉

삼득이는 제 호주머니에 돈이 들어갈 동안 그렇게 말했다. 그러면서 초순이의 뒷모습을 지켰다. 모처럼 들어와 보는 돈뭉치였다. 고대 나갈 남의 돈이긴 해도 그는 **깜뭇** 흥분되지 않을 수 없던 것이다. 〈이문구, 장한몽5, 1976, 656〉

그녀 어머니는 물꼬 보러 나가 없었고, 그녀는 집을 보던 중 **깜뭇** 잠에 빠졌던가 보았다. 〈이문구, 관촌수필, 1972, 113〉

참을 내온 아내한테 아이만 혼자 두고 나왔다고 보자마자 핀잔부터 준 것이며, **깜뭇** 잊고 내동 노닥거리다가 갑자기 집이 궁금해져 맘에 없던 지청구를 하여 뜨악하게 돌려보낸 것도 사실은 말짱 꿈 탓이던 것이다. 〈이문구, 우리 동네金氏, 한국문학49, 1977〉

정말 요망스러운 망상이니라 하면서도 자꾸만 불안해지던 가슴, 그 중의 어느 별이라도 **깜뭇** 꺼져 버린다면 석공의 숨소리 또한 그와 동시에 멎어 버릴지도 모른다 싶던 그 두려움, 그 이겨낼 수 없던 시시각각의 공포와 초조로움. 〈이문구, 관촌수필, 1972, 170〉

'깜뭇'은 표준어 '깜빡'에 대응되는 충청도 방언인데 표준어와는 약간의 차이가 있어 보인다. 표준어의 '깜빡'은 기억이 잠깐 흐려지는 모양이나 순간적으로 잠이 드는 모양 또는 불빛이나 별빛 따위가 순간적으로 잠깐 어두워졌다 밝아지거나 밝아졌다가 어두워지는 모양을 뜻하는 말이다. 충청도 방언에서의 '깜뭇'은 예문에서와 같이 기억이 잠깐 동안 완전히 사라졌다가 어떤 계기로 다시 떠오르거나 불빛이나 별빛 따위가 잠깐 꺼졌다가 다시 밝아지는 모양을 나타내는 것이 일반적이지만 불빛이나 별빛 따위가 잠깐 동안 완전히 꺼져 있는 상태 또는 잠깐 동안 잠이 들어 기억이 없는 상태 등을 나타낼 때도 쓰인다는 점에서 표준어의 '깜빡'과는 약간의 차이가 있다.

깡밥

- 표준어 : 튀밥
- 품 사 : 명사
- 뜻풀이 : ① 찰벼를 볶아 튀긴 것.
           ② 쌀이나 벼가 튀겨진 튀밥.
- 다른 방언형 : 깜밥, 강밥, 광밥, 광밥
- 사용 지역 : 충청도, 강원도

강원도나 충청도, 특히 충남 지역에서는 군것질거리로 먹는 '튀밥'을 의미하는 방언형으로 '깡밥', '강밥', '광밥', '꽝밥' 등이 쓰이기도 한다. 충청도 일부 지역에서는 '깜밥'의 형태로도 나타난다. 예문에 쓰인 '깡밥'은 북데기와 왕겨 같은 것으로 피운 모닥불 속에 들어 있던 벼이삭이나 벼 알갱이가 재티 속에서 하얗게 튀겨진 튀밥을 의미한다.

충청북도 지역에서 '깡밥'이 '튀밥'과는 다른 의미로 사용되기도 하여, 일부 지역에서는 '튀밥'을 뜻하지만, 다른 일부 지역에서는 '누룽지'를 뜻하기도 한다. 전라도 지역에서 '강밥', '깡밥', '깜밥'이 '누룽지'의 의미로 쓰이는 것과 무관하지 않아 보인다. 충청도 지역에서 '강밥', '깡밥', '깜밥' 등이 '누룽지'의 의미로 쓰이는 것은 전라도 방언의 영향에 의한 것이라고 할 수 있다.

깨금

- 표준어 : 개암
- 품　사 : 명사
- 뜻풀이 : 개암나무의 열매. 모양은 도토리 비슷하며 껍데기는 노르스름하고 속살은 젖빛이며 맛은 밤 맛과 비슷하나 더 고소하다.
- 다른 방언형 : 깨굼, 깨곰, 깨꿈, 깨암, 개감, 개굼, 갬
- 사용 지역 : 강원도, 경기도, 경상도, 전라도, 충청도

나는 예원이를 세워놓고 주머니에 손을 넣었다. "이거 차에서 까먹어. 깨금이여!" 〈강준희, 이카로스의 날개는 녹지 않았다(상), 1996, 255〉

'깨금'은 '개암'의 충청도 방언형이다. '깨금'은 충청도 외에도 강원, 경기, 경남, 전남, 전북 등지에서 폭넓게 쓰이며 지역에 따라 방언형에 차이가 있다. '개감' 형은 '경기, 경남, 충남, 충북' 등지에서 쓰이고 표준어형 '개암'은 강원, 경기, 경남, 경북, 전북, 충북, 황해도 등 넓은 지역에서 쓰인다. '개암'의 축약형인 '갬'은 강원, 경북, 평남, 함남, 황해도 등에서 쓰이고, 경기, 경북, 전북, 충북, 함남, 함북, 경남 등지에서는 '깨암'이 쓰이기도 하여 동일 지역에서도 여러 가지 형태의 방언형이 공존한다는 것을 알 수 있다.

깽매기

- 표준어 : 꽹과리
- 품   사 : 명사
- 뜻풀이 : 놋쇠로 만든 타악기의 하나인데 채로 쳐서 소리를 내는데 징보다 작다.
  주로 농악에서 상쇠가 치고 북과 함께 굿에도 쓴다.
- 다른 방언형 : 깽매기, 깽가리, 꽹가리, 꽹매기
- 사용 지역 : 경기도, 강원도, 전라도, 경상도, 충청도

희준이가 주인여자에게 그런 사정을 말하니까 그는 대번에 승락하고 일변 풍물장사에게 소개를 식힌다. 장사는 주인의 말을 듣더니만 두말없이 고개를 끄덕이였다. 이바람에 막동이와 김선달은 신이 나서 물건을 골르기 시작했다. 김선달은 징체를 들고 징을 둥둥 울려본다. 막동이는 오래간만에 장구를 쳐보고 **깽매기**를 쳐보며 좋아한다. 〈이기영, 고향2, 1947, 343〉

'깽매기'는 표준어 '꽹과리'의 충청도 방언형이다. '깽매기(꽹과리)'는 '북, 장구, 징'과 함께 사물놀이에 쓰이는 타악기의 하나다. 깽매기를 치는 사람을 '상쇠'라고 하는데 이 '상쇠'가 나머지 악기를 이끌어간다. '꽹과리'의 방언형은 매우 다양하게 나타난다. 경상도와 전라도 등 남부 지역에서는 '강새, 강새, 깽새, 광새, 꽝새, 꽝쇠, 캥수' 등이 쓰이고, 강원도에서는 '꽹사, 꽹세, 꽹쇠, 캥쇠' 등이 쓰인다. 경님지역에서는 특히 '매구, 캥망, 캥상' 등과 '깽채, 깽채미' 등이 쓰인다. 표준어 '꽹과리'와 이의 변이형인 '꽹가리, 깽가리' 형과 '꽹매기, 깽매기' 형이 전국적인 분포를 보인다. '꽹가리, 깽가리' 형은 '강원도, 경기도, 충청도, 경상도, 전라도, 함경도' 등 거의 한반도 전역에서 쓰이고 '꽹매기, 깽매기' 형은 '경기도, 전라도, 충청도, 경상도, 강원도' 등 한반도 남부 전역에서 쓰인다.

껀정하다

- 표준어 : 껑충하다
- 품 사 : 형용사
- 뜻풀이 : ① 키가 멋없이 크고 다리가 길다.
          ② 다리 길이에 비해 바지 길이가 많이 짧아 보기싫다.
- 다른 방언형 : 껀청하다, 껑청하다, 꺽두룩하다
- 사용 지역 : 충청도, 전라도, 평안도

> 이날 밤. 어떻게 알았는지 사랑채엔 **껀정한** 장정 오륙 명이 모여들었다. 어떤 놈들이 감히 우리 형님한테 까부는지 그 까부는 놈들을 도륙내자며 모인 아버지의 의제들이었다. 〈강준희, 이카로스의 날개는 녹지 않았다(상), 1996, 169〉

'껀정하다'는 표준어 '껑충하다'에 대응하는 충청도 방언이다. 충청도 방언에서 '껀정하다'와 같은 의미로 '껀충하다'도 쓰이는데 키가 멋없이 크기만 하고 균형이 안 잡힌 모양을 나타낼 때 쓰이는 말이다. 예를 들면 '키만 껀충하게 커서 보기 싫다'와 같이 키가 큰 것을 다소 부정적으로 표현할 때 쓴다.

'껀정하다'와 '껀충하다'는 둘 다 다리 길이에 비해 바지 길이가 많이 짧아 바지 끝단이 발목 정도까지 올라가 보기 싫은 모양을 나타낼 때도 쓰인다. 예를 들면 '바짓가랭이가 껀정해서 뵈기싫다'와 같이 쓰인다. 그러나 전라도 지역에서는 '키가 크다'는 뜻으로 '키가 건잠하다'가 쓰이며 충청도 방언과는 달리 긍정적인 의미로 쓰인다는 점에서 차이가 있다.

꼬꼬재배

- 표준어 : 결혼식
- 품　사 : 명사
- 뜻풀이 : 간소하고 검소하게 부부 관계를 맺는 의식을 이르는 말.
- 사용 지역 : 충청도

두 사람은 이날 이후 짝짜궁이 돼 얼렸고 그리고는 서로 못 떨어지는 사이가 돼 **꼬꼬재배**를 올렸다. 〈강준희, 이카로스의 날개는 녹지 않았다(중), 1996, 36〉

충청도 방언의 '꼬꼬재배'는 신랑과 신부가 간소하고 검소하게 부부의 관계를 맺는 의식을 가리키는 말이라는 점에서 위엄이 있고 정중하며 성대하게 의식을 거행하는 '결혼식'이나 '혼례식'과는 차이가 있다. '꼬꼬재배'는 전통 혼례식에 비해 그 의식 절차가 간소하고 검소하다는 점에서 차이가 있다. '꼬꼬재배'는 '꼬꼬'와 '재배'로 분석된다. '꼬꼬'는 '닭'을 가리키는 말로 전통 혼례식에서 기러기 대신 닭을 사용하는데서 비롯된 말이고 '재배'는 전통 혼례식에서 신랑이 두 번 절을 하는 데서 비롯된 말로 이해된다. 혼례청에서 신부는 네 번 절을 해야 하는데 이때 '신부 사배!'하고 외치고, 신랑은 두 번 절을 해야 하는데 이 때는 '신랑 재배!'하고 외친다. 따라서 '재배'는 신랑이 하는 것이므로 '꼬꼬재배'라는 말은 남자의 관점에서 이르는 결혼식을 뜻하는 말이라고 할 수 있다. 이것의 의미가 변하여 간소하고 검소하게 올리는 결혼식을 이르는 말로 '꼬꼬재배'가 쓰인 것이다.

꼬장배기

- 표준어 : 대응 표준어 없음
- 품　사 : 명사
- 뜻풀이 : 성미가 곧고 결백하여 남의 말을 좀처럼 듣지 않는 고집스런 사람.
- 다른 방언형 : 대꼬쟁이
- 사용 지역 : 충청도

그는 본래 개고기도 먹지 않을 뿐더러 술도 좋아하는 편이 못 되었다. 일을 하고 나서 고될 때나 더러 술맛을 볼 뿐 놀기 위해 술을 마시지는 않았다. 남들은 **꼬장배기**라고 놀리기도 했지만 술은 체질에 맞지 않는 성싶었다. 〈이광복, 목신의 마을, 1991, 25〉

'꼬장배기'는 성미가 대쪽 같아서 남의 말을 잘 안 듣는 모양을 뜻하는 '꼬장'에 일부 명사 뒤에 붙어 무엇이 박혀 있는 사람이나 짐승 또는 물건이라는 뜻을 더하는 접미사 '배기'가 결합된 말로 분석할 수 있다. '배기'는 '박다'의 어간 '박-'에 접미사 '-이'가 결합된 '박이'의 움라우트형은 '백이'의 음성표기로 보인다. '꼬장배기'는 성미가 꼬장꼬장한 사람, 즉 '꼬장'한 성미를 가진 사람이라고 할 수 있다. 성미가 곧고 결백하여 남의 말을 좀처럼 듣지 않는 고집스런 성격의 사람을 뜻한다. '꼬장꼬장'은 '꼬장'이 중복된 형태로 성미가 곧고 결백하여 남의 말을 좀처럼 듣지 않는 고집스런 성격을 뜻하는 부사다.

꼬쟁이다리

- 표준어 : 대응 표준어 없음
- 품 사 : 명사
- 뜻풀이 : 나뭇가지 몇 개를 묶어 만든 간이 다리.
- 다른 방언형 : 꼬챙이다리
- 사용 지역 : 충청도

> 황 영감은 그런 생각을 하며 **꼬쟁이다리**를 건넜다. 〈이광복, 목신의 마을, 1991, 24〉

'꼬쟁이다리'는 '꼬쟁이'와 '다리'가 결합된 합성어다. '꼬쟁이'는 '가늘고 길면서 끝이 뾰족한 쇠나 나무 따위의 물건'을 뜻하는 '꼬챙이'의 충청도 방언형이고 '다리'는 물을 건너거나 한 편의 높은 곳에서 다른 편의 높은 곳으로 건너다닐 수 있도록 만든 시설물을 뜻하는 말이다. 따라서 '꼬쟁이다리'는 '가늘고 긴 나무로 만든 다리'라는 뜻이 된다. '꼬쟁이다리'는 흔히 동네 주변을 흐르는 작은 개울을 건널 수 있도록 꼬챙이 몇 개를 묶어 세워 만든 간이 다리를 가리킬 때 쓰인다. 가지가 뻗은 통나무로 다릿발을 세우고 그 위에 생솔가지와 기는 나뭇가지를 걸쳐 놓고 그 위에 흙을 얹어 만드는 '섶다리'보다 규모도 작고 튼튼하지도 못하다.

꼴머슴의 푼수

- 표준어 : 대응 표준어 없음
- 품　사 : 구
- 뜻풀이 : 꼴을 베고 땔감을 해 나르며 집안의 잔심부름을 하는 나이 어린 애기
　　　　머슴이 하는 일에 상당하는 정도나 상태.
- 사용 지역 : 충청도

> 그러나 이정하는 농삿일이라곤 해보질 않아 국으로 애만 먹었지 **꼴머슴의 푼수만도 못했다.** 〈강준희, 이카로스의 날개는 녹지 않았다(중), 1996, 143〉

'꼴머슴'은 '꼴'과 '머슴'의 합성어로 분석된다. '꼴머슴'은 꼴을 베거나 땔감을 해 나르며 집안의 잔심부름을 하는 나이 어린 애기머슴을 뜻한다. '푼수'는 앞에 오는 말에 상당하는 정도나 상태를 뜻한다. 따라서 '꼴머슴의 푼수'는 꼴을 베거나 땔감을 해 나르며 집안의 잔심부름을 하는 나이 어린 애기머슴이 하는 일에 상당하는 정도나 상태라는 뜻이 된다. 예문의 '꼴머슴의 푼수만도 못하다'는 말은 어른이지만 농사일을 해 보지 않아서 꼴머슴이 하는 정도만큼도 일을 하지 못하는 것을 비유적으로 뜻하는 말이다.

꼽쌀미

- 표준어 : 곱삶이
- 품　　사 : 명사
- 뜻풀이 : 순전히 보리쌀로만 지은 꽁보리밥.
- 다른 방언형 : 꼽삶이, 꼽살밥, 꽁보리밥
- 사용 지역 : 충청도, 전라도

"싫여! 그까진 보리밥……."

인순이는 진땀이 송골송골 나서 이마 털이 함함할 것을 손바닥으로 씻어 넘기며 그의 위꺼풀진 눈을 할끗 흘겼다. 속눈섶이 기드란 눈은 호수물같이 그윽히 빛난다. 하긴 그도 햇보리 **꼽쌀미**에 뱃탈을 앓고 난 지가 얼마 안 된다. 〈이기영, 고향, 1947, 2〉

보리때는 다 바심을 하고 지금은 이삭을 동그려는 참이다. 그들은 마름집으로 일을 오면 모두 신명이 나서 일들을 잘했다. 그것은 마름의 눈에 잘 보이랴는 소작인 심리가 움지기기로 함이었지만 그보다도 그 집의 풍족한 생활이 제절로 배가 불러지는 것 같았다. 어떻든지 술밥부터 잘 먹지 안는가. 그들은 요새 보리 **꼽쌀미**만 먹다가도 이 집으로 일을 오면 반섞이 쌀밥에 토막 반찬을 포식할 수 있었다. 〈이기영, 고향, 1947, 170〉

박 영감에 이어 이번엔 그 굼뜨던 구 본칠이마저, "헹편이 헹피연이간딧, 요게나마 뚝 떨어져서 빈 손 틀구 나스면 보리 **꼽삶**이럴 묵더래두 방구가 나오다 엠치 움써 못 나올 판이지람." 상배는 말머리를 내 놓을 틈이 없었다. 유 한득이가 뒤를 잇던 것이다. 〈이문구, 장한몽3, 1976, 375〉

'꼽쌀미'는 순전히 보리쌀로만 지은 꽁보리밥을 뜻하는 표준어 '곱삶이'에 대응하는 충청도 방언형이다. 표준어에서는 '곱삶이'가 두 번 삶아 짓는 밥을 가리키기도 하지만 예문에서는 이런 뜻은 없고 '꽁보리밥'의 의미로만 쓰였다. 예전에는 보리를 디딜방아나 매방아 등에 찧었다. 디딜방아나 매방아에 찧은 보리쌀은 속껍질이 충분히 벗겨지지 않아 삶아도 부드럽거나 무르지 않아 두 번씩 삶은 다음 쌀을 섞어서 밥을 짓는 것이 보통이었다. 특히 보리쌀로만 밥을 할 때는 두 번씩 삶았는데 이렇게 한 보리밥을 충청도에서는 '곱쌀미'라고 한다. 쌀과 보리쌀을 섞어 밥을 할 때도 먼저 보리쌀을 푹 삶아 무르게 익힌 다음 쌀과 섞어 밥을 지었다. 보리쌀을 한 번만 삶으면 밥알이 오들오들하고 미끌미끌하여 먹기가 나쁘고 소화도 잘 안 되기 때문이다.

두 번 삶아 짓는 밥을 의미하는 표준어는 '곱삶이'다. '곱삶이'는 '곱+삶이'로 분석할 수 있다. 이때의 '곱'은 '곱절' 또는 '배(倍)'를 뜻하고 '삶이'는 '삶다'의 어간 '삶-'에 명사파생 접미사 '-이'가 결합된 것이다. 예문에 쓰인 '꼽쌀미'는 곱절을 뜻하는 '곱'과 '삶다'의 충청도 방언형 '쌂다'에서 파생된 '쌂이'가 합성된 '곱쌂이'가 어두경음화한 어형의 음성적 표기라고 할 수 있다. '꼽쌀미'를 형태음소적으로 표기한다면 '꼽쌂이'가 되어야 할 것이다. 따라서 충청도 방언형 '꼽쌀미'와 '꼽쌂이'는 같은 말의 다른 표기라고 할 수 있다. 충청도 방언에서는 '꼽쌀미' 외에 '꼽삶이, 꼽살밥, 곱삶이' 등의 방언형이 더 쓰이기도 한다.

꽤구락지

- 표준어 : 개구리
- 품　사 : 명사
- 뜻풀이 : 올챙이가 자란 것으로 뒷발이 길고 발가락 사이에 물갈퀴가 있는 개구리 목의 동물을 통틀어 이르는 말.
- 다른 방언형 : 개구락지, 개구래기, 깨고락지, 깨고래기, 깨구락지, 깨구리, 깨고리, 께우레기, 먹장구, 머구리, 메구락지
- 사용 지역 : 충청도

나무두 마주 스는 게 있고, **꽤구락지**도 올챙이가 크야 자손 본다우. 〈이문구, 제3세대한국문학9:李文求, 관촌수필, 1983, 113〉

꽤구락지 잔등에 점이 백였으면 속두 점이 백였다나? 〈이문구, 산 너머 남촌, 1990, 241〉

'꽤구락지'는 '깨구락지, 깨구리, 깨고락지, 깨고래기, 개구락지, 개구래기' 등과 함께 '개구리'의 방언형 가운데 하나다. 보통은 중립적인 의미로 쓰이지만 문맥에 따라서는 '꽤구락지 뻗듯 한다'에서와 같이 '개구리를 낮추어 이르는 말'로도 쓰인다. '꽤구락지'를 비롯하여 '깨구락지, 깨고락지, 개구락지' 등은 속된 표현으로 쓰이는 경우가 많다. '개구리'의 방언형은 지역에 따라 여러 가지 형태를 보이는데 다음의 예문에서와 같이 충청도 방언에서 '깨고리'로도 나타난다.

남술이는 이런 자신이 있는지라 명태를 한숨에 내리바수는데 그것은 마치 율모기가 깨고리를 잡아먹듯 차차 명태의 몸뚱아리가 입안으로 들

어가며 바삭바삭 소리만 쉴새없이 나는 것이었다.〈이기영, 봄봄, 1989, 092〉

'개구리'의 방언형 가운데 전국적인 분포를 보이며 가장 많이 쓰이는 어형은 '깨구리'다. '개고리'와 '개구락지, 깨고락지, 깨구락지' 형도 남한 전역에 고루 분포되어 쓰인다. 전남 지역에서는 '께우레기, 께우락지'나 '머구리'가 쓰이고 북한 지역에서는 '메구락지, 메구리'와 '먹장구, 멕장구' 형이 쓰여 특이한 양상을 보이기도 한다. 제주도에서는 특이한 형태인 '가개비, 갈개비' 형이 쓰인다.

충청도에서는 표준어 '개구리'에 대응하는 방언형으로 '깨구리'가 가장 많이 쓰인다. 충청도에서는 '깨구리'라고 하면 여름철 논둑이나 풀섶에서 흔히 볼 수 있는 '개구리'로 식용하기도 하는데 이것을 '떡깨구리'라고도 한다. '창깨구리'는 표준어 '참개구리'에 대응하는 충청도 방언형이다.

충청도 지역에서 볼 수 있는 개구리 종류로는 '떡깨구리, 창깨구리, 엉머구리/앙마구리, 무당깨구리/비단깨구리/귀신깨구리' 등이 있다. '깨구리'는 이들을 통칭하는 상위어로 쓰이기도 하고 '떡깨구리'의 뜻으로 쓰이기도 한다.

꽤구락지도 올챙이가 크야 자손 본다

- 표준어 : 대응 표준어 없음
- 품　　사 : 속담
- 뜻풀이 : 무슨 일이든지 이치에 따라 순리대로 해야지 억지로 할 수 없음을 비유
　　　　　적으로 이르는 말.
- 다른 방언형 : 꽤구락지도 올채이가 커야 자손을 본다.
　　　　　　　나무두 마주 서야 열매가 열린다.
- 사용 지역 : 충청도

> 나무두 마주 스는 게 있고, **꽤구락지도 올챙이가 크야 자손 본다우.** 〈이문구,
> 제3세대한국문학9:李文求, 관촌수필, 1983, 113〉

'꽤구락지'는 '개구리'의 충청도 방언으로 '올챙이'가 커서 되는 것이다. 예문의 '꽤구락지도 올챙이가 크야 자손 본다'는 올챙이가 커서 개구리가 되고 그 개구리가 알을 낳아야 후손을 볼 수 있다는 뜻이다. 사람도 이와 마찬가지로 아이가 커서 어른이 되어야 후손을 볼 수 있다는 뜻이다. 무슨 일이든지 이치에 따라 순리대로 해야 함을 비유적으로 이르는 충청도 속담이다.

참고로, 충청도에서는 표준어 '개구리'의 뜻으로 '꽤구락지' 외에 '깨구리'와 '깨구락지'가 많이 쓰인다. '깨구락지'는 '깨구리'보다 속된 말로 쓰인다. 보통은 '깨구락지'나 '깨구리'의 통칭으로 쓰지만 개구리 종류의 하나인 '떡깨구리'를 가리키는 뜻으로도 쓰인다.

충청도 지역에서 볼 수 있는 개구리의 종류로는 '떡깨구리, 창깨구리, 엉머구리/앙마구리, 무당깨구리/비단깨구리/귀신깨구리' 등이 있

는데 '깨구리'는 이들을 통칭하는 상위어로 쓰이기도 하고 '떡깨구리'의
뜻으로 쓰이기도 한다.

깻모종

- 표준어 : 대응 표준어 없음
- 품　사 : 명사
- 뜻풀이 : 들깨의 어린 모를 옮겨 심는 일.
- 다른 방언형 : 깻모, 깻모종
- 사용 지역 : 충청도, 전라도

> "제기, 그새 **깻모종**을 했더라먼 낮잠이나 블었지." 〈이문구, 제3세대한국문학9:李文求, 관촌수필, 1983, 187〉

'깻모종'은 '깨'와 '모종'이 결합된 합성어다. '깨'는 표준어 '깨'에 대응하는 충청도 방언형이고 '모종'은 '옮겨 심으려고 가꾼, 벼 이외의 온갖 어린 식물'을 뜻하는 말이다. '깻모종'은 표준어 '깻모종'에 대응하는 충청도 방언형이다. 일반적으로 깨를 모종한다고 하면 '들깨'를 모종한다는 뜻이다. 참깨는 모종을 해도 잘 살지 않기 때문에 씨를 심고, 들깨는 모종하기도 쉽고 잘 살기 때문에 모를 부었다가 적당한 곳으로 옮겨 심는다. '깻모'는 옮겨 심으려고 기른 깨의 어린 식물을 뜻하는데 충청도에서는 '깻모'라고 하면 보통은 들깨의 어린 식물의 뜻으로 쓰이고 '깻모종'은 옮겨 심으려고 기른 깨의 어린 식물의 뜻으로도 쓰이고 그것을 옮겨 심는 일의 뜻으로도 쓰인다.

　표준어 '깨'에 대응하는 방언형으로 '깨' 외에 '꾀, 꿰'도 쓰인다. 다음의 예에서 보듯이 '깨'의 충청도 방언형 '깨'와 결합하여 만들어진 합성어로 '깨소금'도 쓰인다.

　　박성녀는 희준이의 말이 쾌소곰 맛같이 고소하게 들린다.〈이기영, 고
향4, 1947, 339〉)

끄다리다

- 표준어 : 끌어당기다
- 품 사 : 동사
- 뜻풀이 : 끌어서 가까이 다가오게 하다.
- 다른 방언형 : 끄달리다, 끄댕기다, 끌어땡기다
- 사용 지역 : 충청도

> 그러나 그는 웬일인지 마치 눈으로 보이지 안는 무슨 줄로 자기의 몸둥아리를 잡아매서 **끄다리는** 것처럼 그에게 끌리는 무엇이 있었다. 〈이기영, 고향, 1947, 143〉

> "아이구 시끄럽다. 에미 애비가 못 가라친 버릇을 계집이 가르치겠니."
> 모친은 불쾌한 듯이 메누리를 핀잔주고 밥상을 **끄다려서** 수깔을 잡었다.
> 〈이기영, 고향2, 1947, 248〉

'끄다리다'는 표준어 '끌어당기다'와 비슷한 말로 '끌다'의 어간 '끌-'과 '달리다'가 결합된 합성어다. '끄다리다'의 '끄-'는 '끌다'의 어간 '끌-'의 'ㄹ'이 자음 'ㄷ' 앞에서 줄어든 것이다. 동사 '끄다리다'는 "끝소리가 'ㄹ'인 말과 딴 말이 어울릴 적에 'ㄹ'소리가 나지 아니하는 것은 아니 나는 대로 적는다."는 한글 맞춤법 제28항의 규정에서와 같이 '끌다리다'를 '끄다리다'로 발음하고 표기하는 것이라고 할 수 있다. '열다'의 어간 '열-'과 '닫다'가 결합된 '여닫다'나 '달'과 '달'이 결합된 '다달이', '말'과 '되'가 결합된 '마되' 등도 같은 과정을 거친 예들이다. 국어에서는 '소나무, 부삽, 부지깽이' 등에서와 같이 'ㄷ' 앞에서뿐만 아니라 'ㄴ'이나 'ㅅ' 또는 'ㅈ' 앞에서도 끝소리 'ㄹ'이 탈락하는 경우가 있는데 이

때도 한글 맞춤법 제28항의 규정에 따라 끝소리 'ㄹ'을 적지 않는다.

충청도 방언에서는 '끄다리다'가 '끄달려 가다'나 '끄달려 오다'와 같이 '가다'나 '오다'와 함께 쓰일 때는 피동사가 된다. 이때는 '끄다리다'가 '끌어당기다'보다 '끌어 달리다'와 의미상으로 더 가깝다는 점에서 '끌려가다'나 '끌려오다'로 바꾸어 쓸 수 있다.

충청도 방언에서 '끄다리다'와 비슷한 뜻으로 '끄댕기다'와 '끌어댕기다', '끌어땡기다'가 쓰인다. '끄댕기다'는 '끌다'와 '당기다'의 어간이 합성된 말인데 'ㄷ' 앞에서 '끌다'의 어간말음 'ㄹ'이 탈락한 '끄당기다'가 움라우트를 경험한 것이다.

충청도 방언형 '끄댕기다'와 비슷한 구성으로 이루어진 말로 '끄들다'와 '끄들르다'도 쓰인다. '끄들다'와 '끄들르다'는 표준어 '꺼들다'에 대응하는 충청도 방언형이다. '끄들다'는 '끌다'와 '들다'의 어간이 합성된 말로 '머리채 따위를 잡아 쥐고 당겨서 추켜들다'의 뜻으로 쓰인다. '끄들다'는 '끄들지, 끄들구, 끄들어서, 끄드닝깨' 등과 같이 활용한다. '끄들다'와 같은 뜻으로 쓰이는 '끄들르다'는 '끄들르다, 끄들르구, 끄들르지, 끄들르닝깨, 끄들러서' 등과 같이 활용한다.

끈 떨어진 주머니 신세

- 표준어 : 끈 떨어진 갓 신세
- 품　　사 : 속담
- 뜻풀이 : 의지할 데가 없어져 외롭고 불안하게 된 처지를 비유적으로 이르는 말.
- 다른 방언형 : 끈 떨어진 갓 신세, 끈 떨어진 뒤웅박 신세, 끈 떨어진 연 신세
- 사용 지역 : 충청도

책이 아니라 책 할애비를 읽어도 농사꾼 신세는 **끈 떨어진 주머니 신세**여서 홀대가 이만저만이 아니었다. 〈강준희, 이카로스의 날개는 녹지 않았다(중), 1996, 55〉

'주머니'는 자질구레한 물품 따위를 넣어 허리에 차거나 들고 다니도록 만든 물건이다. 천이나 가죽 등의 재료로 만드는데 끈을 주름지게 꿰어서 주머니 아가리를 좁혔다 넓혔다 할 수 있게 만든다. 주머니 끈을 잡아당기면 아가리가 조여져서 주머니 안에 들어있는 물건이 쏟아지지 않게 된다. 이 주머니 끈이 떨어지면 주머니 안에 든 물건이 쏟아지게 되므로 주머니로서의 기능을 제대로 할 수 없게 된다.

'끈 떨어진 주머니 신세'라는 말은 주머니에서 중요한 역할을 하는 끈이 떨어지면 쓸모가 없게 되거나 불안전하게 되듯이 사람도 자기에게 중요한 역할을 하던 사람이 없어지면 의지할 데가 없어 외롭고 불안전한 처지가 된다는 뜻을 비유적으로 이르는 충청도 속담이다. "끈 떨어진 주머니 신세"와 같은 뜻으로 쓰이는 충청도 속담으로 '끈 떨어진 갓'이 있다. 이 외에도 '끈 떨어진 뒤웅박 신세', '끈 떨어진 연' 등도 쓰인다. 표준어에서는 '끈 떨어진 둥우리', '끈 떨어진 망석중'이라는 속담도 쓰인다. 이러한 속담들은 '쓸모없게 된 물건을 비유적으로 이르는 말'로 쓰인다.

끓탕

- 표준어 : 대응 표준어 없음
- 품   사 : 명사
- 뜻풀이 : 사람들이 이리저리 부대끼며 사는 세상을 온천이나 목욕탕과 같이 뜨거운 물 따위가 끓어오르는 곳에 빗대어 비유적으로 이르는 말.
- 사용 지역 : 충청도

"우리네모냥 평생 **끓탕**에 삶기며 찍소리 한 마디 못 내 본 여물주걱이야 워디서 오라면 오구 가라면 가야지 달리 숨통 댈 디 있는 중 아남?"〈이문구, 제3세대한국문학9:李文求, 관촌수필, 1983, 225〉

'끓탕'은 '끓-'과 '탕'으로 분석할 수 있다. '끓탕'은 액체가 뜨거워져서 소리를 내며 거품이 솟아오른다는 뜻으로 쓰이는 '끓다'의 어간 '끓-'과 목욕탕이나 증기탕과 같이 안에 물을 채워 놓은 곳을 가리키는 '탕'이 합성된 말이다. 따라서 '끓탕'의 본래 의미는 온천이나 목욕탕과 같이 끓는 물 따위를 채워 놓은 곳이라고 할 수 있다. 예문에서는, 물이나 국 등이 끓어오르거나 온천이나 목욕탕과 같이 뜨거운 물이 끓어 오르는 곳이라는 뜻의 '끓탕'을 사람들이 이리저리 부대끼며 사는 사회에 빗대어 비유적으로 표현한 말이다.

나는 범 코 찌르듯

- 표준어 : #범의 코를 쑤시다
- 품　사 : 속담
- 뜻풀이 : 잘못 건드리면 큰 화나 봉변을 당할, 매우 무서운 대상을 건드려 상황을 더욱 악화시키는 경우를 비유적으로 이르는 말.
- 사용 지역 : 충청도

이런 판에 아버지가 **나는 범 코 찌르듯** 놈들의 코를 찔러 화를 자초했으니 어찌 무사하길 바랄 수 있단 말인가. 놈들은 감정이 돋쳐서라도 우리 동넬 족칠 것이요 분풀이를 하기 위해서라도 우리 동넬 유린할 것이다. 〈강준희, 이카로스의 날개는 녹지 않았다(상), 1996, 85〉

'나는 범'은 '나는 호랑이'라는 뜻으로 호랑이가 본래도 날쌔고 용맹스러운데 날기까지 한다는 뜻으로 몹시 날쌔고 용맹스러운 기상을 비유적으로 이르는 말이다. 그렇게 날쌔고 용맹스러운 기상으로 날고 있는 호랑이의 코를 찌르면 호랑이가 더욱 사납게 행동하게 되어 더 큰 화나 봉변을 자초함을 이를 때 쓰이는 말이다. 예문에 쓰인 '나는 범 코 찌르듯'은 일제 강점기 때 기세가 등등하게 행동하면서 탄압의 빌미를 찾고 있던 일본 놈을 두들겨 패서 더 큰 화나 봉변을 자초하게 됨을 비유적으로 이르는 충청도 속담이다.

나무두 마주 스는 게 있다

- 표준어 : 대응 표준어 없음
- 품　사 : 속담
- 뜻풀이 : 나무도 수나무와 암나무가 마주 서야 열매가 열리듯이, 사람도 마주 보고 대하여야 더 인연이 깊어짐을 이르는 말.
- 다른 방언형 : 나무두 마주 서야 열매가 열린다.
- 사용 지역 : 충청도

나무두 마주 스는 게 있고, 쾌구락지도 올챙이가 크야 자손 본다우. 〈이문구, 제3세대한국문학9:李文求, 관촌수필, 1983, 113〉

'나무두 마주 스는 게 있다'는 나무 가운데는 은행나무와 같이 수나무와 암나무가 구별되어서 서로 마주보고 서야 열매가 열리는 것이 있다는 뜻이다. 위의 예문에서는 이것을 사람에 비유하여 사람도 마주 보고 대하여야 더 인연이 깊어지고 연분도 생겨 자손을 볼 수 있는 것과 마찬가지로 무슨 일이든지 다 섭리와 이치가 있어 순리대로 해야 한다는 뜻으로 쓴 것이다. 위의 예문에 쓰인 '쾌구락지도 올챙이가 크야 자손 본다'는 말도 이와 마찬가지로 올챙이가 커서 개구리가 되어야 알을 낳아 후손을 볼 수 있듯이 사람도 이치에 따라 순리대로 일을 처리해야지 억지로 할 수 없음을 비유적으로 이르는 충청도 속담이다. 이와 같은 뜻으로 쓰이는 충청도 속담으로 '나무두 마주 서야 열매가 열린다.'가 있다.

나팔담배

- 표준어 : 지궐련
- 품 사 : 명사
- 뜻풀이 : 잘게 썬 담배를 얇은 종이로 한 쪽은 가늘고 다른 한 쪽은 좀 굵게 나팔 모양으로 말아서 피우는 담배.
- 사용 지역 : 충청도

나는 삭정이를 지게에 짊어 놓고 그 앞에 앉아 **나팔담배** 한 대를 태워 물었다. 〈강준희, 이카로스의 날개는 녹지 않았다(중), 1996, 167〉

담배는 여러 가지 품종이 있고 가공 방법에 따라 살담배, 잎담배, 궐련 등으로 나뉜다. 살담배는 칼로 썬 담배로 각연초, 각초, 절초라고도 한다. 잎담배는 썰지 않고 그대로 말린 담배로 엽초 또는 초담배라고도 한다. 궐련은 말린 잎담배를 가늘게 썰어서 얇은 종이로 길게 말아놓은 담배를 가리킨다. 예문에 쓰인 '나팔담배'도 궐련의 하나라고 할 수 있다. 얇은 종이로 담배를 말 때 입으로 빠는 쪽은 가늘고 불을 붙이는 쪽은 굵게 말아 나팔모양이 된 담배를 말한다. 예전에는 담뱃대의 담배통에 살담배를 꼭꼭 눌러 담아 거기에 불을 붙여 피우거나 담배를 종이에 싸서 말아 피웠다. 요즈음에는 공장에서 만든 갑 담배를 주로 사 피우지만 노년층에서는 아직도 살담배나 잎담배를 피우기도 한다.

날라리

- 표준어 : 태평소, 새납
- 품 사 : 명사
- 뜻풀이 : 나팔 모양으로 된 우리나라 고유의 관악기.
- 다른 방언형 : 새납
- 사용 지역 : 충청도

> 정초나 한가위 또는 동네에 무슨 경사가 있는 날은 이곳에서 풍장치고 상모돌리고 버꾸치고 **날라리** 불며 한 마당 신명을 풀었다. 〈강준희, 이카로스의 날개는 녹지 않았다(중), 1996, 28〉

농촌에서 농부들이 우리나라 고유의 음악인 농악놀이를 할 때 나발, 새납, 소고, 꽹과리, 북, 장구, 징 따위의 악기를 불거나 치면서 노래하고 춤추며 때로는 곡예를 곁들이기도 한다. 농악놀이를 할 때 농악을 구성하는 악기 가운데 하나인 '새납'을 충청도 방언에서 '날라리'라고도 한다. 충청도 지역에서 방언형 '날라리' 외에 표준어형 '새납'도 쓰인다. '날라리'는 나무로 만든 관에 여덟 개의 구멍을 뚫고, 아래 끝에는 깔때기 모양의 놋쇠를 단다. 부리에는 갈대로 만든 서를 끼워 분다. '서'는 피리와 같은 목관 악기의 부리에 끼워 소리를 내는 얇고 갸름한 조각으로 대나무와 쇠붙이로 만든다. 나발이나 날라리를 불 때 서의 진동으로 소리를 낸다.

남 우사스럽다

- 표준어 : 남우세스럽다
- 품 사 : 형용사
- 뜻풀이 : 남에게 놀림과 비웃음을 받을 만큼 창피하고 남 보기가 부끄럽다.
- 다른 방언형 : 남사스럽다, 남사시룹다, 남새시룹다
- 사용 지역 : 충청도

아무리 가운이 기울었기로 남 우사스러워(남부끄러워) 어째요. 할라치면 어머니는 정색을 한 채 호통을 쳤다. **남 우사스럽다니.** 무슨 말을 그렇게 하는가? 〈강준희, 이카로스의 날개는 녹지 않았다(상), 1996, 281〉

위의 예문에 쓰인 충청도 방언 '남 우사스럽다'는 표준어의 '남우세스럽다'에 대응하는 말로 '남우사스럽다'와 같이 붙여 써야 옳다. 그런데 예문에서는 작가가 '남' 보기에 창피하고 부끄럽다는 뜻으로 이해하여 '남'과 '우사스럽다'를 떼어쓴 것으로 보인다. '남우사스럽다'는 항상 '남'을 선행시켜 사용된다는 점에서 관용적인 표현이라고 할 수 있다. 충청도 지역에서는 방언형 '남우사스럽다' 외에 '남사스럽다'와 '남사시룹다' 또는 '남새시룹다'도 쓰인다. 충청도 방언형 '남우사스럽다'는 '남에게 놀림과 비웃음을 받을 만큼 창피하기도 하고 남 보기가 부끄럽다'는 뜻으로 쓰인다는 점에서 '남에게 놀림과 비웃음을 받을만하다'는 뜻으로 쓰이는 표준어 '남우세스럽다'와는 의미상 약간의 차이가 있다. 참고로 표준어의 '남우세스럽다'는 '남우세'와 '-스럽다'로 분석되고 '남세스럽다'는 '남세'와 '-스럽다'로 분석된다. '남세스럽다'의 어근 '남세'는 '남우세스럽다'의 어근 '남우세'의 준말이다. 마찬가지로 충청도 방

언 '남우사스럽다'와 '남사스럽다'나 '남사시룹다'와 '남새시룹다'는 각각 '남우사＋스럽다'와 '남사＋스럽다', '남사＋시룹다', '남새＋스럽다'로 분석할 수 있다. '남사스럽다'의 어근 '남사'는 '남우사스럽다'의 어근 '남우사'의 준말이다.

낫꽁상이

- 표준어 : 낫공치
- 품　사 : 명사
- 뜻풀이 : 낫의 슴베가 휘어넘어가는 덜미의 두꺼운 부분.
- 다른 방언형 : 낫꽁생이, 낫꽁새이
- 사용 지역 : 충청도

> "누가 …… 유치장으로 더러 드러갔나?"
> 인동이는 눈을 희동그렇게 뜨고 마주 쳐다보다가 대꼬바리를 **낫꽁상이**에
> 다 턴다. 〈이기영, 고향4, 1947, 263〉
>
> 그는 **낫꽁상이**로 잔디밭을 뚜드렸다. 가슴속에서 폭풍우가 이는 것을 그는
> 진정할 수 없는 모양이었다. 이런 기미를 저편에서도 아렸든지 별안간 방개
> 도 낮윽이 한숨을 짓는다. 〈이기영, 고향4, 1947, 264〉

'낫꽁상이'는 중앙어 '낫공치'에 대응하는 충청도 방언형이다. 낫은
풀을 베는 도구로 크게 자루 부분과 자루에 박힌 뾰족하고 긴 슴베 부
분 그리고 풀이나 나무를 베는 날과 날의 반대편인 등으로 이루어져
있다. 우리나라의 전통 낫은 무쇠를 불려서 만드는데 낫의 자루를 박
은 슴베 부분에서 낫의 날과 낫의 등이 있는 부분으로 휘어지게 하여
'ㄱ' 자 모양이 되게 한다. 낫자루는 주로 소나무로 만든다. '낫꽁상이'
는 낫의 슴베가 휘어넘어가는 덜미의 두꺼운 낫등 부분을 가리키는 말
이다. 충청도 방언형 '낫꽁생이'는 '낫꽁상이'의 움라우트형이고 '낫꽁
새~이'는 '낫꽁생이'가 비모음화한 것이다. '낫꽁생이'나 '낫꽁상이'는
각각 '낫공생이'와 '낫공상이'가 경음화한 것이다.

낭구

- 표준어 : 나무
- 품　　사 : 명사
- 뜻풀이 : 줄기나 가지가 목질로 된 여러 해살이 식물.
- 다른 방언형 : 낭기, 나무
- 사용 지역 : 충청도, 강원도, 경기도, 전라도, 평안도, 함경도, 황해도

"아서 이 여편네야. 못 올라갈 **낭구**는 쳐다보지도 말어. 나랏님이 연(輦) 타신다고 백성들도 연 타나?"〈강준희, 이카로스의 날개는 녹지 않았다(상), 1996, 61〉

하느님이 비를 주실 때 어떤 **낭구**만이 비를 맞구 자라라던가, 미륵동 아무 개만이 비를 받아서 농살 잘 지으라던가 하는 것이 아닌 것처럼 우리네 농군 이 농살 짓는 것두 이 농살 지어서 나만 잘 먹으리라 하는 건 아니거던.〈이무 영, 농민, 1972, 46〉

'낭구'는 표준어 '나무'에 대응하는 충청도 방언형다. 방언형 '낭구'는 중세국어 '나모'에 소급하는 말이다. 국어사 자료에서 '나모'가 소급하는 최초의 형태는 15세기의 '??~나모'로 나타나는데, 단순 모음 앞에서는 '??'으로 실현되고 그 이외의 환경에서는 '나모'로 실현되었다. 국어사 자료에서 모음 앞에서 '??'으로 실현되지 않는 예는 19세기부터 나타나고 방언에서는 그 흔적이 21세기에까지 관찰되는데 방언형 '낭구'도 그 한 예다. '??'은 현대 국어 방언에서 '낭기(주격), 낭게(처격), 낭글(목적격)'로 곡용하는 지역도 있는데 주로 고령층의 화자에게서 관찰된다. '낭구'는 '??'의 곡용형에 이끌려 단독형으로 나타난 것이다. 현대국어 방언에서 관찰되는 '낭구'는 16세기에 모음 체계의 재정립

과정에서 제2음절의 모음 'ㅗ'가 'ㅜ'로 바뀐 것과 관계가 있다. '낭구'
는 합성어에서도 나타나 '뽕낭구, 뺏낭구, 잣낭구' 등과 같이 쓰이기도
한다.

충청도 방언에서는 지역이나 제보자에 따라 표준어형 '나무'와 방언
형 '낭구'가 주로 쓰인다. '나무'는 '나무가, 나무에, 나무두, 나무럴' 등
과 같이 규칙적으로 곡용하고 '낭구'는 '낭구가, 낭구에, 낭구두, 낭구
럴' 등과 같이 규칙적으로 곡용하기도 하고 '낭구가, 낭게, 낭구두, 낭
구럴, 낭기' 등과 같이 불규칙적으로 곡용하기도 한다.

'낭구'형은 주로 충청도의 산촌이나 농촌의 나이 많은 노년층에게서
관찰할 수 있고 '나무'형은 주로 도시 지역의 중년층 이하에서 관찰된
다. 노년층에서는 '낭구'형이 많이 쓰였는데 젊은층에서는 '나무'형으로
바뀌어 쓰이고 있다.

-내기

- 표준어 : ① -내기 ② 정도
- 품 사 : 접미사
- 뜻풀이 : ① 일부 명사 뒤에 붙어 그런 특성을 지닌 사람의 뜻을 더하는 접미사.
       ② 그만큼 가량의 분량이나 정도를 나타내는 접미사.
- 다른 방언형 : ① -내
- 사용 지역 : 충청도

① 그 전에도 장정이 되어 장가들을 들고 일가를 이뤘던, 맏형 또래나 그 동갑내기들한테도 으레껀 옛 버릇을 못 버려〈허우〉〈허소〉 또는 시종 반말로만 대했던 내가, 이미 사오십의 중년이 된 그네들에게 옛 습성 그대론 대할 수 없는 일, 반면 새삼스레 존댓말만 쓸 수도 없을 것이었다. 〈이문구, 관촌수필, 1972, 133〉

갈머리만 해도 한두 살을 아래위로 보거나 동갑내기들이 여남은은 넘었지만, 아이들은 또 저희들 부모가 어려워한 것에 못잖게 할아버지를 어려워했던 것이다. 〈이문구, 관촌수필, 1972, 134〉

② 멍석 너덧 닢내기만 한 안마당엔 어른들이 겹겹으로 둘러서서 모두가 엉덩이를 궁싯궁싯 들썩대며, 〈이문구, 제3세대한국문학9:李文求, 관촌수필, 1983, 149〉

남자는 건장한 덩치였고 서른 예닐곱쯤 되보였으며, 그와 남매 사이로 뵈는 한 여인은 폐경기를 넘어섰다 싶었고 누이는 서너 살 터울내기의 손아래인가 보았다. 〈이문구, 장한몽3, 1976, 293〉

충청도 방언에서 접미사 '-내기'는 두 가지의 뜻을 가지는 것으로 해석된다. 하나는 '-내기'가 예문 ①에서와 같이 일부 명사 뒤에 붙어 그런 특성을 지닌 사람의 뜻을 더하는 접미사로 보는 것이다. 예문 ①의 '동갑내기'는 나이가 같음을 뜻하는 '동갑'에 그런 특성을 가진 사람을 뜻하는 접미사 '-내기'가 결합하여 나이가 같은 사람을 뜻한다. 충청도 방언에서는 일부 명사 뒤에 붙어 그런 특성을 지닌 사람의 뜻을 더하는 접미사로 '-내기' 외에 '-내'도 쓰인다. '동갑내 어디 가나.'나 '그 사람두 다 나하구 동갑내여.'에서와 같이 주로 '동갑'과 통합하여 쓰인다. 다른 하나는 '-내기'가 예문 ②에서와 같이 일부 명사 뒤에 붙어 '그만큼의 분량이나 정도'의 뜻을 더하는 접미사로 쓰이는 것이다. 예문 ② 의 '닢내기'는 납작한 물건을 세는 단위인 '닢'에 정도나 분량을 뜻하는 접미사 '-내기'가 결합하여 '닢 정도' 또는 '닢 분량'의 뜻으로 쓰인 것이고, '터울내기'는 먼저 낳은 아이와 다음에 낳은 아이와의 나이 차이를 타나내는 '터울'에 정도나 분량을 뜻하는 접미사 '-내기'가 결합하여 '터울 정도'의 뜻으로 쓰였다. '터울내기'는 선행하는 '서너 살'과 어울려 서너 살 정도의 차이를 뜻한다. '-내기'는 '한 주먹내기도 안 된다'나 '그 일은 두 시간내기밖에 안 된다'에서와 같이 분량이나 시간을 나타내는 말에 붙어 그만한 정도의 분량이나 시간을 뜻하기도 한다. 따라서 '한 주먹내기도 안 된다'나 '그 일은 두 시간내기밖에 안 된다'는 각각 '한 주먹 정도도 안 된다'나 '그 일은 두 시간 정도에 할 수 있는 분량밖에 안 된다'와 같이 바꾸어 쓸 수도 있다. '한 주먹내기'는 '한 주먹 정도의 일'을 뜻하고, '두 시간내기'는 '두 시간 정도의 일'의 뜻으로 바꾸어 쓸 수 있다.

내남적없이

- 표준어 : 너나없이, 네오내오없이
- 품　사 : 부사
- 뜻풀이 : 나와 남을 가릴 것 없이 모두 마찬가지로.
- 다른 방언형 : 너나없이, 내오네오없이, 내남없이
- 사용 지역 : 충청도

내남적없이 음력설들을 쇠니 세배는 미루더라도, 기왕 내려왔으면 두루 얼굴이나 비치고 올라가려무나."하고 가래울 오만복이를 비롯하여 늙은이 몇을 찾아보라고 한 것이 발단이었다. 〈이문구, 산 너머 남촌, 1990, 10〉

가까운 데는 병원도 없었지만 설사 있다 해도 땡전 한 푼 없고 보니 조약이나 민간요법으로 치료할 수밖에 없었다. 이 때는 **내남적없이** 가난해 병이 걸리면 모두 조약 아니면 민간요법에만 의존했다. 〈강준희, 이카로스의 날개는 녹지 않았다(상), 1996, 335〉

동네에서는 **내남적없이** 권을 믿었다. 엇갈이나 그루갈이나 권의 말을 좇아 심고 말고를 가름하였고, 터나 씨앗 마련도 권의 눈치에 따라 뒷갈망을 하는 줄로 알게 되었다. 〈이문구, 산 너머 남촌, 1990, 93〉

"문제는 어디 있는고 하면, 있는 사람이나 없는 사람이나 **내남적없이** 도무지 놀 줄을 모른다는 데에 있어." 〈이문구, 산 너머 남촌, 1990, 126〉

사는 걸 보면 **내남적없이** 다들 두서없고 경오없고 똑 서울택시 서둘 듯하다가들 판이 나는데 그게 다 어디서 온 거겠나. 〈이문구, 산 너머 남촌, 1990, 266〉

아내 말도 그른 건 아니었다. **내남적 없이** 집집이 한결같이 삼복을 그렇게

예문의 '내남적없이'는 '내남적'과 '없다'가 합성된 '내남적없다'의 어
간 '내남적없-'에 부사를 만드는 접미사 '-이'가 결합된 말로 분석할 수
도 있고, '내남적'에 '끝나는 데가 없거나 제한이 없다'의 뜻을 가진 '없
다'의 어간 '없-'에 부사를 만드는 접미사 '-이'가 결합된 부사 '없이'가
결합된 것으로 분석할 수도 있다. 그런데 충청도 방언에서 '내남적없
어, 내남적없지, 내남적없는' 등과 같이 활용하는 '내남적없다'가 쓰인
다는 점에서 '내남적없이'는 '내남적'과 '없다'가 결합된 합성어 '내남적
없다'의 어간 '내남적없-'에 부사파생 접미사 '-이'가 결합된 것으로 분
석하는 것이 타당해 보인다. 충청도 방언에서 '내남적'이 독립적으로
쓰이는 예는 찾기가 어렵지만 '내남적'은 다시 '내남'과 '-적(的)'으로
분석할 수 있다. '내남'은 '나와 남'을 아울러 이르는 말이고 '-적(的)'은
일부 명사 뒤에 붙어서 '그 성격을 띠는', '그에 관계된', '그 상태로 된'
의 뜻을 더하는 접미사이므로 '내남적'은 '나와 남을 아우른 상태로 된'
의 뜻을 가진다. '없이'는 '어떤 일이나 현상이나 증상 따위가 생겨 나
타나지 않게'의 뜻을 가진다. 따라서 '내남적없이'를 문자대로 풀이하
면 '나와 남을 아우른 상태가 생겨 나타나지 않게'의 뜻이 되어 위의
끝 두 예문에서와 같이 '내남적 없이'로 띄어 쓸 경우 '내남적'과 '없이'
의 뜻을 아우르는 구(句)가 되어 예문의 문맥적 의미와 일치하지 않는
다. 따라서 예문의 문맥을 고려하면 '나와 남을 가릴 것 없이 모두 마
찬가지로' 또는 '나나 다른 사람 할 것 없이 모두'의 뜻을 가지는 하나
의 단어가 되어야 하므로 '내남적없이'로 붙여 써야 옳다. '내남적없이'

와 같은 뜻으로 쓰이는 표준어로 '너나없이'와 '네오내오없이'가 있다. 이들 단어는 '맥없이, 한없이, 끝없이' 등이 '맥없다, 한없다. 끝없다'의 어간에 부사파생 접미사 '-이'가 결합된 것과 마찬가지로 '내남적없다, 너나없다, 네오내오없다'의 어간에 접미사 '-이'가 결합되어 파생된 것으로 보는 것이 타당해 보인다.

내둥

- 표준어 : 여태껏, 이제껏, 지금껏
- 품   사 : 부사
- 뜻풀이 : 지금까지. 이제까지.
- 다른 방언형 : 내중
- 사용 지역 : 충청도

> "아침에 칠라면 성가시게스리 **내둥** 않던 짓 헐라네…… 게서 모기 뜯기느니 일루루 와 앉지…… 선풍기 틀면 물컷 안 뎀벼 십상이더먼." 〈이문구, 으악새 우는 사연, 1977, 125〉

'내둥'은 어떤 행동이나 일이 이미 이루어졌어야 함에도 말하는 현재까지 그렇게 되지 않았음을 불만스럽게 여기거나 또는 바람직하지 않은 행동이나 일이 말하는 현재까지 계속되어 옴을 나타낼 때 쓰는 말이다. 화자가 말하는 기점을 중심으로 그 이전부터 이때까지의 뜻으로 쓰이는 말이다. '내둥'은 어떤 행동이나 상태가 지금까지 이어져오던 것에서 변화가 일어날 때도 쓰인다. 문장에서 '내둥' 뒤에 오는 말은 화자가 말하는 기점을 중심으로 그때까지는 어떤 일이나 행동이 긍정적으로 진행되어 왔는데 그 이후로는 부정적으로 진행됨을 나타낼 때 쓰인다. 이와 같이 어떤 일이 지속되어 지금까지 계속되거나 맨 나중까지 계속되었을 때 그 때까지라는 의미가 강하다는 점에서 보면 현대국어 '나중' 또는 '내내'와 유의관계로 파악된다. '내둥'은 한자어 '내종(乃終)'과 관련이 있는 것으로 보인다.

"

내흉스럽다

- 표준어 : 내숭스럽다
- 품 사 : 형용사
- 뜻풀이 : 겉으로는 순해 보이나 속으로는 엉큼한 데가 있다.
- 다른 방언형 : 내숭시룹다
- 사용 지역 : 충청도

아내는 동치미 맛본다고 이빨 흔들린 늙은이 암상떨 듯 **내흉스럽게** 아이만 구박했다. 〈이문구, 제3세대한국문학9:李文求, 우리 동네, 1983, 289〉

'내흉스럽다'는 일차로 '내흉'과 '-스럽다'로 분석할 수 있다. 충청도 방언에서는 '내흉스럽다'가 '겉으로는 순진해 보이지만 속으로는 엉큼한 마음을 가지고 있다'는 뜻의 표준어 '내숭스럽다'와 같은 의미를 가진 어휘로 쓰인다. 이것은 '내흉'을 '내(內)'와 '흉(凶)'으로 이해한 결과라고 할 수 있다. 이렇게 보면 표준어 '내숭스럽다'는 충청도 방언형 '내흉스럽다'가 구개음화한 형태라고 해야 할 것이다. 충청도 방언에서는 대체로 '야, 여, 요, 유'와 같은 j 계 이중모음 앞에 오는 'ㅎ'이 '〔상뿔〕(香불), 〔상낭구〕(香나무), 〔성〕(兄), 〔소자〕(孝子), 〔숭본다〕(凶본다)' 등에서와 같이 'ㅎ'이 'ㅅ'으로 변하는 구개음화현상이 일반적인데 '내흉스럽다'는 아직 이 구개음화를 모르는 어휘라는 점에서 설명이 궁색해진다. 국어사적으로 구개음화의 시기를 고려할 때 '내흉스럽다'가 구개음화하여 '내숭스럽다'가 되었다고 할 수 없으므로 '내흉스럽다'는 '내숭스럽다'가 역구개음화한 결과라고 해야 할 것이다

너리너리

- 표준어 : 주절주절
- 품　사 : 부사
- 뜻풀이 : 고깃덩어리나 끄나풀 따위가 무질서하게 매달려 있는 모양.
- 다른 방언형 : 주불주불
- 사용 지역 : 충청도

나는 대뜸 드디어 흉악한 일을 보게 됐다고 넘겨짚었다. 언뜻 푸줏간에 너리너리 걸렸던 고깃덩어리들이 떠오르고, 언젠가 돼지 잡을 때 자배기 속에서 솔고 엉겨 붙던 검붉은 선지피가 눈앞이 아찔하며 떠올랐다. 〈이문구, 관촌수필, 1972, 157〉

'너리너리'를 표준어 '너절너절'과 대응되는 것으로 설명하는 경우도 있으나 '너절너절'은 '천이나 옷 따위가 늘어지거나 해져서 몹시 어지럽고 지저분한 모양'을 나타내고 다소 부정적인 느낌을 준다는 점에서 예문의 문맥과는 의미상 잘 어울리지 않는다. 오히려 '끄나풀 따위가 너저분하게 매달린 모양'을 나타내는 표준어 '주절주절'이 예문의 문맥과 더 잘 어울리는 것으로 보이나 '너리너리'는 '주절주절'이 가진 '어지럽고 깨끗하지 않다'는 부정적인 뜻은 적고 무질서하게 많이 매달려 있다는 뜻이 주가 된다는 점에서 차이가 있다.

충청도 방언에서 표준어 '주절주절'과 비슷한 뜻을 가진 '주불주불'이 쓰이는데 '주불주불'은 포도송이나 과일 등의 열매가 무질서하게 많이 매달려 있는 모양을 나타낼 때 주로 쓰인다.

노루가 아이를 업어가도 돌아볼 새 없다

- 표준어 : 대응 표준어 없음
- 품　사 : 속담
- 뜻풀이 : 눈코 뜰 새 없이 매우 바빠 다른 곳에 신경을 쓰거나 눈을 돌릴 사이가 없음을 비유적으로 이르는 말.
- 사용 지역 : 충청도

아버지가 왜경에 의해 연행된 것은 **노루가 아이를 업어가도 돌아볼 새 없다**는 바쁜 가을걷이 때였다. 〈강준희, 이카로스의 날개는 녹지 않았다(상), 1996, 174〉

그러나 **노루가 애를 업어가도 뒤돌아 볼 새 없다**는 봄철의 농번기 때는 허리 한 번 펴고 쉴 틈이 없었다. 〈강준희, 이카로스의 날개는 녹지 않았다(상), 1996, 345〉

노루가 아이를 업어가도 뒤돌아 볼 새 없다는 농삿일을 얼추 해냈기 때문이다. 〈강준희, 이카로스의 날개는 녹지 않았다(중), 1996, 144〉

　노루가 아이를 업고 갈 일이란 도저히 일어날 수 없는데 그런 일이 일어나도 돌아볼 겨를이 없다는 뜻으로 그만큼 눈코 뜰 새 없이 바쁘다는 것을 비유적으로 이르는 충청도 속담이다. 눈코 뜰 새 없이 매우 바쁜 때를 가리키는 북한 속담으로 "부지깽이가 뛰는 세월"이 있다. 이 속담도 '부지깽이까지 뛰어다니는 때'라는 뜻으로, 몹시 바쁜 때를 비유적으로 이르는 말이다. 이와 비슷한 속담으로 "부지깽이가 곤두선다"가 있다. 부지깽이도 누워 있을 틈이 없이 곤두서서 돌아다닌다는 뜻으로, 이 역시 어떤 일이 몹시 바쁜 경우를 비유적으로 이를 때 쓰인다.

노리끼하다

- 표준어 : 노리끼리하다
- 품　사 : 형용사
- 뜻풀이 : 옅지도 않고 짙지도 않게 노르스름한 빛이 나다.
- 다른 방언형 : 노리끼리하다, 노리깨하다, 누리끼하다, 누리끼리하다
- 사용 지역 : 충청도

팔만네 논보리는 밑거름이 약해 **노리끼하였고**, 철원네 보리는 싹수는 좋으나 고랑을 좁게 타서 별 소출이 없을 것 같았다. 〈이광복, 목신의 마을, 1991, 22〉

그것은 씨알 굵은 붕어 모양을 하고 있었다. 등때기가 **노리끼하고** 뱃구레가 말랑말랑했다. 〈이동하, 장난감도시, 1982, 113〉

서쪽에 위치한 화장터 화덕에선 육이오에 파편 맞아 죽었다던 삼남매의 어머니가 재로 변하느라고 **노리끼한** 연기가 넘어와 머리 위로 지났고, 비위 뒤집는 냄새가 코를 쏘고 있었지만, 잔뜩 시달리다 풀린 기분이어선지 모처럼 맛본 인절미는 꿀맛이나 다름없었다. 〈이문구, 장한몽3, 1976, 311〉

'노리끼하다'는 '노리끼-'와 '-하다'로 분석할 수 있다. '노리끼'는 다시 '노리다'의 어간 '노리-'에 '-끼'가 결합된 것으로 분석할 수 있다. '노리-'는 '노랗다'의 어간 '노랗-'이 변한 형태이고 '-끼'는 '시장기, 소금기, 기름기, 화장기, 간기, 바람기, 푼수기'에서와 같이 어떤 기운이나 느낌 또는 특징이나 속성의 뜻을 가진 명사적 접미사가 형용사적 접사로까지 확대되어 쓰이는 것으로 파악할 수 있다. '-하다'는 일부 어근에 붙어 형용사나 동사를 만드는 접미사다. 따라서 '-끼하다'는 국

어에서 색을 나타낼 때 '뚜렷하지는 않지만 그러한 빛을 띠고 있다' 정도의 의미를 나타내는 접미사 '-스름하다'와 같은 의미 기능을 한다고 할 수 있다. 접미사 '-스름하다'는 '붉다, 푸르다, 노르다, 검다' 등 색깔을 나타내는 단어의 어간과 결합하여 '빛깔이 옅거나 그 형상과 비슷하다'의 뜻을 더하는 기능을 한다. 예문의 '노리끼하다'는 아주 노란색은 아니고 노르스름한 빛이 돈다는 뜻을 갖는다. 이 외에도 표준어에서 색깔을 나타내는 단어의 어근에 붙어 '빛깔이 옅거나 그 형상과 비슷하다'의 뜻을 더하는 접미사로 '-끼하다, -끼리하다'가 있다. 이들 접미사는 의미와 기능면에서는 '-스름하다'와 같지만 제한된 분포를 보여 '노리끼하다, 노리끼리하다'와 '누리끼하다, 누리끼리하다'와 같이 주로 '노르다'나 '누르다' 계열의 단어에 연결되어 쓰인다.

노박이1

- 표준어 : 대응 표준어 없음
- 품   사 : 명사
- 뜻풀이 : 수분이 많은 것이 옷이나 몸에 흠뻑 배거나 칠갑함.
- 다른 방언형 : 노백이
- 사용 지역 : 충청도

그 바람에 신부는 장대비를 **노박이**로 맞다시피 하고 마누라 없이는 살아도 장화 없이는 못 산다는 긴 둥의 진흙을 논삶듯 걸어 가파른 경삿길을 추어올 랐다. 〈강준희, 이카로스의 날개는 녹지 않았다(중), 1996, 132〉

나는 한참을 역사의 추녀 끝에 우두망찰 서 있다가 에라 모르겠다 하고 시 내 쪽으로 발길을 옮겨 놓았다. 비를 **노박이**로 맞으면서였다. 〈강준희, 이카로스 의 날개는 녹지 않았다(하), 1996, 65〉

비를 **노박이**로 맞으며 한참을 걷자니 오른 편으로 비안개에 가려진 시커먼 암산 하나가 눈에 들어왔다. 〈강준희, 이카로스의 날개는 녹지 않았다(하), 1996, 65〉

아무리 한여름이라도해도 **노박이**로 비를 맞은 새벽 바다의 공기는 선뜩한 한기마저 느끼게 했다. 〈강준희, 이카로스의 날개는 녹지 않았다(하), 1996, 66〉

무수천이 벌창을 하고 산사태가 나 밭뙈기를 덮쳤다. 사람들은 연장을 챙 겨들고 전지를 향해 이리 뛰고 저리 달았다. 우장도 없이 비를 **노박이**로 맞고 서였다. 그까짓 삿갓이나 도롱이를 써봤자 거추장스럽기만 했다. 〈강준희, 이카 로스의 날개는 녹지 않았다(상), 1996, 245〉

그러는 중에 비는 사이사이 한줄금씩 와서 그들은 **노백이**로 비를 마저가며

들일을 거두었다. 〈이기영, 고향, 1947, 164〉

　예문에 쓰인 '노박이'는 "수분이 많은 것이 옷이나 몸에 흠뻑 배거나 칠갑함"의 뜻으로 쓰이는 충청도 방언형이다. 이런 뜻으로 쓰이는 '노박이'는 주로 '노박이를 하다, 노백이를 하다'나 '비를 노박이로 맞았다'나 '비에 노백이를 해 가지고 왔다'의 꼴로 쓰여 '비, 땀, 진흙' 등 수분이 많은 것이 옷이나 몸에 흠뻑 배거나 칠갑한 모양을 나타낼 때 쓰인다. 예를 들면 '흙장난을 하더니 노백이를 해서 들어왔다'거나 '갑자기 비가 와서 노백이를 했어'와 같이 쓰인다. 논에서 모내기를 할 때 흙물이 튀어 옷에 여기저기 흙물이 묻어 있을 때도 '노백이를 했다'고 한다. '노백이'는 '노박이'의 움라우트형이다. '노박이'의 정확한 어원은 알기가 어렵다.

노박이2

- 표준어 : 붙박이
- 품　사 : 명사
- 뜻풀이 : 한 곳에 줄곧 붙박이로 사는 사람.
- 다른 방언형 : 노백이
- 사용 지역 : 충청도

하지만 아무리 그렇더라도 성례 안 시킨 딸을 잠시 잠깐이라면 몰라도 **노박이**로야 어찌 모시랄 수 있는가. 원칙대로라면 정혼한 처녀는 울밖에도 나가지 않고 얌전하게 들어앉아 있어야 되는 것인데…. 〈강준희, 그리운 보릿고개(상), 1993, 67〉

"나도 형처럼 움직여봐야 되겠어. 토박이가 **노박이**로 남아 있으려니까 맨날 동네일에 술심부름이나 하게 되어 언제 대접받아 보겠수." 하며 물꼬에서 발을 씻으려는 기미를 내밟렸더니 "그런데 인격덤핑이 판치는 서울로 나와?" 하고 손사래를 치며 말막음을 하였다. 〈이문구, 산 너머 남촌, 1990, 60〉

　예문에 쓰인 '노박이'는 "한 곳에 줄곧 붙박이로 사는 사람"의 뜻으로 쓰이는 충청도 방언형이다. 예문에서와 같이 '노박이'가 명사로 쓰일 때는 '노박이'나 '노백이'의 꼴로 쓰이고 동사로 쓰일 때는 주로 '노백이하다'의 꼴로 쓰인다. 명사로 쓰일 때는 '한 곳에 줄곧 붙박이로 살고 있는 사람' 또는 '노상 한자리에 박혀 있는 사람' 정도의 뜻을 가지지만 동사로 쓰일 때는 '한 곳에 줄곧 붙박이로 살고 있다'의 뜻으로 쓰인다. '노박이'는 '노상'과 '박다'가 합성된 '노박다'의 어간 '노박-'에 파생접미사 '-이'가 결합된 것으로 분석할 수 있다. '노상'은 '언제나 변함없이 한 모양으로 줄곧'의 뜻으로 쓰이는 말이고 '박이'는 한 곳에 고정하고 있는 사람을 뜻하는 말이다. '박이'의 접미사 '-이'는 사람의 뜻을 더하고 명사를 만드는 접미사다.

충청도 방언의 '노박이'는 예문에서와 같이 '한 곳에 줄곧 붙박이로 사는 사람'의 뜻으로도 쓰이고 '비에 노박이를 해서 들어왔다'에서와 같이 '수분이 많은 것이 옷이나 몸에 흠뻑 배거나 칠갑함'의 뜻으로도 쓰이는데 예문에서는 전자의 의미로 쓰였다.

놀래키다

- 표준어 : 놀래다
- 품   사 : 동사
- 뜻풀이 : 갑작스런 행동이나 뜻밖의 일로 사람이나 동물을 놀라게 하다.
- 다른 방언형 : 놀래주다, 놀래우다, 놀라내우다
- 사용 지역 : 충청도

이 범뜀바위는 호랑이가 길 위의 바위에서 길 아래 바위로 뛰어내렸다 해서 붙여진 이름인데, 밤엔 곧잘 나타나 행인을 **놀래킨다** 했다. 〈강준희, 이카로스의 날개는 녹지 않았다(상), 1996, 282〉

예문에 쓰인 '놀래키다'는 표준어 '놀라다'의 사동사인 '놀래다'에 대응하는 충청도 방언형이다. '놀래키다'는 '놀라다'의 어간 '놀라-'에 사동을 뜻하는 접미사 '-이키-'가 결합된 것으로 이해된다. 예문에서는 '놀래키다'가 사람, 즉 행인을 대상으로 하는 행위로 쓰였다. 그런데 '놀래키다'가 '잠자는 고양이를 놀래켜 쫓아버렸다'나 '알을 품고 있는 까투리를 놀래키곤 하였다'와 같이 '동물을 놀라게 하다'의 의미로도 쓰인다. 방언형 '놀래키다'는 충남북, 경남북 지역에서 주로 쓰이고 '놀래주다'는 경기, 충남북 등 중부지역에서 주로 쓰인다. '놀래우다'는 주로 함북 지역에서 쓰이고 '놀라내우다'는 평북 지역에서 주로 쓰인다. 이 외에도 '놀래게 하다'와 같은 변이형이 쓰이는데 주로 전북과 경남, 제주 등 남부지방에서 쓰이고 표준어형 '놀래다'는 경기지역과 충청지역 등 중부지역에서 주로 쓰인다.

농토백이

- 표준어 : 농투성이
- 품 사 : 명사
- 뜻풀이 : 농촌에 살면서 농업을 주업으로 하는 사람을 낮잡아 이르는 말.
- 다른 방언형 : 곱농토백이, 농투산이, 농투사이, 농투새이
- 사용 지역 : 충청도

"… 두구 봐라, 아무리 **농토백이**루 살어두 헐 말은 허메 살테니." 〈이문구, 제3세대한국문학9:李文求, 우리 동네 정씨, 1983, 303〉

'농토백이'는 표준어 '농투성이'의 충청도 방언으로 '농토'와 '-백이'로 분석할 수 있다. '농토'는 농사를 짓는 땅을 뜻하고, '-백이'는 일부 명사 뒤에 붙어 그곳에 박혀 있는 사람이라는 뜻을 더하거나 또는 한곳에 일정하게 고정되어 있다는 뜻을 더하는 접미사다. 따라서 예문의 '농토백이'는 농사를 짓는 땅에 박혀 사는 사람, 즉 농촌에 살면서 농업을 주업으로 하는 사람을 낮잡아 이르는 말로 이해된다.

다음의 예에서와 같이 '농토백이'와 같은 뜻으로 쓰이는 충청도 방언형 '농투산이'도 쓰인다. '농투산이'는 표준어 '농투성이'에 대응하는 충청도 방언형으로 농사짓는 일을 직업으로 하는 사람을 낮잡아 이르는 말이다.

장마 때야 논물을 쏟아간들 끄려 허겄나. 그러나 사람 목마른 건 견뎌두 곡식 타는 건 눈으루 못 보는 게 농투산인디, 비싼 물 옆치기 해가는 주제에 대이구 유식헌 소리만 무식허게 짓까부르면 다여?〈이문구, 우리 동네 金氏, 한국문학49, 1977〉.

누뤼

- 표준어 : 우박
- 품 사 : 명사
- 뜻풀이 : 큰 물방울들이 공중에서 갑자기 찬 기운을 만나 얼어 떨어지는 얼음 덩
  어리.
- 다른 방언형 : 우박, 유리, 누리, 누박, 무리, 느리
- 사용 지역 : 충청도, 강원도, 경상도

> 黃昏에
> **누뤼**가 소란히 싸히기도 하고, 〈정지용, 정지용시집, 九城洞, 1936, 200〉

'누뤼'는 표준어 '유리' 또는 '우박'의 충청도 방언이다. '우박'의 뜻으로 쓰이는 '누뤼'는 충청도 방언에서 '무리, 유리, 무뤼, 무뢰' 계열의 방언형과 '누리, 느래, 느리, 니리' 계열의 방언형 그리고 '누박, 박자, 박재, 박새' 계열의 방언형이 있다. '유리'나 '무리' 유형은 우박의 얼음 알갱이가 유리처럼 생긴 데서 유래한 것으로 보인다.

한편 '무리, 유리, 무뤼, 무뢰' 계열의 방언형은 함경도와 평안도 등 한반도 북부지역에서 주로 쓰이고, '누리, 느래, 느리, 니리' 계열의 방언형은 전라도, 경상도 등 한반도 남부지역에서 주로 쓰인다. 그리고 '유리, 우박' 계열의 방언형은 충청도와 경기도 등 중부지역을 중심으로 쓰이고, '누박, 박자, 박재, 박새' 계열의 방언형은 주로 함경도 지역에서 쓰이는 분포상의 특징을 보인다.

눅반죽 고무질빵에 소 죽은 귀신

- 표준어 : 대응 표준어 없음
- 품　사 : 속담
- 뜻풀이 : 아주 고집이 세고 질기며 남의 말을 안 듣는 사람을 비유적으로 이르는 말.
- 다른 방언형 : 고래심줄에 소 죽은 귀신
- 사용 지역 : 충청도

> 되자 처음 홍판사 홍판사 하던 홍 권표의 닉네임은 어느새 홍대머리 또는 홍건달로 바뀌어졌다. 하지만 이게 무슨 대수이랴. **눅반죽 고무질빵에 소죽은 귀신인데…** 〈강준희, 이카로스의 날개는 녹지 않았다(중), 1996, 34〉

'눅반죽'은 무른 반죽을 뜻하고 '고무질빵'은 짐을 걸어서 메는 데 쓰는 고무로 만든 줄을 뜻한다. 둘 다 잘 끊어지지 않고 길게 늘어나는 속성을 가지고 있다. '소죽은 귀신'은 소가 고집이 세고 힘줄이 질기다는 데서, 몹시 고집 세고 질기며 남의 말을 안 듣는 사람을 비유적으로 이르는 충청도 속담이다. 예문의 '눅반죽 고무질빵'은 눅은 반죽과 고무로 만든 질빵이라는 뜻으로 아주 느물느물하고 질긴 것을 비유적으로 이르는 말이고 '소죽은 귀신'은 죽은 소와 같이 무슨 소리를 해도 듣지 않는 것을 비유적으로 이르는 말이다. 즉 '눅반죽 고무질빵에 소죽은 귀신'은 느물느물하고 질긴 성격과 남의 말을 듣지 않고 고집이 센 성격의 사람을 비유적으로 이를 때 쓰는 말이다. 참고로, 표준어에는 '고집이 무척 세다'는 뜻으로 쓰이는 '소 먹미레 같다'는 말이 있다. '먹미레'는 '소의 턱 밑 고기'를 가리키는 말인데 이 고기가 매우 질기다는 데서 유래한 말이다.

눈팔이거리

- 표준어 : 눈요깃거리
- 품   사 : 명사
- 뜻풀이 : 눈으로 보기만 하면서 어느 정도 만족을 느낄만한 대상.
- 다른 방언형 : 눈요기꺼리, 눈요깃감
- 사용 지역 : 충청도

> 나중에 다시 보면 그것은 의걸이용 말코지에 흔히 걸려 있어 여느 때는 **눈팔이거리**도 못 되어 벌로 보아 왔던, 할아버지의 모시것이거나 누리끼하게 들기름에 결은 갈모 따위였다. 〈이문구, 제3세대한국문학9:李文求, 관촌수필, 1983, 180〉

'눈팔이거리'는 표준어 '눈요깃거리'에 대응하는 충청도 방언형이다. '눈팔이거리'는 '눈을 파는 일' 즉 '관심을 가지고 보는 일'을 뜻하는 '눈팔이'에 명사 뒤에 붙어 그러한 내용이 될 만한 재료를 뜻하는 접미사 '-거리'가 결합된 말로 분석할 수 있다. '눈팔이'는 다시 '눈'과 '팔이'로 분석할 수 있다. '팔이'는 '팔다'의 어간 '팔-'에 붙어 그러한 행동의 뜻을 더하고 명사를 만드는 접미사 '-이'가 결합된 것이다. 따라서 '눈팔이거리'는 눈을 팔 만한 가치가 있는 물건이나 대상을 뜻하는 말이다. '눈팔이거리'와 같이 명사에 접미사 '-거리'가 붙어 그 명사가 나타내는 내용이 될 만한 재료를 뜻하는 말로 '국거리, 놀림거리, 반찬거리, 비웃음거리, 일거리, 이야깃거리' 등이 있다.

표준어 '눈요깃거리'가 '눈+요기+ㅅ+거리'로 분석되고 눈으로 요기할 만한 물건이나 대상을 가리키듯이 '눈팔이거리'는 '눈+팔이+거리'로 분석할 수 있고 눈을 팔 만한 물건이나 대상을 가리키는 말로 쓰이는 충청도 방언형이다. 맞춤법 규정을 고려하면 '눈팔이거리'는 '눈팔잇거리'라고 표기해야 할 것이고 '눈요기꺼리'는 '눈요깃거리'라고 표기해야 할 것이다. 그런데 충청도 지역에서는 '꺼리'가 단독으로 쓰이기도 한다는 점에서 '눈요깃거리'와 '눈팔잇거리'는 '눈요기꺼리'와 '눈팔이꺼리'라고 표기할 수도 있을 것이다.

늦늣하다

- 표준어 : 느끼하다
- 품 사 : 형용사
- 뜻풀이 : 기름기가 많아 맛이나 냄새 따위가 비위에 맞지 아니하다.
- 다른 방언형 : 느끼하다, 니끼하다
- 사용 지역 : 충청도

어쩌면 술꾼들을 지켜본다기보다 늦가을 밤에만 이루어질 수 있는 신비로운 정경에 얼이 흘렸던 것인지도 몰랐다. 문득 내 이마에 보드라운 오뉴월 이슬이 맺히는 느낌이더니 **늦늣한** 아주까리 기름내가 코를 가리는 거였다.
〈이문구, 관촌수필, 1972, 147〉

'늦늣하다'는 '맛이나 냄새 따위가 비위에 맞지 아니하다'의 뜻을 가진 표준어 '느끼하다'에 대응되는 충청도 방언이다. '늦늣하다'는 형태상으로 보면 '늦늣-'과 '-하다'로 분석할 수 있다. '늦늣'은 맛이나 냄새가 비위에 거슬리는 느낌을 나타내는 어근이고 '-하다'는 일부 어근에 붙어 동사나 형용사를 만드는 접미사다. 충청도 방언에서 '늦늣하다'는 표준어의 '느끼하다'와 같이 '비위에 거슬릴 만큼 기름기가 많다'거나 '기름기가 많은 음식을 많이 먹어서 비위에 거슬리는 느낌이 있다'는 뜻과는 약간 다르게 '기름기가 많아 맛이나 냄새 따위가 비위에 맞지 아니하다'의 뜻으로 쓰인다.

충청도 방언에서 '늦늣하다'와 같은 뜻으로 쓰이는 말로 '니끼하다'가 있다. '니끼하다'는 표준어 '느끼하다'에 대응하는 충청도 방언형으로 '느끼하다'가 움라우트된 어형이다.

　　표준어 '느끼하다'와 비슷한 말로 '느긋하다'가 있다. 표준어 '느긋하다'는 '먹은 것이 내려가지 아니하여 속이 불편하고 더부룩하여 거북하다'의 뜻으로 쓰인다. 이때의 '느긋하다'는 표준어의 또 다른 형용사로 '마음에 흡족하여 여유가 있고 넉넉하다'의 뜻을 가진 '느긋하다'와는 다른 뜻의 단어다.

능갈치기

- 표준어 : 대응 표준어 없음
- 품 사 : 명사
- 뜻풀이 : 아주 능청스럽고 교묘하게 잘 둘러대며 부정에 영합하고 아첨하는 사람
         또는 현실과 타협하여 명리와 출세를 위해 지조를 저버리고 부정과 비
         리를 서슴지 않는 사람.
- 사용 지역 : 충청도

> 거대한 부정 집단이 판을 치고 그 판이 막강해 세상을 덮고 보면 모두는 이게 옳다고 빌붙어 좇고 따르며 아첨을 한다. 그리고는 현실과 타협을 하고 영합을 하며 명리와 출세를 위해서라면 지조 절개 따위는 헌신짝 버리듯 하고 부정 비리 또한 서슴지 않고 자행하는 염량(炎凉)의 **능갈치기**가 된다. 〈강준희, 이카로스의 날개는 녹지 않았다(하), 1996, 13〉

충청도 방언 '능갈치기'는 얄밉도록 아주 능청스럽고 교묘하게 잘 둘러대며 영합하고 아첨하며 현실과 영합하고 타협한다는 뜻으로 쓰이는 '능갈치다'의 어간 '능갈치-'에 명사파생접미사 '-기'가 결합된 것으로 분석할 수다. 충청도 방언에서 '능갈치다'가 '능갈치잖어, 능갈치지 마라, 능갈치구' 등과 같이 활용한다는 짐에서 '능갈치기'는 '능갈치다'의 어간 '능갈치-'에 '그러한 특성을 가진 사람'의 뜻을 더하고 명사를 만드는 접미사 '-기'가 결합된 말로 보는 것이 타당해 보인다. 이렇게 보면 '능갈치기'는 '능갈치는 사람'으로 이해된다. 그러나 '능갈치다'의 의미가 표준어와 방언에서 약간의 차이가 있다. 표준어에서는 '능갈치다'가 '속으로는 엉큼한 마음을 숨기고 겉으로는 천연스럽게 행동하는 얄미운 태도로 교묘하게 잘 둘러댄다'는 뜻으로 쓰이지만 충청도 방언

에서는 예문에서 보듯이 '아주 능청스럽고 교묘하게 잘 둘러대며 부정에 빌붙어 현실에 영합하고 타협하여 부정과 비리를 서슴지 않는다'는 뜻으로 쓰이거나 그러한 특성이 있는 사람의 뜻으로 쓰인다.

니열

- 표준어 : 내일
- 품　사 : 명사
- 뜻풀이 : 오늘의 다음 날.
- 다른 방언형 : 니얼, 니알, 냘, 낼
- 사용 지역 : 충청도

"고록고록허구 오늘 **니열** 허는 게 벌써 원제 버텀인디……." 〈이문구, 관촌수필, 1972, 193〉

"그냥 두게. 어차피 어제가 오늘이구 오늘이 **니열**인디 새꼽맞게 시간은 재어 뭣에 쓴다나. 예서 이냥 갈라지자구." 〈이문구, 산 너머 남촌, 1990, 264〉

"시방까장은 잘들 해처먹었지만 인저는 안 되여. 새우젓이구 황새기젓이구 장터 가면 을마든지 쌓였어. 단위조합? 우리가 외면해 뻐리면 **니열** 당장 추석 쇤 개장국집이여." 〈이문구, 으악새 우는 사연, 1977, 143〉

"자네들두 나이 사십이 **니열** 모리면 죽은 나이가 아녀 다시 말헐 것 같으면 인저는 생각허며 살 나이라 이게여. 생각들 해보게." 〈이문구, 으악새 우는 사연, 1977, 140〉

"그만 일어들 납시다. **니열** 일 헐라면 눈좀 붙여야 허니게. 그런디 일어스기 전에 나두 한마디 이를 게 있어. 면에서 나오신 분들헌티는 미안허지만 이왕 대화를 저기허는 짐에 저기 허야겄어." 〈이문구, 으악새 우는 사연, 1977, 153〉

'니열'은 표준어 '내일'의 충청도 방언형이다. 표준어 '내일'의 방언형으로 우리나라 대부분의 지역에서 '낼:, 낼'이 쓰인다. '낼:'이나 '낼'은 표준어 '내일'의 축약형이다. 충청도에서는 표준어 '내일'에 대응하는 충청도 방언으로 표준어형 '내일' 외에 방언형 '니열'과 '날, 날:, 니알, 니얼' 등이 쓰인다. '니열'은 '니얼'이 '이' 모음 순행동화로 이중모음이 된 것이다. '날'과 '낼:'은 '니알'이 '이' 모음 순행동화로 '니알'이 된 다음 축약하여 '날'로 실현된 것으로 해석된다.

다자꾸

- 표준어 : 자꾸
- 품 사 : 부사
- 뜻풀이 : 여러 번 반복하거나 계속해서.
- 다른 방언형 : 대구, 대이구, 다꾸, 대짜구, 대꾸
- 사용 지역 : 충청도

나는 적잖이 상심했지만 용기를 잃지 않고 다시 일어났다. 노력 의지 인내를 **다자꾸** 뇌이면서……. 〈강준희, 이카로스의 날개는 녹지 않았다(중), 1996, 299〉

나도 숨이 차기 시작했다. 숨뿐이 아니었다. 목도 마르기 시작했다. 입속이 **다자꾸** 타들어갔다. 〈강준희, 이카로스의 날개는 녹지 않았다(상), 1996, 23〉

이럴 때의 아내는 눈을 감은 채 어깨를 으쓱거리며 몸을 흔들었고 팔은 허공을 **다자꾸** 헤집었다. 〈강준희, 이카로스의 날개는 녹지 않았다(하), 1996, 211〉

'다자꾸'는 어떤 행동이나 상태가 여러 번 반복하거나 계속하여 일어나는 모양을 나타내는 말로 문맥에 따라 '자꾸'나 '대구'와 바꾸어 쓸 수 있다. '대구'는 표준어 '자꾸'와 대응되는 충청도 방언형인데 충청도 지역뿐만 아니라 북한 지역에서도 구어체로 쓰인다. '대구' 외에 충청도 방언형으로 '대꾸'와 '대이구'도 쓰인다. '자꾸'에 대응하는 방언형 '다꾸, 대짜구'가 있는데 이는 주로 함경도 지역에서 쓰인다.

달싸하다

- 표준어 : #달착지근하다
- 품　사 : 형용사
- 뜻풀이 : 약간 달콤한 맛이 있다.
- 다른 방언형 : 달달하다, 달착지근하다
- 사용 지역 : 충청도

풍년초는 질이 최하급이어서 맛이 쓰고 빛깔이 시커매 두 대만 거푸 태워도 혓바닥이 까실까실해 혓바늘이 돋았다. 그런데도 하모니카를 분 다음에 태우면 그 맛이 **달싸해** 쓴 맛이 없어졌다. 〈강준희, 이카로스의 날개는 녹지 않았다 (중), 1996, 28〉

'달싸하다'는 '아린 맛 또는 아린 느낌이 약간 있다'는 뜻의 형용사 '알싸하다'나 '제법 그렇다고 여길 만하다'는 뜻의 형용사 '그럴싸하다' 와 같은 구성으로 이루어진 것으로 파악된다. '알싸하다'는 '알알한 느낌이 있다'는 뜻을 가진 '아리다'의 어간 '아리-'가 축약된 '알-'에 '혀나 목구멍 또는 코에 자극을 받아 아린 듯한 자극이 있다'는 뜻을 가진 접미사 '-싸하다'가 결합된 형태로 이해된다. '그럴싸하다'는 형용사 '그렇다'의 관형사형 '그럴'에 '앞말이 뜻하는 상태를 짐작 또는 추측하거나 그렇다고 여길 만하다'의 뜻을 가진 '-싸하다'가 결합된 것으로 이해된다. 이와 마찬가지로 '달싸하다'는 꿀이나 설탕 맛과 같다는 뜻으로 쓰이는 형용사 '달다'의 어간 '달-'에 '앞말이 뜻하는 상태를 짐작 또는 추측하거나 그렇다고 여길 만하다'의 뜻을 가진 '-싸하다'가 결합된 것으로 분석된다. 의미상으로는 '달콤한 맛이 약간 있다, 약간 달콤한 맛이 난다' 정도의 뜻으로 쓰인다.

달싹허다

- 표준어 : #반반하다
- 품   사 : 형용사
- 뜻풀이 : 생김새가 얌전하고 반듯하다.
- 다른 방언형 : 달싹하다
- 사용 지역 : 충청도

"큰것버덤 밑잇것이 낫어. 얼굴두 **달싹허구** 승질두 고분허구." 〈이문구, 제3세
대한국문학9:李文求, 관촌수필, 1983, 62〉

'달싹허다'는 '달싹-'과 '허다'로 분석할 수 있다. '달싹허다'의 어근 '달싹-'은 독립적으로 쓰이는 예가 발견되지 않지만 형용사를 만드는 접미사 '-허다'와 결합하여 '생김새가 얌전하고 반듯하며 영리하다' 정도의 뜻으로 쓰인다. '달싹허다'는 주로 얼굴 모습을 긍정적으로 표현할 때 쓰인다는 점에서 '영리하면서 얌전하다' 정도의 뜻을 가진 충청도 방언 '달싸하다'와 비교된다. '달싹허다'는 얼굴 생김새가 달처럼 둥그스름하면서 얌전하고 반듯한 모양을 나타내는 말인데 비해 '달싸하다'는 얼굴 생김새가 둥글거니 길쭉한 것을 가리지 않고 쓰인다는 점이 다르다.

참고로, '달싹허다'와 같은 구조로 이루어진 말로 '굴썩하다'가 있다. '굴썩하다'는 '단지에 굴썩했었는데 쑥 들어갔네'와 같은 예에서 보듯이 '담긴 것이 그득하지는 않지만 거의 다 찬 듯하다'는 뜻으로 쓰인다.

담배가리

- 표준어 : 대응 표준어 없음
- 품 사 : 명사
- 뜻풀이 : 담배를 차곡차곡 쌓아놓은 더미.
- 사용 지역 : 충청도

국민학교도 제대로 못나온 내가 고등학교 이상 대학을 나와 자부심이 대단한 직원들에게 강의를 한다는 것도 그랬지만 무엇보다 직원들 지시를 받으며 **담배가리**나 지키는 경비원 주제에 강의를 한다면 이게 씨알이 먹히겠느냐 싶어서였다. 〈강준희, 이카로스의 날개는 녹지 않았다(하), 1996, 159〉

나는 이때 큰 소리로 "내 비록 여러분 밑에서 여러분의 지시를 받으며 **담배가리**나 지키는 경비원이지만, 이 시간만큼은 적어도 여러분을 가르치는 사람이다. 〈강준희, 이카로스의 날개는 녹지 않았다(하), 1996, 160〉

수상을 하고 돌아와서도 나는 계속 야적장의 **담배가리** 지키는 경비를 섰다. 〈강준희, 이카로스의 날개는 녹지 않았다(하), 1996, 164〉

'담배가리'는 '담배'와 '가리'가 합성된 단어로 한글 맞춤법에 의하면 '담뱃가리'로 표기해야 한다. 우리말로 된 합성어에서 선행 형태소가 모음으로 끝나고 후행형태소의 첫소리가 평음이면서 된소리로 발음될 때는 선행형태소의 받침 위치에 사이시옷을 넣도록 되어 있다. 따라서 '담배가리'는 '담뱃가리'로 표기해야 옳다. '담뱃가리'의 '가리'는 곡식이나 장작 등을 차곡차곡 쌓은 더미를 나타내는 말이다. 충청도 지역에서 곡식이나 장작 등을 차곡차곡 쌓아 더미 짓는 것을 '가린다'고 하는

데 가리는 방법에는 두 가지가 있다. 하나는 길이가 같은 여러 개의 가늘고 긴 장대 한쪽 끝을 묶어 하늘로 향하게 하고 다른 한쪽은 아래로 향하게 하여 둥그렇게 벌려 고깔 모양으로 세운 다음 새끼나 칡덩굴로 가로로 장대 사이를 얽고 그 바깥쪽으로 곡식 단의 이삭 부분이 아래로 향하고 뿌리 부분이 위로 향하게 하여 아래로부터 차례로 둘러치면서 쌓아올리는 것인데 그렇게 하는 동작을 '가린다'고 한다. 곡식을 가리기 위해 고깔 모양으로 세운 긴 장대는 '어리덕'이라고 한다. 이렇게 어리덕에 가린 곡식 가리의 안쪽은 텅 비어 있어 통풍이 잘되게 되어 있다. 덜 마른 곡식 단을 이렇게 가려놓으면 통풍이 잘되어 쉽게 말라 타작하기 쉽고 비가 와도 젖지 않아 썩지 않는 장점이 있다. '가리'는 곡식의 종류에 따라 이름을 붙여 '콩가리, 녹두가리, 벳가리(볏가리)' 등과 같이 부른다. 이와는 달리 볏단을 뉘어 이삭이 붙은 쪽을 가운데로 향하게 하여 둥글게 차곡차곡 쌓아올린 더미를 벼티미(볏더미)라고 하고 짚을 차곡차곡 쌓아올린 더미를 '짚티미(짚더미)'라고 한다. 벼를 베어 단으로 묶은 다음 볏단을 서로 기대어 A 자 형으로 길게 세워놓은 것을 줄가리라고 하고 이렇게 하는 것을 '줄가리 친다'고 한다. 이렇게 볼 때 '가리'에는 가운데 통풍 공간이 마련되어 있다는 공통된 특징이 있는 반면 더미에는 가운데 통풍 공간이 없다는 특징이 있다.

당그래

- 표준어 : 고무래
- 품 사 : 명사
- 뜻풀이 : 곡식을 그러모으거나 그러모은 것을 펼 때 또는 아궁이의 재를 긁어모으을 때 쓰는 '丁' 자 모양의 기구. 장방형이나 반달형 또는 사다리꼴의 널 조각에 긴 자루를 박아 만든다.
- 다른 방언형 : 고물개, 밀그래, 밀개, 고밀개, 고물개
- 사용 지역 : 충청도, 경상도, 전라도

> 마당이 손톱자국만한 금 한 줄기 나지 않고 곱게 다져지던 것은 당연한 결과. 아이들 극성 덕에 곡식을 멍석 없이 그냥 쏟아 말려 **당그래**나 넉가래로 긁어모아 담더라도 흙부스러기와 돌이 섞이지 않던 것은 석공도 잘 알고 있었을 터이다. 〈이문구, 관촌수필, 1972, 140〉

'당그래'는 곡식이나 재를 그러모으는 데 쓰는 기구인 '고무래'의 충청도 방언형이다. 멍석이나 넓은 천에 곡식을 얇게 펴서 널거나 한 곳으로 그러모을 때 쓰는 것은 폭이 넓고 자루의 길이도 긴 데 비해 아궁이의 재를 쳐 내기 위해 재를 그러모으는 데 쓰이는 것은 폭도 좁고 자루의 길이도 짧은 것이 특징이다. 지역에 따라서는 곡식을 멍석 따위에 널어 펴거나 그러모을 때 잡아당기는 기구를 '당그래'라고 하고 앞으로 밀면서 곡식을 널어 펴거나 그러모으는 기구를 '밀개'라고 하기도 한다. 충청북도에서는 표준어 '고무래'의 방언형으로 '고물개'나 '고밀개'가 많이 쓰인다. 두꺼운 널빤지를 사다리꼴로 자르고 가운데보다 약간 윗부분에 구멍을 뚫어 긴 자루를 박아 만든다. 멍석에 벼나 보리 등의 곡식을 펴 널거나 그러모을 때 또는 못자리를 할 때 모판을 판판

하게 고를 때 사용한다. 어떤 지역에서는 밭이나 논의 흙덩어리를 잘
게 깨뜨리거나 씨를 뿌린 뒤 흙을 덮는 데에 쓰는 농기구인 '곰방메'를
'당그래'라고 하기도 한다. '당그래(고무래)'는 널빤지로 만드는 데 비
해 곰방메는 지름 10Cm 정도 되고 길이가 15~20Cm 정도 되는 둥
근 나무토막 가운데에 구멍을 뚫고 긴 자루를 맞추어 박아 만든다. 이
것도 모양은 '丁'자 모양이다. 충청도에서는 이것을 '곰배'라고도 한다.

대구

- 표준어 : 자꾸
- 품　사 : 부사
- 뜻풀이 : 여러 번 반복하거나 끊임없이 계속하여.
- 다른 방언형 : 대꾸, 대이구, 다자꾸
- 사용 지역 : 충청도

마누라는 **대구** 엇먹던 때와 달리 제법 묵직하게 장을 보아왔다. 〈이문구, 산 너머 남촌, 1990, 125〉

상배는 더 할 말도 없었지만, **대구** 권하다간 무슨 말까지 들을지도 모르겠어 그대로 발걸음을 돌이켰다. 〈이문구, 장한몽최종, 1976, 558〉

"총각이 거름을 얼마나 잘 것는지 몰라두 박서방의 거름은 따라 하가기 어려울걸 내가 이번 동행에 속이 여간 상하지 안햇서." 하고 말 참견하얏다 천왕동이가 불출이의 말은 **대구** 하지 아니하고 유복이더러 "대관절 배천이 여긔서 멧 리나 되나." 〈홍명희, 임거정1, 1939, 100〉

"내가 어듸 잇는 것을 알구시퍼들 하지 안트냐."
"왜요 **대구**들 캐어 뭇습듸다."
"그래 어듸 잇다구 말햇느냐." 〈홍명희, 임거정2, 1939, 647〉

그래 남정네가 남의 집 안녀편네에게 **대구** 더러운 입정을 놀리는 것이 세상 천하에 어듸 잇는 법이요 그런 법이 잇스면 좀 압시다. 〈홍명희, 임거정3, 1939, 254〉

'대구'는 표준어의 '자꾸'에 대응하는 충청도 방언형이다. 이 말 뒤에는 예문에서 보듯이 동작을 나타내는 말이 온다. 〔대:구〕와 같이 길게 발음하여 동작이 반복되거나 계속되는 것을 상징적으로 나타내기도 한다. 다음의 예에서와 같이 '여러 번 반복하거나 끊임없이 계속하여'를 뜻하는 충청도 방언으로 '대구' 외에 '대이구, 대꾸' 등도 쓰인다. 역시 뒤에 오는 동사를 수식하는 부사로 쓰인다. '대구'는 '대이구'가 축약된 형태이고 '대꾸'는 이것이 된소리로 발음된 것으로 보인다. '대구'나 '대꾸'는 '〔대:구〕'나 '〔대:꾸〕'와 같이 첫음절이 장음으로 실현되는 것이 일반적인데 '대:구'나 '대:꾸'와 같이 장모음으로 발음되면 반복하거나 계속되는 뜻을 더 강조하는 느낌이 있다. '대이구'는 아래의 예문에서 보듯이 장모음으로 실현되는 〔대:구〕를 나타낸 것으로 보인다.

애덜이 대이구 놀자구 오넌디 워칙헌대유〈이문구, 관촌수필, 1972, 134〉

그런디 나버러 대이구 이종헌티 말좀 해 달라는겨〈이문구, 으악새 우는 사연, 1977, 141〉

비싼 물 옆치기 해가는 주제에 대이구 유식헌 소리만 무식허게 짓까부르면 다여?〈이문구, 우리 동네 金氏, 한국문학49, 1977〉)

대꼬바리

- 표준어 : 담배통
- 품 사 : 명사
- 뜻풀이 : 담배설대 아래에 맞추어 놓은 것으로 담배를 필 때 살담배를 담는 통.
  주로 쇠나 놋쇠로 만든다.
- 다른 방언형 : 대통, 꼬바리
- 사용 지역 : 경상도, 충청도

인동이는 물쭈리와 **대꼬바리**가 맞붙은 곰방대를 끄내서 종이 봉지에 싼 담배 부스레기를 담어 물고 성양을 그대었다. 연기가 풀석 나며 담배 내가 독하게 난다. 〈이기영, 고향, 1947, 187〉

인동이는 눈을 희동그렇게 뜨고 마주 쳐다보다가 **대꼬바리**를 낫꽁상이에다 턴다. 〈이기영, 고향4, 1947, 263〉

"뭐시 엇재 …… 에이 경칠 년 같으니."
김 첨지는 별안간 들고 잇든 담배ㅅ대를 들어서 **대꼬바리**로 마누라의 등줄기를 후려갈겼다. 〈이기영, 가가가가, 1988, 165〉

그런 때에 간혹 부친한테 들키게 되면 상놈들과 같이 논다고 눈이 빠지게 꾸중을 들었다. 그리고 **대꼬바리**로 뒤통수를 얻어맞기도 하였다. 〈이기영, 봄봄, 1989, 69〉

과연 시근을 보니 금터가 묻어 나온다. 이에 자신을 얻은 그는 품꾼을 사서 한 구뎅이를 파 보았다. 과연 거기에서는 **대꼬바리**만큼씩한 재벽을 서너 개나 캐어냈다. 〈이기영, 봄봄2, 1989, 139〉

'대꼬바리'는 표준어 '담배통'에 대응하는 충청도 방언형이다. '대꼬 바리'는 위에 제시된 예문 이기영의 '봄봄2'에서 보듯이 긴 담뱃대의 끝에 담배 한 대를 피울 만큼의 살담배를 눌러 담을 수 있도록 쇠나 놋쇠로 만들어 끼워 놓은 꼬부라진 통을 가리킨다. 그러나 경상도와 충청도, 경기도 일부 지역에서는 '대꼬바리'가 '담뱃대'의 의미로 쓰이 기도 한다. 충청도 지역에서는 주로 표준어 담배통에 대응하는 의미로 쓰이나 경상북도와 인접한 지역에서는 '담뱃대'의 의미로도 쓰인다. 예 를 들면 '대꼬바리에 살담배를 넣고 엄지손가락으로 비벼가며 꼭꼭 눌 러 담았다'고 할 때는 '담배통'의 의미로 쓰이지만 '대꼬바리로 머리통 을 한 대 때렸다'고 할 때는 '담뱃대'의 의미로 쓰인다. '대꼬바리로 머 리통을 때렸다'고 하면 실제로 머리에 맞는 부분은 '담배통'이 된다. 그 런데 실제로는 '담배통'만으로는 때릴 수 없기 때문에 긴 담배설대의 물주리 쪽을 잡고 담배설대의 반대쪽 끝에 박아 놓은 '담배통'으로 때 렸다는 뜻이 된다.

참고로 어떤 사람이 무슨 일을 자기 마음대로 하려고 한다고 말할 때 '그게 대꼬바리 맘대로 되는 줄 아느냐'고 말하기도 한다. 이 말은 어떤 일이 뜻하는 대로 쉽게 이루어지지 않는다는 뜻으로 쓰거나 어떤 일을 상대방이 원하는 대로 쉽게 하도록 내버려 두지 않겠다는 의미로 쓰는 관용구다.

대붕이 연작을 가루면 연작만도 못한 법이다

- 표준어 : 대응 표준어 없음
- 품　사 : 속담
- 뜻풀이 : 큰 인물이 평범한 사람을 상대하여 싸우면 평범한 사람만도 못함을 비유적으로 이르는 말.
- 다른 방언형 : 대붕이 연작을 가래면 연작만도 못한 법이다.
- 사용 지역 : 충청도

> 　어떤 놈들이 감히 우리 형님한테 까부는지 그 까부는 놈들을 도륙내자며 모인 아버지의 의제들이었다. 그러나 아버지는 그들을 한사코 만류했다. **대붕이 연작을 가루면 연작만도 못한 법이라면서.** 〈강준희, 이카로스의 날개는 녹지 않았다(상), 1996, 170〉

　'대붕'은 하루에 구만 리(里)를 날아간다는, 매우 큰 상상(想像)의 새로 북해(北海)에 살던 곤(鯤)이라는 물고기가 변해서 되었다는 전설이 있다. '대붕'은 '붕새' 또는 '붕조'라고도 하는데 도량이 넓고 생각이 깊은 사람을 비유적으로 이르기도 한다. '연작'은 제비와 참새를 아울러 이르는 말로, 도량이 좁은 사람을 비유적으로 이르기도 한다. '가루다'는 '맞서서 견준다'는 뜻으로 쓰이는 말이다. '대붕이 연작을 가룬다'는 하루에 구만 리(里)를 날아간다는, 매우 큰 상상(想像)의 새가 제비나 참새와 같이 아주 작은 새와 맞서서 견준다는 말이다. 이와 같이 적수가 되지 못하는 상대와 비교하거나 견준다는 것은 오히려 웃음거리가 된다는 뜻의 충청도 속담이다

대이구

- 표준어 : 자꾸
- 품   사 : 부사
- 뜻풀이 : 여러 번 반복하거나 끊임없이 계속하여.
- 다른 방언형 : 대구, 때꾸, 다자꾸
- 사용 지역 : 충청도, 전라도, 충청도, 황해도

"민구야, 그 칙갈맞은 사람을 뭣 나온다구 **대이구** 쳐다보네? 그러다가 고연히 같잖은 말이나 들을라구……." 〈이문구, 관촌수필, 1972, 188〉

"그저 틈만 있으면 밖으루만 내달으니 한심한 일이로고, 색거한처(索居閒處)요 산려소요(散慮逍遙)라, 배웠이면 배운만침 알만두 허련마는……."
"애덜이 **대이구** 놀자구 오넌디 워칙헌대유." 〈이문구, 관촌수필, 1972, 133〉

"뭰고 허니, 단위조합 참사가 나허구 이종 아닌감. 이참셉이가 내 이종 아우거던. 그런디 나버러 **대이구** 이종헌티 말좀 해 달라는겨. 즤 형제상회 새우젓 허구 호렴(胡鹽)을 팔어 먹자는 수작이지." 〈이문구, 으악새 우는 사연, 1977, 140〉

"아니면? 그만 두소, 그만들 둬. **대이구** 객적은 소리나 이입 저입으루 찍어 바르머 장난진허면 우리계는 장차 워치기 되는겨. 오늘은 내가 참을 것이니 거기들두 달리 생각해 보라구." 〈이문구, 으악새 우는 사연, 1977, 150〉

"저냥덜 죄 어정뜨니 집구석이 진동항애리가 열이면 뭣허건냔 말여… 집안 행편이 이럴수록, 맘을 **대이구** 가둥쳐 먹어두 션찮은 벱인디." 〈이문구, 해벽, 1972, 348〉

‘대이구’는 ‘여러 번 반복하거나 끊임없이 계속하여’의 뜻으로 쓰는 표준어 ‘자꾸’에 대응하는 충청도 방언형이다. ‘대이구’가 줄어든 말이 ‘대구’인데 주로 〔대ː구〕와 같이 발음된다. ‘대이구’는 ‘대구’보다 더 강조하는 느낌이 내포되어 있다. ‘대이구’와 ‘대구’는 각각 〔대이구〕와 〔대ː구〕로 발음된다.

‘여러 번 반복하거나 끊임없이 계속하여’의 뜻을 가진 충청도 방언형으로 ‘대이구’ 외에 ‘대구’와 ‘대꾸’가 더 있다. ‘대꾸’는 둘째 음절이 된소리로 발음된 것으로 보이는데 ‘대구’나 ‘대꾸’는 〔대ː구〕나 〔대ː꾸〕와 같이 첫음절이 장음으로 발음되는 것이 일반적이다. ‘대구’나 ‘대꾸’가 〔대ː구〕나 〔대ː꾸〕와 같이 첫째 음절이 장모음으로 발음되면서 반복하거나 계속되는 느낌을 더 강조하는 느낌이 있다.

표준어 ‘자꾸’에 대응하는 ‘대구’나 ‘대꾸’는 충청도와 전라도 지역에서 쓰이고 ‘대이구’는 주로 충청남도와 황해도 지역에서 쓰인다.

덜퍽시다

- 표준어 : 덜퍽지다
- 품 사 : 형용사
- 뜻풀이 : ① 부피를 짐작할 수 없을 정도로 크고 굉장하다.
          ② 몸집이 크고 튼튼하여 보기에 드센 데가 있다.
- 다른 방언형 : 털퍽거리다, 털벅거리다
- 사용 지역 : 충청도

음전이의 **덜퍽신** 엉덩이가 눈에 박힌다. 그는 야학을 가리칠 때마다 추파를 건네는 것 같았다. 〈이기영, 고향, 1947, 40〉

"나도 가요, 나도 함께 싣고 가요." 여자는 떠나는 배를 향해 사뭇 팔을 내저었다. "이 쌍년아! 도망치긴 워딜 도망쳐?" **덜퍽진** 사내는 우악살스럽게 휘어잡은 머리채를 질질 끌고 선창 뒷길로 올라가면서 개잡듯이 주먹을 휘둘러 여자의 면상이며 등때기를 가림없이 두들겨 패대었다. 〈김중태, 해적 제1권, 1993〉

'덜퍽시다'는 표준어 '털벅지다'에 대응하는 충청도 방언형이다. '덜퍽시다'는 '부피를 짐작할 수 없을 정도로 크고 굉장하다' 또는 '몸집이 크고 튼튼하여 보기에 드센 데가 있다'는 뜻으로 쓰이는데 주로 사람의 성격이나 외모를 나타내는 말이나 사람의 신체와 관련된 말과 연어 관계를 구성하는 특징이 있다.

덩시렇다

- 표준어 : 대응 표준어 없음
- 품 사 : 형용사
- 뜻풀이 : 둥그스름한 것이 높이 솟아 시원스럽고 두렷하다.
- 사용 지역 : 충청도

> 장텃자리 주변으로는 아름드리 참죽나무가 늘어서 있었고, 묵은 나무 꼭대기에는 까치집이 **덩시렇게** 지어져 있었다. 〈이광복, 목신의 마을, 1991, 201〉
>
> 아침해가 **덩시렇게** 솟아올랐다. 쭉 곧게 뻗쳐오는 햇살 속에서 영우와 사빈은 서로 포개져 껴안고 웃기 시작했다. 〈박범신, 밤이면 내리는 비, 1990, 93〉

'덩시렇다'는 어떤 사물이 둥그스름하면서도 높이 솟아 시원스럽고 두렷한 모양을 나타내는 형용사다. 특히 둥그스름한 사물의 배경이 탁 트인 공간적인 배경일 때 잘 어울리는 표현이다. 예문에서 보듯이 둥그스름한 나무와 하늘을 배경으로 둥그스름하게 드러나는 까치집이나 하늘을 배경으로 둥그렇게 떠오르는 아침 해 등의 모습을 나타낼 때 쓰이는 말이다. '덩시렇다'는 '둥그스름하게 솟아오르는 모양'을 뜻하는 어근 '덩실-'에 형용사를 만드는 접미사 '-엏다'가 결합된 말로 분석할 수 있다. '덩실-'과 '-엏다'로 분석할 수 있는 '덩시렇다'와 같은 구성을 이루는 충청도 방언으로 '둥그렇다(둥글-＋-엏다)'와 '동그랗다(동글-＋-앟다)'가 있다.

뎀마

- 표준어 : 전마선(傳馬船)
- 품　사 : 명사
- 뜻풀이 : 큰 배와 육지 또는 배와 배 사이의 연락을 맡아 하는 돛이 없는 작은
　　　　　배.
- 다른 방언형 : 뎀마배
- 사용 지역 : 충청도

"슴 츠녀라구 다 시커먼허구 볼상 슝허게 생긴다더냐?" 어머니가 나무라자 "그러기 말유. 쬐끄만 **뎀마**두 있구 중선두 부린다더랑게 웬만츰 사는 집 딸인 모냥이데유. 오정때쯤 각시가 오먼 폐백디리구 헐 텐디, 뭣뭣 해 오는지 이따 혼수 귀경 가 보까유?" 〈이문구, 관촌수필, 1972, 143〉

그 전이나 그 후나 시체를 처분하러 올 때마다 모두들 술이 거나해져 가지고 노래를 목이 쉬도록 부르더라고 소뺑이 게펄에다 **뎀마**를 매어두고 김과 미역을 따서 살아왔던 작은외삼촌은 말했던 것이다. 〈이문구, 장한몽최종, 1976, 597〉

능쟁이와 황바리를 갈잎으로 묶어 소금막으로 가면 **뎀마**보다도 더 큰 소금솥에선 설탕 같은 소금이 자글거렸고, 갈잎 끝을 그 속에 담그면 능쟁이나 황바리는 잠깐 새에 노랗게 익어버리곤 했다. 소금국에 익힌 게맛처럼 구뜰한 맛은 어디가 무엇을 먹어도 다시 없던 거였다. 〈이문구, 해벽, 1972, 350〉

그만한 입지조건을 두루 갖춘 어촌이 어디 그리 흔하던가. 그런데도 그 값을 못해 어민들은 모두 가난의 멍에에서 벗어나질 못한 거였다. 그 여러 마을이 겨우 중선 여나믄 척과 **뎀마** 몇 쪽에 목구멍을 싣고 살앗던 것이다. 〈이문구, 해벽, 1972, 352〉

> 그러나 으름내의 하상은 쉴새 없이 깎이고 쓸려 내려갔다. 뱃길은 쌓이기만 한 토사로 메워져 갔고 좁혀들기만 했다. 뎀마나 가쁜하게 드나들었지 중선 한 척이라도 들오게 되면 여간 애먹지 않는다고 야단들이었다. 그런 판에다 선창의 초소나 다름 없던 숭산에 미사일기지가 올라 앉고 나서는 밤낮 없이 살벌한 경계를 하며, 경비원들이 드나드는 배와 승객을 감시하고 화물은 조사를 당해야 했다. 〈이문구, 해벽, 1972, 360〉

'뎀마'는 돛이 없는 작은 배를 뜻하는 표준어 '전마선(傳馬船)'에 대응하는 말로 '전마(傳馬)'의 일본어 발음으로 보인다. '뎀마'는 주로 해안가에서 큰 배와 해안 사이나 배와 배 사이를 연락하는 돛이 없는 작은 배를 가리킨다. '뎀마'와 같은 의미로 쓰이는 '뎀마배'가 더 전국적인 분포를 보인다. '뎀마배'는 '뎀마+배'로 분석된다. '뎀마'와 '배'가 다 같이 '배(舟)'를 뜻한다는 점에서 '뎀마배'는 의미가 중첩된 단어다. 의미가 중첩된 충청도 방언으로 '학교 운동장 마당', '코트장', '새신랑, 역전앞, 초가집' 등을 들 수 있다.

뎁세

- 표준어 : 도리어
- 품　사 : 부사
- 뜻풀이 : 예상이나 기대 또는 일반적인 생각과는 반대되거나 다르게.
- 다른 방언형 : 뎁다, 뎁데, 뎃다
- 사용 지역 : 전국

나도 그전부터 순사라면 진저리를 칠 만큼 좋지 않은 선입견을 가지고 있었지만, 그러나 그 경우엔 마땅히 대복어메가 고분고분 사죄해야 옳다고 여기며 구경한 거였다. 그녀는 점점 더 발악하듯 덤벼들며 앙탈했다. "이 뭣 같은 게 **뎁세** 지랄허구 자빠졌네. 포악만 떨면 젤인 중 알어, 이게—." 〈이문구, 관촌수필, 1972, 107〉

"챙근 엄니는…… 말을 귀로 안 듣구 입으로 들유? 수재민이라구 홋것만 입으라는 벱이 워디 있유. 그러면 그 사람들이 한 끄니래두 끓이라구 추렴해 준 양식 팔어 빤쓰버텀 사 입으야 쓰겄우? 게, 다 나두 생각이 있어 내논 겐디 **뎁세** 나를 트집헐류? 말에 도장 읎다구 함부로 입방아 찧지 마유. 이게 왜 흔게유. 남대문표는 3년을 입어두 새물 내만 납디다유. 공중 넘우세스럽게시리 이유(理由) 삼지 말구 얼릉 딴 디나 가 보유." 〈이문구, 으악새 우는 사연, 1977, 132〉

"웬일이라니, 내가 헐라던 소리럴 **뎁세** 자긔가 먼첨 허구 있어, 나넌 웬 불빛인가 해서 올러왔다민." 〈이문구, 징한몽최종, 1976, 553〉

‘뎁세’는 표준어 ‘도리어’에 대응하는 충청도 방언형이다. 주로 예상이나 기대 또는 일반적인 생각과는 반대되거나 다르게 행동하는 경우를 나타낼 때 쓰인다. 예를 들면 '잘못은 자기가 해 놓고 뎁다 큰소리 친다'와 같이 쓰인다. 이때의 '뎁다'는 '뎁세'와 같은 의미로 쓰인다. 충청도 방언에서 '도리어'의 뜻으로 '뎁세' 외에 '뎁다, 뎁데, 뒙다, 뒛다, 뒛데, 뎃다' 등과 함께 '뒈루, 도루, 되루, 되레, 데비, 데루' 형도 쓰인다. '뎁데, 뎁다, 뒵다, 뒵데, 뎃다' 계열의 이형태들은 주로 충청도와 강원도, 전라도 지역에서 쓰이고, '데레, 데루, 되루, 되려' 계열의 방언형은 강원도, 경기도, 충청도 등 중부 지역에서 쓰이는 분포를 보인다.

그런데 요즈음 청소년층 이하의 화자들이 많이 쓰는 '그거 뎃다 크더라'나 '뎃다 많이 먹더라' 등에 쓰인 '뎃다'는 '아주, 매우, 엄청나게' 정도의 의미로 쓰인다는 점에서 의미 변화의 단초를 보여주는 것이라고 할 수 있다.

뎅그마니

- 표준어 : 대응 표준어 없음
- 품　사 : 부사
- 뜻풀이 : 홀로 떨어져 드러나 있는 모양.
- 다른 방언형 : 덩그마니
- 사용 지역 : 충청도

　　더구나 갑출이가 옆에 있을 때는 맘적으로나마 든든했는데 혼자 **뎅그마니** 앉아서 취조를 받으려니 어딘지 약해지는 것이었다. 〈이광복, 목신의 마을, 1991, 92〉

　　'뎅그마니'는 표준어 '덩그맣다'의 부사형 '덩그마니'에 해당하는 충청도 방언형이다. '뎅그마니'는 형용사 '뎅그맣다'의 어간 '뎅그맣-'에 접미사 '-(으)니'가 결합되어 파생된 부사로 파악된다. 방언에서 '뎅그맣다'의 활용형으로 '뎅그맣게'만이 쓰이고 다른 활용형은 찾아보기 어렵다. 실제 사용에서는 제한된 활용형 '뎅그맣게'만 쓰이고 주로 파생어 '뎅그마니'의 꼴로만 쓰인다는 점에서 불완전 용언이라고 할 수 있다. 표준어의 '덩그맣다'도 주로 어미 '-게'가 결합된 '덩그맣게'의 꼴로 쓰인다는 점이 '뎅그맣다'와 '덩그맣다'와 궤를 같이한다.

도가술

- 표준어 : 대응 표준어 없음
- 품　사 : 명사
- 뜻풀이 : 술을 담가 도매하는 집에서 가져온 술.
- 사용 지역 : 충청도

　　부엌은 **도가술**에 물 타서 느루 팔던 술청이었고, 손바닥만하던 명색이 마당 귀퉁이는 이발기계와 면도 하나로 깎고 도스리던, 장에 가는 장꾼들만 바라보던 무허가 노천 이발소였다. 〈이문구, 제3세대한국문학9:李文求, 관촌수필, 1983, 12〉

　　'도가술'은 '도가'와 '술'의 합성어로 분석된다. '도가'는 술 따위를 도매하는 집이고 '술'은 알코올 성분이 들어 있어 마시면 취하는 음료를 가리킨다. 따라서 '도가술'은 '도가에서 가져온 술, 즉 술을 담가 도매하는 집에서 직접 가져온 술' 또는 '술을 담가 도매하는 집에서 양조한 술'을 뜻한다. 반면에 '술도가'는 '술'과 '도가'로 분석되는 합성어다. '술을 담가 도매하는 집'을 가리키는 말이다. '도가'는 본래 도매상을 뜻하는 말이지만 주로 '술'과 결합하여 쓰여 술을 도매하는 집을 뜻한다.

도래질

- 표준어 : 도리질, 도리머리
- 품　사 : 명사
- 뜻풀이 : 머리를 좌우로 흔들어 싫다거나 아니라는 뜻을 표시하는 짓.
- 다른 방언형 : 도리질
- 사용 지역 : 충청도

> "저이들이 석공을 몽둥이루 팬다는디…… 산내끼루 천장에다 달어맨디야."
> 나는 근심스러워 풀죽은 목소리로 중얼거리며 연방 **도래질**을 하였다. 〈이문구,
> 관촌수필, 1972, 148〉

　'도래질'은 표준어 '도리질'에 대응하는 충청도 방언형으로 머리를 도리도리하듯이 좌우로 흔들어 싫다거나 아니라는 뜻을 나타내는 동작을 뜻한다. '도래질'과 '도리질'은 같은 어원에서 유래한 것으로 보인다. 어린 아이를 키울 때 말귀를 겨우 알아듣는 어린아이에게 어른이 머리를 좌우로 흔드는 동작을 시키면서 '도리도리'라고 하며 따라하게 하는데 이런 재롱을 '도리도리'라고 한다. '도리도리'는 어린아이에게 하는 말로 '도리질'이라고는 하지 않는다. '도리도리'가 어린아이의 재롱을 가리키는 말인데 비해 '도리질'은 큰 아이나 어른과 같이 어떤 일에 대해 스스로 판단할 수 있는 능력이 있는 사람이 고개를 좌우로 흔드는 동작을 반복하여 부정하거나 싫다는 뜻을 나타낼 때 쓰는 말이다.

　어린아이에게 재롱으로 '도리도리'를 시킬 때는 몇 가지의 재롱을 연속해서 하게 되는데 주로 '도리도리' 다음에 '짝짜꿍'을 한다. '도리도리'나 '짝짜꿍'은 '도리도리도리도리 짝짜꿍짝짜꿍'과 같이 박자에 맞추어

리듬 있게 하는 것이 보통이다. 이 외에도 '죄암죄암(잼잼)'과 '곤지곤지(째깡째깡, 징기징기)', '질라래비 훨훨'을 하기도 하는데 역시 박자에 맞추어 리듬 있게 '죄암죄암죄암죄암(잼잼잼잼)' '곤지곤지곤지곤지'와 같이 같은 말을 여섯 번 정도 반복하고 '질라래비 훨훨'은 '질라래비 훨훨 질라래비 훨훨'과 같이 전체를 두 번씩 반복한다.

이 외에도 어린아이의 재롱으로 '부라부라'와 '꼬누꼬누'가 있다. '부라부라'는 어른이 어린아이와 마주하고 앉아 어린아이의 양쪽 겨드랑이에 손을 끼워 잡고 박자에 맞춰 어린아이를 좌우로 천천히 번갈아 흔들면서 '부라부라 부라부라'라고 한다. '부라부라'는 보통 두 번 내지 세 번씩 반복하는데 어린아이의 다리에 힘을 길러주는 역할을 한다고 한다. '부라부라'와 달리 어린아이를 좌우로 흔들지 않고 앞뒤로 흔드는 동작은 '불무불부' 또는 '풀무풀무'라고 하며 역시 두 번 또는 세 번씩 반복한다. 지역이나 화자에 따라 좌우로 흔들면서 '불무불무'나 '풀무풀무'라고 하기도 한다.

'꼬누꼬누'는 어른이 한 손으로는 어린아이의 두 손을 한꺼번에 잡거나 가슴 앞자락의 옷을 잡고 다른 손의 손바닥 위에 어린아이의 두 발을 올려 세워 놓고 하는 말로 박자에 맞추어 '꼬누꼬누꼬누!' 하면서 두 번 정도씩 반복한다. 어린아이를 잡은 채로 하는 '꼬누꼬누'와 달리 '따루따루'나 '따로따로'는 어른이 두 손으로 어린아이의 양쪽 어깨와 팔을 잡고 있다가 놓으면서 혼자 서보게 할 때 하는 말이다. 보통 '따루따루따루' 하거나 '따루따루따루'를 둔 번 정도씩 반복한다. '꼬누꼬누'나 '따루따루'는 어린 아이의 다리 힘을 길러 걸음마를 준비하는 단계라고 할 수 있다. '걸음마'는 어린아이와 마주 앉거나 서서 어린아이가 발자국을 뗄 수 있도록 어린아이의 두 손을 잡고 어른 가까이로 잡아끌면서 '걸음마! 걸음마!' 하는데 보통 두 번이나 세 번씩 반복한다.

어린아이의 재롱을 나타내는 동작이나 말은 모두 아이가 어려서 혼자 서지 못 하거나 걷지 못 할 때 하는 것이다. '부라부라'와 '꼬누꼬누', '따루따루', '걸음마' 등은 모두 걷는 훈련을 하기 위한 놀이라고 할 수 있다.

도사림

- 표준어 : 대응 표준어 없음
- 품 사 : 명사
- 뜻풀이 : 감각 기관을 긴장시켜 온 신경을 한데 모아 주의 깊게 살피는 일.
- 사용 지역 : 충청도

> 관촌 사람들은 집안에서 무엇이 없어진다거나, 논밭에 심은 것이 축난 듯 싶으면 으레 전재민촌 사람들의 소행으로 여겨 버릇했고, 서툰 임고리 장수가 들어서도 전재민촌 사람으로 판단, 물건을 갈아 주기보다 집어 가는 것이 없는가를 살피려는 **도사림**으로 냉대해 보내기 일쑤였다. 〈이문구, 제3세대한국문학9:李文求, 관촌수필, 1983, 72〉

'도사림'은 동사 '도사리다'의 어간 '도사리-'에 명사파생 접미사 '-ㅁ(-음)'이 결합되어 파생된 파생명사다. '도사리다'는 '우리 몸의 감각기관을 긴장시켜 온 신경을 한 곳으로 모아 주의 깊게 살피다'의 뜻으로 쓰이는 말이다. 따라서 '도사림'은 누가 물건을 가져가지는 않는지, 해코지는 하지 않는지 등을 주의 깊게 살피는 일을 뜻한다.

도슬리다

- 표준어 : 대응 표준어 없음
- 품　사 : 동사
- 뜻풀이 : 사물의 끝이 들쭉날쭉하거나 거죽이 거칠거칠한 부분을 가지런히 하거나 매끄럽게 가다듬다.
- 다른 방언형 : 도스르다, 도실리다
- 사용 지역 : 충청도

술에 잔뜩 취한 쌍례 아배가 헛간에서 도리깨자루 부러진 몽둥이 끝을 깎낫으로 **도슬리면서** 중얼거린 말이 얼핏 귓결에 걸린 뒤부터 나는 석공이 걱정되어 조바심을 하기 시작한 것이다. 〈이문구, 관촌수필, 1972, 146〉

'도슬리다'는 머리털이나 손톱, 초가지붕의 처마 끝 등 어떤 사물의 끝이나 거죽이 들쭉날쭉하고 가지런하지 않거나 거칠거칠할 때 그 부분을 가지런하거나 매끄럽게 가다듬는다는 뜻의 충청도 방언이다.

예를 들면, '처마 끝을 도슬렸다'고 하면 새로 지붕을 해 이어서 처마 끝의 이엉이 가지런하지 않고 약간 들쭉날쭉하게 된 것을 낫으로 자르거나 넓적한 나무토막으로 쳐서 가지런히 가다듬었다는 뜻이고 '손톱을 도슬렸다'고 하면 손톱을 깎거나 매끄럽게 다듬었다는 뜻이다. '더부룩한 머리털을 도슬리는 솜씨가 보통이 아니다'고 하면 머리를 손질하여 가지런하게 가다듬는 솜씨가 뛰어나다는 뜻이다. '도실리다'는 '도슬리다'의 둘째음절 모음 '으'가 'ㅅ' 아래서 '이'로 변한 것이다.

돈사다

- 표준어 : 대응 표준어 없음
- 품　사 : 동사
- 뜻풀이 : 돈을 받고 물건이나 권리 따위를 남에게 넘기거나 노력 따위를 제공하다.
- 사용 지역 : 충청도

"이 긔를 **돈사야** 엄니가 부주헐 텐디……." 했다. 〈이문구, 제3세대한국문학9:李文求, 관촌수필, 1983, 142〉

"다녀보면 남의 집 바깥에서는 진종일 비닐하우스에서 해를 보내고 들어와서도 이슥토록 멍석을 안 치나, 삼태기를 안 삼나, 하다못해 수숫목으로 빗자루라도 매어 장에 내가 **돈사는데**, 이이는 손바닥에 털이 나도 손톱 하나 까딱하지 않으니, 무슨 보살이 저런 몸살인지 어디 가서 물어볼래야 물어볼 데도 없다니까." 〈이문구, 산 너머 남촌, 1990, 45〉

그것두 장마 끝에 곡가가 채여 그만헌겐디, 툉일베 찧여 **돈사보슈.** 〈이문구, 으악새 우는 사연, 1977, 133〉

여편네 마실 댕기메 밤마다 넘의 집 테레비 앞에 턱살 쳐들구 사는 꼴 안 보자구 승년 곡식 **돈사가메** 났다가 인저는 후회가 막급일세야. 〈이문구, 으악새 우는 사연, 1977, 147〉

'돈사다'는 '돈'과 '사다'의 합성어로 분석할 수 있다. '돈사다'는 곡식이나 돈이 될 만한 것을 팔아서 돈으로 바꾼다는 '돈을 사다'와 같은 뜻으로 쓰이는 말이다. '돈사다'는 물건을 주고 돈을 사거나 노동력을 제공해 주고 돈을 받는다는 말에서 비롯된 것이다.

　참고로 표준어 ‘팔다(賣)’에 대응하는 국어 방언형으로 ‘내다’, ‘돈사다’, ‘바치다’, ‘사다’, ‘팔다’, ‘팔아오다’ 등이 다양하게 쓰인다. ‘내다’와 ‘바치다’는 충청도 외에 경북과 충남 지역에서 ‘買’의 의미로 쓰이고, ‘돈사다’는 주로 충남 지역에서 쓰인다. ‘바치다’는 주로 충청도와 경상도 지역에서 ‘買’의 의미로 쓰이고, ‘사다’는 주로 강원, 경기, 충남 지역에서 ‘賣’의 의미로 쓰인다. 경기도와 강원도 및 경북 일부를 제외한 나머지 지역에서는 표준어에서와 같이 ‘買’의 의미로 ‘팔다’가 폭넓게 쓰인다. 충청도 지역에서는 곡식에 대하여는 ‘판다’고 하면 표준어 ‘사다’에 대응하는 ‘賣’의 의미로 쓰이고 ‘낸다’와 ‘바친다’고 하면 표준어의 ‘팔다’에 대응하는 ‘買’의 의미로 쓰인다. 따라서 ‘쌀 팔러 갔다’나 ‘쌀 팔어 왔다’고 하면 쌀이 없어서 쌀을 사러 갔다나 쌀을 사 왔다는 뜻이 되고 ‘쌀 내러 갔다’나 ‘쌀 두 가마니 바쳤다’고 하면 쌀을 가지고 가서 돈으로 바꾸어 왔다는 뜻이 된다. 그러나 곡식 이외의 다른 대상에 대하여는 표준어에서와 마찬가지로 ‘소 팔러 갔다’와 같이 ‘팔다’가 ‘買’의 의미로 쓰이고 ‘소 사러 갔다’와 같이 ‘사다’가 ‘賣’의 의미로 쓰인다. 충청도 특히 충청도 지역에서는 ‘팔다, 사다, 팔아오다’가 ‘買’의 의미와 ‘賣’의 의미로 공존하여 전남북, 경남북 등 남부 방언과 강원, 경기 등 북부 방언의 중간적인 성격을 보여준다.

돈이 주사(主事)요

- 표준어 : 대응 표준어 없음
- 품　사 : 속담
- 뜻풀이 : 돈만 있으면 무슨 일이든지 다 할 수 있다는 뜻을 비유적으로 이르는 말.
- 다른 방언형 : 돈이 주사, 돈이 제갈량
- 사용 지역 : 충청도

> **돈이 주사(主事)요 돈이 제갈양(諸葛亮)**이라고 다 밥술이나 먹다보니 듣는 소리였다. 〈강준희, 이카로스의 날개는 녹지 않았다(상), 1996, 235〉

'주사(主事)'는 조선 시대 후기에 관아에 둔 여러 벼슬 가운데 하나다. '돈이 주사'라는 말은 돈만 있으면 주사 벼슬도 할 수 있다는 뜻으로, 돈의 위세가 대단해서 돈만 있으면 무슨 일이나 다 할 수 있음을 비유적으로 이르는 충청도 속담이다. '돈이 주사'라는 뜻의 속담으로 '돈이 제갈량'이라는 말이 있다. 이 역시 돈으로 제갈량을 구할 수 있다는 말이다. 제갈량은 중국 삼국시대 촉한의 정치가로 뛰어난 군사 전략가 였다. '돈이 제갈량'은 돈으로 제갈량과 같이 지략이 뛰어난 사람을 구할 수 있다는 뜻으로 돈만 있으면 무슨 일이든지 다 할 수 있음을 비유적으로 이르는 말이다.

되꼽치다

- 표준어 : 대응 표준어 없음
- 품   사 : 동사
- 뜻풀이 : 말이나 생각 또는 마음 따위를 삭이고 곰곰이 되씹다.
- 사용 지역 : 충청도

> "장난이라니요. 장난은 동네에서 아래위뜸으로 넘나들며 풍물이나 치는 구식인데, 요새는 촌에 날나리 하나 들을 만하게 부는 이가 없잖아요. 어째서 그런지 아십니까. 그런 곡조없는 동넷장단을 군단위로 향토문화제로 수렴해서 발전시켰기 때문인 거예요." 자식은 몽땅 방짜로 두었지…… 하며, 문정이 허전한 심사를 속으로 **되꼽치는** 줄도 모르고, 응두는 마냥 소갈머리 없이 너스레를 떨었다. 〈이문구, 산 너머 남촌, 1990, 14〉

'되꼽치다'는 접두사 '되-'와 '꼽치다'가 결합된 것으로 분석된다. '되-'는 '다시, 도로'의 의미를 가진 접두사이고 '꼽치다'는 '말이나 생각 또는 마음 따위를 삭이고 곰곰이 생각하다'의 뜻을 가진 충청도 방언형으로 파악된다. 따라서 '되꼽치다'는 '말이나 생각 마음 따위를 삭이고 곰곰이 되씹다'의 의미로 쓰인다고 할 수 있다. 국어에서 '되꼽치다'와 같은 구성을 이루는 말로 '되뇌이다, 되씹다, 되새기다' 등이 있다.

'되꼽치다'를 '다시'의 뜻을 가진 '되-'와 '반으로 접어 한데 합치다'의 뜻을 가진 '꼽치다'가 결합된 것으로 풀이하기도 하나 예문과는 거리가 멀다.

되린님

- 표준어 : 도련님
- 품　　사 : 명사
- 뜻풀이 : 결혼하지 않은 시동생을 높여 이르는말.
- 다른 방언형 : 되련님, 데린님, 데련님, 디린님
- 사용 지역 : 충청도, 경상도, 전라도

"암, 아마 **되린님**이 젤 많이 잡았을 겨……." 하며 그녀는 나를 충동이질 했다. 〈이문구, 관촌수필, 1972, 141〉

'되린님'은 표준어 '도련님'의 충청도 방언형으로서 결혼하지 않은 시동생을 높여 이르는 말이다. 충청도와 전라도 뿐만 아니라 경기도, 강원도 지역에서도 '되린님'의 이형태들이 쓰인다. 지역에 따라 '되린님' 외에 '되련님, 데린님, 디린님' 등의 방언형이 쓰이기도 한다. 방언형 '되련님'은 '경기도, 강원도, 충청도' 지역에서 주로 쓰이고, '데린님'과 '데린님'은 '경기도, 충청도, 전라도' 지역에서 쓰인다. 충청도 방언형으로 '되린님, 데린님' 외에 '디린님'도 쓰이는데 '디린님'은 경상도 지역에서도 폭넓게 쓰인다. '데린님, 데련님' 등 '데-'로 시작하는 어휘들은 경기도와 충북 지역에서 많이 쓰이고, '디린님, 디련님' 등 '디-'로 시작하는 어휘들은 경상도 지역에서 많이 쓰인다.

'되련님'이나 '되린님'과 같이 '되-'로 시작하는 어휘들은 '도련님'의 움라우트형이고, '데련님'이나 '데린님'과 같이 '데-'로 시작하는 어휘들은 어두음절 '되'가 비원순모음화를 겪은 것이고 '디-'로 시작하는 어휘들은 '데'가 고모음화한 것으로 이해된다.

두루메기쌀

- 표준어 : 대응 표준어 없음
- 품 사 : 명사
- 뜻풀이 : 닭이나 오리 등 가금류의 모이로 주는 품질 낮은 쌀.
- 다른 방언형 : 두루미기쌀
- 사용 지역 : 충청도

> "…시방까장 들어온 쌀을 볼 것 같으며는 죄다 숭년 그지 동냥 주듯이, 물알 든 베 찧은 싸래기쌀, 쭉젱이 찧은 물은쌀, 닭 오리 모이허던 **두루메기쌀**, 뒷목 찧은 자갈쌀, 해설랑은이 몽땅 시게전 바닥쓸이 해온 것이나 다름이 읎더라 이것입니다. …" 〈이문구, 제3세대한국문학9:李文求, 우리 동네, 1983, 296〉

'두루메기쌀'은 '두루메기'와 '쌀'로 일차 분석할 수 있고, '두루메기'는 다시 '두루-'와 '메기'로 분석할 수 있다. '두루메기'의 '두루'는 '무엇에나 닥치는 대로 쓰일 만하게'의 뜻인 '휘뚜루' 정도의 의미로 이해되고 '메기'는 '먹다'에서 파생된 '먹이'의 움라우트형으로 이해된다. '두루메기'는 '무엇이나 닥치는 대로 휘뚜루 먹일 만한' 정도의 뜻으로 쓰이는 말이고 여기에 '쌀'이 결합된 말이 '두루메기쌀'이다. 다시 말하면 '두루메기쌀'은 닭, 오리 등 집에서 기르는 가금류의 모이로 휘뚜루 먹일 수 있는 품질 낮은 쌀을 뜻한다.

'쌀'을 부르는 명칭은 위의 예문에서 보듯이 쌀의 품질에 따라 '두루메기쌀' 외에 '싸래기쌀, 물은쌀, 자갈쌀'과 '청치' 등이 있다. '싸래기쌀'은 충청도에서는 보통 '싸래기'라고 하는데 표준어 '싸라기'에 대응한다. ≪표준 국어 대사전≫에서는 '싸라기'를 '부스러진 쌀알'이라고 설명했는데 충청도에서는 '부스러진 쌀' 외에 벼가 덜 여물어 쌀알이 온전하지 못한 것까지 포함하는 의미로 쓰인다. 이와 관련하여 충청북도 지역에서는 벼가 덜 여문 것을 수확하여 방아를 찧으면 쌀이 푸른 빛깔을 띠는 데 이것을 따로 '청치'라고 하기도 한다. 표준어에서는 '현미에 섞인, 덜 여물어 푸른 빛깔을 띤 쌀알'을 가리키는 것으로 설명되어 있다.

'물은쌀'은 벼가 덜 여물어서 물기가 많고 말랑말랑한 벼를 말려 방아 찧은 쌀을 뜻한다. 벼가 덜 여물어 물기가 많고 말랑말랑한 곡식을 표준어에서는 '물알'이라고 하는데 충청도에서는 이것을 '무녀물'이라고 한다. '무녀물'은 '물＋여물'에서 온 말로 보인다. '무녀물'은 주로 '무녀물 들었다'나 '아직 무녀물도 안 들었다'와 같이 '들다'와 함께 쓰이는 특징이 있다. '물은쌀'은 벼타작을 할 때 알이 찬 곡식은 따로 모아두고 남은 죽정이들을 방아 찧어서 나온 쌀을 가리킨다.

'자갈쌀'은 '뒷목'을 찧어서 나온 쌀을 가리킨다. '뒷목'은 벼타작을 할 때 좋은 알곡은 따로 모아 뒤주나 가마니에 담고 남은, 즉 북데기나 자잘한 자갈 따위에 섞여 있는 벼를 가리킨다. 이 뒷목을 찧어서 나온 쌀을 '자갈쌀'이라고 한다. 충북 제천에서는 타작할 때 탈곡기를 놓았던 자리에 북데기와 함께 떨어진 곡식알을 '꾜때기'라고 하기도 한다.

두릿거리다

- 표준어 : 두리번거리다
- 품　사 : 동사
- 뜻풀이 : 소극적이고 자신감 없이 다소 움츠런 모습으로 자꾸 주위를 둘러보며 살피다.
- 다른 방언형 : 두릿두릿하다
- 사용 지역 : 충청도

"겁도 나고."

"겁은 무슨. 아무도 보는 사람이 없는데."

"그래도 난 자꾸…."

원영이는 말을 하면서도 사방을 **두릿거렸다**. 그런 원영이의 얼굴은 낭패감과 함께 겁으로 잔뜩 질려 있었다. 〈강준희, 이카로스의 날개는 녹지 않았다(상), 1996, 21〉

나는 광장에 서서 촌닭처럼(사실이 촌닭이지만) 사방을 **두릿거리다** 식당으로 들어갔다. 〈강준희, 이카로스의 날개는 녹지 않았다(상), 1996, 305〉

'두릿거리다'는 어근 '두릿-'에 접미사 '-거리다'가 결합된 동사다. '두릿-'은 '주위를 둘러보는 모양'을 뜻하는 어근이고 '-거리다'는 동작 또는 상태를 나타내는 일부 어근 뒤에 붙어 '그런 상태가 잇따라 계속됨'의 뜻을 더하고 동사를 만드는 접미사다. 따라서 '두릿거리다'는 '주위를 둘러보는 상태가 잇따라 계속되다' 또는 '주위를 잇따라 둘러보며 살피다'의 뜻을 가진다. '두릿거리다'는 여기저기를 자꾸 휘둘러 살펴보는 것을 뜻하는 표준어 '두리번거리다'보다는 다소 움츠러들어 소극적이고 어수룩해 보이며 두려워하는 동작을 나타내는 뜻으로 쓰이는 말이다. 위의 예문에서 보듯이 한편으로는 대답을 하고 다른 한편으로는 사방을 둘러보면서 주위를 살피거나 움츠러든 채 사방을 둘러보며 주위를 살피는 동작을 나타내기 때문이다. 나쁜 짓을 하거나 남의 눈에 띄지 않게 행동하려고 주변을 자꾸 둘러보며 살피는 동작을 나타낼 때도 쓰이는 말이다. 이문구 소설에서는 아래의 예문에서와 같이 '이리저리 둘러보며 주위를 살피다'의 뜻으로 '두릿하다'가 쓰이기도 한다.

그는 마치 열명길에 들어선 듯한 기분을 주체하지 못한 채 이리 두릿저리 두릿하다가 겨우 몸을 빼쳐서 잔디밭으로 꾸민 언덕배기에 올라가 얼결에 지나온 야외전시장의 통로를 다시금 굽어보았다."〈이문구, 산 너머 남촌, 1990, 235〉

둔덕배기

- 표준어 : 언덕배기
- 품 사 : 명사
- 뜻풀이 : 주변보다 가운데가 조금 높게 솟아 있지만 가파르지 않고 약간의 경사가 진 곳.
- 다른 방언형 : 언덕배기, 둔덕
- 사용 지역 : 충청도

아지랑이는 들녘 밭자락에서 아른아른 피어올랐고 노고지리는 공중에서 삐삐삐삐 들까불다 물결치는 보리밭으로 굴러내렸다. 샘가 **둔덕배기** 돈들막엔 연분홍빛 복사꽃이 졸 듯이 피어 있었고 동네 안 골목 담 너머론 살구꽃이 구름처럼 흐드러지게 피어 있었다. 〈강준희, 이카로스의 날개는 녹지 않았다(중), 1996, 326〉

'둔덕배기'는 가운데가 약간 솟아서 불룩하게 언덕이 진 곳을 뜻하는 '둔덕'에 일부 명사 뒤에 붙어 무엇이 박혀 있는 곳이라는 뜻을 더하는 충청도 방언 접미사 '-배기'가 결합된 것으로 분석된다.

표준어의 '둔덕'은 가운데가 불룩하게 솟아서 비탈지고 조금 높은 곳을 말하는데 충청도 방언에서는 '둔덕'이 주변보다 가운데가 조금 높이 솟아 있지만 심하게 가파르지 않고 약간 경사가 진 곳을 뜻한다. 이와 같이 '둔덕배기'는 주변보다 조금 높이 솟아 있고 약간의 경사가 있어 어린아이들의 놀이터 역할을 하기도 한다. 지역에 따라서는 밭가에 이웃 밭과의 경계를 표시하기 위해 밭두둑처럼 조금 높게 흙이나 돌로 쌓아올린 곳을 둔덕이라고 하기도 하나 둔덕배기는 그보다 더 크고 높은 곳을 뜻한다. 가령 밭가에 수북하게 쌓아 놓은 돌무더기 위에 흙이 덮여 있을 때도 '둔덕배기'라고 한다.

참고로, 표준어의 '언덕배기'는 '언덕의 꼭대기 또는 언덕의 몹시 비탈진 곳'을 뜻하지만 충청도 방언에서는 주로 '언덕의 비탈진 곳'을 뜻하고 '언덕 꼭대기'는 '언덕의 가장 높은 곳' 또는 '언덕 위'를 의미하는 말로 쓰인다.

뒤듬바리

- 표준어 : 뒤뚱발이
- 품 사 : 명사
- 뜻풀이 : 걸음을 뒤뚱거리며 둔하게 걷거나 뛰는 사람을 낮잡아 이르는 말.
- 다른 방언형 : 두듬발이, 디딤발이
- 사용 지역 : 충청도

그녀는 삽을 든 다른 손에 노랑색 민방위 완장과 초록색 민방위 모자를 쥔 채 **뒤듬바리** 걸음으로 다가오고 있었다. 〈이문구, 우리 동네 金氏, 한국문학49, 1977〉

문정은 등성이 마루를 허위넘자 받은 숨을 대강 끄고 자전거에 올라앉았다. 자전거 털털거리는 소리에 등성이 중턱의 덤불과 마른 푸서리에서 멧새인지 굴뚝새인지 소스라쳐 뭇으로 날아오르고, 안양 사람이 평당 쌀 말 두 되 꼴로 가서 서울 사람에게 삼만 원씩 바가지를 씌워 마차 태웠다는 함 서방네 못미처의 보리밭에서는, 거름내를 맡고 쫓아온 까마귀 서너 마리가 천연스런 **뒤듬바리** 걸음새로 밭두둑을 뒤스럭거리고 있었다. 〈이문구, 산 너머 남촌, 1990, 21〉

'뒤듬바리'는 표준어 '뒤뚱발이'에 대응하는 충청도 방언으로 걷거나 뛰는 것이 둔한 발이라는 뜻의 '뒤듬발'과 몇몇 명사에 붙어 그런 사람의 뜻을 더하고 명사를 만드는 접미사 '-이'가 결합된 것으로 분석할 수 있다. 예문에 쓰인 '뒤듬바리'는 한글맞춤법 규정에 따르면 '뒤듬발이'라고 표기해야 옳다.

'뒤듬바리'는 주로 '걸음'과 관련된 단어와 호응하여 쓰이며, 걷거나 뛸 때 뒤뚱거리면서 둔하게 걷거나 뛰는 사람을 낮잡아 이르는 말이다. 달리기를 잘 하지 못하는 사람을 '뒤듬바리'라고 놀리기도 한다. 충청도 방언형으로 '뒤듬바리' 외에 이형태로 '디딤발이'와 '두듬발이'도 쓰인다. 한글 맞춤법 제27항의 '둘 이상의 단어가 어울리거나 접두사가 붙어서 이루어진 말은 각각 그 원형을 밝히어 적는다.'는 규정에 따르면 '뒤듬바리'는 '뒤듬발이'로 표기해야 한다. 표준어에서 '뒤뚱발이'가 '뒤뚱'에 접미사 '-발이'가 결합된 것으로 분석하듯이 '뒤듬바리'를 '뒤듬'에 접미사 '-발이'가 결합된 것으로 분석할 수도 있으나 이렇게 분석할 경우 '뒤듬'의 의미를 추출해 내기가 쉽지 않다. 따라서 표준어 '절름발이'를 '절름발'에 그런 사람의 뜻을 더하는 접미사 '-이'가 결합된 것으로 분석하는 것과 마찬가지로 '뒤듬바리'도 '뒤듬발'에 접미사 '-이'가 결합된 것으로 분석하는 것이 타당해 보인다. 왜냐하면 잘 뛰지 못하는 사람을 '뒤듬발이' 또는 '두듬발이'라고 하기 때문이다. 달리기를 잘 하지 못하는 사람은 발바닥 가운데가 평평한 '평발'인 경우가 많은데 이런 사람을 충청도에서는 '뒤듬발이' 또는 '두듬발이'라고 한다.

　한편, 다음의 예에서와 같이 '뒤듬바리'가 충청도 방언에서는 '일하는 것이 투미하고 거친 사람'을 가리키기도 한다. 걸음을 잘 걷지 못하거나 잘 못 뛰는 사람에 빗대어 일을 매끄럽게 잘 처리하지 못하는 사람을 일컫는 것으로 해석된다.

　자(재) 뛰는 거 보면 뒤듬바리여. 뒤듬바리두 저런 뒤듬바리가 어딨어.

뒤스럭

- 표준어 : 부산
- 품 사 : 명사
- 뜻풀이 : 어떤 일들을 떠들썩하고 시끄러우며 어수선하게 하거나 무엇을 찾거나
  하느라고 이리저리 뒤적거리는 모양. 또는 그런 소리.
- 다른 방언형 : 뒤시럭, 두시럭
- 사용 지역 : 충청도

그는 버선을 찾어 신는다 손수건을 꺼낸다 신발을 찾는다 한참동안 **뒤스럭**을 떠렸다. 〈이기영, 고향2, 1947, 270〉

자전거 털털거리는 소리에 등성이 중턱의 덤불과 마른 푸서리에서 멧새인지 굴뚝새인지 소스라쳐 뭇으로 날아오르고, 안양 사람이 평당 쌀 말 두되 꼴로 가서 서울 사람에게 삼만 원씩 바가지를 씌워 마차 태웠다는 함서방네 못미처의 보리밭에서는, 거름내를 맡고 쫓아온 까마귀 서너 마리가 천연스런 뒤듬바리 걸음새로 밭두둑을 **뒤스럭**거리고 있었다. 〈이문구, 산 너머 남촌, 1990, 21〉

충청도 방언 '뒤스럭'은 '뒤스럭 떨다'나 '뒤스럭거리다'와 같이 주로 '떨다'나 '-거리다'와 함께 쓰인다. 첫 번째 예문에 쓰인 '뒤스럭'은 어떤 일들을 떠들썩하고 시끄러우며 어수선하게 하는 모양을 나타낸다는 점에서 다소 부정적인 의미가 내포되어 있다.

두 번째 예문에 쓰인 '뒤스럭'은 무엇인가를 찾느라고 이리저리 뒤적이는 모양을 나타낸다는 점에서 부정적인 의미가 없어 보인다.

충청도 방언형으로 '뒤스럭' 외에 '뒤시럭'과 '두시럭'이 쓰이기도 한

다. 그런데 '두시럭'이 중첩된 '두시럭두시럭'과 '뒤시럭뒤시럭', '뒤스럭뒤스럭'은 의태부사가 된다. 예를 들면 '엄마도 안 찾고 두시럭두시럭 잘 놀더라'와 같이 아이가 노는 모습을 나타낼 때 주로 쓰인다. 이때는 무엇을 만지거나 가지고 놀거나 하여 혼자서도 잘 논다는 긍정적인 의미가 있다.

'뒤스럭'에 어떤 동작이 자꾸 계속됨을 뜻하고 동사를 만드는 접미사 '-거리다'가 결합되면 부정적인 의미가 없어지는 것으로 보인다. 아래 예문에서 보듯이 까마귀나 닭이 먹이를 찾느라고 이리 저리 다니면서 낙엽이나 마른 풀을 헤치며 부스럭거릴 때도 '뒤스럭거리다'가 쓰인다.

거름내를 맡고 쫓아온 까마귀 서너 마리가 천연스런 뒤듬바리 걸음새로 밭두둑을 뒤스럭거리고 있었다.〈이문구, 산 너머 남촌, 1990, 21〉

위 예문에서는 '뒤스럭거리다'가 '무엇인가를 찾느라고 이리저리 다니며 자꾸 뒤적이고 부스럭거리다'의 뜻으로 쓰였다.

뒷글을 가지고도 말글로 써먹다

- 표준어 : 대응 표준어 없음
- 품　사 : 속담
- 뜻풀이 : 작고 하찮은 것을 가지고도 크고 중요하게 이용하다.
- 사용 지역 : 충청도

> 남들은 **뒷글을 가지고도 말글로 써먹는데** 넌 왜 말글을 가지고 뒷글로도 못 써먹어. 〈강준희, 이카로스의 날개는 녹지 않았다(중), 1996, 173〉

‘뒷글’은 ‘뒤’와 ‘글’의 합성어로 ‘뒤로 배운 글’ 즉 어깨너머로 배운 글을 뜻한다. ‘말글’은 ‘말’과 ‘글’의 합성어로 분석된다. ‘말’은 곡식이나 가루 등의 분량을 되는 데 쓰는 그릇으로 열 되가 들어가게 나무나 쇠붙이를 이용하여 직육면체나 원기둥 모양으로 만든 것을 말하는데 여기서는 그만큼 크다 또는 그만큼 많다는 뜻으로 쓰였고, ‘글’은 학문이나 학식의 뜻으로 쓰였다. 따라서 ‘뒷글을 가지고 말글로 써 먹는다’는 말은 ‘어깨너머로 배운 하찮은 지식으로 크게 배운 학문이나 학식과 같이 써 먹는다는 뜻’이다. 예문에서는 스스로의 학식과 지식을 겸손해 할 것이 아니라 적극적으로 활용해야 하는데 왜 그렇게 하지 못하느냐는 뜻으로 쓰인 것이다.

들벅대다

- 표준어 : 대응 표준어 없음
- 품　사 : 동사
- 뜻풀이 : 일정한 공간에 많은 것이 가득하게 모여 자꾸 수선스럽게 움직이다.
- 다른 방언형 : 들벅거리다
- 사용 지역 : 충청도

갈매기와 해오리가 하늘을 뒤덮으며 너울대고, 방파제 가장자리, 보멩(鹽度計)을 신주단지처럼 하던 소금막(製鹽幕)에서 청염(晴鹽)을 못 다 긁은 갈통물로 육염(六鹽) 굽는 연기가 해무처럼 자욱했으며, 망둥이 낚시꾼들이 장마 걷은 방죽에 줄남생이 늘앉듯 **들벅대었고**, 안옷(黃布)을 활짝 펼친 돛단배라도 오는 날이면 뱃사공들의 뱃노래가 물새들의 그것보다 더욱 구성지게 울려퍼지던 바다였었다. 〈이문구, 관촌수필, 1972, 132〉

"어매, 그 쭈꾸미 고락(墨汁) 같이 생긴 껌뎅이만 **들벅대는디** 그 노린내나 허구 워치기 산대유⋯." 〈이문구, 해벽, 1972, 376〉

평소 사람 구경하기가 힘들던 선창에는 그 어느해 성어기보다도 몇 갑절이 넘을 인파로 **들벅대며** 붐볐고, 〈있는집〉 부부가 예견했던 바에 어긋남 없이 하숙업이며 마시고 먹는 장사는 제 세월을 만났다고 법석이었다. 〈이문구, 해벽, 1972, 384〉

‘들벅대다’는 ‘들벅-’과 ‘-대다’로 분석된다. ‘들벅대다’는 ‘일정한 공간에 많은 것이 가득함’의 뜻을 가진 어근 ‘들벅-’에 ‘어떤 상태가 잇따라 계속됨’의 뜻을 더하고 동사를 만드는 접미사 ‘-대다’가 결합하여 이루어진 말이다. 국어에서 접미사 ‘-대다’는 ‘-거리다’와 바꾸어 쓸 수 있으므로 '들벅대다'는 '들벅거리다'로 바꾸어 쓸 수 있다. 따라서 '들벅대다'는 '일정한 공간에 많은 것이 가득하게 모여 자꾸 수선스럽게 움직이다'의 뜻으로 쓰인다.

충북 지역에서는 '들벅대다'보다 '들벅거리다'가 주로 쓰인다. 충청도 방언에서 '들벅대다'와 '들벅거리다' 외에 '들벅하다'도 쓰이는데 '들벅하다'는 '일정한 공간에 많은 것이 가득하여 모여 있는 상태'를 뜻하는 형용사다.

들쑤석이다

- 표준어 : 들이쑤시다
- 품   사 : 동사
- 뜻풀이 : 가만히 놔두지 않고 마구 들추거나 뒤적거리거나 쑤시다.
- 다른 방언형 : 들쑤시다, 들쑤석거리다
- 사용 지역 : 충청도

　　밥 한 그릇에 간장 하나로도 밥을 잘 먹었고 된장에 고추장 하나로도 밥을 맛있게 먹었다. 가증스럽게 젓가락으로 이 반찬 저 반찬 **들쑤석이거나** 고양이 밥먹듯 깨작깨작 하면서 들이 씹고 내 씹고 하질 않았다. 그래 어머니는 이 것을 늘 고마워했다. 〈강준희, 이카로스의 날개는 녹지 않았다(상), 1996, 327〉

'들쑤석이다'는 접두사 '들-'에 동사 '쑤석이다'가 결합된 파생동사다. 접두사 '들-'은 동사 앞에 붙어서 '마구' 또는 '몹시'의 뜻을 더한다. '쑤석이다'는 사물에 쓰일 때와 사람에게 쓰일 때의 의미에 차이를 보인다. 사물에 쓰일 때는 '함부로 들추거나 뒤지거나 쑤시다' 정도의 뜻을 나타내고, 사람에게 쓰일 때는 '가만히 있는 사람을 꾀거나 추겨서 마음이 움직이게 하다' 정도의 뜻을 나타낸다. 예문에서와 같이 '반찬을 들쑤석인다'고 하면 반찬을 들추거나 뒤적거리거나 들었다 놓았다 하여 헤집어 놓는다는 뜻이 된다. 사람에게 쓰일 때는 '가만히 공부 잘하는 애한테 제주도로 놀러가자고 들쑤석여서 갈피를 못 잡고 있다'에서와 같이 가만히 있는 사람에게 바람을 넣어 마음을 흔들어 놓을 때 주로 쓰는 말이다.

충청도 방언에서는 접미사 '-이다' 대신 다음의 예문에서와 같이 동작 또는 상태를 나타내는 일부 어근 뒤에 붙어서 '그런 상태가 잇따라 계속됨'의 뜻을 더하고 동사를 만드는 접미사 '-거리다'가 붙은 예들도 쓰인다.

땅장사로 벼락부자를 만들어준 떼돈이 시골까지 몰려들어 들쑤석거려 놓은 뒤로 국도변의 웬만한 논밭들이 얼굴도 모르는 사람들의 식민지가 되어 제구실을 못하는 것이었다.〈이문구, 산 너머 남촌, 1990, 57〉.

위 예문의 '들쑤석거리다'는 '조용하던 곳에 심한 바람을 일으켜 자꾸 어수선하게 하다'와 같이 부정적인 의미로 쓰였다. '들쑤석거리다'는 '쑤석거리다'보다 강조하는 뜻으로 쓰인다. '가만히 두면 될 것을 이리저리 심하게 굴리다'의 뜻으로 쓰이는 '들까부르다'도 '까부르다'보다 강조하는 뜻으로 쓰인다. 접두사 '들-'이 붙은 '들쑤석거리다'나 '들까부르다' 등은 모두 부정적인 의미로 쓰인다.

들충나무

- 표준어 : 사철나무
- 품 사 : 명사
- 뜻풀이 : 노박덩굴과의 상록 관목으로 높이는 2∼3미터이며 잎은 긴 타원형으로
  마주나고 두꺼우며 반들반들하다.
- 사용 지역 : 충청도

밭마당을 둘러친 **들충나무** 울타리와 뒷담장을 겉으로 에워싼 열두 그루의 밤나무는 이젠 완연히 늙어 버린 것 같았으며, 〈이문구, 제3세대한국문학9:李文求, 관촌수필, 1983, 20〉

'들충나무'는 '사철나무'나 '사철나무'와 비슷한 나무를 가리키는 충청도 방언형으로 파악된다. 6∼7월에 녹백색의 잔꽃이 잎겨드랑이에 취산(聚繖) 꽃차례로 피고 열매는 둥글둥글한 삭과(蒴果)로 10월에 엷은 붉은색으로 익는다. 나무껍질은 약으로 쓰고 정원수나 울타리 따위로 재배한다. 해안(海岸)의 산기슭 등에 많이 나는데 한국, 일본, 중국 등지에 분포한다. 잎은 사철 푸르고 잎면이 반들반들하다.

딘중

- 표준어 : 곳인 줄
- 품   사 : 관형사
- 뜻풀이 : 공간적으로 일정한 자리나 지역이라고 추측하는 곳을 나타내는 말.
- 다른 방언형 : 딘줄
- 사용 지역 : 충청도

> "놀미는 군자만 살어서, 나모양 코앞에 뵈는 것만 따지구 사는 것은 걸음 두 못헐 **딘중** 알었더니 그게 아니네." 〈이문구, 제3세대한국문학9:李文求, 우리 동네, 1983, 276〉

'딘중'은 '딘 중'을 잘못 이해하여 표기한 것으로 보인다. '딘'은 '디 +(이)ㄴ'으로 분석할 수 있다. '디'는 장소를 나타내는 '데'의 충청도와 전라도 방언형이다. 충청도 방언에서 장모음으로 발음되는 모음 '에'는 '게〉기, 네〉니, 세다〉시다, 제사〉지사' 등과 같이 '이'로 고모음화 하는 데 '디'도 이와 병행하여 장소를 나타내는 '데'가 '데〉디'의 고모음화 과정을 거친 것으로 이해된다. '중'은 표준어에서 추측을 나타내는 의존명사 '줄'과 거의 같은 기능을 하는 충청, 전라 방언형이다. 충청도 방언에서 '중'은 '그기 넌 중 알었드라면 불렀을 거다(그게 너인 줄 알았더라면 불렀을 것이다)'에서와 같이 쓰인다. 따라서 예문의 '딘중'은 '딘 중'으로 표기해야 한다. 뜻은 '데인 줄' 또는 '곳인 줄' 정도로 해석된다. 다른 충청도 방언형 '딘줄'도 '딘 줄'로 써야 한다. 뜻은 '데인 줄' 또는 '데인 곳'로 해석된다. 충청도의 노년층 화자들은 '가는 중, 오는 중, 먹는 중, 온 중, 간 중, 먹은 중'과 같이 관형어 다음에 의존명사

'중'을 주로 썼으나 요즈음 젊은층 화자들은 의존명사 '줄'을 주로 쓴다.

따름따름하다

- 표준어 : 달랑달랑하다
- 품 사 : 형용사
- 뜻풀이 : 물품 따위가 거의 다 소비되어 얼마 남아 있지 않다.
- 다른 방언형 : 달랑달랑하다, 딸랑딸랑하다
- 사용 지역 : 충청도

> 당장 먹을 끼니 거리가 더 급한 일이었다. 며칠 전 구해놓은 보리쌀 한 말이 오늘 내일 **따름따름해** 우선 보리쌀 되박이라도 구해놓아야 했다. 나는 새벽같이 일어나 퇴비 한 짐씩을 베어다놓고 과수원의 소독 일을 다니기 시작했다. 〈강준희, 이카로스의 날개는 녹지 않았다(중), 1996, 298〉

'따름따름하다'는 부사 '따름따름'에 형용사를 만드는 접미사 '-하다'가 붙어서 이루어진 말이다. '따름따름'은 '물품 따위가 거의 다 소비되어 얼마 남아 있지 않은 모양'을 나타내는데 여기에 '-하다'가 붙어서 그런 상태를 뜻하는 형용사가 된 것이다. 충청도 방언에서 액체가 졸아들거나 등잔에 불을 켜면 기름이 줄어드는데 이때는 '기름 땋는다'와 같이 '땋다'가 쓰인다. 충청도 방언 '땋다'는 표준어의 '닳다'에 대응하는데 주로 부피나 양을 나타내는 명사와 호응하여 쓰인다. '따름따름'은 표준어 '닳다'의 충청도 방언형 '땋다'의 명사형 '땋음'을 소리 나는 대로 표기한 '따름'이 중복된 형태로 보인다. 충청도 방언에서 '땋다'는 액체나 기름이 졸아들거나 줄어드는 것을 뜻한다. '따름따름하다'는 이보다 의미역이 넓어져 액체뿐만 아니라 수량명사와 호응하여 '거의 다 없어져 얼마 남지 않았다'의 뜻을 가지게 된 것이라고 볼 수 있다.

땅띰

- 표준어 : 짐작, 땅띰
- 품　사 : 명사
- 뜻풀이 : ① 사정이나 형편 따위를 어림잡아 헤아림.
　　　　　② 무거운 물건을 들어 땅에서 뜨게 하는 일.
- 다른 방언형 : 땅찜
- 사용 지역 : 충청도

① 나는 이 말뜻을 풀려고 밤새껏 매달렸다. 그러나 아무리 매달려도 말뜻은 **땅띰**조차 할 수가 없었다. 〈강준희, 이카로스의 날개는 녹지 않았다(중), 1996, 152〉

② "엇차." 옆에서는 벌써 지고 일어나서 성큼 성큼 걸어갇다. 그도 어-ㅅ차소리를 쳤다. **땅짐**도 않는다. 〈이무영, 제일과제일장, 1939, 165〉

'땅띰'은 '땅'과 '띄다'가 합성된 '땅띄다'의 어간 '땅띄-'에 명사파생 접미사 '-ㅁ'이 결합된 것으로 분석할 수 있다. '땅띰'의 본래 의미는 예문 ②에서와 같이 무거운 물건을 들어 땅에서 뜨게 하는 일을 뜻한다. 그런데 충청도 방언에서는 '땅띰'이 예문 ①에서와 같이 '사정이나 형편 따위를 어림잡아 헤아림'의 뜻으로 쓰인다. 예문 ①에 쓰인 '땅띰'은 사전적인 의미와는 다르게 비유적으로 쓰였다는 점에서 의미가 확장된 것이라고 할 수 있다. '땅띰'은 두 번째 예문에서 보는 바와 같이 충청도 방언에서 '땅짐'의 형태로도 나탄다. '땅짐'은 〔땅찜〕'으로 발음되는데 '땅띰〉땅띰〉땅찜'과 같이 단모음화와 구개음화를 차례로 경험한 결과로 보인다. 이는 구개음화가 이중모음 '의'의 단모음화 이후에 일어난 것으로 본 것인데 단모음화와 구개음화의 선후관계에 대하여는 좀 더 따져봐야 할 것이다.

때꼰때꼰하다

- 표준어 : 대응 표준어 없음
- 품　사 : 형용사
- 뜻풀이 : 목소리가 요란하고 떠들썩하게 크다.
- 사용 지역 : 충청도

그는 희준이를 작별하고 나서 안으로 들어갔다. 무슨 일이 났는지 안에서는 별안간 숙자의 **때꼰때꼰한** 목소리로 떠드는 소리가 집안이 요란하게 떠들석하였다.

"웬 야단이야. 응?"

승학은 금테 안경 밑으로 눈을 희동구라니 뜨고 숙자를 쳐다보았다. 〈이기영, 고향, 1947, 176〉

오재철은 솔잎상투 위로 두건을 썼다. 그는 책상다리를 도사리고 아랫목으로 앉아서 **때꼰때꼰한** 목소리를 지른다. 최경화는 서당에서 글을 읽듯 상반신을 좌우로 끄덕이며 장화와 단어를 외운다. "부-랑꼬, 호다루, 세쓰인, 홈박고, 학구사이, 혜소……(鞦韆, 개똥벌레, 뒷간, 冊机, 白菜, 배꼽……)." 〈이기영, 봄봄3, 1989, 309〉

'때꼰때꼰하다'는 '때꼰때꼰'과 '-하다'로 분석할 수 있다. '때꼰때꼰'은 목청이 크고 좋아 목소리가 요란하고 떠들썩한 상태를 뜻하는 '때꼰때꼰하다'의 어근이고 '-하다'는 선행하는 어근과 결합하여 형용사를 만드는 접미사다. '때꼰때꼰하다'는 목청이 크고 좋아 목소리가 요란하고 떠들썩한 모양을 나타내는 충청도 방언 형용사다.

땡볕의 깨벌레 나대듯

- 표준어 : 대응 표준어 없음
- 품 사 : 속담
- 뜻풀이 : 땡볕의 깨벌레가 죽지 않으려고 나부댄다는 뜻으로, 사력을 다하여 땅바닥에 뒹구는 모양을 비유적으로 이르는 말.
- 다른 방언형 : 땡볕에 깻벌거지 나부대듯 한다.
- 사용 지역 : 충청도

"어떡해. 어떡해. 집에 갈 차비도 없으니 어떡해." 노파는 **땡볕의 깨벌레 나대듯** 몸을 자반뒤집기하며 목을 놓고 울어댔다. 〈강준희, 이카로스의 날개는 녹지 않았다(상), 1996, 312〉

'땡볕'은 따갑게 내리 쬐는 뜨거운 볕을 뜻한다. '깨벌레'는 깻잎을 갉아먹고 사는 벌레로 한글 맞춤법 규정에 의하면 '깻벌레'로 써야 옳다. 충청도 방언에서 '깨벌레'라고 하면 흔히 가운데 손가락 크기의 누에 모양 벌레로 참깨 잎을 갉아먹고 사는 벌레를 가리킨다. 깻벌레는 깨 밭에서 햇볕을 피해 깻잎 뒤에 붙어 깻잎을 갉아먹고 사는데 이것이 그늘이 없는 땅바닥에 떨어져 따갑게 내리쬐는 뜨거운 볕을 받으면 뜨거워서 죽게 된다. 이때 죽지 않으려고 몸을 뒤틀고 뒤집고 하는데 이런 모양을 '땡볕에 깻벌레 나대듯 한다'고 한다. 예문에서와 같이 사람이 울고불고 하면서 사력을 다하여 땅바닥에 뒹구는 모양을 비유적으로 나타낼 때도 '땡볕에 깨벌레 나대듯 한다'고 한다. 참고로 '깨벌레'는 '깨 벌레'로 띄어 써야 하는데 예문에서는 작가가 합성어로 보고 붙여 쓴 것이라고 할 수 있다. 합성어로 보면 한글 맞춤법의 사이시옷

규정에 따라 '깻벌레'로 써야 한다. 충청도 방언에서 '깻벌레(깨벌레)'의 뜻으로 '깻벌거지'도 흔히 쓰인다. 따라서 사력을 다하여 온 몸을 뒹굴며 애쓰는 모습을 나타낼 때 '땡볕에 깻벌거지 나부대듯 한다'고도 한다. '나부대다'는 '가만히 있지 못하고 이리저리 뒤틀고 정신없이 움직이다'의 뜻으로 쓰이는 말이다.

떡심

- 표준어 : 맥
- 품　사 : 명사
- 뜻풀이 : 기운이나 힘.
- 다른 방언형 : 맥
- 사용 지역 : 충청도

이런 도화가 도화리의 어느 총각한테로 시집을 가자 나는 그만 **떡심**이 확 풀렸다. 〈강준희, 이카로스의 날개는 녹지 않았다(중), 1996, 328〉

도화가 황토마루를 넘어 도화리로 시집을 가고 내가 **떡심**이 풀려 괴테의 시만 수없이 뇌며 생가슴을 앓는 사이 서글픈 가을은 가고 찬 바람이 몸을 에이는 겨울이 됐다. 〈강준희, 이카로스의 날개는 녹지 않았다(중), 1996, 329〉

'떡심'은 본래 '억세고 질긴 근육'을 의미하는 말이다. 따라서 개념적인 의미로만 보면 '떡심이 풀린다'는 말은 억세고 질긴 근육이 풀려서 힘이 없어진다는 뜻이 된다. 이것이 예문에서와 같이 비유적인 의미로 쓰이면서 의미 영역이 확장된 것이라고 할 수 있다. 충청도 방언에서는 예문에서 보듯이 '기운이나 힘'의 의미를 가진 '맥'과 대응하는 뜻으로 쓰인다. 충청도 방언에서 '떡심'이 주어로 쓰이면 서술어로는 '풀린다'와 호응하는 특징이 있다.

떡심이 풀리다

- 표준어 : 맥이 풀리다
- 품   사 : 구
- 뜻풀이 : 기운이나 힘이 빠지다.
- 다른 방언형 : 맥이 빠지다, 맥이 풀리다, 맥 빠지다, 맥 풀리다
- 사용 지역 : 충청도, 전라도

> 이런 도화가 도화리의 어느 총각한테로 시집을 가자 나는 그만 떡심이 확 풀렸다. … 도화가 황토마루를 넘어 도화리로 시집을 가고 내가 **떡심이 풀려** 괴테의 시만 수없이 뇌며 생가슴을 앓는 사이 서글픈 가을은 가고 찬 바람 몸을 에이는 겨울이 됐다. 〈강준희, 이카로스의 날개는 녹지 않았다(중), 1996, 328〉

'떡심'은 기운이나 힘을 나타내는 표준어 '맥(脈)'에 대응하는 충청도 방언형이다. '떡심'은 전라도 방언에서도 쓰이는데 본래는 억세고 질긴 근육을 뜻하던 말이다. 따라서 이것이 풀리면 힘을 쓸 수 없게 되는 데서 '맥'과 같은 뜻으로 쓰인다. 근육이 풀리면 기운이나 힘을 쓸 수 없고 '맥'도 풀리면 기운이나 힘을 쓸 수 없다는 데서 '맥이 풀리다'와 '떡심이 풀리다'가 같은 뜻으로 쓰이는 것이라고 할 수 있다. '맥이 풀리다'는 '맥이 빠지다'로 바꾸어 쓸 수 있다. 그러나 '떡심이 풀리다'의 뜻으로 '떡심이 빠지다'는 쓰이지 않는다.

똘창

- 표준어 : 도랑
- 품　사 : 명사
- 뜻풀이 : 좁고 작은 개울.
- 다른 방언형 : 똘캉, 또랑
- 사용 지역 : 충청도, 평안도, 황해도

　　한 걸음 두 걸음 앞길을 더듬어 나갔다. 그는 자기집 논까지 갈 동안이 몇 시간이나 되는 것처럼 지리하였다. 물은 **똘창**마다 벌창을 하고 냇물은 어두운 속으로도 훤 ― 하게 벌을 넘어 나간다. 인동이는 밑에 논에서부터 모조리 물고를 파놓고 올라갔다. 〈이기영, 고향3, 1947 ,227〉

　'똘창'은 표준어 '도랑'의 충청도 방언형이다. 충청도에서는 표준어 '도랑'의 방언형으로 '똘강, 똘깡, 똘캉'과 '똘창' 등이 쓰이기도 한다. 표준어 '도랑'에 대응되는 방언형 '똘캉'은 경상도를 비롯하여 경기도와 충청도 지역에서 쓰이고 '또랑'은 '경기도, 경상도, 충청도, 평안도, 함경도, 황해도' 등 넓은 지역에서 쓰인다.

　'똘캉'은 충청도와 경상도에서 주로 쓰이는데 지역에 따라 '내 〔川〕'를 뜻하기도 한다. ≪표준 국어 대사전≫에는 '도랑'을 '매우 좁고 작은 개울'로 풀이하고 있으나 방언형 '똘캉'은 지역에 따라 '도랑'과 '내'를 뜻하기도 한다. 지역에 따라서는 '똘캉' 대신에 '또랑, 똘창' 또는 '개골창, 개굴창' 등이 쓰이기도 한다. 지역에 따라 이렇게 다양한 방언형이 쓰이는 것은 화자들이 '도랑'이나 '내' 또는 '개울' 등의 의미 범주를 명확하게 구별짓지 못하기 때문으로 보인다. 사전적으로는 '도랑→개울

→시내→내→강'의 순으로 규모가 커지는 것으로 설명하고 있으나 '도랑'과 '개울', '도랑'과 '시내'가 혼동되어 쓰이기도 하고, '개울'과 '시내', '개울'과 '내'가 혼동되어 쓰이기도 한다. 대부분 지역에서 '도랑'과 '개울'을 구별하지 못하기 때문에 '개골, 개골창, 개구랑, 개울, 갱굴, 깨골창, 깨고랑' 등 '개울' 계열의 방언형과 '내, 내깔, 네, 냇물, 냇가' 등 '내' 계열의 방언형 그리고 '도랑, 또랑, 똘, 똘캉, 똘창' 등 '도랑' 계열의 방언형이 혼용되는 것으로 보인다.

뙤똑하다

- 표준어 : 대응 표준어 없음
- 품　사 : 형용사
- 뜻풀이 : ① 주변의 다른 사물과 어울리지 않게 겉으로 또렷하게 도드라져 보이
다.
  ② 옷이 작아 입은 태가 보기 싫게 도드라져 보이다.
- 다른 방언형 : 떼똑하다
- 사용 지역 : 충청도

이는 그참 삽자루를 내던지고 달아나 남의 사랑에 들어앉았고, 단속반원들은 구덩이 앞에 **뙤똑하게** 서 있는 바탱이를 보자 터알으로 몰려갔다. 〈이문구, 한국소설문학대계55, 우리 동네리씨, 1981, 463〉

할아버지의 탕건 속에 **뙤똑하게** 솟아 있는 허연 상투를 손가락질하며 조롱하는 것이었다. 〈이문구, 한국소설문학대계55, 관촌수필, 1981, 37〉

신서방네 집은 그 건너 고섶에 **뙤똑하게** 올라앉아 있었다. 〈이문구, 한국소설문학대계55, 관촌수필, 1981, 174〉

그러자 봉득이 마누라가 촉새처럼 **뙤똑하게** 도우앉으면서 아는 소리를 하였다. 〈이문구, 산 너머 남촌, 1990, 76〉

그는 **뙤똑하게** 솟은 어느 무덤 위에 주저앉아 김포 쪽으로 기운 하늘 한 자락을 바라보고 있었다. 〈이문구, 장한몽3, 1976, 385〉

'뙤똑하다'는 '뙤똑'과 '-하다'로 분석된다. 충청도 방언 '뙤똑하다'는 어떤 사물이 다른 것과 어울리지 않게 겉으로 또렷하게 도드라져 있는

모양을 뜻하는 어근 '뙤똑'에 형용사파생 접미사 '-하다'가 결합된 말이다. 예문에서는 '사람, 상투, 무덤' 등이 주변의 사물에 비해 홀로 도드라져 어울리지 않는 모습을 나타내는 말로 '뙤똑하다'가 쓰였다.

'뙤똑하다'는 옷을 입은 모습을 나타낼 때도 쓰인다. 예컨대 '바지가 너무 뙤똑해서 보기 싫다'고 하면 바지의 통이 좁고 길이가 짧아 바지 끝이 어울리지 않게 위로 올라가 보기 싫다는 뜻이 된다. 충청도 방언형으로 '뙤똑하다' 외에 '떼똑하다'도 쓰인다.

뜨내기

- 표준어 : 강도
- 품　사 : 명사
- 뜻풀이 : 지나가는 예사 행인을 겁주어 가진 재물을 빼앗는 일. 또는 그런 사람.
- 사용 지역 : 충청도

"담을 넘구 지붕에 올르는 것은 이왕 배운 재주니까 전에는 송도 부중에까지 들어가서 집 뒤짐을 다녔지만 지금은 나살두 먹구 마누라가 하두 성화를 해서 집 뒤짐은 고만두구 장내기나 **뜨내기**를 가지구 지내가우." 〈홍명희, 임거정 1, 1939, 208〉

"장내기는 장군을 치는 것이구 **뜨내기**는 예사 행인을 떠는 것이구 또 집뒤짐이란 것은 남의 집에 가서 재물을 뒤지는 것인데 주인시켜 뒤저내는 것이 원뒤짐이구 주인 몰래 뒤저오는 것이 까막뒤짐이요." 〈홍명희, 임거정1, 1939, 208〉

'뜨내기'는 지나가던 행인을 폭행하거나 협박하여 재물을 빼앗는 행위를 일컫는 말이다. 요즈음의 '강도'에 해당한다. 예전에는 주로 산길이나 으슥한 곳에 진을 치고 있다가 지나가는 행인을 협박하여 재물을 털어먹는 일이 자주 있었는데 그런 행위나 그런 행위를 하는 사람을 가리켜 '뜨내기'라고 한다.

남의 집에 가서 재물을 뒤져 가져오는 것을 가리키는 말로 '집뒤짐'이 있다. 남의 집에 가서 재물을 뒤져 가져오는 집뒤짐에는 두 가지가 있다. 하나는 집 주인을 시켜 재물을 가져오게 하는 것이고 다른 하나는 주인 몰래 들어가서 재물을 가져오는 것인데 전자는 '원뒤짐'이라고 하고 후자는 '까막뒤짐'이라고 한다.

　한편, 충청도 방언에서 '뜨내기'가 '일정한 거처가 없이 떠돌아다니며 사는 사람'을 가리키는 말로도 쓰인다. 위 예문에 쓰인 일종의 강도를 뜻하는 '뜨내기'와는 다른 뜻으로 쓰이는 말이다. 일정한 거처가 없이 이리저리 떠돌아다니며 사는 것은 '뜨내기 생활'이라고 한다. 예컨대 "그 사람은 뜨내기루 여기저기 돌아다니다가 여기 들어와 산 지가 한 삼년 정도 되었어."나 "여기 저기 다니면서 뜨내기 생활을 하다가 여기 온 지 한 삼년 되었어."와 같이 쓰인다.

뜰팡

- 표준어 : 토방
- 품 사 : 명사
- 뜻풀이 : 방으로 들어가는 문 앞에 좀 높이 판판하게 다진 흙바닥. 흔히 이곳에
  쪽마루를 놓기도 한다.
- 다른 방언형 : 뜰방, 뜨럭, 봉당, 뜨랑
- 사용 지역 : 강원도, 충청도

소마차가 동리 앞을 지날 때마다 주막집 **뜰팡**에 멍석을 깔고 땀을 드리던 일꾼들의 눈이 일시에 마차짐으로 옮겨진다. 〈이무영, 제일과제일장, 1939, 139〉

추측이 거기에 이르자 구는 방바닥에 편히 누워 구경만 할 순 없겠기로 손가락 끝이 뜨겁도록 태운 꽁초를 **뜰팡**에 내던지며 문을 닫았다. 〈이문구, 장한몽, 1976, 551〉

"자 저 아기를 보십시요, 벌써 저만침 효험이 있잖습네까?"
"예?" 하며 영감은 요로 싸서 **뜰팡**에다 내놨던 아이를 들여다보았다. 눈빛이 달랐다. 얼굴에 생기가 돌고 있었다. 〈이문구, 해벽, 1972, 389〉

≪표준 국어 대사전≫에서는 '뜰'을 '집 안의 앞뒤나 좌우로 가까이 딸려 있는 빈터로 화초나 나무를 가꾸기도 하고, 푸성귀 따위를 심기도 하는 곳'으로 풀이하고 있다. 충청도에서는 이런 뜻으로 '울안'을 주로 쓴다. '울안에 화초를 심었다'나 '울안에 채소를 심었다' 등과 같이 쓰인다. 그런데 충청도 방언에서는 지역에 따라 '뜰'이 '토방'의 의미로 쓰이기도 한다. 충청도에서 쓰이는 방언형 '뜰팡, 뜨럭, 봉당' 등은 전

통 가옥의 마당이나 뒤꼍에서 방으로 들어갈 때 올라서는 '토방'의 뜻으로 쓰인다. 우리나라의 전통 가옥은 마당에서 무릎 높이 정도로 쌓아 올린 토방으로 올라선 다음 다시 마루나 쪽마루로 올라가 방으로 들어갈 수 있게 되어 있다. 마루가 없는 경우에는 토방에 놓인 댓돌을 밟고 방으로 들어가기도 한다. 충북 지역에서는 다음의 예문에서와 같이 이 '토방'을 '봉당' 또는 '뜨럭'이라고도 한다.

봉당 썰어라.
뜨럭으루 올러 앉어라.

'봉당'이나 '뜨럭'은 집 둘레에 처마 밑으로 50cm 내외의 폭으로 만드는데 집채 앞쪽에는 마루를 놓아 마루 끝 앞부분에 위치하고 집의 옆쪽이나 건넌방 쪽에는 쪽마루가 놓이고 쪽마루 끝에 위치하는 것이 보통이다.

집채의 앞이나 뒤 마당에서 토방을 거쳐 방으로 들어가는 문 앞에 마당에서 토방으로 오르내릴 수 있게 놓은 돌층계를 '섬돌'이라고 하고, 방문 앞 '토방'에 신을 벗어 놓을 수 있게 놓은 돌은 '댓돌'이라고 한다. '댓돌'을 충청도 방언에서는 '노짓돌'이라고도 하는데 지역이나 화자에 따라 '섬돌'을 '노짓돌'이라고 하기도 한다. 비가 와도 처마에서 떨어지는 낙숫물이 '토방'에는 떨어지지 않는다. '뜰팡'이 쓰인 예를 보이면 다음과 같다.

그것은 여우가 우는 소리였다. 백일해(百日咳)하는 갓난아이가 기침 끝에 금방 숨넘어갈 듯 자지러지는 소리, 그것은 대복이가 뜰팡 섬돌 끝에 턱이 걸린 채 일난 소리로 나를 부르지 않더라도 능히 알 수 있던 것이다.〈이문구, 관촌수필, 1972, 181〉

뜸메질

- 표준어 : 대응 표준어 없음
- 품　사 : 명사
- 뜻풀이 : 밤에 물고기가 물가에 나와 자고 있을 때 족대로 떠서 물고기를 잡는 일.
- 사용 지역 : 충청도

> 그러나 고기잡는 방법은 이 외에도 많아 낚시질, 작살질, 그물질, 쇠메질, **뜸메질** 등 여러 가지가 있는데, 낚시질은 낚시로 작살질은 작살로 그물질은 그물로 잡는 것이지만 쇠메질은 한겨울에 고기가 들엉있을 만한 돌을 쇠메로 내리쳐 기절시켜 잡는 것을 말함이다. 그리고 **뜸메질**이란 한여름 밤 고기가 물가에 나와 자고 있을 때 횃불을 밝혀 들고 족대로 떠서 잡는 것을 말함이다. 〈강준희, 이카로스의 날개는 녹지 않았다(상), 1996, 298〉

‘뜸메질’은 밤에 졸고 있는 물고기를 반두나 족대로 떠서 잡는 일을 뜻하는 ‘뜸메’와 그런 행위를 뜻하는 접미사 ‘-질’이 결합된 말로 분석할 수 있다. ‘뜸메질’은 물고기를 잡는 방법 가운데 하나다. 밤이 깊어지면 물고기가 물살이 센 곳을 피해 물가로 나와 잠을 자는데 잠자는 물고기는 빠르지도 않고 힘도 없다. 이 때 횃불을 켜고 물가를 다니면서 자거나 졸고 있는 물고기를 반두나 족대로 떠서 잡는다. 이런 방법으로 물고기를 잡는 방법을 ‘뜸메질’이라고 하고 그렇게 하는 행동을 ‘뜸메질한다’ 또는 ‘뜸메뜬다’고 한다. 충북 괴산에서는 이렇게 하는 것을 ‘밤고기 뜬다’고도 한다. 그런데 문학 작품에서는 다음의 예문에서 보는 바와 같이 ‘뜸메’와 ‘뜨다’가 결합하여 이루어진 합성어 ‘뜸메뜨다’로 쓰고 있다. 이렇게 쓰는 이유는 충청도 방언에서 ‘뜸메’가 독립적으로 쓰이는 예가 없고 항상 일부 명사 뒤에 붙어 '그런 일' 또는 '그런 행위'의 뜻을 더하는 접미사 '-질'과 함께 파생어 '뜸메질'의 형태로 쓰이거나 다음의 예문에서와 같이 '뜨다'와 결합하여 항상 '뜸메뜨다'의 형태로 쓰이기 때문으로 보인다. '뜸메질'은 동사 '하다'나 '가다'와 어울려 쓰인다.

저지레 중에서는 밤중에 개울(무수천이라는 개울)에서 멱감는 동네 처녀들의 옷을 몰래 감춰놓고 똥바가지로 변소의 똥을 퍼다가 멱감는 상류에 뿌린 다음 숨을 죽인 채 가슴 졸이며 지켜본다든지, 횃불을 밝혀 들고 촉고나 족대(반두)로 뜸메뜨는 청년들에게 살금살금 다가가 넓적한 돌을 머리 위로 들어올려 느닷없이 물 복판으로 냅다 던지고는 "으악!"하는 비명과 함께 희떡 나자빠지는 청년들을 보고 깔깔대며 달아나는 따위의 장난은 장난 중에서도 단연 압권이었다.〈강준희, 이카로스의 날개는 녹지 않았다(상), 1996, 36〉

마다

- 표준어 : 대응 표준어 없음
- 품 사 : 동사
- 뜻풀이 : 새끼, 지게고삐 따위의 긴 줄을 헝클어지지 아니하도록 둥그렇게 감아
  정리하다.
- 사용 지역 : 충청도

삭정이 석 단을 해 지고 와 마당가 대추나무 밑에 배기고 지게고삐를 **마려**
는데 어머니가 다가와 가대를 팔자했다. 〈강준희, 이카로스의 날개는 녹지 않았다(중),
1996, 168〉

충청도 방언 '마다'는 '마다, 마구, 마지, 마민서, 마서' 등과 같이 활
용하는 동사다. '마다'는 표준어의 '서리다'와 비슷한데 '마다'가 새끼나
지게고삐 따위의 긴 줄을 둥그렇게 감아 헝클어지지 않게 정리한다는
의미가 강한 데 비해 '서리다'는 긴 줄을 헝클어지지 않도록 둥그렇게
포개어 감는다는 의미가 강하다. 즉 '서리다'가 '국수, 새끼, 실' 따위의
긴 줄이 헝클어지지 않도록 둥그렇게 포개어 감는다는 뜻으로 쓰이는
데 비해 '마다'는 포개어 감는다는 뜻 외에 지게고삐나 밧줄을 사용하
고 나서 그 줄이 헝클어지지 않게 정리한다는 의미가 강하다는 점에서
양자 사이의 차이가 있다. 주로 지게고삐나 밧줄 등을 사용하고 나서
그 줄이 헝클어지지 않도록 둥그렇게 포개어 감는다는 뜻으로 쓰인다.
이미 사용하여 헝클어진 줄이나 지게고삐, 밧줄 등을 다음에 쓰기 좋
게 둥그렇게 감아서 정리할 때 주로 쓰인다. 표준어 '서리다'에 대응하
는 충청도 방언형으로는 '사리다'가 주로 쓰인다.

말가웃지기

- 표준어 : 대응 표준어 없음
- 품 사 : 명사
- 뜻풀이 : 한 말 반 정도의 볍씨로 모를 심을 수 있는 정도 넓이의 논.
- 사용 지역 : 충청도

나는 물론 상일꾼이 못 되었으므로 별을 보고 나가 모를 쪄서 별이 보일 때까지 모를 심어도 이틀에 **말가웃지기** 심을까 말까였다. 〈강준희, 이카로스의 날개는 녹지 않았다(중), 1996, 15〉

게다가 곁에 붙은 서 **말가웃지기** 더운갈이 논만 해도 남병만(南柄萬)이가 단위조합 돈을 얻어대가며 일곱 군데나 아흔여덟 자씩 뚫어봤지만, 지하수는 고사하고 겉물 한 모금 뽑아보지 못했던 것이다. 〈이문구, 우리 동네 金氏, 한국문학 49, 1977〉

'말가웃지기'는 한 말 반 정도를 의미하는 '말가웃'과 곡식의 양을 나타내는 명사구 뒤에 붙어 '그 정도 양의 씨앗을 심을 수 있는 논밭의 넓이'를 뜻하는 접미사 '-지기'가 결합된 것으로 분석할 수 있다. '말가웃'은 다시 '말'과 '가웃'의 합성어로 분석된다. '말[斗]'은 곡식, 액체, 가루 따위의 분량을 되는 데 쓰는 그릇으로 열 되나 스무 되가 들어가게 나무나 쇠붙이를 이용하여 원기둥 모양이나 사각기둥 모양으로 만든 도량형 도구 가운데 하나다. 이것으로 곡식이나 액체, 가루 따위의 부피를 잰다. '가웃'은 수량을 나타내는 명사 또는 명사구 뒤에 붙어 수량을 나타내는 표현에 사용된 단위의 절반 정도 분량의 뜻을 더하는 접미사다. '말가웃'은 '말'과 '가웃'이므로 한 말 반 정도를 의미하고 '-

지기'는 그 정도 양의 씨앗을 심을 수 있는 논밭의 넓이를 뜻한다. 따라서 '말가웃지기'는 한 말 반 정도의 씨앗으로 심을 수 있는 논이나 밭의 넓이를 의미한다.

말꼬롬이

- 표준어 : #물끄러미
- 품　사 : 부사
- 뜻풀이 : 어떤 일이나 사물에 시선을 집중하여 한 곳만 쳐다보는 모양.
- 다른 방언형 : 말꼬름이
- 사용 지역 : 충청도

"말 마러. 아까 장터 양조소 앞에 사람이 많이 선 것 못 보았남."
"아니 그럼 그게 다 지게미를 사러온 사람들야?"
갑숙이는 한동안 무슨 수수께끼나 풀냐는 것처럼 **말꼬롬이** 한 곳을 쳐다보고 있었다.
"서울 사람들은 이런 것 안 먹나유?"
박성녀는 그대로 있기가 어쩐지 더 면구한 듯해서 짐짓 이런 말을 무러 보앗다. 〈이기영, 고향, 1947, 87〉

"일간 안녕하서요."
"어 희준인가 어서 앉게."
주인은 희준이가 찾어온 까닭을 눈으로 캐내랴는 것처럼 **말꼬롬이** 쳐다본다.
"서 잠간 의른드릴 말슴이 있어서 왔는데요." 〈이기영, 고향2, 1947, 335〉

'말꼬롬이'는 '말꼬롬하다'의 어근 '말꼬롬'에 접미사 '-이'가 결합되어 파생된 부사로 파악된다. '말꼬롬이'는 어떤 일에 집중하여 한 곳만 쳐다보는 모양을 뜻한다. '말꼬롬이'가 어떤 일이나 사물에 시선을 집중하여 쳐다본다는 점에서 넋이 나간 듯이 우두커니 한 곳만 바라보는 모양을 뜻하는 표준어 '물끄러미'와는 약간의 차이가 있다.

말반죽

- 표준어 : 말본새
- 품　사 : 명사
- 뜻풀이 : 말하는 태도나 모양새.
- 다른 방언형 : 말뻔새
- 사용 지역 : 충청도

"예밋— 우리 여편네허구 씨비헐 새두 옰는디 넘허구 시비를 허여?"
　거탈뿐인지 알았던 고가 뼈 든 소리로 맞설 낌새를 보이자, 이윽고 **말반죽**
이 질음한 조가 한 다리를 걸고 들어왔다. 〈이문구, 으악새 우는 사연, 1977, 139〉

　'말반죽'은 '말'과 '반죽'의 합성어로서 말하는 태도나 모양새를 의미
하는 표준어 '말본새'에 대응하는 충청도 방언형이다. '말반죽'은 입으
로 하는 음성언어인 '말(言)'과 가루에 물을 부어서 이긴 것을 뜻하는
'반죽'이 결합되어 합성어로 쓰이면서 비유적인 의미를 가지게 된 것으
로 이해된다. 따라서 '말반죽'은 말을 반죽한 것, 즉 말하는 태도나 말
의 내용을 뜻한다. 이와 비슷한 뜻으로 쓰이는 충청도 방언으로 '말뻔
새'가 있다. '말뻔새'는 표준어 '말본새'에 해당하는 것으로 '말＋뻔새'로
분석된다. '뻔새'는 '어떠한 동작이나 버릇의 됨됨이'를 뜻하는 표준어
'본새'의 충청도 방언형이다. '말반죽'이 말하는 태도나 내용의 배합이
라는 의미가 강한데 비해 '말뻔새'는 말하는 태도나 버릇과 같이 외형
적인 모습을 나타내는 의미가 더 강하다는 점에서 차이가 있다. '말반
죽'은 '말반죽이 질음하다'와 같이 부정적인 뜻을 가진 단어와 어울려
쓰이는 경우가 많아 부정적인 어감을 주기도 한다. '싸가지 없다'의 '싸

가지'나 '주책없다, 주책바가지'의 '주책'이 부정적인 말과 어울려 쓰이면서 부정적인 느낌을 주는 것과 마찬가지라고 할 수 있다.

망옷

- 표준어 : #인분
- 품　사 : 명사
- 뜻풀이 : 물이나 오줌에 섞여 액체로 된 썩은 인분.
- 다른 방언형 : 망오, 인분
- 사용 지역 : 충청도, 전라도

> 　그러면 풀이 타 구덩이에 떨진 재를 가마니에 퍼 담아가지고 와 **망옷**(인분)을 끼얹어 재운 다음 추수 후의 밀, 보리 파종에 거름으로 쓰는데 이게 여간 힘드는 게 아니어서 한 번 사르고 나면 중병 앓는 사람처럼 축 처져버린다. 〈강준희, 이카로스의 날개는 녹지 않았다(상), 1996, 356〉

　충청지역에서 쓰이는 '망옷'은 '물이나 오줌에 섞여 액체 상태로 된 썩은 인분'을 뜻한다. 액체로 되어 있지 않고 덩어리로 되어 있는 것은 '똥'이라고 하여 구분한다. 따라서 '인분 친다, 망옷 친다'고 하면 썩어서 액체로 된 인분을 친다는 뜻이 된다. '똥'은 '치운다'고 하는데 비해 '망옷'은 '친다'나 '찌얹는다(끼얹는다)'고 하고 '인분'은 '친다'나 '뿌린다'고 한다는 점에서 '인분'과 '망옷'이 주로 액체 상태의 똥을 의미한다는 것을 알 수 있다. 충북 제천 방언에서는 '망옷'을 '망오'라고도 한다.

　전남 지역에서는 '망옷'의 의미가 약간 달라 '잘 썩은 두엄' 또는 '인분과 섞여 잘 썩은 두엄' 정도의 의미로 쓰이기도 한다.(목포대 이기갑 교수님 제공).

맞섬

- 표준어 : 대응 표준어 없음
- 품　사 : 명사
- 뜻풀이 : 두 가마니 분량.
- 사용 지역 : 충청도

상뜰논이라면 말 그대로 최상답(最上畓)이 아닌가? 그래서 가근방에선 일등 호답(好畓)으로 소문나 마지기당 소출이 양석을 훨씬 넘어 삼배출(三倍出)에 가까운 논이 아닌가? 논이 좋아야 마지기당 양석이 나고 안 그러면 보통 맞섬이 고작인데, 이 상뜰논은 **맞섬**의 세 배인 삼배출에 가까운 소출이 났다. 〈강준희, 이카로스의 날개는 녹지 않았다(상), 1996, 151〉

'맞섬'은 '맞-'과 '섬'으로 분석할 수 있다. '맞-'은 일부 명사 앞에 붙어 그 명사와 엇비슷한 정도를 나타내는 접두사이고, '섬'은 곡식 따위를 담기 위하여 짚으로 엮어 만든 일종의 그릇이다. 짚으로 엮어 만든 '섬'은 대략 벼 두 가마니 정도가 들어갈 정도로 크게 만든다.

'섬'은 곡식, 가루, 액체 따위의 부피를 나타내는 단위로도 쓰인다. 한 섬은 한 말의 열 배로 약 180리터에 해당한다. 따라서 '한 섬'이 두 가마니 정도를 뜻하므로 '맞섬'은 한 섬과 엇비슷한 정도인 두 가마니 정도의 뜻으로 쓰인다.

매가꾸다

- 표준어 : 대응 표준어 없음
- 품　사 : 동사
- 뜻풀이 : 농토에 대한 애착과 사랑을 가지고 논이나 밭의 잡풀을 뽑아가며 경작하다.
- 사용 지역 : 충청도

오직 철따라 **매가꾸는** 농토가 소중할 뿐이었다. 땅, 오로지 **매가꿀** 땅만 있으면 한눈 팔 필요가 없었던 것이다. 〈이광복, 목신의 마을, 1991, 75〉

'매가꾸다'는 '매다'와 '가꾸다'의 어간 '매-'와 '가꾸-'가 결합된 합성어로 이해된다. 개념적인 의미로 보면 '매고 가꾸다'의 뜻이지만 단순히 농사짓는 행위로서 '매고 가꾸다'의 뜻으로 쓰이기보다는 '농삿일을 하다'의 의미로 의미가 확장되어 쓰인다. 농토에 대한 애착이 있거나 농토에 대한 관심과 사랑이 있어 논이나 밭의 잡풀을 정성들여 뽑고 가꾸면서 농사를 짓는다는 뜻을 내포하고 있다.

매기

- 표준어 : 삯메기
- 품   사 : 명사
- 뜻풀이 : 주로 농촌에서, 어떤 일에 대하여 끼니는 먹지 않고 일정한 품삯만 받
          고 하는 일.
- 사용 지역 : 충청도

모는 날품팔이 아닌 **매기**로 심었다. 날품팔이는 하루 5끼를 먹여주고 일을
시키기 때문에 자기밥 먹고 일하는 **매기** 일보다 품값이 쌌다. 〈강준희, 이카로스
의 날개는 녹지 않았다(중), 1996, 15〉

충청도 방언의 '매기'는 표준어 '삯메기'에 대응하는 말이다. 표준어
의 '삯메기'는 '삯'과 '메기'로 분석되는데 '메기'는 '매기'가 되어야 할 것
으로 보인다. 왜냐하면 '매기'는 '매다'의 어간 '매-'에 명사파생 접미사
'-기'가 결합된 것이고 '매다'는 '일정한 기준에 따라 사물의 값이나 등
수 따위를 정하다'의 뜻을 가지는 '매기다'와 같은 뜻을 가지기 때문이
다. 따라서 표준어 '삯메기'는 '삯매기'로 표기해야 할 것이다.

충청도 방언 '매기'는 일꾼을 고용하여 일을 하는 방법의 한 가지다.
예문에 쓰인 '매기'는 일정한 면적의 논에 모를 심어주는 대가로 일정
한 값을 치르기로 하고 일꾼에게 일체의 일을 맡기는 것을 말한다. '매
기'는 모를 심는 일뿐만 아니라 '논매기', '벼 베기' 등 다른 일에 대하
여도 일정한 비용만 주고 나머지는 일을 맡은 쪽에서 다 해결하는 방
법이다. 품을 사거나 품앗이로 일을 할 때는 새참이나 점심 등을 제공
하고 품삯을 주지만 매기로 일을 할 때는 일을 맡긴 사람이 일을 할

사람에게 일정한 비용을 주면 새참이나 점심 등 나머지는 일하는 사람
이 해결하는 것이다.

매꼰하다

- 표준어 : 때꾼하다
- 품　사 : 형용사
- 뜻풀이 : 눈이 쏙 들어가고 생기가 없다.
- 다른 방언형 : 때꼰하다, 때꾼하다
- 사용 지역 : 충청도

박성녀는 이를 해 — 벌리며 웃는다. 불암소 꼬리 같은 노란 머리를 간신이 정수리에 감어언고 눈꼽이 낀 **매꼰한** 두 눈을 헤멀거니 뜨고 섰는 모친의 경상을 쳐다볼수록 인순이는 가슴이 멍쿨하였다. 그것이 갑숙이의 애젊은 고운 살결과 또는 맵시있는 비단옷과 서로 좋은 대조가 되었다. 〈이기영, 고향, 1947, 105〉

'매꼰하다'는 '눈이 쏙 들어가고 생기가 없다'는 뜻을 나타내는 표준어 '때꾼하다'에 대응하는 충청도 방언형이다. 충청도 지역에서는 표준어 '때꾼하다'에 대응하는 방언형으로 '매꼰하다'보다는 '때꼰하다'를 주로 쓴다. '매꼰하다'와 '때꼰하다'는 힘든 일을 많이 하거나 힘이 들어 잠을 충분히 자지 못하거나 하여 기운이 없어 보이고 평소보다 눈이 쏙 들어가서 생기가 없는 모습을 나타낼 때 흔히 쓰는 말이다. 에를 들면 '며칠 설사를 했더니 눈이 때꼰해졌다'와 같이 쓰인다.

매란

- 표준어 : 마련
- 품 사 : 명사
- 뜻풀이 : 어떻게 해야 할 궁리나 방법.
- 다른 방언형 : 매련, 마련
- 사용 지역 : 충청도

> 그러느라 신발이 헐떠덕거려 자꾸 벗어졌고 치마는 진흙이 매대기로 칠해져 **매란**이 없었다. 〈강준희, 이카로스의 날개는 녹지 않았다(중), 1996, 132〉

'매란'은 표준어 '마련'에 대응하는 충청도 방언형으로서 '매란이 없다, 매란 없다, 매란 없이, 매란두 없다' 등에서와 같이 항상 '없다'와 함께 쓰인다. '매란이 없다'는 어떤 일의 상태나 모습이 수습이 안 될 정도로 지나쳐 그 일에 어떻게 대처해야 할는지 수단이나 방법이 없다는 뜻으로 쓰인다. 충청도 방언에서는 '매란' 외에 '매련, 마련' 등의 방언형이 더 쓰인다.

-매루

- 표준어 : -처럼
- 품　사 : 조사
- 뜻풀이 : 모양이나 행동이 서로 비슷하거나 같음을 나타내는 격 조사.
- 다른 방언형 : -매루, -마냥, -같이
- 사용 지역 : 충청도, 강원도

"인저 존 세상 왔응께 넘매루 살아 볼 티여." 〈이문구, 제3세대한국문학9:李文求, 관촌수필, 1983, 110〉

"무슨 큰 조이(죄)나 진 사람매루 빌어쌓는디, 그거 워칙헌데유." 〈이문구, 제3세대한국문학9:李文求, 관촌수필, 1983, 153〉

"너매루 제 미웅을 재촉허는 놈두 츠음 보는디, 그 개만두 못헌 목숨, 인저 내 손으로 끊어 줄란다." 〈이문구, 장한몽, 1976, 648〉

그러나 레방나리를 어떠케하면 조흐냐 도독놈이 어듸루 간지나 알어야 차저가보지 건공대매루 차저나설수야 잇느냐. 〈홍명희, 임거정2, 1939, 315〉

어늬가 파무처 잇는지 소시두 모르는 사람을 건공대매루 나가서 어떠케 찾습니까. 〈홍명희, 임거정3, 1939, 405〉

'-매루'는 표준어 '-처럼'이나 '-같이', '-마냥'에 대응하는 충청도 방언형으로 체언에 붙어 그 체언과 모양이나 성질이 서로 비슷하거나 같음을 나타낼 때, 또는 선행하는 체언의 행동 양상이 서로 비슷하거나 같음을 나타낼 때 쓰이는 조사다. 충청도 방언에 '-매루'와 같은 기능을 하는 조사로 표준어형 '-마냥'과 방언형 '-그치'나 '-거치'가 폭넓게 사용된다. '-거치'나 '-그치'는 표준어형 '-같이'와 어원을 같이하는 것이다. 예를 들면 '죄 진 사람마냥 하구 있다', '너마냥 명을 재촉하는 늠은 첨 본다'에서와 같이 쓰인다. 충청도 방언에서 '-매루'와 '-마냥'의 사용은 개인적인 선택으로 보이지만 '-매루'는 경상도와 인접한 지역에서 주로 쓰이고 '-마냥'은 경기도와 인접한 지역에서 주로 쓰이는 것으로 보인다. 전라도 지역에서는 '-멘치, -멘치로, -멘키로'와 '-만이로, -멩이로, -멩이, -멩키, -멩키로' 등이 쓰이고 경상도 지역에서는 '-맨치, -맨치로, -맹키, -맹키로, -매로, -거치, -그치, -맨지로, -마냥 등이 쓰인다.

맹장도 용마가 죽으면 쓸모가 없다

- 표준어 : 대응 표준어 없음
- 품　사 : 속담
- 뜻풀이 : 용맹한 장수도 훌륭한 말이 없으면 장수로서 힘을 발휘할 수 없다는 뜻
  으로 쓸모없게 된 처지를 비유적으로 이르는 말.
- 사용 지역 : 충청도

> 기창이는 물론 동네 사람들은 아버지의 이 뜻하지 않은 행동에 적잖이 당황하며 무슨 변이라도 생긴 듯 압지를 극구 만류했다. "맹장도 용마가 죽으면 쓸모가 없느니!" 아버지는 이 말 한 마디를 남기고 산으로 갔다. 〈강준희, 이카로스의 날개는 녹지 않았다(상), 1996, 284〉

'맹장'은 용맹한 장수를 뜻하고 '용마'는 매우 잘 달리는 훌륭한 말을 뜻한다. 본래 '용마(龍馬)'는 모양이 용 같다는 상상의 말인데 중국 복희씨 때 황허강(黃河江)에서 팔괘(八卦)를 등에 싣고 나왔다는 준마에서 비롯된 말이다. '맹장도 용마가 죽으면 쓸모가 없다'는 말은 아무리 용맹한 장수라도 매우 잘 달리는 훌륭한 말이 죽으면 장수로서 힘을 발휘할 수 없다는데서 쓸모없게 된 처지를 비유적으로 이르는 말이다. 이와 비슷한 표순어 속담으로 '임자 없는 용마'가 있다. 이것은 매우 잘 달리는 훌륭한 말은 있는데 그 말을 탈 만한 사람이 없다는 뜻으로 '무슨 일이든 다 그 시대와 상황에 합당하게 처리할 사람이 있어야 한다'는 뜻으로 쓸모없고 보람 없게 된 처지를 비유적으로 이르는 말이다.

머흘거리다

- 표준어 : 대응 표준어 없음
- 품 사 : 동사
- 뜻풀이 : 구름이나 물결 등이 자꾸 굽이치면서 험하고 힘 있게 움직이다.
- 사용 지역 : 충청도

건넛산의 보춤나무가 배를 허옇게 드러낸 채 한쪽으로 기우뚱이 쏠려 고개짓을 했다. 갑자기 구름이 **머흘거리며** 하늘을 뒤덮기 시작했다. 우리는 잠시 쉬었다가 다시 발길을 옮겨 놓았다. 〈강준희, 이카로스의 날개는 녹지 않았다(상), 1996, 121〉

'머흘거리다'는 '머흘-'과 '-거리다'로 분석된다. '머흘-'은 고어 '머흘다'에서 온 것으로 보인다. 고어 '머흘다'는 '험하고 사납다'의 뜻으로 쓰이는 형용사다. '머흘거리다'는 구름이나 물결 등이 굽이치면서 험하고 힘 있게 움직이는 모양을 나타내는 어근 '머흘-'에 동작이나 상태를 나타내는 일부 어근 뒤에 붙어 '그런 상태가 잇따라 계속됨'의 뜻을 더하고 동사를 만드는 접미사 '-거리다'가 결합되어 이루어진 것으로 이해된다. 따라서 '머흘거리다'는 구름이나 물결 등이 굽이치면서 힘 있게 자꾸 움직이는 것을 표현할 때 쓰이는 말이라고 할 수 있다.

며내부치다

- 표준어 : 대응 표준어 없음
- 품　사 : 동사
- 뜻풀이 : 어떤 물건을 번쩍 들었다가 힘껏 내리 던지다.
- 사용 지역 : 충청도

"아 그걸 보니까 열이 벌컥 나는데! 도무지 참을 수가 없단 말이지. 그래 고만 화로를 번쩍 들어서 **며내부치고** 동이를 번쩍 들어서 **며내부치고** 한바탕 야단을 치지 않었겠나베!" 그는 두 손으로 화로와 동이를 **며내부치든** 신용까지 해가며 여러 사람들을 더욱 웃기었다. 〈이기영, 고향, 1947, 33〉

'며내부치다'는 '며다'와 '내부치다'의 어간 '며-'와 '내부치-'가 결합된 합성어로 분석된다. '며다'의 어간 '며-'는 '메다'의 충청도 방언형 '미다' 의 어간 '미-'에 어미 '-어'가 결합된 '미어-'가 축약된 형태로 파악된다. '내부치다'는 '손에 든 것을 힘껏 내치다' 정도의 뜻을 가진 말이다. 그 렇다고 '며내부치다'가 이 두 단어의 뜻을 그대로 가지고 있는 것은 아 니다. '며내부치다'의 선행 형태소인 '며-(메-)'가 '어깨너머로 둘러메 다'의 뜻은 없고 주로 '위로 번쩍 쳐들다'의 뜻으로 쓰이기 때문이다. 따라서 '며내부치다'는 어떤 물건을 높이 쳐들었다가 아래로 힘껏 내리 던지다'의 뜻으로 쓰이는 말이라고 할 수 있다.

명새

- 표준어 : 박새
- 품　사 : 명사
- 뜻풀이 : 머리와 날개는 검은 백색이고 뺨은 백색, 등은 누런 녹색이고 아랫면은
  백색에 검은 띠가 둘려 있는 박샛과의 새다.
- 사용 지역 : 충청도

> **명새** 한 쌍이 길과 숲 사이를 초싹초싹 뛰어다니고 있었다. 〈이광복, 목신의 마을, 1991, 6〉

'명새'는 표준어 '박새'에 대응하는 충청도 방언형이다. '명새'는 박샛과의 하나로 몸의 길이는 14cm 정도이며, 머리와 날개는 검은 백색이고 뺨은 백색, 등은 누런 녹색이고 아랫면은 백색에 검은 띠가 둘려 있다. 해충을 잡아먹는 텃새로 보호새다.

명씨박이

- 표준어 : 네눈박이
- 품　사 : 명사
- 뜻풀이 : 눈동자에 하얀 점이 생겨 시력을 잃은 사람.
- 다른 방언형 : 명씨백이, 니눈백이, 네눈이
- 사용 지역 : 충청도

내가 이게 무슨 꼴인가? 어쩌다 내 눈이 **명씨박이**가 되었는가? 아버지는 파김치가 된 몸과 참담한 마음을 이끌고 집으로 돌아왔다. 〈강준희, 이카로스의 날개는 녹지 않았다(상), 1996, 242〉

'명씨박이'는 '눈에 박힌 하얀 점' 정도의 뜻을 나타내는 '명씨'에 일부 명사 뒤에 붙어 '무엇이 박혀 있는 사람'의 뜻을 더하는 접미사 '-박이'가 결합된 것으로 분석할 수 있다.

'명씨박이'는 눈에 흰 점이 생겨 앞을 못 보는 사람을 뜻하는 말인데 예문에서는 눈을 뜨고 있으면서도 아무것도 할 수 없는 처지를 비유적으로 표현하였다.

이와 비슷한 말로 '네눈이'와 '네눈박이'가 있는데 주로 평북과 황해도 지역에서 쓰인다. '네눈박이'는 주로 개(犬)에 대해 쓰이지만 북한 지역에서는 '네눈이'와 함께 사람에게도 쓰인다.

모들뚜기

- 표준어 : 모들뜨기
- 품　사 : 명사
- 뜻풀이 : 몸의 중심을 잃고 심하게 자빠지거나 나가떨어지는 일.
- 다른 방언형 : 모들띠기, 모둘띠기, 모들빼기
- 사용 지역 : 충청도

> 　막동이는 인동이의 멱살을 붙들고 늘어진다. 두 사람은 한동안 엎칠뒤칠 하였다. 그러자 인동이가 앙! 소리를 치며 막동이의 머리를 잡아채고 그의 다리를 걸어 넘기자 막동이는 옆으로 **모들뚜기**로 나가떨어진다. 그바람에 인동이도 한 팔을 뒤로 짚기 때문에 미처 선수를 걸지못한 틈을 타서 막동이는 재치로 인동이의 짚은 팔을 탁치고 달려들며 찍어 눌렀다. 〈이기영, 고향2, 1947, 317〉

　'모들뚜기'는 몸의 중심을 잃고 심하게 자빠지거나 나가떨어지는 것을 뜻하는 표준어 '모들뜨기'의 충청도 방언형이다. 충청도 방언에서 '모들뚜기'와 같은 의미로 '모들띠기'와 '모둘띠기' 외에 '모들빼기'가 쓰인다. '모들뚜기로 넘어졌다' 또는 '모들빼기로 넘어졌다'고 하면 몸의 중심을 잃고 통나무 쓰러지듯이 그대로 넘어지는 것을 의미한다. 양손을 주머니에 넣고 걷다가 무엇에 발이 걸리거나 하여 손도 빼지 못하고 몸통이 그대로 넘어지는 것을 의미한다. '모들띠기'와 '모둘띠기'는 각각 '모들뚜기'와 '모둘뚜기'의 움라우트형 '모들뛰기'와 '모둘뛰기'의 변이형태다.

모리

- 표준어 : 모레
- 품　사 : 명사
- 뜻풀이 : 내일의 다음 날.
- 다른 방언형 : 모래, 모레
- 사용 지역 : 충청도

"니열 **모리**면 대가리에 두 가지 털을 가진 작자가 헐일이 없으면 죄용히 병이나 고칠 것이지 그게 뭐여."〈이문구, 제3세대한국문학9:李文求, 관촌수필, 1983, 259〉

"자네들두 나이 4십이 니열 **모리**면 죽은 나이가 아녀 다시 말헐 것 같으면 인저는 생각허며 살 나이라 이게여. 생각들 해보게."〈이문구, 으악새 우는 사연, 1977, 150〉

'모리'는 내일의 다음 날을 뜻하는 '모레'의 충청도 방언형이다. '모리'는 '모레'의 두 번째 음절 '레'가 '리'로 변한 것이다. 충청도 방언에서 오늘을 기준으로 하여 지나간 날을 가리키는 말로 '어제(어제), 그저께(그저께), 저그저께~그그저께(그끄저께)'가 있고 다가올 날을 가리키는 말로 '낼~니열(내일), 머레~모리~모래~모레(보레), 글패(글피), 저글패~그글패(그글피)' 등이 쓰인다. 이 가운데 '낼'은 '내일'이 축약된 형태로 한자어 '來日'에서 기원한 것이며 나머지는 모두 순우리말이다.

모살이

- 표준어 : 사름
- 품 사 : 명사
- 뜻풀이 : 모를 옮겨 심은 지 일주일쯤 지나 모가 땅에 완전히 뿌리를 내려 새파랗게 생기를 띠며 살아나는 일. 또는 그런 상태.
- 사용 지역 : 충청도

첫 번째 매는 논은 **모살이**가 막 끝나 아직 어리니 덜하지 만 두 번째 이듬을 매고 마지막 만물을 맬 때는 벼가 허리까지 자라있어 여간 힘 드는 게 아니다. 〈강준희, 이카로스의 날개는 녹지 않았다(중), 1996, 16〉

'모살이'는 옮겨 심으려고 가꾸어 기른 어린 벼를 뜻하는 '모'에 일부 명사나 동사 어간에 붙어 '살기 위한 고생'의 뜻으로 쓰이는 접미사 '-살이'가 결합된 말로 분석할 수 있다. 즉 '모살이'는 새로 심은 모가 옮겨 심은 땅에 새 뿌리를 내리고 살기 위한 고생을 뜻한다. 예문의 '모살이'는 '모내기를 하여 옮겨 심은 모가 살기 위해 고생을 한 끝에 땅에 새 뿌리를 완전히 내려 새파랗게 살아나는 일' 정도의 뜻으로 쓰였다.

참고로, 충청도 방언에서 '죽살이'가 쓰인다. '죽살이'는 새로 심은 모나 옮겨 심은 깻모 등이 새로 뿌리를 내리고 살기 위해 하는 '죽고 사는 것을 다투는 정도의 고생'을 뜻한다. '죽살이'는 주로 '치다'와 함께 '죽살이치다'의 꼴로 쓰인다. '죽살이치다'는 '죽고 사는 것을 다툴 정도의 고생을 하다'의 뜻으로 쓰인다. 따라서 '죽살이 쳤다'와 같이 과거형으로 쓰이면 죽을 고생을 하다가 지금은 살아났다는 뜻이 된다.

모이

- 표준어 : 묘
- 품 사 : 명사
- 뜻풀이 : 사람의 무덤.
- 다른 방언형 : 묘, 모, 무이, 모이똥, 뫼, 메, 매, 미, 산소
- 사용 지역 : 충청도

그렇다구 밭이다 **모이**를 써유? 〈이문구, 제3세대한국문학9:李文求, 관촌수필, 1983, 18〉

그렇지만 해핑이면 바위 밑이유, 넘덜은 산에다 **모이**를 쓰던디. 〈이문구, 관촌수필, 1972, 129〉

음석 먹는 자리서 이런 소리는 안 헐 말이지만, 챚어올 유족도 다 챚어왔구, 무연고 **모이** 뿐일 턴디 더 끄실러 먹잘 숭장이나 있을 것이여… 〈이문구, 장한몽3, 1976, 375〉

내가 이 **모이**를 파구 뻬를 추리구 허는 게 그놈 악담대루 … 대대 손손이 사람이나 잡으라구 허던 말이 생각나 하 한심허구 한심해 정내미 떨어진 것 뿐이지유. 〈이문구, 장한몽, 1976, 652〉

'모이'는 표준어 '묘(墓)'에 대응하는 충청도 방언이다. '묘'는 본래 15세기에 하향 이중모음 '/moj/'였던 것인데 이 이중모음을 두 개의 음절로 잘못 이해한 결과 현대 충청도 방언에서는 두 음절로 남아 있는 것이라고 할 수 있다. 충청도 방언에서 '묘'의 다른 방언형으로 쓰이는 '모이똥'의 '모이'도 마찬가지다. '산소'는 '묘'보다 좀 존중하여 이르는 말로 쓰인다. 따라서 한식이나 추석 또는 설 때 산소에 성묘 간

다고 하고 '묘'에 성묘 간다고는 하지 않는다.

충청도 방언에서는 '모이' 외에 표준어형 '묘'를 비롯하여 '모, 미, 뫼, 무이' 등의 방언형이 쓰이는데 비해 전남이나 경남 등 남부 지역에서는 '메똥, 메뜽, 뫼똥, 묘똥, 미뗭, 미뚱'과 같이 묘를 뜻하는 '메, 뫼, 묘, 미' 등에 '똥, 뜽, 뗭'이 결합한 형태가 널리 쓰인다.

모품팔이

- 표준어 : 대응 표준어 없음
- 품 사 : 명사
- 뜻풀이 : 모를 심는 데 드는 힘이나 노력을 제공해 주고 품삯을 받는 일. 또는 그런 일을 업으로 하는 사람.
- 사용 지역 : 충청도

'모품팔이'는 모를 심는 데 드는 힘이나 노력을 제공해 주고 그 대가로 받는 품삯을 뜻하는 '모품'에 값을 받고 물건이나 권리 따위를 남에게 넘기거나 노력 따위를 제공한다는 뜻으로 쓰이는 '팔다'가 결합된 합성어 '모품팔다'의 어간 '모품팔-'에 '그런 일을 하는 사람 또는 그런 일'의 뜻을 더하고 명사를 만드는 접미사 '-이'가 결합된 것으로 분석할 수 있다. 그런데 '모품팔이'를 '모품'과 '팔다'의 어간 '팔-'에 명사를 만드는 접미사 '-이'가 결합된 '팔이'가 합성된 것으로 분석할 수도 있을 것이다. 그러나 충청도 방언에서 '모품팔러 다닌다, 모품팔던 사람, 모품팔잖어' 등과 같이 합성동사 '모품팔다'가 관찰된다는 점에서 이 동사의 어간 '모품팔-'에 접미사 '-이'가 결합된 파생어로 보는 것이 타당해 보인다. 결국 '모품팔이'는 '모품을 파는 사람' 또는 '모품을 파는 일'의 뜻으로 쓰인다는 것을 알 수 있다. 후자의 뜻으로 쓰이는 '모품팔이'는 '모를 심는 데 드는 힘이나 노력을 제공해 주고 품삯을 받는 일 또는 그런 일을 업으로 하는 사람'을 뜻한다. 예문에서는 '모를 심는 데 드는 힘이나 노력을 제공해 주고 품삯을 받는 일'의 뜻으로 쓰였다.

'모품팔이'와 같은 구성으로 이루어진 말로 '날품팔이'가 있다. '날품팔이'는 '하루 일을 해 주고 날삯을 받는 일 또는 그렇게 일하는 사람'을 가리키는 말이다.

목괭이

- 표준어 : 곡괭이
- 품 사 : 명사
- 뜻풀이 : 쇠로 황새의 부리처럼 양쪽으로 길게 날을 내고 가운데 구멍을 뚫어 긴
  자루를 박은 괭이. 주로 단단한 땅을 파는 데 쓴다.
- 다른 방언형 : 모쾌이, 꼭꽹이, 꼬깽이, 꼬깨이
- 사용 지역 : 충청도

이런 현상들은 거의가 나와 함께 막노동판에서 질통을 지고 일을 하거나 **목괭이**로 땅을 판 사람들이었는데 개중엔 대놓고 출세했다 하기도 하고 더러는 또 어쩐지 막노동판에서 썩을 사람이 아니다 싶었는데 역시라며 비굴한 웃음과 함께 아부(?)를 하기도 했다. 〈강준희, 이카로스의 날개는 녹지 않았다(하), 1996, 51〉

이래서 나는 지게에 바소쿠리를 달아지고 마지막재라는 재를 넘어 2십 리가 실한 종민동까지 일을다녔다. 일은 신작로를 닦는 것으로 바지게로 흙을 져다 붓거나 **목괭이**로 땅을 파는 것이었다. 〈강준희, 이카로스의 날개는 녹지 않았다(중), 1996, 308〉

'목괭이'는 표준어 '곡괭이'에 대응하는 충청도 방언형이다. 표순어 '곡괭이'의 방언형으로 '꼭괭이' 형과 '목괭이' 형이 폭넓게 쓰인다. 표준어형 '곡괭이'는 한반도 전역에서 쓰인다. 이에 비해 '꼭괭이' 형은 이형태 '꼬깨이'로도 나타나는데 역시 한반도 전역에 분포되어 쓰인다. '꼭괭이'형과 그 이형태들은 경기도를 중심으로 하는 중부 지역을 제외한 지역, 특히 한반도 동부지역에서 많이 쓰이는 것으로 알려져 있다.

'목괭이'는 주로 경상도 지역에서 쓰이고 경상도와 인접해 있는 충청도와 전라도 일부 지역에서도 쓰인다. 제주도에서는 '못광이'와 '못괭이' 형이 쓰인다. 표준어 '곡괭이'에 대응하는 충청도 방언형 '목괭이'의 모양은 두 가지가 있다. 하나는 양쪽으로 길고 뾰족하게 날을 내고 가운데 구멍에 긴 자루를 박은 모양이고, 다른 하나는 한쪽으로만 길고 뾰족하게 날을 낸 모양이다. 주로 딱딱한 땅을 팔 수 있도록 만든 농기구의 하나다.

참고로 '괭이'에는 몇 가지 종류가 있다. 첫째는 괭이 날이 한쪽으로 나 있고 끝이 넓적한 것으로 땅을 파거나 나무뿌리 등을 캐는데 쓰는 '꽹이'가 있고, 둘째는 괭이 날이 한 쪽으로 나 있고 끝이 세모꼴로 뾰족한 것으로 씨를 뿌리거나 무엇을 심기 위해 얕은 골을 켤 때 쓰는 '가지니꽹이'가 있다. 그리고 셋째는 괭이 날이 부등변 삼각형 모양인데 날 가운데 자루를 해 박은 것으로 잡풀을 맬 때 주로 쓰는 '홉바꽹이'가 있고 넷째는 양쪽으로 길고 뾰족하게 날을 내고 가운데 구멍에 굵고 긴 자루를 해 박은 것으로 주로 딱딱한 땅을 팔 수 있도록 만든 '목꽹이'가 있다.

몰팍스럽다

- 표준어 : 대응 표준어 없음
- 품   사 : 형용사
- 뜻풀이 : 말이나 행동에 따뜻한 정이나 붙임성이 없고 심하게 쌀쌀맞다.
- 사용 지역 : 충청도

"비켜요. 주임님 출근이시니까?" 처녀 아이가 **몰팍스레** 쏴붙이고 주임한테로 가 뭐라고 귓속말을 했다. 〈강준희, 이카로스의 날개는 녹지 않았다(상), 1996, 191〉

'몰팍스럽다'는 '몰팍'과 '-스럽다'로 분석할 수 있다. '몰팍'은 말이나 행동에 붙임성이나 정이 없는 모양을 뜻하고 '-스럽다'는 일부 명사 뒤에 붙어 '그러한 성질이 있음'의 뜻을 더하고 형용사를 만드는 접미사다. 따라서 '몰팍스럽다'는 '몰팍한 성질이 있다' 정도로 해석된다. 즉 '말이나 행동에 따뜻한 정이나 붙임성이 없고 심하게 쌀쌀맞다'의 뜻을 가진 형용사다.

몽장몽장

- 표준어 : 대응 표준어 없음
- 품 사 : 부사
- 뜻풀이 : 앞뒤 생각 없이 자꾸 말을 함부로 하는 모양.
- 다른 방언형 : 몽창몽창
- 사용 지역 : 충청도

"분하이 그렇제요. 억울하이 그렇제요.""아무리 그래도 그렇지. 여자가 말을 **몽장몽장** 하면 쓰나." 〈강준희, 이카로스의 날개는 녹지 않았다(상), 1996, 75〉

"아이다. 다 고 여시 겉은 지지바 땀에 이리 된 기다.""니는 무신 말을 그리 **몽장몽장** 하노. 어린 거 한테." 〈강준희, 이카로스의 날개는 녹지 않았다(상), 1996, 129〉

'몽장몽장'은 '몽장'이 중첩된 말로 분석된다. 예문의 문맥으로 볼 때 '몽장'은 충청도 방언에서 아무 생각 없이 말을 함부로 하는 모양을 뜻하는 것으로 파악된다. 따라서 '몽장몽장'은 예문에서 보는 바와 같이 앞뒤 생각하지 않고 입에서 튀어나오는 대로 자꾸 말을 함부로 하는 모양을 나타내는 부사로 쓰인다.

충청도 방언에서는 '몽장몽장'이 길쭉한 물건을 짤막짤막하게 부러뜨리는 모양을 나타내는 말로도 쓰인다. 예를 들면 '회초리를 몽장몽장 부러뜨려 버렸다'나 '지게작대기를 몽장몽장 부러뜨리고 다시는 지게질을 하지 않겠다고 다짐하며 지게를 벗어던졌다'에서와 같이 쓰인다.

뫼놓다

- 표준어 : 대응 표준어 없음
- 품　　사 : 동사
- 뜻풀이 : 흩어져 있는 사람이나 사물 따위를 한 곳에 모아 놓다.
- 다른 방언형 : 뫄놓다
- 사용 지역 : 충청도

> "저니는……말을 해두 꼭 두엄데미에서 고리삭은 말만 입에 바르더라……
> 저니 말 **뫼놨다가** 거름 허면 비료 안 사두 베 됨새가 보기 좋을 겨." 〈이문구,
> 우리 동네金氏, 한국문학49, 1977〉

'뫼놓다'는 동사 '모으다'에 해당하는 충청도 방언 '모이다'의 준말인 '뫼다'와 '놓다'가 합성된 말로 분석된다. 의미상으로 보면 '모아놓다'로 해석된다. 예문의 '뫼놨다가'는 이리저리 흩어져 있는 말을 한 곳으로 '모아 놓았다가'의 의미로 쓰인 것이다. 따라서 '뫼놓다'는 '흩어져 있는 사람이나 사물 따위를 한 곳에 모아 놓다' 정도의 의미를 갖는 합성동사라고 할 수 있다.

'뫼놓다'와 같은 뜻으로 쓰이는 충청도 방언형으로 '뫄놓다'가 있다. '뫄놓다'는 '뫄＋놓다'로 분석된다. '뫄'는 표준어 '모으다'에 대응하는 충청도 방언형 '모다'의 어간 '모-'에 어미 '-아'가 결합된 '모아'의 축약형이다. 여기에 '놓다'가 결합된 '뫄놓다'는 '이리저리 흩어져 있는 짐승이나 물건을 한 곳에 두다'의 뜻으로 쓰인다.

무류하다

- 표준어 : #무안하다
- 품　사 : 형용사
- 뜻풀이 : 쑥스럽거나 창피하고 부끄러워 어색해 하다.
- 사용 지역 : 충청도

어머니는 **무류하게** 그 정도로 그쳤을 뿐 달리 말씀하지는 않았다. 〈이문구, 제3세대한국문학9:李文求, 관촌수필, 1983, 92〉

우에서 사가로 치면 외숙(外叔)인 윤원형은 끄리고 중전의 외숙 리량을 특별 총애하는 중이라 리량의 주장을 올타고 말슴하야 원형이 **무류하고** 잇다가 합문(閤門) 박그로 물러나와서 〈홍명희, 임거정3, 1939, 601〉

유복이가 처음에는 **무류하니** 섯다가 나중에는 슬그머니 분이나서 곳 안진 사를 쪼처나가 등줄기를 우려주고 시펏스나 〈홍명희, 임거정1, 1939, 073〉

늘근이가 **무류하야** 한동안 말업시 안젓다가 생각해보니 분하든지 〈홍명희, 임거정2, 1939, 081〉

제가 외사촌에게 비우슴을 밧구 **무류한** 바람에 바꾸러온 무명이 너 말하는 임 아무개 소용이라구 말햇드니 〈홍명희, 임거정2, 1939, 557〉

서림이가 **무류하야** 안젓는데 꺽정이가 박글 내다보며, "거긔 누구 잇느냐!" 하고 소리를 첫다. 〈홍명희, 임거정3, 1939, 022〉

다른 사람은 다 **무류하야** 말도 못하고 나가려고 하는데 리봉학이가 아프로 나서서 〈홍명희, 임거정3, 1939, 404〉

　'무류하다'는 표준어 '무안하다'에 대응하는 말로 '무류-＋하다'로 분석할 수 있다. 즉 어근 '무류-'에 형용사를 만드는 접미사 '-하다'가 결합된 것이라고 할 수 있다. 어근 '무류-'의 정확한 의미를 추출해 내기가 쉽지는 않지만 예문들의 문맥을 고려해 볼 때 '창피함, 쑥스러움, 무안함, 어색함' 등의 의미가 복합되어 있다는 것을 알 수 있다. 결국 '무류하다'는 쑥스럽거나 창피하거나 부끄러워 어색해 하는 모습을 포괄하여 나타내는 말이라는 것을 알 수 있다.

무살미하다

- 표준어 : 대응 표준어 없음
- 품   사 : 동사
- 뜻풀이 : 논에 물을 대어 써레질을 하고 번지로 판판하게 고르다.
- 사용 지역 : 충청도

그러나 못자리 버무리며 **무살미하기** 앞서, 그나마 날포를 못 넘기며 긋던 가랑비만 서너 물 한 뒤, 보리누름해서부터 입때껏 구름마저 드물었으니, 일반찬 하게 열무라도 삐어본다고, 아무리 씨앗을 배게 부어도 푸서리 틈에 개똥참외 움나듯 씨 서는 게 드물어, 아예 한갓지게 버림치로 돌려 묵정이 만들고, 그 위에 호랑이 새끼쳐도 모르게 깃고 욱은 바랭이 개비름 따위나 베어다가 돼지 참 주는 집만 해도 여러 가구였다. 〈이문구, 우리 동네金氏, 한국문학49, 1977〉

'무살미하다'는 '무살미'와 '하다'가 합성된 충청도 방언형으로, 벼농사를 짓는 과정의 한 부분을 나타내는 말이다. 한글맞춤법을 고려하면 '무살미'는 '무삶이'로 표기해야 하므로 '무살미하다'도 '무삶이하다'로 표기해야 옳다. 전통적인 방법으로 벼농사를 지을 때 못자리를 하고 모판에 모를 키운 다음 뽑아서 논으로 옮겨 심을 때 하는 일 가운데 하나가 '무살미하는' 것이다. 못자리에서 모를 뽑아 본 논에 옮겨 심는 것을 모내기한다고 하는데 모내기를 하려면 논을 갈고 물을 댄 다음 써레로 썰고 번지를 쳐서 모를 심기가 좋도록 논을 판판하게 고르게 되는데 이 작업을 '무살미한다'고 한다.

충청도에서 논을 갈고 물을 댄 다음 써레질과 번지질 하는 것을 흔히 ‘논 삶는다’고 한다. 그런데 논을 삶는 방법에는 두 가지가 있다. 하나는 ‘건삶이’이고 다른 하나는 ‘무삶이’다. ‘건삶이’는 마른논을 써레로 썰고 나래로 골라 흙을 부드럽게 고르는 일을 뜻하고 ‘무삶이’는 무논을 써레로 썰고 번지질을 해서 흙을 부드럽고 판판하게 하는 일을 뜻한다. ‘무삶이’는 ‘무삶다’의 어간 ‘무삶-’에 명사 파생 접미사 ‘-이’가 결합된 파생명사다. ‘무살미’는 ‘무(물)삶-+-이’로 IC 분석할 수 있고 ‘무삶-’은 다시 ‘무(물)+삶-’으로 분석할 수 있을 것이다. ‘무삶-은 ‘물’과 ‘삶다’의 어간이 합성된 것이다.

‘무삶-’은 “끝소리가 ‘ㄹ’인 말과 딴 말이 어울릴 적에 ‘ㄹ’ 소리가 나지 아니하는 것은 아니 나는 대로 적는다”는 한글 맞춤법 제28항 규정에 따라 ‘물삶-’의 받침 ‘ㄹ’을 적지 않은 것이다.

참고로 ‘무삶이’에 대응하는 ‘건삶이’는 ‘건삶-+이’로 분석할 수 있고 ‘건삶-’은 다시 ‘건(乾)’과 ‘삶다’의 어간 ‘삶-’이 합성된 것으로 분석할 수 있다. ‘건삶이’는 ‘건삶다’의 어간 ‘건삶-’에 명사파생 접미사 ‘-이’가 결합된 파생명사다. ‘건삶이’는 물을 대지 않고 갈아 놓은 마른 논을 써레로 썰어 흙덩이를 잘게 부수고 나래로 부서진 흙을 부드럽게 고르는 일을 뜻하는 말이다.

‘건삶이’나 ‘무삶이’와 같은 구성으로 이루어진 말로 ‘건갈이’와 ‘진갈이’가 있다. ‘건갈이’는 ‘마른갈이’라고도 하는데 논에 물을 대지 않은 마른 논을 가는 일을 뜻하고 ‘진갈이’는 물을 대어서 땅이 부른 논을 가는 일을 뜻한다.

무추룸하다

- 표준어 : 대응 표준어 없음
- 품　사 : 형용사
- 뜻풀이 : ① 마음속으로 못마땅하게 여기는 빛이 얼굴에 드러나다.
　　　　　② 무슨 일을 하다가 멋쩍거나 막혀서 멈칫하다.
- 다른 방언형 : 무치럼하다
- 사용 지역 : 충청도

> "시집 못 간 무남독녀라던 게 바로 저 물건이로군."
> 상필이 뭔가 아쉬운 듯 얼굴이 금방 **무추룸해지면서** 그랬다. 〈이문구, 장한몽3,
> 1976, 278〉
>
> "덜 식은 송장이라구 한다구요."
> "허허…."
> 상배는 그에 맞서볼 만한 문장이 떠오르지 않아 **무추룸해질** 수밖에 없었
> 다. 〈이문구, 장한몽, 1976〉

'무추룸하다'는 '무추룸-'과 '-하다'로 분석할 수 있다. '무추룸-'은 마음 속으로 못마땅하게 여기는 기색을 보일 때 또는 어떤 행동을 하다가 멈칫하면서 몸을 빼거나 움츠리는 모양 또는 무슨 일을 하다가 멋쩍거나 막혀서 한 발 뒤로 물러나는 모양을 나타내는 어근이고 '-하다'는 어근에 붙어 형용사를 만드는 접미사다. 충청도 방언에서 '무추룸'이 단독으로 쓰이는 예는 찾아보기 어렵다.

묵근하다

- 표준어 : 묵직하다
- 품   사 : 형용사
- 뜻풀이 : 보기보다 제법 무겁다.
- 다른 방언형 : 묵근허다, 묵진하다, 묵직하다
- 사용 지역 : 충청도, 전라도

발걸음도 전 같지 않게 **묵근하고** 살갑지 않았다. 대복이 뒤에 무엇이 따라오는 게 아닌가 싶어 섬찍하기도 하고, 눈앞으로 어떤 낯선 것이 금방 가로지나갈 것 같은 느낌이기도 했다. 〈이문구, 관촌수필, 1972, 200〉

상배는 이제 마음을 놓아도 무방할 것 같았고, 그러는 인부들에 대한 고마움을 감출 수 없었다. 그는 인사말을 "고맙습니다."로 고쳐 했다. 필경 속단이겠지만 앞으론 일하는 데에 아무 장애도 없을 것 같던 거였다. **묵근하던 몸**의 피로가 많이 벗어져 나간 듯 홀가분해진 기분이었다. 〈이문구, 장한몽, 1976, 567〉

'묵근하다'는 표준어 '묵직하다'에 대응하는 충청도 방언으로 어근 '묵근-'에 접미사 '-하다'가 결합된 말이다. '묵근하다'는 '보기보다 제법 무겁다'는 뜻으로 쓰이는 형용사다. 표준어 '묵직하다'의 충청도 방언형으로 '묵근하다' 외에 '묵진하다'도 쓰인다. 지역에 따라 '묵직하다'에 대응하는 방언형에 약간의 차이를 보인다. '묵근허다, 묵신허다'와 '몽창하다, 몽창허다'가 전라도 지역에서 쓰이고, '묵진하다'는 강원도와 경지도 지역에서 쓰인다.

물고 못 먹는 범

- 표준어 : 물고 놓은 범
- 품　사 : 속담
- 뜻풀이 : 호랑이가 먹이를 잡고도 먹지 못한다는 뜻으로, 목적을 거의 이루기 직
　　　　전에 실패하고 안타까워하는 모양을 비유적으로 이르는 말.
- 다른 방언형 : 물고 놓은 범.
- 사용 지역 : 충청도

처음엔 연일 연야 술로 세월을 보내며 **물고 못 먹는 범처럼** 용만 쓰던 아버지가 한 달이 가고 두 달이 지나자 행동에 변화가 찾아왔다. 〈강준희, 이카로스의 날개는 녹지 않았다(상), 1996, 283〉

네놈은 **물고 못 먹는 범처럼** 호시탐탐 눈독을 들이며 다각도로 접근해 봤지만 미쓰 조는 만만치 않았다. 〈강준희, 쌍놈 열전, 1986.〉

'물고 못 먹는 범 같다'는 굶주린 범이 배를 채우기 위해 먹잇감을 물었지만 부득이하게 먹을 수 없는 상황이 되어 물었던 먹잇감을 놓아버린 범의 처지와 같다는 말로 어떤 일을 거의 다 이루어 놓고 포기해야 하는 안타까움을 비유적으로 이르는 말이다. 표준어의 '물고 놓은 범'도 이와 같은 뜻으로 쓰인다.

물똘

- 표준어 : 물돌. 물도랑
- 품 사 : 명사
- 뜻풀이 : 아주 작고 좁은 개울.
- 다른 방언형 : 또랑
- 사용 지역 : 충청도, 경기도, 전라도

> 팔뚝만큼 굵은 구렁이가 **물똘**을 따라 오르다가 논으로 사라지며 몸을 사렸다. 〈이광복, 목신의 마을, 1991, 163〉
>
> 갑출은 철원이와 같이 **물똘**을 거슬러 올라갔다. 〈이광복, 목신의 마을, 1991, 169〉

'물똘'은 표준어 '물돌'에 대응하는 충청도 방언으로 '물'과 '똘'이 합성된 것으로 분석된다. '물똘'의 '물'은 '水'를 뜻하고 '똘'은 도랑을 뜻하는 표준어 '돌'에 대응한다. 따라서 '물똘'은 '물돌'에 사잇소리가 들어가 된소리로 발음된 것으로 볼 수 있다. 그런데 충청도 방언에서 작고 좁은 개울을 뜻하는 '도랑'을 '또랑'이라고도 하고 '똘' 또는 '똘캉'이라고도 한다. '물똘'은 '돌'이 어두경음화한 다음 '물'과 합성된 것인지 '물'과 '돌'이 합성되어 '물똘'이 된 뒤에 경음화가 일어난 것인지는 현재로서는 알기 어렵다. 다만 '똘'이나 '돌'은 '도랑'의 옛말로 '아주 좁고 작은 개울'을 뜻하므로 '물똘'은 물이 흐를 수 있게 나 있는 아주 작고 좁은 도랑을 뜻한다는 것을 알 수 있다.

참고로 충청도 방언에 쓰이는 '도랑'의 크기가 화자에 따라 일정하지 않다. 물길의 폭이 좁게는 약 1m 내외에서부터 넓게는 약 50m 정도까지를 '도랑'이라고 하기 때문이다.

물렁긔

- 표준어 : 물렁게
- 품   사 : 명사
- 뜻풀이 : 허물을 갓 벗어서 딱지가 아직 물렁물렁한 게.
- 다른 방언형 : 물렁기, 물렁게
- 사용 지역 : 충청도

> **"물렁긔헌티 뭐 물린다더니 대갈통에 똥딱지도 안 마른 게 으른을 몰라 보구 지랄하네."** 〈이광복, 목신의 마을, 1991, 96〉

'물렁긔'는 표준어 '물렁게'의 충청도 방언형으로 '물렁-'과 '긔'가 합성된 것으로 분석할 수 있다. '물렁'은 '이들이들하게 부드럽고 무르다'는 뜻을 가진 '물렁하다'의 어근이고, '긔'는 표준어 '게'의 충청도 방언형이다. '물렁긔'는 '게'가 허물을 갓 벗어 게딱지가 아직 단단하지 않고 물렁물렁한 게를 가리키는 충청도 방언이다. 따라서 '물렁긔헌티 물린다'는 말은 게가 딱딱하지 않고 물렁하여 힘이 없어 잘 물지 않거나 물려도 아프지 않은데 그런 게에게 물려 재수가 없다는 뜻이다. 대개는 일어나기 어려운 일을 당했다는 뜻으로 쓰인다.

표준어 '게'는 방언에 따라 '거이, 긔, 기, 귀, 귀이, 게' 등 다양한 형태로 나타난다. '게'가 '긔'로 나타나는 지역은 강원도, 경기도, 충청도, 평안도, 함경도, 황해도, 전라도, 경상도 등 전국적인 분포를 보인다. 그런데 '긔'의 실제 발음은 지역에 따라 단모음 '기([ki])'일 수도 있고 이중모음 '긔(kiy])'일 수도 있다.

물은쌀

- 표준어 : 대응 표준어 없음
- 품　사 : 명사
- 뜻풀이 : 쭉정이나 물알이 들어 알이 덜 찬 벼를 찧은 쌀.
- 사용 지역 : 충청도

"…시방까장 들어온 쌀을 볼 것 같으며는 죄다 숭년 그지 동냥 주듯이, 물알 든 베 찧은 싸래기쌀, 쭉젱이 찧은 **물은쌀**, 닭 오리 모이허던 두루메기쌀, 뒷목 찧은 자갈쌀, 해설랑은이 몽땅 시게전 바닥쓸이 해온 것이나 다름이 읎더라 이것입니다. …." 〈이문구, 제3세대한국문학9:李文求, 우리 동네, 1983, 296〉

'물은쌀'은 물알이 들어 덜 여문 벼와 쭉정이 벼를 찧어 나온 쌀을 뜻한다. 예문에서는 '쭉젱이 찧은 물은쌀'이라고 되어 있는데 쭉젱이(쭉정이)는 주로 속에 알맹이가 들어 있지 않은 것을 가리키므로 쭉정이만 찧어서는 쌀이 나오기 어렵다. 따라서 엄밀히 말하면 쭉정이나 물알이 들어서 알맹이가 부실한 벼를 함께 찧어서 나온 쌀을 뜻한다고 해야 할 것이다. 이 점에서 물알이 들어 알이 덜 찬 벼와 온전한 벼를 찧이 쌀알이 부서진 것을 뜻하는 충청도 방언 '싸래기쌀' 또는 '싸래기'와는 얼마간의 차이가 있다.

'물은쌀'은 '물은-'과 '쌀'로 분석할 수 있다. 이 때의 '물은'은 '무르다'에서 기원한 것이 아닌가 한다. 형태상으로 보면 '물다'나 '무르다'의 활용형으로 볼 수 있으나 '물다'의 관형사형이라면 '문' 또는 '물은'이 될 것이고 '무르다'의 관형사형이라면 '무른'이 될 것이다. 그런데 예문의 '쭉젱이(쭉정이)'는 속에 알맹이가 전혀 없는 것이 아니고 알이 덜 찬 것과 알맹이가 전혀 없는 것이 섞인 것을 가리킨다. 알맹이가 덜 찬 벼를 말렸다가 방아를 찧은 쌀이 '물은쌀'이다. 알맹이가 덜 찼다는 점에서 벼가 덜 여물어 물알이 든 벼와는 구별된다.

충청도 방언에서 소위 'ㄹ' 불규칙 용언이라고 하는 '이르다, 나르다, 기르다' 등의 관형사형이 '일른, 날른, 길른'과 같이 나타나기도 한다는 점에서 보면 '물은쌀'의 '물은–'은 '무르다'에서 기원한 것으로 볼 수도 있을 것이다. '물은쌀'의 '물은'은 '무르다'의 관형사형 '무른'을 분철표기 한 것으로 보는 것이다. 충청도 방언의 '물은쌀'은 온전히 여물지 않아 딱딱하지 않은 벼, 즉 덜 여문 벼를 찧은 쌀을 뜻한다. 그러나 이렇게 보면 '물은쌀'의 의미가 언뜻 들어오지 않는다는 문제점이 있다. 지금으로선 예문에 풀이된 것과는 달리 '쭉정이와 물알이 들어 알이 덜 찬 벼를 찧어서 나온 쌀' 정도로 풀이할 수 있다.

참고로, 표준어의 '무른쌀'은 주로 우리나라 북부 지방에서 많이 생산되는 쌀로 수분이 15% 이상이어서 변질되기 쉬운 현미를 의미한다.

쌀의 종류에는 이 외에도 물알이 든 벼를 방아 찧은 '싸래기쌀'과 닭이나 오리의 먹이로 주는 '두루메기쌀' 그리고 뒷목을 찧은 '자갈쌀' 등이 있다.

물쭈리

- 표준어 : 물부리
- 품　사 : 명사
- 뜻풀이 : ① 담뱃대의 설대에 끼워 담배를 피울 때 입에 물고 빠는 쇠로된 부분
　　　　　② 담배를 피울 때 궐련을 끼워서 입에 물고 빠는 물건
- 다른 방언형 : 빨부리, 빨뿌리
- 사용 지역 : 경기도, 경상도, 충청도, 전라도

> 인동이는 물쭈리와 대꼬바리가 맛붙은 곰방대를 끄내서 종이 봉지에 싼 담배 부스레기를 담어 물고 성양을 그대었다. 연기가 풀석 나며 담배 내가 독하게 난다.
> "나 좀!"
> 방개는 인동이 입에서 **물쭈리**를 뺏어다 물며
> "넌 막동이를 샘내니?" 〈이기영, 고향, 1947, 187〉

'물쭈리'는 표준어 '물부리'의 충청도 방언형이다. 예문에서는 '물쭈리'가 '담뱃대의 설대에 끼워 담배를 피울 때 입에 물고 빠는 쇠로된 부분'의 뜻으로 쓰였다. '물쭈리'의 모양에 따라 용도가 다를 수 있지만 명칭은 한가지다. 담뱃대는 '물부리, 설대, 담배통'으로 이루어져 있다. 담뱃대는 길이에 따라 '긴대(또는 긴 담뱃대)'와 '곰방대'로 나뉜다. '긴대(또는 긴 담뱃대)'는 대나무로 된 설대 부분이 긴 것으로 '장죽(長竹)'이라고도 한다. '곰방대'는 대나무로 된 설대 부분이 장죽보다 길지 않은 담뱃대를 가리킨다. '물부리'의 충청도 방언으로는 '물쭈리, 물뿌리, 빨뿌리' 등이 있다.

　충청도 방언의 '물쭈리'는 긴 담뱃대든지 곰방대든지 담뱃대의 설대

에 끼워 입에 물고 빠는 쇠로 된 부분을 가리킨다. 개화기 이후에는 한쪽 끝부분에 궐련을 끼우고 다른 쪽 끝 부분을 물고 빠는 짧은 '물부리'도 '물쭈리'라고 하였다. 충청도 방언에서는 담배를 피우기 위해 입에 물고 빨도록 만든 것을 통틀어 '물쭈리'라고 한다.

표준어 '담배통'의 충청도 방언은 '대꼬바리'다. '대꼬바리'는 '물쭈리'를 끼운 설대의 반대쪽에 끼우게 되어 있다. 한쪽은 설대에 끼울 수 있게 되어 있고 다른 한쪽은 한 번 피울 만큼의 썬 담배를 담고 불을 붙일 수 있게 되어 있다. 설대에 끼울 수 있는 부분과 담배를 담는 부분이 ㄴ자 모양으로 구부러져 있다. 설대는 물쭈리(물부리)와 대꼬바리(담배통)를 이어주는 역할을 한다. 담배를 피우고 나서는 물쭈리와 대꼬바리를 설대에서 분리하여 새꽤기 등으로 댓진을 빼내기도 한다.

민주스럽다

- 표준어 : 면구스럽다
- 품 사 : 형용사
- 뜻풀이 : 낯을 들고 대하기에 창피하고 미안한 데가 있다.
- 다른 방언형 : 민구시룹다([밍구−]), 면구하다, 면괴하다
- 사용 지역 : 충청도

광복산 사람이 오는 것을 꺽정이가 긴치 안케 여기고 거북하게 여기고 **민주스럽게**까지 여기어서 한번 황천왕동이더러 별일이 업거든 자주 오지들 말라고 말을 하야 그뒤로 다른 사람은 차치하고 황천왕동이까지도 서울ㅅ길이 전보다 드물어 저서 한 달에 두세 번 오거나 말거나 하엿다. 〈홍명희, 임거정3, 1939, 279〉

이 걱정은 일 년 내내 떠나질 않아 먹는 게 살로 안 갓다. 이만큼 개초 문제는 절박하고 심각해 **민주스러웠다.** 〈강준희, 이카로스의 날개는 녹지 않았다(중), 1996, 120〉

'민주스럽다'는 '민주'와 '−스럽다'로 분석할 수 있다. '민주'는 표준어 '면구(面灸)하다'의 어근 '면구'의 충청도 방언형이다. '민주스럽다'는 낯을 들고 대하기 어렵다는 뜻의 어근 '민주'에 일부 명사 뒤에 붙어 '그러한 성질이 있음'의 뜻을 더하고 형용사를 만드는 접미사 '−스럽다'가 결합된 말이다. '민주스럽다'는 '일을 잘 못하거나 양심에 거리끼어 볼 낯이 없거나 매우 떳떳하지 못하다'의 뜻을 가진 '부끄럽다'와 '창피하고 미안한 마음이 있다'는 의미가 융합된 말이라는 점에서 '죄송스럽다'의 뜻에 가깝다고 할 것이다. 충청도 방언형 '민주'의 표준어형 '면

구(面灸)'는 '면괴(面愧)'와 같은 의미로 쓰인다. 황해도 지역에서는 표준어 '면구하다'에 대응하는 방언형으로 '점직하다'가 쓰이기도 한다.

밑뜸

- 표준어 : 아래뜸
- 품 사 : 명사
- 뜻풀이 : 한동네 안에서 어떤 지역의 아래쪽에 몇 집씩 따로 모여 있는 구역.
- 다른 방언형 : 아래땀, 아래뜸
- 사용 지역 : 충청도

생지황이니 박하 따위 약초를 가꿨던 화단 터도 상치나 쑥갓, 밋갓, 부추 등속의 푸성귀를 갈아먹는 자리로 변한 지 오래 된 모양이었다. 밭마당 **밑뜸**, 행랑채로 남아 대복이네가 살았던 초가는 그새 주인 또한 몇 차례나 갈리었을까. 이젠 제법 기와도 올린 알뜰한 주택으로 가꿔져 크막한 문패까지 달고 있었다. 〈이문구, 관촌수필, 1972, 21〉

'뜸'이 본래는 '한동네 안에서 몇 집씩 따로 모여 있는 구역'을 의미하지만 하나의 작은 마을을 나타내기도 한다. 예문의 경우 '밭마당'이라는 어떤 지역의 아래쪽을 가리키는 말로 '밑뜸'이 쓰였으므로 '밭마당'의 아래쪽에 몇 집이 따로 모여 있는 곳을 가리킨다고 할 수 있다. '뜸'이 '아래뜸, 위뜸, 양지뜸, 속소리뜸' 등과 같이 장소를 뜻하는 말과 함께 '어느 장소에 있는 마을'이라는 뜻으로 쓰이기도 한다. '뜸'은 방언에 따라 '듬, 땀' 등으로 나타나기도 한다. 충북 북부지역에서는 '땀'이 '이땀, 저땀, 아래땀, 이쪽땀, 저쪽땀' 등과 같이 어떤 구역을 가리키는 의미로 쓰이기도 한다.

'땀'이 동네의 어떤 위치를 가리키는 말로 쓰일 때는 '우땀', '중땀', '아래땀'과 같이 쓰인다. '우땀'은 마을의 위쪽에 모여 있는 가구들을

가리키고 '중땀'은 마을의 중간에 모여 있는 가구들을 가리키고 아래땀
은 마을의 아래쪽에 모여 있는 가구들을 가리킨다. 이 '땀'은 고구려어
계통의 지명 '단, 돈, 툰(旦, 呑, 頓)'과 관련이 있고 오늘날의 중국지
명에 나타나는 '툰(屯)'과 어원을 같이하는 것으로 보인다.

밑잇것

- 표준어 : 동생, 아우
- 품   사 : 명사
- 뜻풀이 : 동생을 낮추어 가리키는 말.
- 다른 방언형 : 밑에것
- 사용 지역 : 충청도

‘밑잇것’은 형태상으로만 보면 ‘밑잇’과 ‘것’으로 분석할 수 있고 ‘밑잇’은 다시 ‘밑’과 ‘-잇’으로 분석할 수 있다. ‘밑잇것’은 나이나, 지위, 직위 따위가 적거나 낮음을 뜻하는 ‘밑’에 관형격조사 ‘-의’의 충청도 방언형 ‘-이’에 사이시옷이 결합되어 변한 ‘-잇’과 사람을 낮추어 이를 때 쓰는 의존명사 ‘것’이 결합된 것으로 이해된다. 충청도, 특히 충남 지역에서는 관형격 조사 ‘-의’나 처격조사 ‘-에’가 각각 ‘이기 집이 거여?’나 ‘믿이다 뫄’에서와 같이 ‘이’로 실현되는 것이 일반적이다.

‘밑잇것’은 표준어 ‘밑의 것’에 대응한다. 표준어에서는 구(句)로 쓰이지만 충청도 방언에서는 대명사처럼 굳어져 쓰인다. ‘밑의 것’이 대명사로 굳어져 나이가 적은 사람, 즉 동생을 낮추어 이르는 말로 쓰인다. 따라서 예문에 쓰인 ‘옹젬이 밑잇것’은 ‘옹젬이 동생’이 된다.

문법적으로 보면 ‘밑의 것’과 같이 표기해야 하겠지만 ‘밑잇것’으로 붙여 쓴 것은 작가가 ‘동생’을 의미하는 하나의 단어로 인식하고 사용

했다는 것을 의미한다. 이 '밑잇것'과 대응하는 '큰것'도 마찬가지다. 문법적으로 보면 '큰 것'과 같이 띄어 써야 하겠지만 '형'을 의미하는 하나의 단어로 인식했기 때문에 '큰것'으로 붙여 쓴 것이라고 할 수 있다. 형태나 단어 간의 관계를 고려하면 '밑잇것'과 대응되는 표현은 '윗것'이 되어야 하지만 거의 쓰이지 않고 예문에서 보듯이 주로 '큰것'을 쓴다. 마찬가지로 '큰것'과 대응되는 표현은 '작은것'이 되는데 '작은것'과 함께 '밑잇것'이 쓰이는 점도 충청도 방언의 한 특징이라고 할 수 있다.

바소쿠리

- 표준어 : 발채
- 품　사 : 명사
- 뜻풀이 : 곡식이나 거름 등 자잘한 짐을 싣기 위하여 지게에 얹는 것으로 벌어진
  조개껍데기 모양의 물건. 싸리나 대오리로 둥글넓적하게 조개 모양으로
  결어서 접었다 벌렸다 할 수 있게 되어 있다.
- 다른 방언형 : 바소고리, 조고발
- 사용 지역 : 충청도

'바소쿠리'는 표준어 '발채'에 대응하는 충청도 방언형이다. 싸리나
대오리로 둥글넓적하게 조개 모양으로 결어서 접었다 벌렸다 할 수 있
게 되어 있다. 끈으로 두 개의 고리를 달아서 지게에 얹을 때 지겟가
지에 끼워서 빠지지 않게 한다. 지게에 얹어 벌렸을 때는 벌어진 조개
모양이 되어 ㄱ 안에 거름이나 자잘한 짐을 얹어 져 나를 수 있게 만
들었다.

≪표준 국어 대사전≫에는 '짐을 싣기 위하여 지게에 얹는 소쿠리
모양의 물건'으로 되어 있으나 소쿠리 모양이라기보다는 아래쪽이 둥
그스름한 조개 모양이다. '소쿠리'는 대나 싸리로 결어 테가 있게 만든
둥글고 깊이가 있는 그릇인데 비해 '바소쿠리'는 접었을 때 부채를 펼
쳐놓은 모양 또는 조개모양이고 벌리면 벌어진 조개 모양이라는 점에

서 차이가 있다.

전남북, 경남북, 충남 남부와 충남 서부 지역 등 우리나라 남부 지역에서는 주로 '바작, 바지게'와 그 이형태들이 주로 쓰이고 경기와 충북 지역에서는 '바소고리'와 그 이형태들이 주로 쓰인다. 충북의 단양과 강원도 일부 지역에서는 '조가발'이라고도 한다.

발가웃

- 표준어 : 대응 표준어 없음
- 품　사 : 명사
- 뜻풀이 : 한 발 길이의 1.5배 정도.
- 다른 방언형 : 발가웃
- 사용 지역 : 충청도

> 나는 대담하고 벼랑을 쳐다봤다. 꽃은 이제 **발가웃** 남짓한 곳에 매달려 있었다. 두어 발만 더 오르면 딸 수 있는 거리였다. 〈강준희, 이카로스의 날개는 녹지 않았다(상), 1996, 128〉

'발가웃'은 '발'과 '가웃'이 결합된 합성어로 분석된다. '발'은 길이의 단위로 한 발은 두 팔을 양옆으로 펴서 벌렸을 때 한쪽 손끝에서 다른 쪽 손끝까지의 길이다. '가웃'은 수량 단위를 나타내는 명사 또는 명사구 뒤에 붙어 수량을 나타내는 표현에 사용된 단위의 절반 정도 길이나 분량의 뜻을 더하는 접미사로 '자가웃, 말가웃, 되가웃' 등과 같이 쓰인다. 따라서 '발가웃'은 한 발의 길이와 한 발의 반 정도가 더 되는 길이, 즉 한 발 길이의 1.5배 정도의 길이를 의미한다. 형태상으로 보면 예문에 쓰인 '발가웃'의 '발'은 '족(足)'으로 볼 수도 있으나 문맥으로 볼 때 '족(足)'의 의미로 보기는 어렵다.

'자가웃'은 한 자 반 정도의 길이를 뜻하고 '말가웃'은 한 말 반 정도의 부피를 뜻하며 '되가웃'은 한 되 반 정도의 부피를 뜻한다. 접미사 '-가웃'은 정확한 길이나 분량을 나타내기보다 대략의 길이나 분량을 나타낼 때 쓰인다.

발나꾼이

- 표준어 : 대응 표준어 없음
- 품   사 : 명사
- 뜻풀이 : 이리저리 정신없이 돌아다니는 사람.
- 다른 방언형 : 발나꾸이
- 사용 지역 : 충청도

> 참 그 사람으로 말하면 우리와 가치 학교에 다닐 때 공부도 잘했지. 그렇든 사람이 공연이 **발나꾼**이가 되여서 도라 다니드니만 인제는 지첫는게야. 겨우 신문사에서 비러 먹는다지. 〈이기영, 고향2, 1947, 296〉

'발나꾼이'는 한 곳에 가만히 머물러 있지 못하고 이리저리 정신없이 돌아다니는 사람을 뜻하는 충청도 방언이다. 집에 붙어 있지 못하고 나돌아 다니는 사람을 보고 흔히 '발나꾼이 같다'고 한다. 예컨대 '발나꾼이 같이 어디를 그렇게 돌아다니느냐?'와 같이 질책할 때나 '아이구, 가는 발나꾼이 같어'와 같이 이리저리 마구 돌아다니는 사람을 부정적으로 이야기할 때 주로 쓰인다. 충청도 방언에서는 '발나꾼이'의 받침 'ㄴ'이 어말 모음 '이' 앞에서 탈락한 형태인 '발나꾸이' 형태가 '발나꾼이'보다 더 일반적으로 쓰인다. 음성형은 각각 '〔발라꾸니〕'와 〔발라꾸이〕'가 된다. 충청도 방언이나 경상도 방언에서는 '어머니→어머이, 가마니→가마이, 가만히→가마이, 많이→마이, 보니→보이(見), 괜히→괘이, 문환이→문화이(인명)' 등에서와 같이 어말 모음 '-이' 앞에서 'ㄴ'이 탈락하는 현상이 매우 일반적이다.

어말모음 '이' 앞에서 'ㄴ'이 탈락하는 예들과 평행하게 '궁뎅이→궁

데이/궁디이, 웅덩이→웅디이, 호랭이→호래이, 호맹이→호매이(호
미), 꿍꿍이→꿍꾸이, 구렝이→구레이/구리이(구렁이), 구뎅이→구데
이/구디이' 등에서와 같이 어말모음 '이' 앞에서 'ㅇ'이 탈락하는 현상도
일반적이다.

발븸발븜

- 표준어 : 발밤발밤
- 품 사 : 부사
- 뜻풀이 : ① 목적지를 특별하게 정하지 아니하고 한 걸음 한 걸음씩 천천히 걷는 모양.
  ② 무엇이 조금씩 조금씩 천천히 움직이는 모양.
- 다른 방언형 : 발븸발븸
- 사용 지역 : 충청도

오늘이 한식날이라고 제각기 무덤을 찾어서 곡하는 사람들이 많다. 웬 중년 여자는 새로 떼짱을 안고 누은 묘 앞에 앉어서 땅을 치며 슳이 운다. 그러나 무덤은 말이 없다. 쓸쓸한 공동묘지에는 봄해가 발븜발븜 비처나온다. 벌서 농가에서는 씻나락을 담그고 모짜리판을 앙구기 시작한다. 〈이기영, 고향3, 1947, 153〉

그는 몸부림 치고 우는 인학이를 간신히 달래서 둘처업고 발븜발븜 마을 앞 정자나무를 향하야 걸어갔다. 그는 모친과 옵바가 점심참에 들어오는가 해서 내다보러 나온 것이다. 〈이기영, 고향, 1947, 8〉

"어듸를 갈가? …….
돌쇠는 울적한 심사를 것잡지 못하야 발븜발븜 웃말로 가는 길을 향하야 한 발 두 발 떼 노앗다. 막 개울을 건너서 우물 앞을 지날 무렵이엿다. 〈이기영, 가가가가, 1988, 191〉

'발븜발븜'은 표준어 '발밤발밤'에 대응하는 충청도 방언형이다. 표준어 '발밤발밤'은 두 가지 뜻으로 쓰인다. 하나는 '목적지를 특별하게 정하지 않고 한 걸음씩 천천히 발길을 옮기는 모양'을 뜻하는 것이고 다른 하나는 무엇이 '조금씩 조금씩 천천히 움직이는 모양'을 뜻하는 것이다. 이와 비슷한 발음을 가진 표준어 '발맘발맘'이 있다. '발맘발맘'은 '한 발짝씩 또는 한 걸음씩 길이나 거리를 재는 모양, 또는 자국을 살펴 가며 천천히 쫓아가는 모양'을 뜻한다는 점에서 '발범발범'과 의미상 차이가 있다. 예를 들면 '발밤발밤 나오다보니 여기까지 나오게 되었네요'나 '발맘발맘 재어보았더니 오리는 족히 되겠더라'와 같이 쓰인다.

발쿠다

- 표준어 : 바루다
- 품   사 : 동사
- 뜻풀이 : ① 옳지 않거나 잘못된 일을 바로잡다.
             ② 구부러진 것을 바로잡다.
- 다른 방언형 : 바루쿠다, 발구다, 발루다, 고추다
- 사용 지역 : 충청도 강원도, 평안도, 함경도

"그리고 무엇보다 의연해야 한다. 당당해야 한다. 옳다고 생각하면 굽히지 말고 그르다고 여겨지면 **발뭐야**(바르게 잡아야) 한다. 없는 사람 불쌍히 여기고 있는 사람한테 아첨하지 말아라. 언제 어디서나 하늘 무서운 줄 알고 후한 끝은 있어도 악한 끝은 없다는 걸 명심해야 한다." 〈강준희, 이카로스의 날개는 녹지 않았다(중), 1996, 73〉

충청도 방언의 '발쿠다'는 표준어의 '바루다'에 대응한다. '발쿠다'는 두 개의 의미 내항을 가진다. 하나는 예문에 쓰인 바와 같이 '일이 그릇되거나 잘못된 것을 바로잡다'의 뜻으로 쓰이는 것이고 다른 하나는 '구러진 철사를 발쿼서 써라'에서와 같이 '비뚤어지거나 구부러진 것을 바로 잡다'의 뜻으로 쓰이는 것이다. 개념적인 의미로 보면 둘 다 '바로잡다'의 의미를 공통적으로 가지고 있다는 점에서 어원을 같이하는 것으로 보인다. 그런데 ≪표준 국어 대사전≫에는 충청도 방언 '발쿠다'에 대응하는 표준어 '바루다'가 '비뚤어지거나 구부러지지 않도록 바르게 하다'의 의미를 가지는 것으로 풀이 되어 있다. 충청도 방언에서의 '발쿠다'는 이미 구부러져 있는 것을 바르게 한다는 뜻으로 쓰인다는 점에서 표준어의 뜻풀이와는 차이가 있다. 두 번째 의미로 쓰이는

'발쿠다'는 '곧게 하다'의 의미로 쓰이고 곧게 할 대상은 철사나 못, 길과 같이 길이가 긴 사물일 것을 요구한다.

충청도 방언의 '발쿠다'는 표준어 '일으키다(넘어진 것을 일어나게 하다), 우리다(액체에 담가 맛이나 빛깔 따위의 성질이 액체 속으로 빠져나오게 하다), 일다(겉으로 부풀거나 위로 솟아오르다), 썩히다(유기물 따위를 인위적으로 분해하다), 불리다(물에 담가서 부피 따위가 커지다)' 등에 각각 대응하는 충청도 방언 사동형 '인내쿠다, 울쿠다/울구다, 일쿠다, 썩쿠다, 불쿠다/불구다' 등과 형태상으로 궤를 같이한다. 이들 방언형에는 사동파생 접사 '-구/쿠-'가 쓰이는 공통점이 있다. 사동파생 접사 '-구-'와 '-쿠-'의 어원이 동일한지에 대하여는 알 수 없다.

밥매기

- 표준어 : 대응 표준어 없음
- 품　사 : 명사
- 뜻풀이 : 논의 김을 매는 일. 모를 심은 후 호미나 손으로 두세 차례 논의 김을 매어야 벼를 추수하고 그것으로 밥을 해 먹게 됨을 비유적으로 이르는 말.
- 다른 방언형 : 논매기
- 사용 지역 : 충청도

> 그래도 봄의 모심기는 여름의 논매기에다 대면 훨씬 수월한 편이어서 힘이 덜 들었다. 그러므로 모심기는 밥심기라 하고 논매기는 **밥매기**라 불렸다.
>
> 〈강준희, 이카로스의 날개는 녹지 않았다(중), 1996, 16〉

'밥매기'는 '밥＋매기'로 분석할 수 있다. 쌀, 보리쌀 등의 곡식을 물에 씻어서 솥에 넣고 지은 음식을 뜻하는 '밥'에 논밭에 난 잡풀을 뽑는다는 뜻의 동사 '매다'에서 파생된 명사 '매기'가 접미사화 한 '-매기'와 결합된 것으로 분석할 수 있다. 이렇게 보면 '밥매기'의 축자적 의미는 '밥을 매는 일'의 뜻이 된다. 이것이 예문에서는 비유적으로 모를 심은 후에 논의 김을 매는 일을 뜻하는 논매기와 같은 의미로 쓰인 것이다. 즉 모를 심은 다음 논을 맨다는 것은 가을에 벼를 수확하여 식량을 확보한다는 뜻이고 식량을 확보한다는 것은 곧 밥을 지을 재료를 확보하는 것이라는 점에서 '논매기'는 결국 밥을 마련하는 일이라는 데 빗대서 '밥매기'라고 표현한 것으로 보인다.

방짜

- 표준어 : 대응 표준어 없음
- 품　사 : 명사
- 뜻풀이 : 아주 좋은 사람이나 제대로 된 물건.
- 사용 지역 : 충청도

"놋요강, 놋대야, 오석 다듸밋돌…… 보선 열 두 죽, 유똥치마 두 짓, 모분 단저구리허구 비나(비녀) 둘, 은민잠허구 동백완두잠 하나씩…… 또 신서방 마누라 다리속것허구 백모시적삼, 신서방 당목 고의허구 시누 항라적삼 하나…… 슴것치구는 제법 알구서 했던디유, 바느질두 괜찮구 품두 넉넉허니 새약씨 손이 크겠다구들 해쌓던디, 지년 보기에두 메누리는 **방짜**루 읃었더먼유, 코가 너무 오똑허구 해서 워떨는지 몰라두유……." 〈이문구, 관촌수필, 1972, 148〉

자식은 몽땅 **방짜**로 두었지…… 하며, 문정이 허전한 심사를 속으로 되꼽치는 줄도 모르고, 응두는 마냥 소갈머리없이 너스레를 떨었다. 〈이문구, 산 너머 남촌, 1990, 14〉

상배는 장모 말이 무슨 뜻인지 모를 거였다.

"똑똑하군, 똑똑해……. 자네 여편네를 산부인과로 보냈단 그 말야."

"왜요?"

"내가 사위 하나는 **방짜**로 얻었다구……. 산기가 있어서 보냈단 말야 이 딱선아."

"예 예." 〈이문구, 장한몽최종, 1976, 621〉

"선상이라구 몽땅 합쳐 닛뿐이라머? 한 선생이 시(세) 과목썩 가리친다니 신식 글방치구는 **방짜**구먼 그려." 오갑성이의 처가 하더란 말이었다. 〈이문구,

해벽, 1972, 357〉

> 은수저·놋요강·**방짜** 대야·식기·대접——그리고 삼층 장농은 천정이 얕어서 못 마추고 위짝은 웃목으로 나려 놓았다. 〈이기영, 고향3, 1947, 101〉

'방짜'는 충청도 방언으로 아주 좋은 사람이나 제대로 된 물건을 가리킬 때 쓰는 말이다. 표준어에서의 '방짜'는 본래 품질이 좋은 놋쇠를 녹여 부어 그릇을 만든 다음 다시 두드려 만든 놋그릇을 뜻하는 말이었다. 그릇마다 밑바닥에 '방(方)'자가 찍혀 있었다는 데서 유래한 말이다. '방(方)'자가 찍혀 있는 이유는 방씨 성을 가진 사람이 만들었다는 표시였다고 한다. '방짜 놋대야, '방짜 대야, 방짜 유기' 등과 같이 쓰인다. 충청도 방언에서는 아주 잘 만든 좋은 그릇이라는 의미가 확장되어 아주 좋은 사람이나 제대로 된 물건 따위를 이르는 말로도 쓰인다.

방칫돌

- 표준어 : 다듬잇돌
- 품　사 : 명사
- 뜻풀이 : 다듬이질을 할 때 밑에 받치는 돌.
- 다른 방언형 : 방칫독, 따디밋돌, 다디밋돌, 따디밋독
- 사용 지역 : 충청도

"아가, 밥을 잦힐 때는 불을 잠시 물렸다가 조금 후 불을 밍근하게 지펴 물이 잦아지게 해야 하고, 다듬이질 할 때 옷을 **방칫돌** 모서리에 놓고 치면 옷이 돌을 맞는 법이란다. 알겠지?" 〈강준희, 이카로스의 날개는 녹지 않았다(중), 1996, 134〉

　'방칫돌'은 '방치'와 '돌'의 합성어로 분석된다. '방치'는 충청도에서 흔히 '다듬잇방망이'의 뜻으로 쓰이지만 '빨랫방망이'의 뜻으로도 쓰인다. 표준어 '빨랫방망이'에 대응하는 충청도 방언형 '물방치, 서답방치, 빨래방치' 등에서는 '방치'가 '방망이'의 뜻으로 쓰였음을 알 수 있다. 강원도와 황해도 등지에서는 '방치'가 단독으로 빨랫방망이의 뜻으로 쓰이기도 한다. 그러나 충청도에서 '방칫돌'이 '빨랫돌'의 의미로 쓰이는 경우는 거의 없다. '방칫돌'이 주로 '다듬잇돌'의 의미로 쓰이기 때문이다. '경기, 경북, 충남, 충북, 함남, 함북' 등지에서는 '방칫돌'이 '다듬잇돌'의 의미로 쓰인다. 황해도 지역에서는 '방칫돌' 외에 '방춧돌'이 쓰이기도 한다. '다듬잇돌'은 '다드밋돌/다디밋돌, 다듬잇독/다디밋독'과 '따듬독, 따디밋독, 따디밋돌' 등과 같은 형태로 쓰인다. 강원, 충남북, 경기 지역에서는 주로 평음계열의 '다드밋돌/다디밋돌, 다듬

잇독/다디밋독’ 등이 주로 쓰이고 전남북, 경남북 등 남부지역에서는
주로 된소리계열의 ‘따듬독, 따디밋독, 따디밋돌’ 등이 주로 쓰이는 것
으로 알려져 있다.

배기다

- 표준어 : 대응 표준어 없음
- 품   사 : 동사
- 뜻풀이 : 등이나 지게에 졌던 물건을 바닥에 부려 놓다.
- 사용 지역 : 충청도

아버지는 시들시들한 감자싹을 다섯 바소쿠리나 져다 마당에 배겨 놓고 아무리 철없는 아이들이기로니 세상에 그래 여물지도 않은 곡식을 이럴 수 있느냐는 수정이 아버지에게도 "미안하이. 내가 변상해 줌세. 그러니 용서해 주게나. 저놈이 저지레가 좀 심해. 다 크느라고 그러겠지." 하면서 나를 감싸 주었다. 그런데도 수정이 아버지는 "허참 나 기가 막혀서 원. 농살 폐농시켜도 유분수지."하면서 연방 져다 **배긴** 감자싹을 지게작대기로 쑤석거렸다. 어지간히 속상하는 모양이었다. 하긴 시들시들한 감자싹을 자그마치 다섯 바소쿠리나 져다 **배겼으니** 속이 상하다 못해 뒤집힐 만도 한 일이었다. 〈강준희, 이카로스의 날개는 녹지 않았다(상), 1996, 25〉

삭정이 석 단을 해 지고 와 마당가 대추나무 밑에 **배기고** 지게고삐를 마련는데 어머니가 다가와 가대를 팔자했다. 〈강준희, 이카로스의 날개는 녹지 않았다(중), 1996, 168〉

'배기다'는 '배기다, 배기고, 배기지, 배겨, 배기, 배기서' 등으로 활용하는 동사로서 등짐으로 져다가 등에 졌던 물건을 땅에 부려 놓는다는 뜻으로 쓰인다. 지게로 져온 짐들은 지게를 진 채 지게를 옆으로 기울어 짐을 땅바닥에 부려 놓는데 이때도 '배긴다'고 한다. 그러나 수레나 차 또는 배에 실었던 짐을 하나씩 땅바닥에 내려놓는 것은 배긴다고 하지 않고 '부린다'고 한다.

배동알

- 표준어 : 배동
- 품　사 : 명사
- 뜻풀이 : 이삭이 나오려고 배가 불룩해진 곡식의 대.
- 다른 방언형 : 배동
- 사용 지역 : 충청도

> 훈풍이 쇄아 여울물 소리를 내며 산자락을 흘러내리자 **배동알** 통통한 보릿대가 춤을 추듯 일렁이며 이랑을 물결친다. 종다리는 머리 위 공중에서 몸달게 삐비거리며 연신 보리밭으로 굴러 내리고 뻐꾸기는 뒷숲 떡갈나무에서 구성지게 목청을 뽑는다. 〈강준희, 이카로스의 날개는 녹지 않았다(상), 1996, 19〉

'배동알'은 표준어 '배동'에 대응하는 충청도 방언형이다. 충청도 방언 '배동알'이나 표준어 '배동'은 주로 '서다'와 호응하는 명사로서 '배동알 서다, 배동 서다'와 같이 쓰인다. '배동알'은 곡식이 거의 다 자라서 이삭이 패려고 배가 불룩해진 곡식의 대를 뜻하고 '서다'는 '아이가 배 속에 생기다'와 같이 새 생명, 이삭 등이 생긴다는 뜻으로 쓰인다. 제주도에서는 '배동'을 '부레기, 부룩'이라고 하고 배동이 생기는 것을 '부레기 벤다' 또는 '부룩 벤다'고 한다. 이때의 '벤다'는 표준어의 '밴다'에 대응한다.

백락이 있어야 천리마를 알아본다

- 표준어 : 대응 표준어 없음
- 품　사 : 속담
- 뜻풀이 : 뛰어난 재능과 능력을 가진 사람도 알아주는 사람이 없으면 소용이 없
　　　　　다는 말.
- 사용 지역 : 충청도

'천리마'는 하루에 천리를 갈 수 있을 만큼 좋은 말을 뜻하고 '백락'은 중국에서 말을 아주 잘 구별할 줄 아는 전문가였다. 백락이 별로 주목받지 못하던 여러 말들 가운데서 천리마를 발굴하여 준마로 만들었다는 고사가 있다. '백락이 있어야 천리마를 알아본다'는 말은 아무리 훌륭한 천리마라도 그것을 알아볼 줄 아는 백락이 없었더라면 평범한 말로 살았을 것인데 좋은 말을 알아볼 줄 아는 백락이 있었기 때문에 훌륭한 천리마를 발굴하고 준마로 만들 수 있었듯이 아무리 뛰어난 재능과 능력을 가진 사람이라도 그것을 알아주는 사람이 없으면 그 능력과 재능을 발휘하지 못하고 썩히게 됨을 비유적으로 이르는 말이다.

뱃식

- 표준어 : 대응 표준어 없음
- 품   사 : 부사
- 뜻풀이 : 몸을 길게 뻗어 뒤로 눕거나 옆으로 눕는 모양.
- 사용 지역 : 충청도

> 미경이 몽니부리는 아이처럼 몸을 몇 번 흔들더니 내 무릎을 베고 **뱃식** 드러누웠다. 나는 이런 미경을 한참 내려다보며 머리를 쓸어만지다 가슴을 자근자근 두들겼다. 〈강준희, 이카로스의 날개는 녹지 않았다(하), 1996, 111〉

'뱃식'은 표준어 '벌렁'과 비슷한 뜻으로 쓰이는 충청도 방언형이다. 몸을 길게 뻗어 뒤로 눕거나 옆으로 드러눕는 모양을 뜻하는 부사다. 예의나 격식을 차리지 않고 편안하게 드러눕는 모양을 나타낼 때 쓰는 말이다.

'벌렁'과 '벌러덩'이 '다리나 팔을 활짝 벌린 상태로 맥없이 뒤로 자빠지거나 눕는 모양'을 나타내는데 비해 '뱃식'은 '몸을 길게 뻗어 뒤로 눕거나 옆으로 눕는 모양'을 뜻한다는 점에서 약간의 차이가 있다. 즉 '벌렁'이나 '벌러덩'이 자빠지는 모양을 나타내는 것이라면 '뱃식'은 눕는 모양을 나타내는 말이라는 점에서 차이가 있다.

버렁 빠지다

- 표준어 : 등골 빠지다
- 품 사 : 구
- 뜻풀이 : 무리한 노동 따위로 몸이 상하여 속으로 병들다. 견디기 어려울 정도로 아주 힘든 일을 비유적으로 이르는 말
- 다른 방언형 : 등골 빠지다, 뼈 빠지다, 뻬 빠지다
- 사용 지역 : 충청도

"국수 예순 그릇 말어내다가는 나만 **버렁 빠쪄**. 삶는 것도 삶는 거지만 그릇이며 젓가락은 워디 가서 빌려오구, 짐치가 있나 애호박 하나가 달렸나 국수 꾸미는 뭐루 없을 거여." 〈이문구, 제3세대한국문학9:李文求, 우리 동네, 1983, 360〉

'버렁'은 본래 매사냥에서, 날아갔던 매를 받을 때 매 발톱에 다치지 않도록 끼는 두꺼운 장갑을 뜻하는 말이다. '버렁 빠지다' 또는 '버렁이 빠지다'의 본래 의미는 매사냥을 할 때 손에 끼었던 장갑이 빠진다는 뜻이다. 이 장갑이 빠지면 매의 날카로운 발톱에 손을 다치게 된다. 이와 같이 예문에서는 '버렁 빠지다'가 '견디기 어려울 정도로 아주 힘들다'의 뜻을 비유적으로 나타내는 말로 쓰였다.

이와 비슷한 구성으로 쓰이는 말로 '시치미 떼다'가 있다. '시치미'가 본래는 매사냥에서, 매의 주인을 밝히기 위하여 이름을 적거나 표시를 하여 매의 꽁지털에 매어 둔 표찰을 뜻한다. 따라서 '시치미 뗀다'는 말의 본래 의미는 매 주인을 표시하는 표식인 시치미를 뗀다는 뜻이다. 이렇게 함으로써 매의 주인을 알아볼 수 없게 하듯이 자기가 하고도 아니한 체, 알고도 모르는 체하는 태도를 보일 때 비유적으로 쓰는

말이 '시치미 떼다'다. '시치미 떼다'가 '시치미'의 기능을 비유적으로 쓴 말이듯이 '버렁 빠지다'도 '버렁'의 기능을 이용하여 견디기 어려울 정도로 아주 힘든 일을 비유적으로 이르는 말이다. 충청도 방언 '버렁 빠지다'에 대응하는 표준어로는 '등골 빠지다'가 있는데 역시 '견디기 어려울 정도로 아주 힘이 들다'의 뜻으로 쓰인다.

볏누리

- 표준어 : 볏가리
- 품   사 : 명사
- 뜻풀이 : 볏단을 쌓아 올린 더미.
- 다른 방언형 : 베누리, 벳누리, 베눌, 베나락눌, 벳가리, 베낟가리, 나락가리,
　　　　　　　나락가래
- 사용 지역 : 충청도

　　논밭에서는 가을걷이가 돼가는 모양이었고 어떤 밭에서는 보리를 갈고 있기도 했다. 수수목을 찌는 사람도 있었고 **볏누리**를 쌓은 마당 또한 적지 않았다. 〈이문구, 장한몽최종, 1976, 568〉

　‘볏누리’는 표준어 ‘볏가리’에 대응하는 충청도 방언형으로 ‘벼’와 ‘누리’가 합성된 말이다. 이때의 ‘벼’는 ‘베어 놓은 벼’를 뜻하고 ‘누리’는 ‘더미’를 뜻한다. ‘누리’는 충청도와 경상도 방언에서 쓰인다. 방언형 ‘누리’가 전라도와 제주도에서는 ‘눌’의 형태로도 나타나고 경상도에서는 ‘늘’의 형태로도 나타난다. 이에 따라 ‘볏가리’가 제주방언에서는 ‘나록눌’ 또는 ‘눌’로 나타난다. 경기도와 충청도에서는 ‘볏누리’와 ‘볏가리’가 많이 쓰인다. 흔히 ‘누리’와 ‘가리’는 같은 뜻으로 쓰여 ‘볏누리’ 형과 ‘볏가리’ 형이 공존한다. 보통은 ‘볏누리’와 ‘볏가리’가 다같이 타작을 하지 않은 ‘볏단’을 수북이 쌓아 놓은 더미를 가리킨다. ‘볏누리’와 같은 구성을 가진 ‘짚누리’는 타작을 하고 난 짚단을 쌓아 올린 더미를 가리킨다.

　‘볏단을 수북이 쌓아 놓은 더미’를 뜻하는 방언형으로 ‘볏누리’ 외에

'볏가리, 벳가리, 베날가리, 나락가리, 나락가래' 등 '가리' 계열의 방언형과 '베누리, 베눌, 벳누리, 베나락눌, 비늘, 나락누리' 등 '누리' 계열의 방언형이 쓰인다. 그러나 엄격히는 '가리' 형과 '누리' 형은 곡식을 갈무리하는 방법이 다르다.

참고로, 충청도 방언에서 '티미/테미' 또는 '누리'와 '가리'는 의미상 차이가 있다. ≪표준 국어 대사전≫에서는 '가리'를 '단으로 묶은 곡식이나 장작 따위를 차곡차곡 쌓은 더미'로 설명하고 있으나 표준어 '더미'에 해당하는 충청도 방언형 '티미, 테미, 데미'는 '곡식이나 장작 따위를 차곡차곡 쌓은 무더기'를 뜻한다. 이에 비해 충청도 방언의 '가리'는 가운데가 빈 공간이 되도록 쌓아 올리거나 세워놓은 것을 의미한다. 예컨대 '줄가리 친다'고 하면 벼를 베어 묶은 볏단을 A 자 모양으로 서로 마주 기대어 일렬로 세워 가운데로 공기가 통하도록 갈무리한다는 뜻이다.

이에 비해 '콩가리'나 '팥가리' 또는 '벳가리'는 예닐곱 개의 긴 장대의 한쪽 끝 부분을 함께 묶은 다음 묶은 쪽이 위로 가게 하고 장대 아랫부분은 둥글고 넓게 고깔 모양으로 편 다음 각 장대 아랫부분부터 꼭대기까지 30Cm 정도의 적당한 간격을 두고 새끼나 칡으로 거미줄 치듯이 얽어 돌린 다음 고깔 모양으로 콩이나 팥 또는 볏단의 뿌리 쪽이 위로 향하고 열매 쪽이 아래로 향하게 하여 둘러쌓아 올리는 것을 뜻한다. 이렇게 하면 고깔 모양의 가운데 전체가 공간으로 비어 있어 곡식이 썩지 않고 빨리 마른다. 덜 마른 고식을 더미로 쌓아 놓으면 가운데가 썩기 때문이다. 요약하면 '더미'는 가운데 공간이 없이 차곡차곡 쌓아 올린 것을 뜻하고 '가리'는 곡식이 잘 마르도록 가운데가 비게 하여 쌓아 올린 것을 뜻한다.

보리뚝

- 표준어 : 보리수
- 품 사 : 명사
- 뜻풀이 : 보리수나무의 열매. 팥알만 한 열매가 달리는데 익기 전에는 초록색인
  데 가을에 익으면 붉은 색을 띤다. 새콤달콤한 맛이 난다.
- 다른 방언형 : 떡보리
- 사용 지역 : 충청도

"참꽃, 철쭉, 산딸기, **보리뚝**. 서울엔 그런 거 하나도 없을 텐데……. 개암, 머루, 다래, 으름도 없을 테구." 〈강준희, 이카로스의 날개는 녹지 않았다(상), 1996, 253〉

가을엔 누구랑 개암을 따고 **보리뚝**을 따고 으름을 따고 머루 다래를 딴단 말인가. 〈강준희, 이카로스의 날개는 녹지 않았다(상), 1996, 253〉

충청도 방언의 '보리뚝'은 표준어 '보리수'에 대응한다. 보리수나무의 열매를 충청도 방언에서는 '보리뚝' 또는 '떡보리'라고 한다. 보리수나무는 낙엽 활엽의 관목으로 키 높이는 3~4미터이며, 잎은 어긋나고 끝이 뾰족한 타원형에 톱니가 없다. 잎은 희끄무레한 색을 띤다. 꽃은 5~6월에 1~3개씩 잎겨드랑이에서 누르스름한 흰색으로 피고 열매는 팥알만 한 크기이고 동글동글한데 익기 전에는 초록색을 띠다가 초가을이 되면 붉게 익는다. 열매는 새콤달콤하며 식용한다. 우리나라의 중부 이남의 산과 들에 자생한다. 예전에 군것질거리가 없던 시절에는 이것을 따서 먹기도 하였다.

보리수나무 열매를 제주도에서는 '볼레'라고 하고 전남 일부 지역에서는 '포리똥'이라고도 한다. 보리수나무를 제주에서는 '볼레낭, 벌레

낭'이라고 하고 강원지역에서는 '보리장낭그, 보리장낭기, 보리화주나
무'라고도 한다. 경남과 전남 일부 지역에서는 '뽈똥나무, 포리똥나무'
라고 한다.

보리이불

- 표준어 : 대응 표준어 없음
- 품　사 : 명사
- 뜻풀이 : 눈이 많이 오면 보리를 덮는다는 데서 눈을 비유적으로 이르는 말.
- 다른 방언형 : 버리이불
- 사용 지역 : 충청도

"아이구, 올핸 눈이 많이와 밀보리 풍년들겠구나. 보리이불을 덮었으니…"
〈강준희, 이카로스의 날개는 녹지 않았다(중), 1996, 48〉

'보리이불'은 '보리'와 '이불'의 합성어로 분석된다. '보리이불'은 보리가 덮는 이부자리라는 뜻으로 겨울에 눈이 많이 내려 보리를 덮으면 보리가 얼어 죽지 않는다고 해서 두껍게 쌓인 눈을 이불에 비유한 것이다. '보리'는 볏과의 두해살이풀로 알이 껍질에서 잘 떨어지는지에 따라 쌀보리와 겉보리로, 파종 시기에 따라 가을보리와 봄보리로 나눈다. 충청도 방언형으로 '보리' 외에 '버리'가 많이 쓰인다. 충청도에서는 '버리'와 결합한 합성어로 '쌀버리, 늘버리, 범버리, 밀버리' 등이 쓰인다. '이불'은 잘 때 몸을 덮기 위하여 천으로 만든 이부자리를 뜻한다. 따라서 '보리이불' 외에 '버리이불'이 충청도 방언형으로 많이 쓰인다. 보리쌀은 쌀 다음가는 주식 곡물로서 보리밥, 맥주, 된장, 빵 따위의 원료로 쓰이고, 줄기는 여름 모자, 공예품, 퇴비 따위에 쓴다.

보새기

- 표준어 : 보시기
- 품　사 : 명사
- 뜻풀이 : ① 김치나 깍두기 따위를 담는 반찬 그릇의 하나. 모양은 사발 같으나 높이가 낮고 크기가 작다.
  ② 김치나 깍두기 또는 식혜를 그릇에 담아 세는 분량 단위.
- 다른 방언형 : 보시기, 탕기
- 사용 지역 : 충청도

"안마담 말여, 여기 보리숭님만 두 사발 들었다 놓구 갈 게 아니라 말여, 돈 받을 것두 두어 **보새기** 퍼 와야 허잖여." 〈이문구, 제3세대한국문학9:李文求, 관촌수 필, 1983, 222〉

"저욹내 새우젓 한 **보새기** 안 사 먹은 장을 뭐하러 나간대유." 〈이문구, 제3세 대한국문학9:李文求, 관촌수필, 1983, 228〉

봉섹아버지가 쇠주 서너 병 허구 멜치는 돈 백원어치나 가지구 갔으니께, 먹던 김치허구 꼬치장이나 한 **보새기** 내가셔. 〈이문구, 으악새 우는 사연, 1977, 127〉

'보새기'는 표준어 '보시기'에 대응하는 충청도 방언이다. 주로 나박김치나 배추김치, 깍두기 등을 담아 상위에 올려놓을 때 쓰는 반찬 그릇의 한 종류다. 별식인 식혜를 마실 때도 여기에 떠서 마시기도 한다. 또한 '김치 두어 보새기, 식혜 한 보새기'와 같이 김치나 깍두기 또는 식혜 등을 이 그릇에 담아 세는 분량의 단위로도 '보새기'를 쓴다. 충청도 방언형으로 '보새기' 외에 표준어형 '보시기'도 쓰인다. 충북에서는 '보새기' 외에 '탕기'가 많이 쓰인다. '탕기'는 국이나 찌개 따위를 떠

놓는 자그마한 그릇을 뜻한다.

충청도 지역에서 서민들이 쓰던 그릇으로는 '사발, 대접, 종발, 탕기, 보시기, 종재기' 등이 있다. '사발'은 사기 밥그릇으로 원통형이며 바닥에는 굽이 있다. 국그릇과 밥그릇으로 쓰이고 위는 넓고 아래는 좁은 것이라고 설명한 표준어와는 차이가 있다. '사발'과 한 벌을 이루는 그릇으로 '대접'이 있다. '대접'은 주로 국그릇이나 물그릇으로 쓰이며 위는 원통형으로 넓고 아래는 위보다 약간 좁으며 굽이 있다. '탕기'는 사발 모양으로 생겼지만 사발보다 작은 그릇으로 국이나 찌개, 물김치 따위를 떠 놓는데 쓰인다. '탕기'보다 작은 그릇은 '종재기'라고 하는데 표준어의 '종지'에 대응하는 충청도 방언형이다. 충청도 방언으로 '종재기' 외에 '종지'도 쓰인다. '종재기'에는 주로 간장이나 고추장을 담아 상 위에 놓는다.

양반집이나 잘 사는 부잣집에서는 놋쇠로 만든 '주발'을 식기로 사용하였으나 일반 서민들은 주로 '사발'을 식기로 사용하였다. '주발'은 놋쇠로 만든 밥그릇으로 원통형이며 밑바닥 쪽에 굽이 없는 것이 특징이다. 놋쇠로 만든 그릇은 주로 제사를 지낼 때 사용하였다.

복지개

- 표준어 : 대응 표준어 없음
- 품   사 : 명사
- 뜻풀이 : 주발이나 사발 뚜껑.
- 다른 방언형 : 복지깨, 밥띠빙이, 복깨, 사발뚜베이, 사발떠깡, 사발뚜께,
　　　　　　　사발뚜에
- 사용 지역 : 충청도

> "사람은 어려울 때 잘 참아야 하고 또 어려운 만큼 거기 맞춰 살아야 한다.
> 알겠니? 하지만 에민 네 생일을 진심으로 축하한다. 서운하게 생각 말고 먹
> 어라!" 하며 **복지개**을 열어주었다. 상위엔 생일 때마다 꼭꼭 오르던 수수팥떡
> 이 올해는 보이질 않았다. 〈강준희, 이카로스의 날개는 녹지 않았다(상), 1996, 249〉

　충청도 지역에서는 '복지개'가 놋쇠로 만든 밥그릇인 주발이나 사기
로 만든 밥그릇인 사발의 뚜껑을 가리킨다. '복지개, 복지깨, 복깨'는
'덮개' 또는 '뚜껑'을 뜻하는 '복개(覆蓋)'와 관련이 있는 것으로 보인다.
'복개(覆蓋)'의 원말이 '부개(覆蓋)'이므로 본래는 '부개'라고 해야 하는
데 잘못 발음하여 '복개'라고 한 것이 아닌가 한다. 충북 지역에서는
주발이나 사발 뚜껑을 뜻하는 말로 '사발뚜께', '복지개', '복주깨' 등도
쓰인다. '복지깨'는 전남북 지역에서도 쓰이는 것으로 보고되어 있다.
'사발뚜께' 형은 '사발'과 '뚜께'의 합성어로 분석된다. 사발에 붙는 '뚜
께'나 '뚜에'는 사발을 덮는 '뚜껑'을 뜻한다. '사발뚜베이'의 '뚜베이'와
'사발떠깡'의 '떠깡'도 '뚜껑'을 뜻하는 말이다.

봉당

- 표준어 : ① 토방 ② 봉당(封堂)
- 품　사 : 명사
- 뜻풀이 : ① 방에 들어가는 문 앞에 좀 높이 편평하게 다진 흙바닥.
　　　　② 안방과 건넌방 사이의 마루를 놓을 자리에 마루를 놓지 아니하고
　　　　 흙바닥 그대로 둔 곳.
- 다른 방언형 : 토방, 뜨럭, 뜰팡
- 사용 지역 : 강원도, 충청도

① "그럼 그렇지. 죽은 자식이 살아 오다니!"하고 **봉당**에 털썩 주저 앉는다. 긴 한숨이 내어 뿜어진다. 그러더니 벌떡 일어나서 삽짝 밖으로 뛰어 나간다. 〈이무영, 농민, 1972, 35〉

필년이가 저녁상을 들고 들어가는 것을 보고도 맥이 풀리어 **봉당** 끝에 멍청하니 섰으려니까 할멈이, "즈 아버지 이리 좀 들어와유." 〈이무영, 농민, 1972, 38〉

수택이네 큰 이불장만은 역시 들어가지를 않아서 **봉당**에다 밭힘을 하고 놓기로 했다. 그들 부처는 거기다 마루라도 들였으면 했으나 〈이무영, 제일과제일장, 1939, 153〉

유복이가 **봉당**에 와서 걸터 안지며 "아주머니." 하고 정답게 말을 부치고 "큰골 로첨지 집안에 살인난 소문을 들으섰습니까." 하고 물으니 〈홍명희, 임거정1, 1939, 133〉

오가는 대문을 다더걸러 문간으로 나가고 유복이는 아래방으로 나려와서 오주와 가치 **봉당**에 걸터 안젓다. 〈홍명희, 임거정1, 1939, 269〉

막봉이가 광솔불을 화토바탕에 내던지고 **봉당** 끄테 걸터 안저서 닥쫓든 개 울 처다보듯이 한동안 삽작문만 바라보고 잇다가 광솔불을 다시 들고 삽작 박게 나서서 사방을 돌라보앗다. 〈홍명희, 임거정1, 1939, 502〉

순간 역한 지린내가 코를 찌르며 진동을 했다. 나는 그제서야 **봉당** 끝에 묻어 둔 오줌독에 빠진 것을 알았다. 〈강준희, 이카로스의 날개는 녹지 않았다(상), 1996, 42〉

그러자 홍씨는 은혜는 무슨 은혜냐며 손을 홰홰 내저었다. 그러다 출이가 부리고 간 **봉당**의 물건을 보곤 펄쩍 뛰었다. 도시 말도 안 된다는 거였다. 〈강준희, 이카로스의 날개는 녹지 않았다(상), 1996, 149〉

그런 어머니의 머리에선 이내 진홍색 선혈이 홈통을 흘러내리는 낙수처럼 콸콸 쏟아졌다. 선혈은 금세 **봉당**과 섬돌을 빨갛게 물들이고 이어 마당으로 번져갔다. 〈강준희, 이카로스의 날개는 녹지 않았다(상), 1996, 154〉

아버지는 헛간에서 어리덕 한 개를 가져다 **봉당**에 세워놓곤 대청으로 올랐다. 〈강준희, 이카로스의 날개는 녹지 않았다(상), 1996, 169〉

거지들은 등의 짐을 **봉당**에 부리고 그 옆에 쭈그려앉았다. 〈강준희, 이카로스의 날개는 녹지 않았다(상), 1996, 279〉

② 동남으로 유리 창문이 하나씩 나 있는 서너 평짜리 방은, 방이라기보다도 **봉당**이나 헛간을 개조한 듯 바닥은 그냥 흙바닥이었고, 앉자마자 이내 주저앉은 것 같은 비딱한 나무 걸상 두 개와 헌 테이블이 놓여 있을 뿐, 마치 정부미 배급소 사무실같이 썰렁한 풍경이었다. 〈이문구, 장한몽최종, 1976, 569〉
껵정이의 아들 백손이가 반두질을 나가서 고기잡히는 재미에 접심 먹을 생각도 아니하고 물 속으로 돌아다니다가 낫 때가 훨신 기운 뒤에 집에를 들어와 보니 저의 어머니는 그늘진 아랫방 **봉당**에 멍석을 깔고 낫잠 자고 저의 반시리 삼촌 팔삭동이는 아즉도 빗이 드는 남향판 마루 우에 웃통을 벗고 누

충청도 방언의 '봉당'은 표준어의 '봉당'과 '토방'을 아울러 의미하는 말이다. 충청도 방언에서는 '봉당'과 '토방'을 명확하게 구별하여 사용하지 않는다. 충청도 방언에서 '봉당'이라고 하면 일반적으로 '마당에서 방에 들어가는 문 앞에 좀 높이 편평하게 다진 흙바닥으로서 댓돌을 놓거나 쪽마루를 놓기도 하는 곳'을 일컫는다는 점에서 표준어의 '봉당'과는 차이가 있다.

표준어에서는 '봉당'을 안방과 건넌방 사이에 마루를 놓을 자리에 마루를 놓지 아니하고 흙바닥 그대로 둔 곳으로 여기에 볏섬을 쌓아 놓거나 여기에서 새끼를 꼴 수 있을 만큼 공간이 넓은 곳을 가리킨다. 그런데 마루를 놓아야 할 곳에 마루를 놓지 않은 경우는 거의 없기 때문에 '봉당'이라고 하면 '방에 들어가는 문 앞에 좀 높이 편평하게 다진 흙바닥'의 의미로 쓰이는 것이 일반적이나. 이러한 의미로 쓰이는 표준어는 '토방'이다. ≪표준 국어 대사전≫에는 '토방'을 '방에 들어가는 문 앞에 좀 높이 편평하게 다진 흙바닥으로 여기에 쪽마루를 놓기도 하는 곳'이라고 풀이하고 있다. '토방'은 좀 높이 편평하게 다진 흙바닥이기 때문에 걸터앉을 수 있을 만큼 높이가 있고, 방으로 들어가기 위해서는 올라서야 하는 구조로 되어 있다. 충청도 방언에서는 표준어의

'토방'을 '봉당'이라고 한다는 것을 알 수 있다.

충청도 방언에서 '토방'의 의미로 '봉당' 외에 '뜨럭'이라는 말도 쓰인다. 충청도 방언에서 '뜨럭'은 마당보다 좀 높기 때문에 이웃 사람이 놀러 와서 마루에 올라앉거나 방에 들어가지 않고 이 '뜨럭'에 걸터 앉아 방 안에 있는 사람과 이야기를 하기도 한다. '봉당 씨러라(봉당 쓸어라)' 또는 '뜨럭 씨러라(뜨럭 쓸어라)'와 같이 쓰인다. 이렇게 볼 때 예문 ①에 쓰인 '봉당'은 표준어의 '토방'에 가깝고 예문 ②에 쓰인 '봉당'은 표준어의 '봉당'에 가깝다는 것을 알 수 있다. 이와 같이 충청도 방언의 '봉당'은 표준어 '토방'의 의미로도 쓰이고 '봉당'의 의미로도 쓰인다. 이것은 충청도 방언 화자들이 '봉당'과 '토방'을 구별하지 못하고 사용한다는 것을 의미한다.

봉사 팔매가 새 잡은 격

- 표준어 : 소 뒷걸음치다 쥐 잡은 격
- 품　사 : 속담
- 뜻풀이 : 우연히 공을 세운 경우를 비유적으로 이르는 말.
- 다른 방언형 : 소 뒷걸음치다 쥐 잡은 격.
- 사용 지역 : 충청도

지금도 나는 그때의 내 주먹을 의심하고 있다. 그것은 **봉사 팔매가 새 잡은 격이요** 뒷걸음질 치다 쥐 잡은 격에 지나지 않았다. 〈강준희, 이카로스의 날개는 녹지 않았다(중), 1996, 128〉

서무과장은 **봉사 팔매가 새 잡는다더니** 이 사람이야말로 그 격이군, 제기랄! 어쩌고 하며 좀 밸이 뒤틀린 소리로 중얼대다가 모금된 액수와 이름이 적힌 명단을 들고 국장실로 들어갔다. 〈강준희, 하느님 전상서, 1975〉

'봉사'는 눈이 먼 사람을 가리키고, '팔매'는 작고 단단한 돌 따위를 손에 쥐고 팔을 힘껏 휘둘러서 멀리 내던지는 동작을 뜻한다. 앞을 못 보는 봉사가 돌팔매를 해서 새를 잡는다는 것은 거의 불가능한 일이다. 그렇게 불가능한 일이 공교롭게 이루어지듯이 대중없이 시도한 일이 우연히 이루어졌음을 비유적으로 이르는 말이 '봉사 팔매가 새 잡은 격'이다. 이와 같은 뜻으로 쓰이는 말이 '소 뒷걸음치다 쥐 잡은 격'이다. 소처럼 굼뜬 짐승이 뒷걸음질 치다가 공교롭게 쥐를 밟아 쥐를 잡은 것과 마찬가지로 어떤 일이 우연히 성공을 거둔 경우를 비유적으로 이르는 말이다.

부대기

- 표준어 : 화전, 산전
- 품　사 : 명사
- 뜻풀이 : 주로 산간 지대에서 풀과 나무를 불살라 버리고 그 자리를 파 일구어
  　　　　농사를 짓는 밭.
- 다른 방언형 : 산전, 화전, 산전밭, 화전밭
- 사용 지역 : 충청도

> 아버지의 충격에서 벗어나 내가 제일 먼저 한 일은 새조밭 파기였다. 새조밭이라 함은 개인 산이나 말림갓이 아닌 국유림의 높은 산 양지바른 곳(대개 경사가 심함) 개활지에 나무를 베어내고 그 베어낸 나무가 마르면 거기다 불을 질러 나무가 탄 재로 농사를 짓는 원시적 농경방법을 말함인데, 이를 화전 산전 또는 **부대기**라 한다. 〈강준희, 이카로스의 날개는 녹지 않았다(상), 1996, 338〉

충청도 방언 '부대기'는 표준어 '화전' 또는 '산전'에 대응하는 말이다. 농토가 귀하여 산간 지대에서 밭을 일굴 만한 자리를 골라 거기에 난 풀과 나무를 베고 그곳을 불살라 버리고 그 자리를 파 일구어 농사를 짓는 밭을 가리킨다. 이러한 밭을 '부대밭' 또는 '산화전'이라고도 하고 '산전밭' 또는 '화전밭'이라고도 한다. 충청도에서는 특별히 밭을 일굴 만한 곳을 골라 거기에 있는 나무를 베고 불사른 다음 풀뿌리와 나무뿌리를 파 일구어 밭을 만드는 것을 '새조밭 판다'고 하고 그렇게 만든 밭을 '새조밭'이라고 한다. '부대기'는 평안도에서도 '화전' 또는 '산전'의 의미로 쓰이는 말이다. '산전밭'이나 '화전밭'은 '역전앞'과 같은 구조로 이루어져 의미 중복을 보이는 단어들이다

부얼거리다

- 표준어 : 대응 표준어 없음
- 품　사 : 동사
- 뜻풀이 : 살이 찐 것처럼 자꾸 부어오르다.
- 사용 지역 : 충청도

> 석공이 언제 어디로 피신했는지 당초에는 집안 식구들마저 종적을 몰라했었다. 어디 가 처박혀서 잘 숨어 있는지, 혹은 월북을 했는지, 아니면 길이 막혀 잡혀 죽어 여우밥이 되었는지, 알 만한 사람은 아무도 없었다. 석공 새댁은 울어 날을 지새워 눈두덩이가 **부얼거리며** 밤톨처럼 솟아 있지 않은 날이 없었다. 〈이문구, 관촌수필, 1972, 157〉

　충청도 방언의 '부얼거리다'를 표준어 '부얼부얼하다'와 대응되는 것으로 보는 경우도 있으나 '부얼부얼하다'는 형용사이고 '부얼거리다'는 동사라는 점에서 표준어 '부얼부얼하다'에 대응되는 것으로 보기 어렵다. '부얼부얼하다'는 '살이 찌거나 털이 복슬복슬하여 탐스럽고 복스러운 모양'을 뜻하는 부사 '부얼부얼'에 형용사를 만드는 접미사 '-하다'가 붙어 이루어진 말이고 '부얼거리다'는 '살이 찐 것처럼 부어오르는 모양'을 뜻하는 어근 '부얼-'에 동작 또는 상태를 나타내는 일부 어근 뒤에 붙어 '그런 상태가 잇따라 계속됨'의 뜻을 더하고 동사를 만드는 접미사 '-거리다'가 결합된 것이다. 따라서 문맥으로 볼 때 '부얼거리다'는 '자꾸 부어오르다' 정도의 뜻으로 쓰이는 동사로 보는 것이 타당해 보인다.

분작없다

- 표준어 : 대응 표준어 없음
- 품   사 : 형용사
- 뜻풀이 : 일정한 주제도 없이 시끄럽고 어수선하다.
- 사용 지역 : 충청도

아낙들은 **분작없이** 지껄여대며 느티나무 쪽만 바라봤다. 그런 아낙들의 표정은 하나 같이 아이구 나는 언제나 저런 차 한 번 타보나 하는 표정들이었다. 〈강준희, 이카로스의 날개는 녹지 않았다(상), 1996, 59〉

우리는 어깨동무를 한 채 행길 복판에 우두커니 서서 무슨 말인가를 **분작없이** 지껄이다 어디론가 또 건들건들 걸었다. 〈강준희, 이카로스의 날개는 녹지 않았다(하), 1996, 63〉

순란이란 친구의 포목점에서 일을 봐줘도 서운찮게 대우해줄 거라느니 하면서 우선 자기(아내) 혼자만 올라가 있다가 자리가 잡히는 대로 합치면 어떠냐느니 하는, 도무지 종잡을 수 없는 말들을 **분작없이** 지껄여댔다. 〈강준희, 이카로스의 날개는 녹지 않았다(하), 1996, 183〉

'분작없다'는 '분작'과 '없다'로 분석할 수 있다. '분작-'은 조용하고 차분함을 뜻하는 어근 이다. 여기에 현상이나 증상 등이 나타나지 않는다는 뜻을 가진 '없다'가 결합된 형용사가 '분작없다'다. 주로 '분작없이'의 꼴로 '지껄이다'와 함께 쓰여 '일정한 주제도 없이 시끄럽고 어수선하게 지껄이다'의 뜻으로 쓰인다.

불난 산의 토끼

- 표준어 : 대응 표준어 없음
- 품 사 : 속담
- 뜻풀이 : 깜짝 놀라거나 당황하여 눈을 동그랗게 뜨거나 어찌할 바를 모르고 날 뛰는 모양을 비유적으로 이르는 말.
- 다른 방언형 : 불난 집에 개 뛰듯. 불난 강변에 덴 소 날뛰듯.
- 사용 지역 : 충청도

서슬에 여자가 한 발 뒤로 물러앉아 **불난 산의 토끼** 마냥 눈을 호동그랗게 떴다. 〈강준희, 이카로스의 날개는 녹지 않았다(중), 1996, 107〉

"자 들어, 은실이." 하고 은실이 자리를 옮겨 앉았다.
"이렇게 많아요?" 은실이 **불난 사나의 토끼**처럼 눈을 호동그레 뜨며 입을 딱 벌렸다. 〈강준희, 쌍놈 열전, 1986〉

산불이 나면 산짐승들이 당황하여 어찌할 바를 모른다. 산토끼도 산불이 나면 다른 산짐승들과 마찬가지로 놀라고 당황하여 눈을 동그랗게 뜨고 살 궁리를 한다. '불난 산의 토끼'는 놀란 토끼처럼 어찌할 바를 모르고 당황하거나 허둥대는 사람의 모습을 산불이 나서 놀라고 당황하는 토끼의 모습에 비유하여 이르는 말이다.

예를 들면 '불난 산의 토끼처럼 눈을 호동그레 뜨며 입을 딱 버렸다'나 '불난 산의 토끼눈을 해 가지고 발을 동동 굴렀다'에서와 같이 주로 '눈'과 어울려 쓴다. '불난 산의 토끼'와 비슷한 의미로 쓰이는 속담으로 '불난 강변에 덴 소 날뛰듯'과 '불난 집 며느리 싸대듯', '불난 집에 개 뛰듯' 등이 있다. 이들 속담은 모두 놀라거나 당황하여 어찌할 바를 모르고 허둥대는 모양을 비유적으로 이르는 말이다.

불농군

- 표준어 : 대응 표준어 없음
- 품   사 : 명사
- 뜻풀이 : 농사짓는 일을 생업으로 하는 사람을 낮잡아 이르는 말.
- 사용 지역 : 충청도

이 꼴로는 예원이를 만날 수 없다 싶어서였다. 아니 이 꼴로 예원이를 만나서는 안 된다 싶어서였다. **불농군**에 땔나무꾼. 거기다 집안까지 홀랑 망한 지금, 무슨 낯으로 예원이를 만날 수 있단 말인가. 예쁜 세일러복에 까만 단화(구두)를 신고 근사한 여중생이 됐을 예원이를 나같은 불농군 땔나무꾼이 어찌 만날 수 있단 말인가. 〈강준희, 이카로스의 날개는 녹지 않았다(상), 1996, 304〉

나는 예원이가 올 때마다 뛸 듯이 기쁘면서도 창피하고 주눅들어 기를 펼 수가 없었다. 그것은 우선 내가 중학생이 아니라는 점과 우리 집이 초라한 초가삼간이라는 점, 그리고 내가 **불농군**의 땔나무꾼이라는 점 때문이었다. 〈강준희, 이카로스의 날개는 녹지 않았다(상), 1996, 328〉

'불농군'은 '불가물, 불깍쟁이, 불상놈, 불호령' 등에서와 같이 일부 명사 앞에 붙어 '몹시 심한'의 뜻을 더하고 그 명사를 낮잡아 이르는 기능을 하는 접두사 '불-'에 농사짓는 일을 생업으로 삼는 사람을 뜻하는 '농군'이 결합된 파생어로 분석된다. '불농군'은 오로지 농사짓는 일을 생업으로 하는 사람인 '농군'을 낮잡아 이르는 말이다.

불도 켤 자리에 가 켜야
아들도 낳고 딸도 낳는다

- 표준어 : 대응 표준어 없음
- 품　사 : 속담
- 뜻풀이 : 무슨 일이든지 때와 장소를 가려서 가능성이 있는 곳에 가서 해야 원하
  는 목적을 달성할 수 있다는 뜻.
- 사용 지역 : 충청도

그야 아무한테나 찾아가 사정을 한다면 말할 사람이 없는 건 아니었다. 그러나 **불도 켤 자리에 가 켜야 아들도 낳고 딸도 낳듯** 말도 할 만한 사람한테 해야지, 안다고 말하다간 헛말(허사) 귀양보내기 십상이었다. 〈강준희, 이카로스의 날개는 녹지 않았다(하), 1996, 28〉

하긴 **불도 켤 자리에 가 켜야 아들도 낳고 딸도 낳는** 벱이지. 그 인간한텐 헛말 구양(귀양) 보내기여. 차라리 최훈장 어른한테 찾아가 상의하는 게 열 번 나아. 암 낳고 말고. 〈강준희, 그리운 보릿고개, 1993〉

우리나라에서는 아이를 못 낳는 사람이 영검한 곳에 가서 촛불을 켜 놓고 빌면 신불이 아이를 점지해준다는 속설에 따라 커다란 바위나 동굴, 큰 나무 등 영검한 곳에 가서 촛불을 켜고 아들을 점지해 달라고 비는 민속신앙이 있다. 그렇다고 아무 곳에나 가서 빌면 아들을 낳는 것이 아니고 영검한 곳에 가서 빌어야 신불이 사람에게 자식을 점지해주는 효험이 있다는 것이다. 즉 무슨 일을 이루려면 때와 장소를 가려 가능성이 있는 곳에 가서 해야 한다는 뜻으로 쓰이는 말이다. 마찬가지로 무슨 부탁을 해도 들어줄 만한 사람에게 가서 부탁을 해야지 아무한테나 해서는 목적을 이룰 수 없음을 비유적으로 이르는 말이다.

불러제치다

- 표준어 : 불러 젖히다
- 품   사 : 동사
- 뜻풀이 : 곡조에 맞추어 과장하거나 멋을 부리며 거리낌이 노래를 부르다.
- 다른 방언형 : 불러제끼다
- 사용 지역 : 충청도

"연분홍 치마가 봄바람에 휘날리더라."어쩌고 하며 "봄날은 간다."라는 노래를 청승맞게 **불러제쳤다.** 〈강준희, 이카로스의 날개는 녹지 않았다(중), 1996, 324〉

당선 통지만 받으면 덩실덩실 춤을 추면서 목청껏 노래라도 **불러제치고** 싶었는데 막상 받고 보니 머저리 바보가 되어졌다. 〈강준희, 이카로스의 날개는 녹지 않았다(하), 1996, 37〉

그러며 "감격시대"를 목청껏 **불러제쳤다.** 〈강준희, 이카로스의 날개는 녹지 않았다(하), 1996, 162〉

'불러제치다'는 '불러-'와 '제치다'로 분석할 수 있다. '불러-'는 '부르다'의 어간 '부르-'에 연결어미 '-어'가 결합된 형태이고 '제치다'는 '젖히다'의 충청도 방언형이다. '부르다'는 곡조에 맞추어 노래하는 것을 뜻하고 '제치다'는 어떤 행동을 다소 과장하거나 멋을 부리며 크고 힘차게 하다의 뜻을 가진다. 따라서 '불러제치다'는 '곡조에 맞추어 과장하거나 멋을 부리며 거리낌이 노래를 부르다'의 뜻을 가지는 것으로 해석할 수 있다. '불러제치다'에는 곡조에 맞추어 노래를 부르면서 다른 사람에게 과시한다는 뜻과 행동을 과장한다는 의미가 함축되어 있다.

'불러제치다'는 표준어의 띄어쓰기 규정에 의하면 '불러 제치다'와 같이 띄어 써야 하지만 예문에서는 합성어로 보고 붙여 쓴 것으로 이해된다. 이렇게 띄어 쓰면 구(句)로 처리해야 하지만 화자들의 인식을 고려하여 여기에서는 합성어로 처리하였다.

충청도 방언에서 '불러제치다' 외에 '불러제끼다'도 쓰이는데 표준어형 '불러 젖히다'와 마찬가지로 '곡조에 맞추어 과장하거나 멋을 부리며 거리낌이 노래를 부르다'의 뜻으로 쓰인다.

'불러제치다'나 '불러제끼다'와 같은 구성으로 이루어진 충청도 방언형으로 '밀어제치다'와 '밀어제끼다', '울어제치다'와 '울어제끼다', '먹어제치다'와 '먹어제끼다' 등이 있다. 모두 본동사가 가진 동작을 과장되고 힘차게 한다는 의미가 내포되어 있다. 그런데 '울어제치다'나 '울어제끼다'는 사람에게는 잘 쓰이지 않고 '매미가 울어제꼈다'나 '여치가 울어제꼈다'와 같이 시끄럽게 소리를 내는 곤충에 대하여 주로 쓰인다.

'제치다'가 독립적으로 쓰이는 듯한 예도 있다. '시구 제치다'나 '희구 제치다'가 그것인데 관용적으로 쓰인다는 점에서 하나의 단어로 볼 수도 있을 것이다. '시구제치다'는 '희구제치다→히구제치다→시구제치다'의 과정을 거친 것으로 보인다. '희구'는 '말이나 행동이 분에 넘치고 실속이 없다'는 뜻으로 쓰이는 '희다'의 충청도 방언 활용형이다. '제치다'는 '고개 따위를 뒤로 기울이다'의 뜻으로 쓰이는 표준어 '젖히다'에 대응하는 충청도 방언형이다. 따라서 '시구제치다'는 말이나 행동이 분에 넘치고 실속 없이 과장되고 과시하는 태도가 드러나는 것을 이르는 말이다.

불러지

- 표준어 : 대응 표준어 없음
- 품 사 : 명사
- 뜻풀이 : 산란기에 붉은 혼인색을 띤 피라미의 수컷.
- 다른 방언형 : 불거지
- 사용 지역 : 충청도, 강원도

무수천엔 고기가 지천으로 많았다. 꺽지, 메기, 홍어, 동자개(빠가사리라고도 함), 쭉병이, 피라미, **불러지**, 미꾸라지, 모래무지, 뱀장어 등등. 〈강준희, 이카로스의 날개는 녹지 않았다(상), 1996, 298〉

그물이나 낚시로 잡을 때는 잘 움직이는 피라미 쭉병이 **불러지** 등 잉어과에 속하는 고기가 주로 잡히고 잘 움직이지 않는 농어과의 꺽지, 메게과의 메기, 동자개과의 동자개, 홍어과의 홍어, 참장어과의 뱀장어, 기름종개과의 미꾸라지 등은 잡히질 않았다. 모래무지는 피라미나 불러지 등과 같은 잉어과에 속했으면서도 잘 움직이지 않아 낚시로 잡기가 어려웠다. 〈강준희, 이카로스의 날개는 녹지 않았다(상), 1996, 298〉

'불러지'는 피라미의 수컷을 가리키는 충청도 방언이다. 피라미의 수컷이 보통 때는 흰 빛을 띠고 있는데 산란기가 되면 붉은 혼인색을 띠게 되는데 이때의 피라미를 특별히 '불러지'라고 한다. 피라미의 수컷인 '불러지'는 암컷에 비해 몸집이 크고 지느러미도 억세고 두껍다. 충청도 방언에서 혼인색을 띤 수컷 피라미를 '불러지' 외에 '불거지'라고도 한다. 혼인색을 띠지 않은 수컷 피라미는 충청도 방언에서 '피래미'라고 한다. 물론 흰 빛을 띠고 있는 암컷도 '피래미'라고 한다.

불머리

- 표준어 : 숯머리
- 품　사 : 명사
- 뜻풀이 : 숯불에서 나오는 가스의 냄새를 맡아서 아픈 머리.
- 사용 지역 : 충청도

> 특히 동치미의 그 새콤하고 시원한 국물은 어디다 비길 수 없는 각별한 맛이다. 겨울에 **불머리**가 났을 때 얼음이 저벅거리는 동치밋국에 숯을 몇 덩어리 띄워 후룩후룩 마시면 불머리는 신기하게도 잘 나았다. 〈강준희, 이카로스의 날개는 녹지 않았다(하), 1996, 335〉

'불머리'는 '불'과 '머리'의 합성어로 분석된다. '불머리'는 숯불을 피웠을 때 머리가 아픈 것을 뜻한다. 방안에서 화로에 숯을 피우면 공기 중의 일산화탄소가 많아지고 산소가 부족해지면서 머리가 아파지는데 이것을 '불머리'라고 한다. 흔히 '불머리 앓는다'고 하며 동치밋국물이나 김칫국물을 마시면 낫는다는 속설이 있으나 과학적으로는 근거 없는 말이다. 불머리는 연탄가스 중독과 마찬가지로 일종의 일산화탄소 중독 현상이다.

'불머리'는 화로에 숯불을 피울 때뿐만 아니라 장작을 때고 난 잉걸불을 화로에 담아 방안에 두었을 때 또는 풍로에 숯불을 피울 때에도 생긴다. '불머리'는 주로 '앓다'와 호응하여 쓰인다. 불머리를 앓게 되면 방안의 공기를 환기시키거나 밖에 나가 맑은 공기를 마셔야 증상이 없어진다.

불씸불씸

- 표준어 : 대응 표준어 없음
- 품　사 : 부사
- 뜻풀이 : 입 안의 것을 씹느라고 볼이 들어갔다 나왔다 하는 모양.
- 다른 방언형 : 불씸불씸
- 사용 지역 : 충청도

이장이 안주를 **불씸불씸** 씹으면서 농담반 진담반으로 넌지시 말하였다. 〈이 광복, 목신의 마을, 1991, 123〉

'불씸불씸'은 음식을 씹을 때 음식 때문에 볼이 들어갔다 나왔다 하는 모양을 나타내는 말이다. 특히 치아가 많이 빠진 할머니나 할아버지가 음식을 입에 넣고 우물거릴 때 입안의 음식물 때문에 볼이 불쑥불쑥하며 나왔다 들어갔다 할 때의 모습을 나타내는 말이다.

'불씸불씸'과 유사한 의미로 쓰이는 표준어로 '우물우물'이 있는데 표준어 '우물우물'이 음식을 먹는 모양을 나타내는 데 초점이 있다면 '불씸불씸'은 음식을 먹는 모양과 볼이 나왔다 들어갔다 하는 동작을 동시에 나타내는 데 초첨이 있다는 점에서 차이가 있다. '우물우물'은 볼이 조금씩 들어갔다 나왔다 하는 동작을 나타내는 데 비해 '불씸불씸'은 볼이 크게 나왔다 들어갔다 하는 동작을 나타낸다.

불어제치다

- 표준어 : 불어 젖히다
- 품　　사 : 동사
- 뜻풀이 : 하모니카나 피리 등과 같이 부는 악기를 과장하거나 멋을 부리며 곡조
에 맞추어 거리낌이 연주하다.
- 다른 방언형 : 불어제끼다
- 사용 지역 : 충청도

이날 밤 나는 하모니카를 가지고 서낭당으로 나가 담장 너머로 살구꽃이 구름처럼 피어있는 도화의 방을 향해 "봄날은 간다."와 "청춘 고백."을 멋들어지게 **불어제쳤다**. 그런 다음 "나 하나의 사랑."을 간절한 마음으로 애끓게 몇 번이고 거푸 불어댔다. 〈강준희, 이카로스의 날개는 녹지 않았다(중), 1996, 328〉

'불어제치다'는 '불다'와 '제치다'가 결합된 합성어로 '불어-'와 '제치다'로 분석할 수 있다. '불어'는 '불다'의 어간 '불-'에 어미 '-어'가 연결된 활용형이고 '제치다'는 '젖히다'의 충청도 방언형이다. '불다'는 곡조에 맞추어 하모니카나 피리 등의 관악기를 입에 대고 숨을 내쉬어 연주한다는 뜻으로 쓰이는 말이고 '제치다'는 힘이나 기운을 드러내어 쓴다는 뜻으로 쓰이는 말이다. 따라서 '불어제치다'는 '곡소에 맞추어 하모니카나 피리 등의 관악기를 입에 대고 숨을 내쉬면서 힘 있게 소리를 내어 연주 한다'는 뜻으로 쓰이는 동사다.

충청도 방언으로 '불어제치다' 외에 '불어제끼다'도 쓰인다. 이들 방언형에는 과시하거나 멋을 낸다는 의미가 내포되어 있다. 예문의 '멋들어지게 불어 제쳤다'에서와 같이 멋을 내어 부는 행위와 도드라지게

보이려는 태도를 함께 드러낸다는 뜻이 내포되어 있다. '불어제치다'와 '불어제끼다'는 표준어의 띄어쓰기 규정에 의하면 '불어 제치다'와 '불어 제끼다' 같이 띄어 써야 하지만 '불어제치다'는 예문에서 보듯이 작가가 합성어로 보고 붙여 쓴 것으로 이해된다. 표준어에서와 같이 띄어 쓰면 구(句)로 처리해야 하지만 화자들의 인식을 고려하여 여기에서는 합성어로 처리하였다.

'불어제치다'나 '불어제끼다'와 같은 구성으로 이루어진 충청도 방언으로 '밀어제치다'와 '밀어제끼다', '울어제치다'와 '울어제끼다', '먹어제치다'와 '먹어제끼다' 등이 있다. 모두 본동사가 가진 동작을 과장되고 힘차게 한다는 의미가 내포되어 있다. 그런데 '울어제치다'나 '울어제끼다'는 사람에게는 잘 쓰이지 않고 '매미가 울어제꼈다'나 '여치가 울어제꼈다'와 같이 시끄럽게 소리를 내는 곤충에 대하여 주로 쓰인다.

'제치다'가 독립적으로 쓰이는 듯한 예도 있다. '시구 제치다'나 '희구 제치다'가 그것인데 관용적으로 쓰인다는 점에서 하나의 단어로 볼 수도 있을 것이다. '시구제치다'는 '희구제치다→히구제치다→시구제치다'의 과정을 거친 것으로 보인다. '희구'는 '말이나 행동이 분에 넘치고 실속이 없다'는 뜻으로 쓰이는 '희다'의 충청도 방언 활용형이다. '제치다'는 '고개 따위를 뒤로 기울이다'의 뜻으로 쓰이는 표준어 '젖히다'에 대응하는 충청도 방언형이다. 따라서 '시구제치다'는 말이나 행동이 분에 넘치고 실속 없이 과장되고 과시하는 태도가 드러나는 것을 이르는 말이다.

비뜩하다

- 표준어 : #얼씬하다
- 품   사 : 동사
- 뜻풀이 : ① 사람이나 동물 같이 조금 큰 것이 눈앞에 잠깐 나타나다.
  　　　　② 얼굴이나 눈치 따위를 잠시 또는 약간 나타내다.
- 다른 방언형 : 삐뜩하다
- 사용 지역 : 충청도

> 겁을 먹는 건 아이들만이 아니었다. 어른들도 순사만 **비뜩하면** 비실비실 꽁무니를 뺐다. 〈강준희, 이카로스의 날개는 녹지 않았다(상), 1996, 79〉
>
> 이는 어머니도 원하는 바여서 동네에 상이군인이 **비뜩하면** 아내부터 얼른 방으로 들여보냈다. 〈강준희, 이카로스의 날개는 녹지 않았다(중), 1996, 150〉

충청도 방언 '비뜩하다'는 '비뜩'과 '-하다'로 분석할 수 있다. '비뜩하다'는 '조금 큰 것이 눈앞에 잠깐 나타났다 사라지는 모양'을 뜻하는 '비뜩'과 어근에 붙어 앞에 오는 어근을 동사로 만드는 접미사 '-하다'가 결합된 말이다. 충청도 방언 '비뜩하다'는 '조금 큰 것이 눈앞에 잠깐 나타났다 사라지다'의 뜻을 가진 '얼씬하다'와 '얼굴이나 눈치 따위를 잠시 또는 약간 나타내다'의 뜻을 가진 '비치다'의 뜻을 동시에 가지고 있다. 예문에서 보듯이 '비뜩하다'는 주로 '비뜩하면'의 꼴로 쓰여 그 앞에 오는 움직이는 물체나 사람을 나타내는 말과 호응한다. 또한 '비뜩하다'가 '고양이만 비뜩하면 쥐들이 하나도 안 보인다'와 같이 경계하거나 주의를 기울이는 상황을 나타낼 때도 쓰인다.

비루먹은 당나귀 같다

- 표준어 : 대응 표준어 없음
- 품　사 : 관용구
- 뜻풀이 : 사람의 몰골이 볼품이 없거나 위신이 없어 보임을 비유적으로 이르는
　　　　　말.
- 다른 방언형 : 비루먹은 강아지 같다. 꽁지 빠진 장닭 같다.
- 사용 지역 : 충청도

　　원춘이는 그래도 맏이라고 내 눈치를 슬슬 보며 숟가락질을 했지만 미라
와 신훈이는 꽁지 빠진 수탉처럼 아니 **비루 먹은 당나귀**처럼 비쩍 마른 몰골
을 해 가지고 밥먹는데만 정신이 팔려 나를 쳐다보지도 않았다. 〈강준희, 이카로
스의 날개는 녹지 않았다(하), 1996, 195〉

　'비루'는 개나 말, 나귀 따위의 피부가 헐고 털이 빠지는 병을 일컫
는다. '먹다'와 함께 쓰여 '비루먹은 개, 비루먹은 말, 비루먹은 당나귀'
와 같이 주로 '비루먹은'의 꼴로 쓰인다. '비루먹다'는 본래 '개, 말, 나
귀 따위의 피부가 헐어서 털이 빠지는 현상이 차차 온몸으로 번지는
병에 걸리다'의 뜻으로 쓰이는 말이다. 개나 말, 나귀 등 털을 가진 짐
승이 비루먹으면 털이 빠지고 헐어 몰골이 볼품없게 되는 것에 빗대어
사람의 몰골이 볼품없거나 위신이 없어 보이는 것을 비유적으로 이를
때 '비루먹은 당나귀 같다'나 '비루먹은 강아지 같다' 또는 '꽁지 빠진
장닭 같다'고 한다.

비손질

- 표준어 : 비손
- 품　사 : 명사
- 뜻풀이 : 두 손을 비비면서 신에게 소원을 이루게 해 달라고 비는 행위.
- 다른 방언형 : 비손
- 사용 지역 : 충청도

어머니는 이날 이후 행동거지에 더 마음을 씻고 일거수 일투족에 더 신경을 썼다. 그러니 자연 뒤란의 칠성단 앞에 꿇어 엎드려 비는 이령수와 **비손질**이 그전보다 더 간절할 수밖에 없었다. 〈강준희, 이카로스의 날개는 녹지 않았다(중), 1996, 14〉

목욕재개로 치성올리는 **비손질**은 말할 것도 없었다. 〈강준희, 이카로스의 날개는 녹지 않았다(중), 1996, 71〉

"용서해주시겠어요? 이놈이 수정이네 농살 망쳐 놨는데 용서가 되시겠어요?"어머니는 **비손질** 하듯 손을 비비며 허리를 굽혔다. 〈강준희, 이카로스의 날개는 녹지 않았다(상), 1996, 32〉

어머니는 이게 죄밑이 돼 **비손**과 이령수에 더한층 정성을 쏟았다. 〈강준희, 이카로스의 날개는 녹지 않았다(상), 1996, 233〉

'비손질'은 민간신앙에서 두 손을 비비면서 신에게 소원을 이루게 해 달라고 비는 일을 뜻하는 '비손'에 일부 명사 뒤에 붙어 그런 일 또는 그런 행위의 뜻을 더하는 접미사 '질'이 결합되어 파생된 말로 분석된다. '비손'은 다시 '빌다(祈)'에서 기원한 '비-'와 '손'이 결합된 것으로 분석할 수 있다. '비-'는 '빌다'의 어간 '빌-'의 'ㄹ'이 뒤에 오는 자음 'ㅅ' 앞에서 탈락한 것이다. 이는 국어에서 어간 말음 'ㄹ'이 치조음이나 구개음으로 시작하는 말과 합성어를 이루면 어간말음 'ㄹ'이 탈락하는 현상에 의한 것이다. 따라서 '비손질'은 두 손을 비비면서 신에게 병이 낫거나 소원을 이루게 해 달라고 비는 행위를 뜻한다. 그렇게 하는 동작을 나타내는 표준어는 '비손하다'인데 방언에서는 '손비비다', '손빌다' 등으로도 쓰인다.

비시감치

- 표준어 : 비스듬히
- 품 사 : 부사
- 뜻풀이 : 수평이나 수직이 되지 아니하고 한쪽으로 기기운 상태로.
- 다른 방언형 : 비스듬히, 비싯하게
- 사용 지역 : 충청도

유 선달은 의미있게 여자를 마주보며 웃는다. 남술의 처는 문턱으로 **비시감치** 걸터 앉았다. 그러나 그의 눈은 연신 날카롭게 사방을 둘러본다. 〈이기영, 봄봄, 1989, 109〉

숨이 콱! 콱! 막힌다. 논꼬에 고인물이 부글부글 끓어 오른다. 텀벙! 뛰여드는 개구리 논 두 마리를 쭉 뻗고 뻐드러진다. 그 놈은 **비시감치** 자뻐지면서 입을 딱딱 벌리었다. 〈이기영, 고향, 1947, 1〉

밭매던 사람들은 안경을 코뿌리에 걸치고 모자를 **비시감치** 쓰고 가는 안승학을 처다보고 일제히 웃음을 내뿜었다. 〈이기영, 고향, 1947, 58〉

그는 입속으로 중얼거리며 **비시감치** 누워서 아이 입에 젖꼭지를 물리었다. 〈이기영, 고향, 1947, 195〉

희준이는 **비시감치** 누었다가 벌떡 일어나며 호기심이 나는 것처럼 긴장한 목소리로 묻는다. 〈이기영, 고향4, 1947, 313〉

'비시감치'는 '비스듬히'의 충청도 방언형이다. '비시감치'는 비스듬한 상태로 기울어져 있는 모습을 나타낼 때 쓰인다. 특히 비스듬하게 눕거나 걸터앉은 자세와 관련된 표현에 많이 쓰인다. 어원적으로 보면 '서 있거나 세워진 모습이 바르지 아니하고 한쪽으로 약간 기울어져 있다'는 뜻으로 쓰이는 형용사 '비슷하다'의 어근 '비슷'에 부사를 만드는 접미사 '-감치'가 결합된 것으로 볼 수 있다. 형태상으로 볼 때 '공간적으로 기준점보다 얼마간 멀찍이 떨어져 있는 것을 나타내거나 시간적으로 기준점보다 어느 정도 떨어져 있음'을 나타내는 표준어 '멀찌감치'나 '조금 이르다고 할 정도로'의 뜻으로 쓰이는 '일찌감치'와 '조금 늦다고 할 정도로'의 뜻으로 쓰이는 '느지감치'가 같은 조어 과정을 거친 것으로 보인다.

빈충맞다

- 표준어 : 빙충맞다
- 품　사 : 형용사
- 뜻풀이 : 사람이 똘똘하지 못하고 어리석은 데가 있다.
- 다른 방언형 : 빙충맞다
- 사용 지역 : 충청도

나는 당신의 말과 같이 변태성욕자인지도 모르지요. 아니 그보다도 나는 **빈충마진** 사내라 하겠지요. 세상 사람들은 누구나 저 잘난 맛으로 산답디다마는 한번도 그런 생각을 못해 보았어요. 때로는 그런 생각이 안 나는 것도 아니었으나 나의 마음 속에는 다른 생각이 곧 그것을 취소하고 말지요. 나의 마음 속에는 늘 — 두 가지 생각이 서로 싸우고 있습니다. 내가 옳다고 생각하는 것과 그르다고 생각하는 두 가지 마음이……또는 어떻게 참으로 옳고 그른지 모르는 두 가지 마음이 — 그것은 늘 나를 괴롭게 하고 외롭게 하고 **빈충맞게** 하면서 나의 오장을 무러떼고 있지요. 촌백충과 같이 나의 정력을 핥아먹고 있는 것 같애요. 〈이기영, 고향4, 1947, 296〉

그야 어떻던지 그들은 모두 자기보다는 훌륭한 여자를 맘대로 골너 갖이고 사는 것 같다. 그 한 일로 보면 자기는 그들에게 견주어서 몹시도 못생기고 **빈충마진** 것 같다. 원체 실증이 나 사람과 같이 붙어산다는 것은 도무지 틀닌 수작이 아닌가. 〈이기영, 고향4, 1947, 324〉

그는 큰아들이 제 안해한테 쥐여 지내는 것을 **빈충맞다**고 욕하였다. 그 점으로 보아서는 자근 아들은 사내 구실을 하는 것이 든든해 보이였다. 〈이기영, 고향4, 1947, 329〉

"아이구 인저 보니까 당신도 못낫구려. **빈충맞게** 울기는 웨 우루?" 〈이기영,

가가가가, 1988, 192〉

　‘빈충맞다’는 사람이 똘똘하지 못하고 어리석으며 수줍음을 타는 데가 있다는 뜻을 가진 표준어 ‘빙충맞다’의 충청도 방언형이다. 충청도 방언에서는 ‘빈충맞다’가 주로 ‘좀 모자라거나 어리석은 데가 있다’는 뜻으로 쓰일 뿐 수줍음의 의미는 없는 것으로 보인다. 그리고 똘똘하지 못하고 어리석은 사람을 뜻하는 명사로 ‘빈충이’가 쓰이는데 이는 표준어 ‘빙충이’의 충청도 방언형이다. 다음의 예문에서 보듯이 충청도 방언에서 ‘빈충맞다’ 외에 표준어형인 ‘빙충맞다’도 쓰인다.

　빙충맞기는……상식을 터득하난 데는 선생이 따로 있는 것도 아닌데, 넌 언제까지나 그렇게 매사를 어섯만 보고 징검댈 참이냐.〈이문구, 산 너머 남촌, 1990, 54〉

　문정이 말을 마치고 돌아설 즈음에야 의곤이는 비로소 주머니에 넣고 있던 두 손을 빼었다. 그리고 시늉만 하는 인사와 함께 빙충맞은 웃음을 히뜩하고 웃었다.〈이문구, 산 너머 남촌, 1990, 163〉

빙판에 넘어진 소 같다

- 표준어 : 대응 표준어 없음
- 품 사 : 관용구
- 뜻풀이 : 얼음판에 넘어진 소와 같이 번듯이 누워 있는 사람의 모습을 비유적으로 이르는 말.
- 사용 지역 : 충청도

흡사 **빙판에 넘어진 소**처럼 번듯이 누운 채 아까의 창피 막심을 생각했다. 예원이한테 들킨 창피 말이다. 〈강준희, 이카로스의 날개는 녹지 않았다(상), 1996, 44〉

빙판은 얼음이 깔려 있어 길바닥으로 누구나 미끄러질 수 있다. '빙판에 넘어진 소 같다'는 사람이 번듯하게 누워 있는 모습을, 빙판에 미끄러져 넘어진 소가 커다란 눈을 껌벅거리면서 번듯이 누워 있는 모습에 비유한 말이다.

이와 비슷한 관용구로 '얼음판에 넘어진 황소 눈깔 같다'와 '얼음에 자빠진 쇠 눈깔'이 있다. 얼음판에 넘어진 소가 어찌할 수 없이 큰 눈을 껌벅거리면서 누워있는 모습에 비유하여 어찌할 수 없는 상황이어시 눈만 멀뚱히 뜨고 절망적인 눈빛으로 누워 있는 모습을 비유적으로 이르는 말이다.

빛가림

- 표준어 : 대응 표준어 없음
- 품 사 : 명사
- 뜻풀이 : 빛을 갚는 일.
- 다른 방언형 : 빛가리
- 사용 지역 : 충청도

빛가림을 하려 해도 워낙 터무니가 없어 내동 사돈네 초상에 외갓집 제사 잊듯 해온 지가 오래라. 〈이문구, 한국소설문학대계55, 우리 동네 리씨, 1995, 431〉

개갈 안 나는 헛소리 웬만치 아갈댔걸랑 그늠으 아갈머리 좀 닥치구 **빛가림** 헐 도리나 궁리혀 봐. 〈이문구, 한국소설문학대계55, 우리 동네 리씨, 1995, 442〉

'빛가림'은 남에게 꾸어 써서 갚아야 할 돈을 뜻하는 '빚'과 치러야 할 셈을 따져서 갚아 준다는 뜻의 동사 '가리다'가 결합된 합성어 '빚가리다'의 어간 '빚가리-'에 명사를 만드는 접미가 '-ㅁ'이 결합된 것으로 분석할 수 있다. '빛가림'을 '빚'과 '가리다'의 어간 '가리-'에 명사파생접미사 '-ㅁ'이 결합된 '가림'이 결합한 것으로 분석할 수도 있지만 충청도 방언에서 '빚가려야지, 빚가리구 나서, 빚가릴라구' 등과 같은 활용형이 관찰된다는 점에서 '빚가림'은 '빚가리다'의 어간 '빚가리-'에 명사를 만드는 접미사 '-(으)ㅁ'이 결합하여 이루진 말로 보는 것이 더 타당해 보인다. '빛가림'은 남에게 꾸어 써서 갚아야 할 돈을 갚는 일을 뜻하는 합성명사다. 충청도 방언에서 '빚가리다' 외에 '빚을 가리구, 빚을 가려야지'나 '빚을 가리구, 빚을 가려야지'와 같이 쓰이기도 한다.

이때는 '빚'과 '가리다'가 구의 구성으로 쓰인 것이다.

참고로, 치러야 할 셈을 따져서 갚아 준다는 뜻의 동사 '가리다'는 '품을 두 개나 가렸다'나 '품값은 갈게(가을에) 가서 쌀로 가리기로 했다'에서와 같이 품값, 물건값 등 돈뿐만 아니라 '품'이나 '물건' 등을 갚는다는 뜻으로도 쓰인다.

'빚가림'과 같은 구성으로 이루어진 말로 '앞가림', '낯가림', '비가림' 등이 있다. '앞가림'은 '제 앞가림도 못하면서 남의 걱정을 한다'에서와 같이 '제 앞에 닥친 일을 제 힘으로 처리해 내는 일'을 뜻하고 '낯가림'은 '우리 애는 낯가림이 심해서 아무한테나 안 간다'에서와 같이 '주로 어린 아이가 무섭거나 하여 낯선 사람을 피하거나 대하기 싫어함'을 뜻한다. '비가림'은 '저녁 때 비가 올 것 같으니 비가림을 해 놓고 오너라'에서와 같이 '물건이나 연장 따위가 비에 젖지 않도록 들여 놓거나 가려 막음'을 뜻한다.

빠가사리

- 표준어 : 자가사리
- 품　사 : 명사
- 뜻풀이 : 퉁가릿과의 민물고기로 몸의 길이는 5~13cm이며, 등은 짙은 적갈색, 배는 누런색, 지느러미 가장자리는 황백색이다. 네 쌍의 수염이 있고 입이 아래로 향하여 있다.
- 다른 방언형 : 빠가, 동자개
- 사용 지역 : 충청도, 강원도

무수천엔 고기가 지천으로 많았다. 꺽지, 메기, 홍어, 동자개(**빠가사리**라고도 함), 쭉병이, 피라미, 불러지, 미꾸라지, 모래무지, 뱀장어 등등. 〈강준희, 이카로스의 날개는 녹지 않았다(상), 1996, 298〉

'빠가사리'는 퉁가릿과의 민물고기이고 '동자개'는 동자갯과의 민물고기이며 크기와 색깔이 다르다. '빠가사리'는 표준어 '자가사리'에 해당하는 민물고기다. '빠가사리(자가사리)'는 몸의 길이는 5~13cm이며, 등은 짙은 적갈색, 배는 누런색, 지느러미 가장자리는 황백색이고 비늘이 없다. 네 쌍의 수염이 있고 입이 아래로 향하여 있다. 이에 비해 '동자개'는 빠가사리와 마찬가지로 가슴지느러미와 등지느러미에 가시가 있는데 여기에 찔리면 손이 붓기도 한다. 가슴지느러미와 등지느러미에 가시가 있고, 입가에 네 쌍의 수염이 있으며 비늘이 없는 점은 빠가사리와 같으나 몸의 길이가 25cm 정도로 빠가사리보다 크며, 몸의 빛깔도 잿빛 갈색 바탕에 반점이 있는 점이 다르다.

충청도에서는 흔히 동자개와 빠가사리를 혼동하거나 두 종류의 물고기를 같은 이름으로 부르는 경우가 많다. '빠가사리'는 주로 강원,

충청 지역에서 많이 쓰이는 방언형이다. '빠가사리'를 충청도 방언에서
'틍바우, 뚱바우'라고 부르기도 한다.

뼛성 오른 푸소

- 표준어 : 대응 표준어 없음
- 품　사 : 관용구
- 뜻풀이 : 갑자기 흥분하거나 화가 나서 날뛰는 소.
- 사용 지역 : 충청도

그런 때 마침 캐앵- 캐앵- 하고 울다 그친 여우가 다시 이어 주면 대복은 **뼛성 오른 푸소**처럼 급히 뛰었고, 나는 울멍거리는 가슴을 부쩌지못해 대복이 어깨를 잡았던 팔로 대복이의 목덜미를 감아 죄는 거였다. 〈이문구, 제3세대한국 문학9:李文求, 관촌수필, 1983, 183〉

‘뼛성 오른 푸소’의 ‘뼛성’은 표준어 ‘뼛성’의 충청도 방언형으로 갑작스럽게 흥분하거나 화를 내는 모습을 나타내는 말이다. ‘푸소’는 표준어 ‘푿소’를 잘못 표기한 것으로 보인다. 표준어의 ‘푿소’는 생풀만 먹어서 힘을 잘 쓰지 못하여 부리기에 적절하지 않은 소를 뜻하는데 예문에서는 ‘부리기에 적절하지 않은 소’의 의미가 변하여 ‘길들여지지 않은 소’의 뜻으로 쓰인 것으로 해석된다. ‘길들여지지 않은 소’는 길이 들지 않아 부리기에 적절하지 않기 때문이다. 예문의 ‘뼛성 오른 푸소’는 ‘대복’이가 급히 뛰는 모습을, 미숙하여 길들여지지 않은 소가 갑자기 흥분하여 날뛰는 모습에 빗대어 비유적으로 이르는 말이다.

그런데 예문의 ‘푸소’를 ‘덜 익은, 미숙한’의 뜻을 가진 접두사 ‘풋—’에 ‘소(牛)’가 결합된 ‘풋소’로 해석할 수도 있을 것이다. ‘풋소’를 ≪조선말 대사전≫에서와 같이 낳은 지 얼마 안 되어 아직 일을 해 보지 않은 어린 소로 보면 ‘뼛성 오른 풋소’는 미숙하여 기들여져 있지 않은 소가 갑자기 흥분하여 날뛰는 모습을 나타내는 표현이라고 할 수 있다. 문제는 충청도 방언에서 '풋소'가 아직 덜 자라 길들여지지 않은 소의 뜻으로 쓰이는 예를 찾아보기 어렵다는 점이다.

'푸소'를 '풀소'에 기원하는 것으로 볼 수도 있다. 국어에서 부삽(←불삽), 마소(←말소), 바느질(←바늘질), 소나무(←솔나무) 등과 같이 치조음이나 경구개음에 선행하는 '르' 받침이 탈락하는 현상으로 볼 수 있기 때문이다. 그런데 의미를 고려하면 '푸소'가 '풀소'보다는 '풋소'에서 기원하는 것으로 보는 것이 타당해 보인다.

뿌래기

- 표준어 : 뿌리
- 품　사 : 명사
- 뜻풀이 : 식물의 밑동으로서 보통 땅속에 묻히거나 다른 물체에 박혀 수분과 양분을 빨아올리고 줄기를 지탱하는 작용을 하는 기관.
- 다른 방언형 : 뿌랭이, 뿌래이, 뿌링이, 뿌리이, 뿌렁가지
- 사용 지역 : 충청도, 강원도, 경상도, 평안도

"농사 진 것 죄 압수당허구, 짐장밭두 무수 한 **뿌래기** 배차 한 잎새귀 안 냉기구 죄 압수당했는디 뭣 먹고 여적 살겄유. 대뵉이 등골 뽑어 연명허는 게 분명치." 〈이문구, 관촌수필, 1972, 118〉

마당 터지는디 솔**뿌래기** 걱정두 유만부덩이지 즤아버지는 벨놈의 걸 다 성화대쌉디다…. 넘덜이 들으면 웃어유 웃어…. 〈이문구, 해벽, 1972, 356〉

'뿌래기'는 표준어 '뿌리'에 대응하는 충청도 방언형이다. '뿌래기'는 충청도 지역 외의 남한 및 북한 지역에서도 폭넓게 쓰이는 것으로 알려져 있다. 이에 비해 '뿌래이, 뿌랭이, 뿌링이, 뿌리이' 등은 주로 한반도 남부 지역에서 쓰이는 것으로 알려져 있다. '뿌래기' 형은 '뿌리'와 '-아기'가 결합된 것으로 분석할 수 있고 '뿌랭이, 뿌래이' 형은 '뿌리'와 '-앙이'가 결합된 것으로 분석할 수 있다.

삐기

- 표준어 : 뻘기
- 품   사 : 명사
- 뜻풀이 : 띠의 애순.
- 다른 방언형 : 뻘기, 삐뿌장구, 삐삐기
- 사용 지역 : 충청도, 경상도, 전라도

> 그 무렵 칠성바위 언저리와 밭 가장자리엔 새봄마다 지장풀이 잘 되었고, 특히 할아버지 헛묘의 묘갈과 분엔 달착지근하게 배동오른 **삐기**가 많아, 햇발 긴 마른 봄날이면 얼굴을 까맣게 태워가며 소꿉장난으로 긴 해를 보내곤 했었다. 〈이문구, 관촌수필, 1972, 126〉

'삐기'는 표준어 '뻘기'에 대응하는 충청도 방언형이다. '삐기'는 봄에 새순이 올라올 때 밭둑이나 묘 부근에 나는 띠의 애순을 가리키는 충청도 방언이다. 이 '삐기'의 연한 애순을 뽑아서 먹으면 달착지근한 맛이 난다. 먹을 것이 귀하던 시절에는 이 단맛 때문에 아이들이 삐기를 뽑아 먹기도 하였다. '삐기'는 지역에 따라 '삐뿌장구, 삐삐기, 뻘기'라고 부르기도 한다.

'삐기'는 볏과의 여러해살이풀로 줄기는 약 30~80cm이고 원추형으로 똑바로 서 있고 잎은 뿌리에서 모여 나며 마디가 없어 늦여름이나 초가을에 베어 말렸다가 자리를 매거나 늦가을에 베어다가 지붕을 이기도 한다. 들이나 길가에 무더기로 자란다.

삐다

- 표준어 : #뿌리다
- 품　사 : 동사
- 뜻풀이 : 자잘한 것을 던지거나 떨어뜨려 곳곳에 골고루 흩어지도록 하다.
- 사용 지역 : 충청도

"이 모를 워치기 질러낸 중 알어? 누룩 디뎌 띄우듯이 안방에서 이불 씌워 질렀다 이게여." 사실이었다. 통일 유신계의 신품종만을 심도록, 재래종을 **삐**면 못자리를 짓밟아 엎고, 재래종 볍씨를 숨겨 침종하지 못하도록 울안을 들들 뒤지는 통에, 독을 안방에 앉히고 볍씨를 틔웠던 것이다. 〈이문구, 우리 동네 정씨, 문학과지성33, 1978〉

그러나 못자리 버무리며 무살미 하기 앞서, 그나마 날포를 못 넘기며 긋던 가랑비만 서너물 한 뒤, 보리누름해서부터 입때껏 구름마저 드물었으니, 일반찬하게 열무라도 **삐**어본다고, 아무리 씨앗을 배게 부어도 푸서리 틈에 개똥참외 움나듯 씨 서는 게 드물어, 아예 한갓지게 버림치로 돌려 묵정이 만들고, 그 위에 호랑이 새끼쳐도 모르게 깃고 욱은 바랭이 개비름 따위나 베어다가 돼지 참 주는 집만 해도 여러 가구였다. 〈이문구, 우리 동네 金氏, 한국문학49, 1977〉

'삐다'는 표준어 '뿌리다'에 대응하는 충청도 방언이다. '삐다'는 '삐다, 삐구, 삐지, 삐는, 삐어, 뼜다/삤다' 등과 같이 활용하는 동사로 '자잘한 것이 곳곳에 골고루 흩어지도록 뿌리다'의 뜻으로 쓰인다. '신품종 볍씨를 삐었다'에서와 같이 삐는 대상은 주로 볍씨, 무씨 등과 같이 씨앗이나 낱알의 크기가 작은 것이 된다. '삐다'가 '여기저기 골고루 흩어지도록 뿌리다'의 뜻으로 쓰이는 데 비해 땅을 일정한 간격으로 파고 씨앗이나 넣는 것은 '심는다'고 하고 나중에 옮겨 심기 위해 씨앗이나 낟알을 두세 개씩 넣어 심을 때는 주로 '모 붓는다'고 한다. 나중에 옮겨 심기 위하여 들깨와 같이 씨앗을 무작위로 흩어 뿌릴 때도 '모 붓는다'고 한다.

참고로, 충청도 방언에서 '물기가 마르거나 잦아들다'의 뜻으로 쓰이는 '삐다'도 있다. 물에 씻은 밀을 소쿠리에 건져 놓으면 점차 물기가 빠지고 마르는데 그럴 경우 '물이 삐었다'고 한다. 고무신에 들어간 물이 거의 말라갈 때도 같은 표현을 쓴다. 예를 들면 '대소고리에 건져 났다가 물이 삐만 가주 와(대소쿠리에 건져 났다가 물이 빠지면 가지고 와.)'에서와 같이 물기가 저절로 마르거나 잦아드는 경우 '삐다'를 쓰지만 인위적으로 물이 빠지거나 잦아들도록 하는 경우에는 사동형의 '삐우다'를 쓴다. 고무신에 물이 들어가면 벗어서 거꾸로 쥐고 팔을 치켜들었다가 아래로 힘껏 뿌리거나 팔을 크게 휘둘러 고무신에 들어 있는 물기를 털어버리는데 이러한 동작을 할 때도 '삐운다'는 말을 쓴다. 따라서 '물이 삐었다'고 하면 물기가 말라서 현재는 물기가 없다는 뜻이 되고 '물을 삐운다'고 하면 물기가 많아서 물기를 없앤다는 뜻이 된다.

삐루

- 표준어 : 맥주
- 품   사 : 명사
- 뜻풀이 : 엿기름가루를 물과 함께 가열하여 당화한 후, 홉(hop)을 넣어 향(香)과 쓴맛이 나게 한 뒤 발효하여 만든 알코올성 음료의 하나.
- 다른 방언형 : 삐-루
- 사용 지역 : 충청도

"이 **삐-루** 한 고뿌가 쇠고이기 닷 근이라데." 〈이문구, 제3세대한국문학9:李文求, 관촌수필, 1983, 102〉

"살이 되고 피가 되고 색(色)이 되는 건 뭐니뭐니 해두 그저 **삐룹니다.**" 〈이문구, 장한몽최종, 1976, 612〉

'삐루'는 '맥주'를 뜻하는 영어 'beer'의 일본어식 발음을 음역한 것이다. 예문에서와 같이 '삐루 한 고뿌'라고 하면 '맥주 한 컵'이라는 뜻이다. 일본어는 개음절언어이기 때문에 음절말 위치에 자음이 오는 것을 꺼린다. 이에 따라 '컵'을 '고뿌'라고 발음하는 것이다.

삐우다

- 표준어 : #뿌리다
- 품　사 : 동사
- 뜻풀이 : 자잘한 것을 던지거나 떨어뜨려 곳곳에 골고루 흩어지도록 하다.
- 사용 지역 : 충청도

> 그끄제 밤에 늬가 참버리처럼 닝닝거리고 간 뒤로—
> 불빛은 송화ㅅ가루 **삐운** 듯 무리를 둘러 쓰고
> 문풍지에 아름푸시 어름 풀린 먼 여울이 떠는구나. 〈정지용, 정지용시집, 뻣나무 열매, 1936, 74〉
>
> 금단초 다섯 개를 **삐우고** 가쟈, 파아란 바다 우에 〈정지용, 정지용시집, 선취, 1936, 76〉

충청도 방언의 '삐우다'는 '자잘한 것이 곳곳에 골고루 흩어지게 하다'의 뜻으로 쓰이는 '삐다'의 사동형이다. 형태상으로 보면 충청도 방언형 '돋우다'와 '돋다'나 '노누다/농구다'와 '논다', '피우다'와 '피다'와 같이 사동파생 접미사 '-우-'의 유무에 따라 구별된다. '자잘한 것이 곳곳에 골고루 흩어지게 하다'의 뜻으로 쓰이는 '삐우나'는 '흩뿌리다'와 바꾸어 쓸 수 있다는 점에서 위의 예문들은 '송홧가루를 흩뿌린 듯'이나 '금단초 다섯 개를 흩뿌리고' 정도로 해석할 수 있다. 충청도 방언에서 '삐우다'는 '모판에 신품종 볍씨를 삐웠다'에서와 같이 볍씨 따위의 곡식을 파종하는 경우에 주로 쓰인다.

참고로, 충청도 방언의 '삐우다'가 '물기가 저절로 마르거나 잦아들

다'의 뜻으로 쓰이는 '삐다'의 사동형으로도 쓰인다. 물기가 저절로 마르거나 잦아드는 경우에는 '삐다'가 쓰이지만 인위적으로 물이 마르게 하거나 잦아들도록 하는 경우에는 사동형의 '삐우다'가 쓰인다. 따라서 물에 씻은 밀을 소쿠리에 건져 놓으면 점차 물기가 빠지는데 그럴 경우 '물이 삐었다'고 하고 고무신에 들어간 물이 거의 말라갈 때도 같은 표현을 쓴다. 그런데 고무신에 들어간 물기를 없애기 위해 손으로 고무신을 거꾸로 쥐고 팔을 들었다가 아래로 힘껏 뿌리거나 팔을 크게 휘두르면서 물기를 털어낼 때도 '삐운다'고 한다. 이때는 자잘한 물방울이 사방으로 흩어지게 한다는 의미가 있다는 점에서 '자잘한 것이 곳곳에 골고루 흩어지게 하다'와 개념적 의미가 같다고 할 것이다.

삐지다

- 표준어 : 삐치다
- 품　사 : 동사
- 뜻풀이 : 마음에 마뜩하지 않거나 성이 나서 마음이 토라지다.
- 다른 방언형 : 삐치다, 삐지다, 삐꾸다, 삐끼다
- 사용 지역 : 충청도

‘삐지다’는 ‘삐지구, 삐지지, 삐저, 삐저서, 삐진, 삐졌다’ 등과 같이 활용하는 충청도 방언으로 ‘마음에 마뜩하지 않거나 성이 나서 마음이 토라지다’의 뜻을 가진 표준어 ‘삐치다’에 대응하는 말이다.

‘삐지다’는 충북, 강원, 경북 지역에서 ‘마음에 들지 아니하고 뒤틀려서 싹 돌아서다’의 뜻을 가진 표준어 ‘토라지다’의 방언형으로도 쓰인다. ‘삐지다’ 외에 ‘삐지다’가 충청도와 강원도 방언형으로 쓰이기도 하고 ‘삐꾸다’가 경남과 전남북 지역에서 쓰이기도 한다. 경남북 지역에시는 ‘삐끼다’가 쓰이기도 한다.

삐질삐질

- 표준어 : 대응 표준어 없음
- 품 사 : 부사
- 뜻풀이 : 성이 나거나 삐치거나 하여 생긴 노여운 마음이 자꾸 소극적인 태도로 나타내는 모양.
- 다른 방언형 : 뻬질뻬질
- 사용 지역 : 충청도

네가 독자 자격으로 작가를 찾아오는 건 얼마든지 환영하지만 돈을 가져와 놓고 가는 건 나를 모독하는 것이어서 절대로 용서할 수 없으니 이따위 짓거리 하려면 다시는 오지 말라 호통을 쳤다. 그러자 P양은 남의 성의를 이렇게 무시하기냐며 **삐질삐질** 울었다. 그래도 나는 아랑곳하지 않고 야단을 쳤다. 〈강준희, 이카로스의 날개는 녹지 않았다(하), 1996, 265〉

그런데 오늘은 어쩐 일인지 어머니가 나를 안방으로 데리고 와 자리를 깔아주었다. 그러나 나는 서럽고 분하고 노여워 처음엔 **삐질삐질** 아버지의 방(사랑채)으로 내뺐다. 〈강준희, 이카로스의 날개는 녹지 않았다(상), 1996, 33〉

한데도 어머니가 끝내 눈깔사탕을 입에 넣어주지 않으면 "씨, 난 엄마 아들 안 해! 난 엄마 아들 아니여!"하면서 **삐질삐질** 밖으로 나가 굴뚝 뒤나 헛간 구석에 틀어박히곤 했다. 〈강준희, 이카로스의 날개는 녹지 않았다(상), 1996, 283〉

'삐질삐질'은 '삐지다'에서 기원한 '삐질'이 중복된 말로 이해된다. '삐지다'가 '마음에 마뜩하지 않거나 성이 나서 마음이 토라지다'의 뜻을 가지므로 '삐질'은 마음에 마뜩하지 않아 성이 나거나 삐친 모습이 소극적으로 나타나는 것을 표현하는 말이고 '삐질삐질'은 그런 모습이 반복되는 모습을 나타내는 말이다.

충청도 방언에서 '삐질'이 독립적으로 쓰이는 예는 찾아보기 어렵고 '삐질거리다'와 같이 어근으로 쓰이는 예만 관찰될 뿐이다. '삐질삐질'은 마음에 마뜩하지 않아 성이 나거나 삐치거나 하여 생긴 노여운 마음을 겉으로 드러내지 못하고 자꾸 소극적으로 표현하는 모양을 나타내는 부사다. '삐질삐질'이 충청도에서는 '저녁 때만 되면 집 생각이 나서 삐질삐질 운다'에서와 같이 소리 없이 소극적으로 자꾸 우는 모양을 나타낼 때도 쓰인다.

이 외에도 마음에 마뜩하지 않아 성이 나거나 삐치거나 하여 생긴 노여움 때문에 집을 나갈 때도 '소가지가 좁아 터져서 저렇게 삐질삐질 나가잖어'에서와 같이 쓰이기도 한다. 이러한 의미로 쓰이는 '삐질삐질'과 비슷한 뜻으로 쓰이는 충청도 방언으로 '비척비척'이 있다. '돈 달래는 걸 안 줬더니 저렇게 비척비척 나가잖어.(돈 달라는 것을 안 줬더니 저렇게 비척비척 나가잖아.)'에서와 같이 쓰인다.

사나끈

- 표준어 : 새끼
- 품　사 : 명사
- 뜻풀이 : 짚을 꼬아 물건을 매거나 꿰거나 하는 데 쓰는 가늘고 긴 줄.
- 다른 방언형 : 사내끼, 산내끼, 산나끈, 새끼
- 사용 지역 : 충청도

창길이는 진천 아씨가 내주는 병을 받아서 **사나끈**으로 병모가지를 옭아맨 것을 한 손으로 어깨에 둘러메고 나갔다. 〈이기영, 봄봄, 1989, 15〉

산잔등을 올라서니 고개마루턱에 느트나무 서낭이 있다. 서낭밑에는 돌자갈을 쌓아 올리고 그 뒤에는 바위가 돌러섰다. 서낭나무가지는 흰 헝겁 빨건 헝겁을 매달고 **사나끈** 사이에다 흰 종이 쪼각을 뀌여서 금人줄을 띠웠다. 〈이기영, 고향2, 1947, 362〉

저녁을 먹고나서 그는 김선달 집으로 마실을 갔다. 사랑방에는 일꾼들이 **사나끈**을 꼬고 가마니를 치느라고 부산하다. 〈이기영, 고향3, 1947, 119〉

그렇게 해서 기계 **사나끈**으로 한 가마씩 묶어 놓는데 허허 참. 그 놈을 검사만 맡으면 정거장으로 실어서 인천이나 군산으로 그대로 막 내실니도록 마드렀데 그려. 〈이기영, 고향3, 1947, 125〉

'사나끈'은 표준어 '새끼(繩)'에 대응하는 충청도 방언형이다. '사나끈'은 '사나'와 '끈'으로 분석할 수 있어 보이는데 '사나'의 의미가 무엇인지 알 수 없다. 표준어 '새끼'의 방언형은 매우 다양한데 크게 '-끈' 계열의 방언형과 '-끼' 계열의 방언형으로 나눌 수 있다. '-끼' 계열의 방언형은 '전라도, 강원도, 경기도, 충청도' 등에서 '사내끼, 산내끼, '새내끼, 샌내끼' 등으로 나타나고, '-끈' 계열의 방언형은 '경기도, 충청도' 등에서 '사나끈, 산나끈' 등으로 나타난다. 제주도에서는 '새끼'의 방언형으로 '삿, 삿나기, 산메끼' 등이 쓰이고 '경기도, 평안도, 함경도' 등 한반도 북부지역에서는 '새꼬래기, 새꾸뎅이' 등도 쓰인다.

한편, 표준어 '새끼'에 대응하는 방언형을 크게 '산나, 사나' 계열과 '새-, 새내-' 계열로 나눌 수 있다. '산나, 사나' 계열의 방언형은 주로 전남북, 충남 등에 분포하여 쓰이고 '새-, 새내-' 계열의 방언형은 주로 충남북, 경남, 전남, 경기도 등에 분포하여 쓰인다.(한민족 언어정보화 방언 검색프로그램)

사내코투리

- 표준어 : #사내자식
- 품　　사 : 명사
- 뜻풀이 : 사내로서 행세할 만큼 성숙한 남자를 속되게 이르는 말.
- 다른 방언형: 사내자식
- 사용 지역 : 충청도

> 신훈이는 작년에 입학을 해 2학년이 됐는데 이게 명색이 **사내코투리**라고 제법 의젓했다. 그런데도 늘 고개를 타라맨 채 힘이 없었다. 〈강준희, 이카로스의 날개는 녹지 않았다(하), 1996, 195〉

'사내코투리'는 '사내'와 '코투리'가 결합된 합성어로 분석할 수 있다. '사내'는 한창 혈기가 왕성할 때의 남자를 이르는 말이고 '코투리'는 완전하지는 않지만 마땅히 그런 역할과 임무를 수행할 만한 자격을 갖추었음을 이르는 말이다. 따라서 '사내코투리'는 아직 완전한 사내 역할을 하기에는 좀 모자라지만 사내로서의 역할과 임무를 수행할 만한 자격을 갖추고 있는 남자를 속되게 이르는 말로 쓰인다. 따라서 남자라도 아주 어린아이에게는 잘 쓰이지 않고 남자 구실을 할 만큼 어느 정도 성숙한 청년 이상의 남자에게 주로 쓰인다. 좀 부족하기는 하지만 그래도 남자로서의 구실을 하는 어른을 가리킬 때도 쓰인다.

사려물다

- 표준어 : 사리물다
- 품 사 : 동사
- 뜻풀이 : 단단히 결심하거나 무엇을 참고 견디기 위해 이를 꼭 마주 물다.
- 사용 지역 : 충청도

나는 이를 **사려물고** 들어앉아 소설 한 편을 써가지고 서울 오영수 선생한 테 가지고 갔다. 〈강준희, 이카로스의 날개는 녹지 않았다(하), 1996, 166〉

그런데도 국회에 다다르니 다리에 힘이 빠져 쭈뼛거려졌다. 나는 이를 **사려물고** 경위한테 다가가 호기 있게 신분증을 내보였다. 〈강준희, 이카로스의 날개 는 녹지 않았다(중), 1996, 81〉

'사려물다'는 '사리다'와 '물다'가 합성된 합성동사다. 따라서 '사려물 다'는 '사리-+어-+물다'로 분석할 수 있다. '사려물다'는 정신을 바짝 가다듬는다는 뜻을 가진 '사리다'의 어간 '사리-'에 연결어미 '-어'가 연 결된 '사려-'에 윗니와 아랫니를 마주 누른다는 뜻을 가진 동사 '물다' 가 합성된 것이다. 예를 들면, '어금니를 사려물고 참았다'에서와 같이 주로 '이(齒)'와 호응하여 쓰인다. '어금니를 사려물었다'나 '이를 사려 물었다'는 어떤 일을 하기 위해 단단히 결심하거나 무엇을 참고 견디 는 모습을 비유적으로 표현하는 말이다.

산날망이

- 표준어 : 산봉우리
- 품　사 : 명사
- 뜻풀이 : ① 산에서 높이 뾰족하게 솟은 부분.
　　　　　② 산의 등성이를 이루는 꼭대기.
- 다른 방언형 : 산날망, 산날맹이, 날망, 날맹이
- 사용 지역 : 충청도

　　폭포수는 절에서 동북편으로 두어 마장을 **산날망이**로 도라가는 그윽한 골 작이 속에 있다. 유수한 숲풀 속에서 내려 질르는 물소리가 차차 크게 들려 온다. 큰 폭포가 절벽을 떠러지는 밑으로 시퍼런 못이 팽기고 그 좌우로 헬 치는 것 같은 물방울이 뛰노는데 거기에는 반석이 쫙 깔리였다. 갑성이와 갑 준이는 돌너덜을 더듬어 나려가며 신기한 듯이 고함을 친다. 〈이기영, 고향2, 1947, 369〉

　　하늘은 한빛으로 검은데, 서쪽 만리재 고개에 걸처있는 쪼각달은 구름이 가리윘는지 보이지 않고 가만 웅장한 봉화째 연봉의 **산날맹이**가 어둠 가운데 희미하게 윤곽이 나타나면서 동쪽 하늘빛이 희꾸무레한 게 거치기 시작한다. 검은 장막이 한꺼풀 벗기어지고 희미한 회색 구름이 하늘 한 구석에서 점점 커지면서 장차 오는 광명을 예고(豫告)하는 것 같다. 〈이기영, 고향4, 1947, 422〉

　'산날망이'는 '산'과 '날망이'가 결합된 합성어로 볼 수도 있고 '산날 망'에 접미사 '-이'가 결합된 파생어로 볼 수도 있다. 전자와 같이 합성 어로 볼 경우 '날망이'는 다시 '날망'과 '-이'로 분석된다. '날망이'는 산 에서 높이 뾰족하게 솟은 부분을 가리키는 산봉우리의 뜻과 지붕이나 산 따위의 등성이의 뜻으로 쓰인다. '날망이'를 충청도 방언에서는 '날망'이라고도 한다는 점에서 '날망이'는 '날망'에 접미사 '-이'가 결합된 파생어로 분석하는 것이 타당해 보인다. '산날망이'는 '산날망'으로도 쓰인다. 두 번째 예문에 보이는 '산날맹이'는 '산날망이'가 'ㅣ'모음 역행동화한 어형이다. '날망이'는 전국적인 분포를 보이는 방언형인데 움라우트가 실현되는 지역에서는 움라우트된 어형인 '날맹이'로 나타나기도 한다. '날망이(날맹이, 날망)'는 '산소 날망이를 쳐 올렸어'나 '산소 날망이가 무너졌어'에서와 같이 쓰기도 하는데 이때의 '날망이'는 산소의 봉분 양옆으로 위에서 아래쪽으로 길쭉하게 흙을 쌓아 두둑으로 만들어 놓은 것을 가리킨다. 산소의 '날망이(날맹이, 날망)'를 충청도 방언에서는 다음의 예에서 보듯이 '날개'라고도 한다.

　인동이는 방개가 푸르락붉그락 하며 방정을 떠는 꼴이 볼수록 자미가 난다. 기름을 발너서 곱게 비슨 머리가 햇볕에 지르르 흐른다. 그는 분홍색 저고리에 메린쓴 남치마를 입었다. 젖가슴이 산날망이 같이 도도록한 게 떠드려 보고 싶을 만큼 시선을 끄으는데 그 밑으로는 날날이 허리에 웅덩이가 호마 궁덩이처럼 펑퍼짐하다.〈이기영, 고향, 1947, 53〉

산내끼

- 표준어 : 새끼
- 품   사 : 명사
- 뜻풀이 : 주로 볏짚으로 꼬거나 드려서 만든 줄.
- 다른 방언형 : 사내끼, 사나끈, 산나끈, 새내끼, 새끼
- 사용 지역 : 충청도, 강원도, 경기도, 경상도, 전라도

"옳우, 옳구유, 그늠으루다 발바닥을 제기며 패슈, 나는 요 산내끼루 창창 묶어 대들보에 매달어 놓을 텡께……." 〈이문구, 관촌수필, 1972, 146〉

"저이들이 석공을 몽둥이루 팬다는디…… 산내끼루 천장에다 달어맨디야." 나는 근심스러워 풀죽은 목소리로 중얼거리며 연방 도래질을 하였다. 〈이문구, 관촌수필, 1972, 148〉

'산내끼'는 표준어 '새끼'에 대응하는 충청도 방언형이다. 표준어 '새끼'에 대응하는 방언형은 크게 '사내끼, 사나끼, 사나끈, 산나끈' 등 '사나, 산나' 형과, '새꼬래기, 새끼, 새내끼, 샌내끼, 세네끼' 등과 같은 '새-' 또는 '새내-' 형이 있다. '사나, 산나' 형은 주로 전남, 충남 등에서 사용되고, '새내-, 세네-, 세-' 형은 충남, 충북, 경남, 전남, 경기 등에서 사용된다. 전체적으로 보면 '사나, 산나' 형보다 '새-, 새내-, 세네-' 형이 더 넓은 분포를 보인다.

한편, 표준어 '새끼'에 대응하는 방언형을 크게 '새끼, 새내끼, 샌내끼, 세내끼' 등과 같은 '-끼' 계열의 방언형과 '산나끈, 사나끈'과 같은 '-끈' 계열의 방언형으로 나눌 수도 있다. '-끼' 계열의 방언형은 '전라도, 강원도, 경기도, 충청도' 등에서 많이 쓰이고 '-끈' 계열의 방언형은 '경기도, 충청도' 등에서 많이 쓰이는 것으로 알려져 있다.

살구지

- 표준어 : 소라
- 품　사 : 명사
- 뜻풀이 : 소랏과의 연체동물. 껍데기의 높이는 10cm, 지름은 8cm 정도이며 두껍고 견고하다. 검은 갈색 또는 어두운 청색이고 안쪽은 희고 광택이 난다. 나사탑은 높고 6층인데 껍데기에 뿔 같은 돌기가 있다. 밤에 해초를 먹고 여름에 녹색 알을 낳는다. 살은 식용하고 껍데기는 자개, 단추, 바둑돌 따위를 만든다.
- 다른 방언형 : 소라
- 사용 지역 : 경상도, 충청도

권상철은 안승학의 큰 목소리를 트러막기 위해서 고패를 숙이고 빌붙었다.

"아니 안주사 좋도록 하자는데 이럴 게야 없지 않소. 하기 싫으면 고만이지 뭐 그렇게……."

"좋도록 하자는 게 겨우 그게냐 말야……. 그머리 권가를 갖이고 반짓 바르게 누구보고 혼인을 하잔담. 응 ……."

"못하실 건 또 뭐 – 있나요. **살구지** 안가나 그머리 권가나 다 – 그렇구 그렇지! 양반이라면 다 같이 양반일 것이요, 상놈이라면 다 같은 상놈이겠지. 그러니 모른 척하고 피차에 혼인을 하게 되면 두 집안의 창피한 소문도 나지 않고 서로 가문의 체면을 세울 수가 있지 않소. 그래서 나도 생각다 못해서 혼인을 하산 말이지 꼭 안주사 댁하고 혼인을 하고 싶이서 힌 말이 아니지요. 허허 … 그런데 안주사는 공연히 ……."

"어째 그머리 권가와 **살구지** 안가가 같단 말이야. 이런 제길할!"

"그럼 더 낫고 못할 건 무어요." 〈이기영, 고향3, 1947, 86〉

어느듯 주객은 서로 지체 다툼을 하느라고 옥식각신 하다가 정작 담판은 저만큼 물너가고 마렀다.

"그머리 권가가 명색이 뭐야."

> "살구지 안가는 무슨 양반이람!"
> 하고 마츰내 그들은 욕질 손찌검질까지 나왔다. 〈이기영, 고향3, 1947, 87〉

'살구지'는 표준어 '소라'에 대응하는 충청남도 방언형이다. '살구지'는 예문에서와 같이 '살구지 안가' 등으로 표현된다. 살구지(소라)가 나사 모양의 껍데기 안에 사는 것에 빗대어 사람의 성씨 '안'을 비유적으로 표현한 것이다. 어떤 물체나 공간을 둘러싸고 있는 가에서 가운데로 향한 쪽을 뜻하는 '안'과 성씨 '안'이 발음상으로 같다는 점을 이용한 비유적인 표현이다. '살구지(소라)'가 껍데기 안에서 산다는 특성과 사람의 성씨 '안'의 발음을 연상시켜 표현한 것이 '살구지 안가'라고 할 수 있다.

살풋하다

- 표준어 : 대응 표준어 없음
- 품　사 : 형용사
- 뜻풀이 : 보드랍고 따뜻하여 편안한 느낌이 있다.
- 다른 방언형 : 살폿하다
- 사용 지역 : 충청도

건넛산에서는 금빛 영롱한 송화가루가 바람에 실려 아슬히 흩날리고 경염을 벌이듯 다투어 핀 갖가지 기화 요초는 **살풋한** 미풍을 타고 수액처럼 싱그러운 꽃내음을 담아 솔솔 실어온다. 〈강준희, 이카로스의 날개는 녹지 않았다(상), 1996, 20〉

재넘이(산으로부터 내리부는 바람)는 **살풋한** 풀향기를 싣고 쇄아쇄아 불어 내려와 코끝을 스치고 지나갔다. 〈강준희, 이카로스의 날개는 녹지 않았다(상), 1996, 340〉

'살풋하다'는 '살풋'과 '-하다'로 분석할 수 있다. '살풋'은 보드랍고 따뜻하여 편안한 느낌을 나타내거나 풋잠이나 얕은 잠에 빠져드는 모습을 니타내는 어근이고 '-하다'는 형용사를 만드는 접미사다. 전체적으로 긍정적이고 좋은 느낌을 나타낼 때 쓰이는 말이다. 풋잠이나 얕은 잠에 빠져들 때는 '살풋이 잠이 들었다'에서와 같이 주로 부사적으로 쓰인다.

충청도 방언에서 '살풋하다'보다 작은 느낌을 주는 말인 '살폿하다'도 쓰인다. '살폿하다'가 부사적으로 쓰일 때는 '살폿이'가 된다.

삼태미

- 표준어 : 삼태기
- 품　사 : 명사
- 뜻풀이 : 가는 싸리나 대오리, 칡, 짚, 새끼 따위로 만들어 흙이나 쓰레기, 거름
　　　　　따위를 담아 나르는 데 쓰는 기구. 앞은 벌어지고 뒤는 우긋하며 좌우
　　　　　양편은 울이 지게 결어서 만든다.
- 다른 방언형 : 산태미, 산태기
- 사용 지역 : 강원도, 충청도, 경상도, 경기도, 전라도, 평안도, 중국

　　신부가 도착할 어름이 가까워진 눈치였다. 이윽고 요까티 사는, 석공네와 무엇이 된다던, 남춘 동춘이 형제가 산등성이 황토박이에서 금방 파 온 듯싶은 **삼태미**의 황토를 다리 위에 좌우로 두 무더기, 널빤지 사립문턱 양쪽에 두 무더기씩 소복소복 쏟아놓았다. 〈이문구, 관촌수필, 1972, 144〉

　'삼태미'는 표준어의 '삼태기'에 대응하는 충청도 방언형이다. '삼태미'는 용도에 따라 만드는 재료와 모양이 약간 다르다. 재를 치거나 거름을 나를 때 쓰는 '삼태미'와 감자와 같이 굵거나 엉근 것을 담아 나르거나 할 대 쓰는 삼태미는 만드는 재료와 모양이 다르다.

　충청도 지역에서 쓰는 '삼태미'는 가는 싸리나 대오리로 만든 것과 짚이나 새끼 따위로 만든 것이 있다. 싸리나 대오리로 만든 것은 싸릿가지나 대오리 사이에 틈이 있어서 모래나 흙이 아래로 빠지게 되어 있고 좌우 양편의 울이 낮다. 주로 감자나 고구마, 자갈 등 알이 굵은 것을 담아 나를 때 쓴다. 요즈음에는 철사로 얽어 만든 것도 있다. 이에 비해 짚이나 새끼로 만든 것은 틈이 없고 좌우 울이 높아 흙이나 거름 등을 담아 나르는데 편리하다.

　모양에 따라 방언형에도 차이를 보여 싸리나 대오리로 만든 것은 주로 '거렁이, 거렝이, 소쿠리, 소고리, 소구리' 등의 방언형이 쓰이고 짚이나 새끼로 만든 것은 주로 '삼태, 산태미, 산테미, 삼태미, 집소구리, 집소쿠리' 등의 방언형이 쓰인다. 보통 '삼태미'라고 하면 짚으로 만든 것과 싸리나 대오리로 만든 것을 포괄하는 의미로 쓴다. 특별히 싸리로 만든 것만을 가리킬 때는 '싸리산태미, 싸리삼태미, 싸리산테미'라고 하고 대오리로 만든 것을 가리킬 때는 주로 '거렁이, 거렝이, 소쿠리, 소고리, 소구리'라고 한다. 충청도나 강원도의 산간지역에서는 주로 싸리로 만들어 썼고 대나무가 많이 나는 남부지역에서는 대오리로 만들어 썼다. 싸리나 대오리로 만든 것과 구별하여 짚으로 만든 것만을 가리킬 때는 '짚산태미, 짚삼태미, 짚산테미' 등이 쓰인다.

삽짝문

- 표준어 : 사립문
- 품 사 : 명사
- 뜻풀이 : 기둥을 세우고 사립짝을 달아서 만든 문.
- 다른 방언형 : 삽짝, 사립짝
- 사용 지역 : 충청도, 강원도, 경상도

전 순검은 마래기를 한옆에다 벗어놓고 망건을 쓴 상투 바람으로 앉아서 담배를 피우는데 아이들은 마치 무슨 구경거리나 생긴 것처럼 하나 둘씩 몰켜서서 바라본다. 어떤 애들은 무서워서 저만큼 먼 빛으로 보고 섰다. 여인네들은 **삽짝문** 뒤로 내다보며 끼리끼리 소곤거리었다. 〈이기영, 봄봄, 1989, 076〉

비로소 그는 어떤 의심이 불현듯 났다. 그래 그는 그 길로 가만가만 국실의 집 뒤로 가서 집안의 동정을 엿보았다. 예측했던 바와 같이 역시 집에는 아무도 없는 것 같다. 그래도 혹시 몰라서 그는 **삽짝문**을 열고 가만히 들어가 보았다. 그런데 별안간 안방 문이 탁 열리며 "누구여?" 하고 소리를 지른다. 〈이기영, 봄봄, 1989, 186〉

국실이는 더욱 어색한 기색을 지으며 항변을 하러드는데 석림은 바깥을 내다보다가 "아닌가 저 봐라." 하고 **삽짝문**을 가리킨다. 달빛에 마당 안으로 들어서는 사람은 과연 오 도령이 분명하였다. 〈이기영, 봄봄, 1989, 187〉

삽짝을 들어서며 그가 말했다. 〈이광복, 목신의 마을, 1991, 179〉

갑출이가 콩을 지러 간 사이에 황 영감은 기우뚱해진 **삽짝**을 손질했다. 〈이광복, 목신의 마을, 1991, 228〉

　'삽짝문'은 '삽짝'과 '문'이 결합된 합성어로 분석된다. '삽짝'은 '사립
짝'의 준말이다. '삽짝'은 기둥과 문틀로 쓸 수 있을 만큼 적당히 굵은
나무로 네모지게 짠 문틀에 싸릿가지를 베어다가 두툼하고 가지런하
게 결어서 열고 닫을 수 있게 만든 문짝을 말한다. '삽짝문'은 주로 싸
릿가지나 나뭇가지로 엮어서 둘러친 울타리의 출입구에 기둥을 세우
고 그 기둥에 달아서 열고 닫을 수 있도록 만든 문을 가리킨다. 지역
에 따라서는 대나무를 이용하여 문짝을 만들기도 한다. 예전에는 담을
쌓는 대신 울타리를 둘러치는 경우가 많았기 때문에 '삽짝문'이 일종의
대문 역할을 하였다.

상기

- 표준어 : 아직
- 품　사 : 부사
- 뜻풀이 : 어떤 일이나 상태 또는 어떻게 되기까지 시간이 더 지나야 함을 나타내
　　　　거나, 어떤 일이나 상태가 끝나지 아니하고 지속되고 있음을 나타내는
　　　　말.
- 다른 방언형 : 상구, 상긋
- 사용 지역 : 충청도, 강원도, 평안도, 함경도, 황해도

나는 몹시 부는 바람을 온 몸에 안고 어머니 산소에 가 어머니와 한참을 놀다가 산을 내려왔다. 바람은 **상기**도 불어 내 부푼 마음을 한껏 헤집어 놓았다. 〈강준희, 이카로스의 날개는 녹지 않았다(하), 1996, 357〉

켜켜이 조여 드는 어둠 속의 이 불길한 기운. 어제 제주도에서 돌아와서부터 좀처럼 되맞춰지지 않고 있는 마음의 불균형. **상기**도 빈집에서 울려대고 있는 긴 전화 벨의 환청. 〈윤대녕, 달의 지평선, 일권, 1998〉

'상기'는 표준어 '아직'에 대응하는 충청도 방언으로 어떤 일이나 상태 또는 어떻게 되기까지 시간이 더 지나야 함을 나타내거나, 어떤 일이나 상태가 끝나지 아니하고 지속되고 있음을 나타내는 말로 쓰인다. 충북, 강원, 평남, 평북, 함남, 함북, 황해 등 주로 북한 지역에서 폭넓게 쓰인다. 충청도 방언에서는 '상기' 외에 '상가', '상구', '상게', '상긋' 등도 쓰인다. 방언형 '상구', '상게'는 평남의 일부 지역이나 평북, 함남, 함북, 황해 등지에도 분포되어 쓰인다. 평안도 지역에서는 '송구' 형도 쓰인다. '상기'는 다음의 예에서 보듯이 우리에게 잘 알려진 조선

시대 시조에도 나타난다.

　　동창이 밝았느냐 노고지리 우짖는다
　　소치는 아해는 상기아니 일었느냐
　　재 너머 사래 긴 밭을 언제 갈려 하나니

　위의 시조는 조선 숙종 때의 인물인 남구만이 지은 것이다. 위 시조의 중장에 쓰인 '상기아니'의 '상기'는 '아직'의 의미로 쓰인 것이다. 따라서 '상기아니'를 현대국어 맞춤법에 따라 표기하면 '상기 아니'로 띄어 써야 한다.

새

- 표준어 : 참
- 품　사 : 명사
- 뜻풀이 : 농부나 일꾼이 일을 하다가 아침과 점심 또는 점심과 저녁 사이에 먹는 끼니때, 또는 그런 음식.
- 다른 방언형 : 새이, 새참
- 사용 지역 : 충청도

그랬는데 오후 **새** 때쯤 서울 본사에서 사장이 내려온다고 공장 내에는 비상이 걸렸다. 〈이광복, 목신의 마을, 1991, 146〉

충청도 방언 '새'는 '농부나 일꾼들이 일을 하다가 아침과 점심 사이, 또는 점심과 저녁 사이에 먹는 음식 또는 그런 음식을 먹을 무렵'을 뜻하는 말이다. '일을 하다가 잠깐 쉬면서 먹는 것'을 뜻하는 표준어 '새참'이나 '농사꾼이나 일꾼들이 끼니 외에 참참이 먹는 것'을 뜻하는 표준어 '곁두리'와는 얼마간의 차이가 있다. 일을 하다가 잠시 쉬는 동안 먹거나 끼니때가 되었을 때에 먹는 것을 뜻하는 표준어 '참'과도 구별된다.

충청도 방언 '새'와 같은 뜻으로 쓰이는 또 다른 방언형으로 '새이'가 있다. 충청도 방언의 '새'와 '새이'는 음식을 뜻하기도 하고 예문에서와 같이 그런 음식을 먹을 무렵을 뜻하기도 한다. 충북 지역에서는 농부나 일꾼들이 일을 하다가 오전에 먹는 것과 오후에 먹는 것을 각각 '아침새이, 저녁새이'라고 구별하기도 한다. '아침새이'는 아침과 점심 사이에 먹는 것이고 '저녁새이'는 점심과 저녁 사이에 먹는 것인데 주로 국수나 비빔밥 등을 먹는다. '새, 새이'는 일을 하던 들녘의 논두렁이나 나무 그늘 아래에서 주로 먹는다. 이때 먹는 음식은 주인집 아낙들이 큰 광주리나 소쿠리에 담아 머리에 이고 나르거나 장정이 지게에 발채를 얹어 지게로 져 나른다.

표준어 '새참'이나 충청도 방언형 '새', '새이'에 대응하는 방언형으로 강원, 충남, 경기 지역에서는 '곁두리, 겨누리, 곁참' 등 '곁-, 겨-' 계열이 주로 쓰이고, 충청도 일부 지역과 전라도 등 남부 지역에서는 '새, 샛밥, 새참, 샛거리, 새이' 등 '새-' 계열이 주로 쓰인다. 그리고 충남 대부분 지역과 충북, 강원 지역에서는 '젙밥, 전노리, 전누리, 제노리, 제누리, 젠누리' 등과 같이 '곁-, 겨' 계열의 어휘가 구개음화한 '젙-, 전-, 제-' 계열의 방언형이 주로 쓰인다.

새 따 먹은 소리

- 표준어 : 새 까먹은 소리
- 품   사 : 관용구
- 뜻풀이 : 어떤 이야기를 듣고 도무지 뭐가 뭔지 모르겠음을 비유적으로 이르는
  말.
- 다른 방언형 : 새 까먹은 소리, 뚱딴지 같은 소리, 자다가 봉창 뚜디리는 소리
- 사용 지역 : 충청도

"큰일? 큰일이라니. 아니 그게 대체 뭔 소리여?" 홍씨는 이게 무슨 **새 따먹은 소리**인가 싶어 흰봉산을 쳐다봤다. 〈강준희, 이카로스의 날개는 녹지 않았다(상), 1996, 133〉

새가 풀이나 곡식의 열매를 따 먹어도 그 흔적이나 근거가 남지 않는 것과 마찬가지로 갑작스럽고 뜻밖에 어떤 말을 듣고 도무지 뭐가 뭔지 모르겠을 때 비유적으로 '새 따 먹은 소리 한다'고 한다. 예문의 경우 꼴을 베고 있던 홍씨가 '흰봉산에서 사람이 뱀에 물려 벼랑에서 떨어졌다'는 소리를 갑작스럽게 전해 듣고 '새 따 먹은 소리'라고 한 것이다. 갑작스레 밑도 끝도 없는 말을 듣고 도무지 뭐가 뭔지 모를 때 쓰는 말이다. 즉 근거나 신빙성이 없고 엉뚱함을 비유적으로 이르는 말이다. 충청도에서는 '새 따 먹은 소리'와 비슷한 뜻으로 '뚱딴지 같은 소리'와 '새 까먹은 소리', '자다가 봉창 뚜디리는 소리'를 쓰기도 한다. '뚱딴지'는 완고하고 우둔하여 말이나 행동이 엉뚱한 사람을 놀림조로 이르는 말이다. 따라서 '뚱딴지 같은 소리'는 상황에 맞지 않게 엉뚱한 말을 할 때 비유적으로 쓰이는 말이다. '새 까먹은 소리'는 새가 낟

알을 까먹고 난 빈 껍질 같은 소리라는 뜻으로, 어떤 말이 근거가 없고 엉뚱함을 비유적으로 이르는 말이다. '자다가 봉창 뚜디리는 소리'도 어떤 말을 들었을 때 그 말이 도무지 뭐가 뭔지 모르겠거나 얼토당토 않을 때 쓰는 말이다.

새금파리

- 표준어 : 사금파리
- 품   사 : 명사
- 뜻풀이 : 사기그릇이 깨어진 작은 조각.
- 다른 방언형 : 새금팽이
- 사용 지역 : 강원도, 경기도, 경상도, 전라도, 충청도

"지금 순찰사또께서 수성장으루 령암성을 지키실 때 쓰시든 방법이 잇스니 그대루 준비해 두십시다."
"어떤방법이요."
"끓는 물을 끼어언구 불끄러미를 내던지구 돌떵이 기와쌍 **새금파리**를 나러 치는 것입니다."
"그만 준비는 힘들 것이 업소." 〈홍명희, 임거정2, 1939, 154〉

'새금파리'는 사발이나 대접, 접시 등 사기그릇이 깨진 조각을 말한다. 어린아이들이 소꿉놀이할 때 이 사기그릇 깨진 조각 위에 풀이나 모래 등을 올려놓고 음식이라고 하면서 논다.

어린아이들이 이렇게 사기그릇 깨진 조각을 가지고 노는 것을 '통굽질, 통구바리'라고도 하고 '소꿉놀이, 소꿉질'이라고도 한다. '통굽질, 통구바리'나 '소꿉놀이, 소꿉질'과 호응하는 동사는 '하다'다. 충청도 방언에서 '통구바리'는 '사기그릇 깨진 조각을 가지고 노는 일'을 뜻하는데 강원도에서는 '사금파리'의 뜻으로 쓰인다고 보고되어 있다. 놀이를 뜻하는 '통구바리'가 '사금파리'의 뜻으로도 쓰이는 것인지는 좀 더 면밀한 조사가 있어야 할 것이다.

표준어 '사금파리'에 대응하는 방언형은 '통구바리' 형과 '새금파리,

새금팔' 형이 있다. '새금파리, 새금팔' 형은 남한 전역에서 쓰이고, '통구바리' 형은 주로 강원도 지역에서 많이 쓰인다. '사금팔, 새금팔' 형은 전라도와 경기도에서 쓰인다. 방언형 '사금팔'과 '새금팔'을 고려하면 '사금파리'와 새금파리'는 각각 '사금팔'과 '새금팔'에 접미사 '-이'가 결합된 '사금팔이'와 '새금팔이'를 소리나는 대로 적은 것이라고 할 수 있다. 이 외에도 방언에서 '사금파리'의 방언형으로 쓰이는 '사그먹치, 사그망치, 사그막치' 등은 제주도와 함경도 지역에서 주로 쓰이고, '사감지, 사갑지, 사갑치' 형은 평안도 지역에서 주로 쓰이는 반면 '깜파리, 깸파리, 깨금파리' 등은 강원도, 경기도 등 중부지역에서 주로 쓰인다.

새꼽빠지다

- 표준어 : 새삼스럽다
- 품 사 : 형용사
- 뜻풀이 : 이제까지 하지 않던 말이나 행동을 하는 것이 보기에 주책없고 새삼스
  러운 데가 있다.
- 다른 방언형 : 새꼽맞다
- 사용 지역 : 충청도

"대부께서 보시기에 앞으로는 어떨 것 같습니까요?"

"초목과 하냥 늙자 헌 사람더러 **새꼽빠지게** 뭘 묻구 있는겨? 지집이 갈린 건 몰러두 젓가락 바뀐 건 알더라구, 수십 리 바깥 것이 산인지 구름인지 워찌 안다나? 백수모년(白首暮年)에 배차씨 장사를 해두 입을 지킬 줄 알으니께 구만두세야." 하고 석담은 웃었다. 〈이문구, 산 너머 남촌, 1990, 156〉

"우리나 서울것들이나 서루 저기 하기는 매일반인 겨, 서루 다다 씩여 먹잖으면 못살게 마련된 세상인디, 촌사람만 독약 쓰지 말라는 법 있다담? 시방은 사람, 사람이 먹구 쓰는 게 죄 약이 아니면 독으루 알구 살어두 저기헌 세상인디 **새꼽빠지게** 가로왈 세로왈 헐 게 뭐라나?" 〈이문구, 으악새 우는 사연, 1977, 146〉

순평은 그녀의 체취가 짙은 만큼 다가가긴 했지만 남의 시선이 가로세로 걸려 어째야 좋을 지 몰랐다. 게다가 초순이마저 거들떠 보지도 않으니 더욱 할 말이 없었다. 그렇다고 우두커니 서서 내려다볼 수만도 없는 노릇, 그는 두 눈을 딱 감고 한 마디 했다.

"오늘 애 많이 쓰셨죠?"

겨우 **새꼽빠진** 말이 되어 나왔다. 〈이문구, 장한몽5최종, 1976, 641〉

‘새꼽빠지다’는 ‘새꼽’과 ‘빠지다’로 분석할 수 있다. ‘새꼽빠지다’의 어근 ‘새꼽-’은 그동안 하지 않던 말이나 행동을 해서 주책없이 새삼스러운 데가 있음을 뜻하는 형태소이고, 접미사 ‘-빠지다’는 사람의 성격을 나타내는 명사나 어근에 붙어 ‘그러한 성격을 지니고 있음’의 뜻을 더하고 형용사를 만드는데 쓰이는 형태소다. 따라서 ‘새꼽빠지다’는 그동안 하지 않던 말이나 행동을 해서 주책없이 새삼스러운 데가 있다는 뜻이 된다. ‘새꼽빠지다’와 비슷한 의미로 쓰이는 충청도 방언으로 ‘새꼽맞다’가 있다. ‘새꼽맞다’는 ‘새꼽+-맞다’로 분석할 수 있다. ‘-맞다’는 사람의 성격을 나타내는 일부 명사 또는 어근 뒤에 붙어 그것을 지니고 있음을 더하고 형용사를 만드는 접미사다. 따라서 ‘새꼽맞다’는 아래 예문에서 보듯이 ‘새꼽의 성격을 지니고 있다’는 뜻으로 쓰인다. 즉 ‘그동안 하지 않던 말이나 행동을 해서 주책없이 새삼스러운 성격이 있다’는 뜻으로 쓰인다.

“어차피 어제가 오늘이구 오늘이 니열인디 새꼽맞게 시간은 재어 뭣에 쓴다나. 예서 이냥 갈라지자구.”〈이문구, 산너머 남촌, 1990, 264〉

새양

- 표준어 : 생강
- 품　사 : 명사
- 뜻풀이 : 생강과의 여러해살이 풀로 뿌리는 맵고 향기가 좋아 향신료와 건위제로 씀.
- 다른 방언형 : 새앙, 생강
- 사용 지역 : 충청도, 전라도

　"흔히들 소채반찬일수록 생각없이 만들고 맛 모른 채 먹느니라. 그러허나 금생려수허고 옥출곤강인 법, 이전버텀 군자는 푸성귀일수록이 가려 먹으랬어. 부디 채중개강이란 말을 닞지 말 것이니, 푸성귀 속에 게자와 **새양**이 안 들어가면 상것들 음식으루 예겨라."
　"이후 워디를 가 혹 음석을 먹는 일이 있더래두 게자 **새양**이 안 든 음식일랑은 절대 입에 대지두 말으야 쓰느니라." 〈이문구, 관촌수필, 1972, 39〉

　그때 의곤이가 무람없이 말허리를 자르며 야발스럽게 어깃장을 놓았다. "그렇지도 않다구요. 중풍에 든는다는 거야 **새앙** 부추 양파 우엉뿌리 쇠비름…… 어디 한두 가진가요. 그런 것이 효험이 있다면 푸성귀만 먹는 농촌엔 풍병이 없어야 할 거 아닙니까. 아버지는 그게 아니세요. 문제는……." 〈이문구, 산 너머 남촌, 1990, 134〉

　'새양'은 표준어 '생강'에 대응하는 방언형으로 전라도와 충청도에서 주로 쓰인다. 이들 지역에서는 '새양' 외에 '새앙'도 쓰인다. 강원, 경남, 경북 등 우리나라 동부지역에서는 '생강' 형이 주로 쓰이고 전남, 전북, 충남 등 우리나라 서부 지역에서는 '새양, 새앙' 형과 '생강' 형이 주로 쓰여 동부지역과 서부지역 간에 약간의 차이를 보인다. 서부지역에서 쓰이는 '생강'형은 동부지역에서 확산된 것으로 보인다.

  참고로, 표준어의 '생강'은 15세기 국어에서 이미 '싱강'으로 나타나는데 한자어 '生薑'을 표기한 것으로 보인다. 15세기 어형 '싱강'은 후대에 '생강'으로 변하였다. 15세기 국어에는 '싱강' 외에 '싱앙'이 쓰이기도 하였고, 16세기에는 '싱앙'의 이형태로 보이는 '싱양'도 관찰된다. 근대국어에서는 '시양'과 '스양'으로 나타나기도 하였다. '스양'은 '사양'으로 변하여 지금까지 쓰인다. 현대국어에서는 '생강'과 더불어 '새앙'형이 많이 쓰이는데 이 '새앙'은 15세기 어형 '싱앙'에서 변한 것으로 보인다.

새조밭

- 표준어 : 산전, 부대기, 화전
- 품 사 : 명사
- 뜻풀이 : 주로 산간 지대에서 풀과 나무를 불살라 버리고 그 자리를 파 일구어
  농사를 짓는 밭.
- 다른 방언형 : 부대기, 산전, 화전, 산전밭, 화전밭
- 사용 지역 : 충청도

"…나무장사로 뒈질 고생 하고, **새조밭** 파면서 쌀밥 한 번 못 먹고, 만날 천날 악식만 먹는 게 그렇게도 좋아? … 니가 이대로 새조밭이나 파고 나무나 해다 팔면 그 친구들은 영원히 못 만나. … 니가 아무리 실력이 있어 육자 배기판을 하고 하늘을 이고 도리질을 한다해도 새조밭을 파고 나무장수나 하면 새조밭꾼이고 나무장수꾼이야.…." 〈강준희, 이카로스의 날개는 녹지 않았다(중), 1996, 22〉

아버지의 충격에서 벗어나 내가 제일 먼저 한 일은 **새조밭** 파기였다. 〈강준희, 이카로스의 날개는 녹지 않았다(상), 1996, 338〉

그러나 나는 아버지 병수발하랴 장례모시랴 하느라 망종을 넘기고서야 **새조밭**을 팠다. 〈강준희, 이카로스의 날개는 녹지 않았다(상), 1996, 339〉

'새조밭'은 국민의 80% 이상이 농업에 종사했던 1970년대 이전에, 부족한 농토를 보충하기 위해 주로 산간 지대에서 국유림의 양지바른 개활지에 불을 놓아 관목이나 풀을 불살라 버리고 불사른 자리를 괭이 와 삽으로 파 일구어 나무뿌리를 캐낸 다음 농사짓던 밭을 이르는 말이다. 이렇게 새로 개간한 밭은 생땅이어서 기름지지 못하고 곡식도

잘 되지 않는다. 이런 밭을 '새조밭'이라고 하는데 주로 콩이나 조 또는 옥수수 등을 심었다. '새조밭'은 '파다'와 함께 '새조밭 파다'의 구성으로 쓰인다. '새조밭'은 밭을 일구기 위해 불을 놓을 때 타고 남은 재로 거름을 하는 원시적인 농경방법이다. 이렇게 일군 밭을 '화전, 산전' 또는 '부대기'라고 일컫기도 하고 '산전밭' 또는 '화전밭'이라고 일컫기도 한다. 이런 밭은 대개 경사가 심하다.

샐족하다

- 표준어 : #샐쭉하다
- 품　사 : 형용사, 동사
- 뜻풀이 : ① 마음에 차지 아니하여서 약간 고까워하는 태도가 있다.
  　　　　 ② 마음에 차지 않거나 고까운 마음이 있어 입이나 눈이 한쪽으로 약간 샐그러지게 움직이다.
- 다른 방언형 : 샐쪽하다, 실쭉하다
- 사용 지역 : 충청도

"삼월 초생에는 큰아버님께서 상경하실 뜻하다."는 사촌의 편지를 본 안해는 좀 **샐족한** 눈치엇다. 〈이무영, 흙을 그리는 마음, 1932, 106〉

방개는 별안간 눈초리가 **샐족해지며** 자기로도 억제치 못할 어떤 감정에서 못 본 체하고 그대로 지나가라니까 인동이가 빙그레 웃고 길을 막어선다. 〈이기영, 고향 3, 1947, 187〉

'샐족하다'는 '샐족'과 '-하다'로 분석할 수 있다. '샐족'은 표준어 '샐쭉'에 대응하는 충청도 방언형으로 〔샐쪽〕으로 발음된다. '샐족'은 첫 번째 예문에서와 같이 '마음에 차지 아니하여 약간 고까워하는 태도가 있다'는 뜻의 형용사로도 쓰이고, 두 번째 예문에서와 같이 '마음에 차지 않거나 고까운 마음이 있어 입이나 눈이 한쪽으로 약간 샐그러지게 움직인다'는 뜻의 동사로도 쓰인다. 어감상 '샐족하다'나 '샐쪽하다'는 '샐쭉하다'보다 동작이 작고 가벼운 느낌을 준다는 점에서 행동이 약간 귀엽다는 느낌을 주기도 한다. 충청도 방언에서 '샐족하다' 외에 '샐쪽하다'와 '실쭉하다'도 쓰인다. '샐쪽하다'나 '실쭉하다'는 '샐족하다'보다 크고 무겁고 어두운 느낌이 있다.

~서껀 ~서껀

- 표준어 : ～(이)랑 ～(이)랑
- 품　사 : 조사
- 뜻풀이 : 체언 뒤에 붙어 둘 이상의 사물을 같은 자격으로 이어주고 '…이랑 함께'의 뜻을 나타내는 보조사.
- 다른 방언형 : ～하구 ～하구
- 사용 지역 : 충청도, 경기도

갑출이 부부는 일이 좀 한가한 틈을 타서 속옷서껀 작업복서껀 싸들고 황 영감을 면회하러 서포 경찰서를 들렀다. 〈이광복, 목신의 마을, 1991, 135〉

갑출이도 앞에 나가 각목서껀 돌멩이서껀 닥치는대로 집어 던졌다. 망설이고 자시고 할 필요가 없었다. 〈이광복, 목신의 마을, 1991, 173〉

그는 떡잎이 돋아난 채소밭에 가늘게 골을 타고는 오줌서껀 똥물서껀 주르륵주르륵 뿌려 넣었다. 〈이광복, 목신의 마을, 1991, 194〉

표준어에서는 '-서껀'이 체언 뒤에 붙어 '～이랑 함께'의 뜻을 나타낸다. 그러나 충청도 방언에서는 위의 예문들에서 보듯이 주로 명사가 나열될 때 각각의 명사 뒤에 연결되어 두 명사를 같은 자격으로 이어주는 역할을 한다. 즉 표준어에서는 마지막 명사에만 붙는 보조사로 쓰이지만 충청도 방언에서는 명사가 나열될 때 각각의 명사에 다 붙는다는 점에서 차이가 있다. 충청도 방언에서는 '-서껀 -서껀'보다 '-하구 -하구'가 주로 쓰인다.

서름없다

- 표준어 : 대응 표준어 없음
- 품 사 : 형용사
- 뜻풀이 : 사람이나 사물 따위에 익숙하여 낯설거나 어색하지 않다.
- 다른 방언형 : 서름읎다
- 사용 지역 : 충청도

> 염소 마리나 들여매던 조무래기들은 푸새가 웃자란 길굼턱에 모여 팔매질에 뜀박질에 딴전보기 정신없고, 수멍이란 봇도랑 곁에 설멍하게 키만 있는 미루나무 꼭대기의 까치둥지에는 익다 만 치자빛 노을이 설핏하니 비껴 있다. 영두는 **서름없**이 차창을 내다볼 동안에도 시절 따라 아무렇게나 지내온 농촌이 아직도 그림이 되고 노래가 되고 이야깃감이 되는 까닭을 문득 전에 아버지가 풀이한 대로 되뇌어보고 있었다. 〈이문구, 산 너머 남촌, 1990, 61〉

'서름없다'는 '서름'과 '없다'로 분석할 수 있다. '서름없다'는 '생각이나 감정이 사물 따위에 익숙하지 못하고 서먹서먹한 모양'을 뜻하는 어근 '서름'에 어떤 사실이나 현상이 존재하지 않는다는 뜻의 형용사 '없다'가 결합된 말이다. '생각이나 감정이 사물 따위에 익숙하지 못하고 서먹서먹하다'의 뜻을 가진 '서름하다'와 대립된다. '서름하다'의 또 다른 의미로 '남과 가깝지 못하고 사이가 조금 서먹하다'도 있다.

참고로 '서름서름하다'는 '서름하다'의 어근 '서름'이 중복된 '서름서름'에 형용사를 만드는 접미사 '-하다'가 결합된 말이다. '서름서름'은 '사람과 사람 사이가 자연스럽지 못하고 매우 서먹서먹한 모양'을 나타내고 여기에 '-하다'가 붙은 '서름서름하다'는 '사이가 자연스럽지 못하고 매우 서먹서먹하다'는 뜻을 가진다.

설핏하다

- 표준어 : 대응 표준어 없음
- 품　사 : 형용사
- 뜻풀이 : 해가 기울어져서 밝은 빛이 약해지다.
- 다른 방언형 : 설풋하다
- 사용 지역 : 충청도

염소 마리나 들여매던 조무래기들은 푸새가 웃자란 길굼턱에 모여 팔매질에 뜀박질에 딴전보기 정신없고, 수멍이란 봇도랑 곁에 설멍하게 키만 있는 미루나무 꼭대기의 까치둥지에는 익다 만 치자빛 노을이 **설핏하니** 비껴 있다. 〈이문구, 산 너머 남촌, 1990, 60〉

이제 곧 떠나야 할 나그네만이 저무는 해거름을 아쉬워하는 건 아니다. 해꽃이 **설핏하고** 서녘 하늘이 눌눌함을 발견하면 모든 것들도 나그네 옷깃처럼 여며지지 않게 될 거였다. 〈이문구, 장한몽최종, 1976, 559〉

조가 잠 없는 사람들은 죄 밤에 늙지 싶어 하며 잠 못 찾아 하기도 이미 두어 달포가 겨웠나 보았다. 이젠 해만 **설핏해도** 절로 진저리가 처지곤 했다. 눈 뜬 밤에 넌덜미가 난 거였다. 〈이문구, 해벽, 1972, 349〉

유복이가 그 늘근 할머니에게 점심 한 끼를 든든히 얻어먹고 되돌아서서 큰골로 나오는 중에 찬찬이 아페 할 일을 생각하느라고 길가에 안저서 늘ㅅ장을 부린 까달게 큰골 아페 왓슬 때 해가 이미 **설핏하얏다**. 유복이가 동네 들어와서 로첨지가 어느 집에 잇는 것을 알아본 뒤 동네 집과 동네 길을 다시 자세히 눈 살펴두고 로첨지잇는 산밋 새 집을 울 박그로 돌아보고 남의 눈에 뜨이지 안토록 산기슥 으슥한 곳에 숨어 안저서 준비를 차리엇다. 〈홍명희, 임거정1, 1939, 134〉

"네, 내일이면 문장호까지 다 끗난답니다 일하는 것들이 해만 **설핏하면** 일을 못하는 까달게 날짜가 의외루 만이 걸렷습니다." 〈홍명희, 임거정2, 1939, 118〉

내아가 루추한 것은 맘에 시뿔 뿐이지만 뱀이 유난히 만하서 돌무더기 담우로 날마다 긔어다니는 것도 뱀이요 마루압 첨아에서 잇다금 떨어지는 것도 뱀이라 끔직스럽기 짝이 업는데 본토 사람들은 뱀을 령물로 위하야서 죽이지 못하고 모기가 입을 봉한다는 처서(處暑) 지난 지가 발서 오래건만 이곳은 아즉도 해만 **설핏하면** 첨아 아페 모기진이 새까마코 또 거짓말좀 보태면 지네가 자가 넘고 거미가 손바닥 만하야 무섭고 징그러워서 몸에 소름까지 끼칠 때가 만핫다. 〈홍명희, 임거정2, 1939, 196〉

'설핏하다'는 저녁 무렵이 되면서 한낮의 강하던 햇빛이 약해져 힘을 잃은 상태를 나타낼 때 쓰는 말로 '설핏'과 '하다'로 분석할 수 있다. '설핏하다'는 '해의 밝은 빛이 약해진 모양'을 뜻하는 '설핏'에 형용사를 만드는 접미사 '-하다'가 결합된 것이다. 즉, 해가 아직 넘어가지 않아서 저녁 노을은 생기지 않았고 황혼도 깃들지 않은 해거름 무렵에 햇살이 약해진 상태를 나타내는 말이다. 충청도 방언에서 이와 같은 의미로 '설핏하다' 외에 '설풋하다'도 쓰인다. 친척집이나 이웃집에 놀러 간 어린아이들이 낮에는 잘 놀다가 해가 설핏해지면 집 생각과 부모 생각이 나서 불안해 하거나 울고 보채기도 한다. '자는 해만 설핏하면 집에 가구 싶어서 울어쌓드라(쟤는 해만 설핏하면 집에 가고 싶어서 울어쌓더라)'나 '해가 설핏하면 여름에두 시원해지잔어?(해가 설핏하면 여름에도 시원해지잖아?)'와 같이 쓰인다.

성글다

- 표준어 : 성기다
- 품 사 : 형용사
- 뜻풀이 : 어떤 사물과 사물 사이가 촘촘하지 못하고 듬성듬성 사이가 벌어져 있다.
- 사용 지역 : 충청도

> 하늘에는 **성근** 별
> 알 수도 없는 모래성으로 발을 옮기고 〈정지용, 정지용시집, 향수, 1936〉

'성글다'는 '성글고, 성글어서, 성근, 성글지' 등으로 활용한다. 불규칙하게 놓인 물건들 간의 사이가 떠 있는 경우에도 '성글다'를 쓰고, 어레미와 같이 규칙적인 간격을 가진 물건의 눈이 클 때도 '성글다'를 쓴다. 예를 들면, 들깨모를 불규칙하게 심은 것을 보고 '너무 성글게 심었다'고 하면 심어 놓은 들깨들 간의 간격이 너무 멀다는 뜻으로 쓰인 것이다. 따라서 이런 경우는 '좀 더 촘촘하게 심었으면 좋았을 것을' 하는 아쉬움의 표시도 있다. 또한 '얼기미(어레미)가 성글다'고 하면 어레미의 눈이 크다는 뜻이 된다.

'성글다'와 비슷하게 쓰이는 충청도 말로 '엉글다'가 있다. '엉글다'는 어레미의 눈 따위가 촘촘하지 못하고 듬성듬성할 때 또는 그런 어레미로 쳐서 나온 모래나 가루가 곱지 않을 때 쓰인다. 예를 들면 '얼기미(어레미)가 너무 성글어서 안 되겠어.'나 '이 모새(모래)는 너무 성글어서 못 쓰겠어.'와 같이 쓰인다.

소는 누워 있어야 하고 말은 서 있어야 한다

- 표준어 : 침우기마(寢牛起馬)
- 품 사 : 관용구
- 뜻풀이 : 소와 말은 본성이 서로 다르듯이 사람마다 제각기 취미와 습성이 다름을 비유적으로 이르는 말.
- 사용 지역 : 충청도

> **소는 누워 있어야 하고 말은 서 있어야 한다.** 그래야 소답고 말답다. 〈강준희, 이카로스의 날개는 녹지 않았다(중), 1996, 140〉

소는 누워 있는 것을 좋아하고 말은 서 있는 것을 좋아하는 습성이 있다. 이런 습성을 표현한 한자성어가 '침우기마(寢牛起馬)'다. 위 예문의 '소는 누워 있어야 하고 말은 서 있어야 한다'는 소와 말은 본성이 서로 다르므로 거기에 맞게 다루어야 하듯이 사람도 제각기 취미와 습성이 다르므로 그것을 존중해야 한다는 뜻으로 쓰인 말이다. 이와 비슷한 말로 '소는 뉘어 기르고 말은 세워 기른다'와 '소는 몰아야 잘 가고 말은 끌어야 잘 간다'는 말이 있다. 둘 다 소와 말의 본성과 습성이 다르므로 그에 맞게 다루어야 한다는 뜻으로 쓰이는 말이다.

손잽손

- 표준어 : 대응 표준어 없음
- 품　사 : 명사
- 뜻풀이 : 상대방과 손과 손을 맞잡는 일.
- 다른 방언형 : 손잡손
- 사용 지역 : 충청도

이때 갑숙이는 그대로 있기가 열쩍은 모양으로 준이를 불러서 무릎 앞에 앉혔다.

"준이 이리 와. 나하고 놀까."

희준이가 손바닥을 벌리며 안으랴니까 준이는 몸을 뒤틀며 **손잽손**만 하고 모른 척한다.

"호호…. 낯 가리나 -."

갑숙이의 명낭한 웃음소리. 〈이기영, 고향3, 1947, 22〉

《표준 국어 대사전》에는 '손잽손'이 표제어로 올라 있지 않고 '손잡손'만 표제어로 올라 있다. 《표준 국어 대사전》에서는 '손잡손'을 '좀스럽고 얄궂은 손장난을 뜻하는 북한말'이라고 풀이하고 예문도 《조선말 대사전》에서 인용했음을 밝히고 있다. 이에 비해 《조선말 대사전》에서는 '손잡손'을 '좀스럽고 얄망궂은 손장난'이라고 풀이하고 예문은 이기영의 소설 〈고향〉에서 인용했음을 밝히고 있다. 그러나 실제 작품에서는 예문에서 보듯이 '손잽손'으로 되어 있다. 의미도 두 사전에서 풀이한 '손장난'이 아니고 '손과 손을 맞잡는 것'임을 알 수 있다. 즉 예문은 희준이가 준이를 안으려 하자 준이가 안기지 않고 몸을 뒤틀면서 외면한 채 손만 잡혀주고 모른 척하는 모습을 기술한 것이다.

손푸

- 표준어 : 씀씀이
- 품   사 : 명사
- 뜻풀이 : 돈이나 물건 혹은 마음 따위를 쓰는 씀씀이.
- 다른 방언형 : 손세, 손
- 사용 지역 : 충청도

> 어쨌든 홍모와 칠남이는 요즘 들어 돈을 물 쓰듯이 쓰고 돌아다녔다. 본래 궁한 것 모르고 지내온 그들이지만 하여간 돈 쓰는 **손푸**를 보면 풍성풍성하였다. 〈이광복, 목신의 마을, 1991, 57〉

충청도 방언의 '손푸'는 돈이나 물건 따위를 쓰는 씀씀이를 뜻하는 말이다. 위의 예문에 쓰인 '손푸'는 '그 여자는 씀씀이가 보통 큰게 아니여'에 쓰인 '씀씀이'와 바꾸어 쓸 수 있다. 따라서 '돈 쓰는 손푸를 보면 풍성풍성하였다'는 '돈 쓰는 씀씀이를 보면 풍성풍성하였다'로 바꾸어 쓸 수 있다. 그러나 '손푸'와 '씀씀이'가 항상 대치되어 쓰일 수 있는 것은 아니다. 예문에서와 같이 '손푸'가 돈이나 물건 따위를 쓰는 정도를 뜻하는 '씀씀이'와는 바꾸어 쓸 수 있지만 마음과 같이 추상적인 뜻의 '씀씀이'와는 바꾸어 쓸 수 없다.

'손푸'는 '일할 사람' 또는 '일할 양'을 뜻하는 표준어 '손포'와 관련이 있는 듯하나 의미에는 약간의 차이가 있다.

솥다른 음식

- 표준어 : 별식
- 품　사 : 관용구
- 뜻풀이 : 평소 늘 먹던 음식이 아닌 특별히 만든 음식
- 사용 지역 : 충청도

이들은 내가 좋아하는 김치나 겉절이를 만들어 놓았다 주고 때로 **솥다른 음식**(별식)이라도 할라치면 꼭 전화를 걸어 나를 부른다. 〈강준희, 이카로스의 날개는 녹지 않았다(하), 1996, 340〉

‘솥다른 음식’은 보통 때 음식을 해 먹는 솥과는 다른 솥에 해 먹는 음식이라는 데서 연유하여 ‘특별히 해 먹는 음식’이라는 뜻으로 쓰이는 말이다. 즉 ‘별식’을 비유적으로 이르는 말이 ‘솥다른 음식’이다. 따라서 ‘솥다른 음식을 해 먹었다’고 하면 별식을 해 먹었다는 뜻이 된다.

예전에는 무쇠로 만든 작은 솥에 밥을 해 먹었는데 시루에 떡을 하거나 할 때는 밥솥보다 더 큰 솥에 하는 것이 보통이었다. 이와 같이 떡 따위의 별식은 음식을 늘 해 먹던 솥과는 다른 솥에 해 먹는다는 데에서 유래하여 ‘솥다른 음식’이라고 한다.

쇠메질

- 표준어 : 돌땅
- 품 사 : 명사
- 뜻풀이 : 민물에서 고기가 숨어 있을 만한 돌을 쇠메로 세게 내리쳐서 그 충격으로 고기를 기절시켜 잡는 고기잡이 방법.
- 다른 방언형 : 돌탕, 돌땅
- 사용 지역 : 충청도

"그러나 고기잡는 방법은 이 외에도 많아 낚시질, 작살질, 그물질, 쇠메질, 뜸메질 등 여러 가지가 있는데, 낚시질은 낚시로 작살질은 작살로 그물질은 그물로 잡는 것이지만 **쇠메질**은 한겨울에 고기가 들엉있을 만한 돌을 쇠메로 내리쳐 기절시켜 잡는 것을 말함이다. 〈강준희, 이카로스의 날개는 녹지 않았다(상), 1996, 298〉

'쇠메질'은 '쇠메'와 '-질'로 분석되고 '쇠메'는 다시 '쇠(金)'와 '메(杵)'로 분석된다. '쇠메'는 쇠로 만든 메 즉 쇠토막에 자루를 박아 무엇을 치거나 박을 때 쓰는 물건을 뜻하고 '-질'은 접미사로서 도구를 나타내는 일부 명사 뒤에 붙어 '그 도구를 가지고 하는 일'의 뜻을 나타낸다. 따라서 '쇠메질'의 본래 의미는 쇠메를 가지고 어떤 것을 내리치는 일을 뜻하는 것인데 충북 방언에서는 물고기가 숨어 있을 만한 돌을 쇠메로 내리쳐서 그 충격으로 돌 속에 숨어 있던 물고기를 기절시켜 잡는 고기잡이 방법을 뜻하는 말로 쓰이고 있다. 표준어에서는 이런 방법의 물고기 잡이를 '돌땅'이라고 한다. '돌땅'과 '쇠메질'은 약간의 차이가 있다. '쇠메질'은 쇠메를 사용하여 물고기를 잡는데 비해 '돌땅'은 돌이나 쇠메를 사용한다는 점이 다르다. 흔히 아이들이 물가에서 놀다가 물고기를 잡을 때 쇠메 대신 돌을 주어다가 머리위로 들어 올렸다가 물고기가 숨어 있을 법한 돌을 내리쳐서 돌 밑에 숨어 있던 물고기를 기절시켜 잡기도 하는데 이런 경우에는 '쇠메질'이라고 하지 않고 '돌땅'이라고 한다. '돌땅'을 평북 지역에서는 '돌탕'이라고도 한다.

쇠주거리

- 표준어 : 대응 표준어 없음
- 품   사 : 명사
- 뜻풀이 : 장을 보고 와서 술을 한잔 하며 즐기는 일.
- 다른 방언형 : 소주거리, 쏘주거리, 쐬주거리
- 사용 지역 : 충청도

> "들일 끝낸 기념으로 허는 게 호미거리지 뭐유. 장 보구 와서 허는 건 **쇠주거리**…… 소 사온 날 허는 건 여물거리…… 개 먹은 날 허는 건 외발거리…… 한짝다리 들고 해야 잘 되니께……." 〈이문구, 으악새 우는 사연, 1977, 139〉

'쇠주거리'는 곡주나 고구마주 따위를 끓여서 만든 증류식 술인 '쇠주'에 어떤 일로 한턱내는 일을 뜻하는 접미사 '-거리'가 결합된 말이다. '쇠주'는 표준어 '소주'에 대응하는 충청도 방언형이다. '쇠주거리'는 장을 보고 와서 기분이 좋아 소주와 안주를 내 놓고 먹으면서 즐기는 일을 뜻한다.

어떤 명사에 붙어 그 명사와 관련된 일로 한턱내는 일을 뜻하는 접미사 '-거리'가 붙은 말로 '책거리, 쇠주거리, 호미거리, 여물거리' 등이 있다. '책거리'는 예전에 글방에서 학생이 책 한 권을 다 읽어 떼거나 다 베껴 쓰고 난 뒤에 선생과 동료들에게 떡이나 음식 등으로 한턱내는 일을 가리키는 것을 뜻하는 말로 '책씻이'라고도 한다. '호미거리'는 농가에서 농사일, 특히 논매기의 만물을 끝낸 음력 7월 백중 무렵에 날을 받아 일꾼들이 술을 마시고 음식을 먹으며 하루를 즐겨 노는 일을 가리킨다. '호미거리'를 충청도 방언에서는 '호무시' 또는 '호무씻이'

라고 하는데 표준어 '호미씻이'에 대응하는 말이다. '호미거리'는 주로 백중놀이와 함께 하는데 이때는 주인이 머슴에게 옷을 사 주기도 하고 동료들과 술이나 음식을 먹을 수 있도록 돈을 주기도 한다.

'호미거리'는 주로 충청남도에서 쓰이고 '호미씻이'는 주로 충청북도에서 쓰인다. '여물거리'는 소를 사 온 날 기념으로 술과 안주를 즐기며 한턱내는 것을 말한다. 그런데 '여물거리'나 '쇠주거리'를 '여물씻이'나 '쇠주씻이'라고는 하지 않는다.

예전에는 '소'가 큰 재산이었고 농사 밑천이 될 만큼 소중했기 때문에 소를 사오면 그것을 기념하여 술과 안주를 마련하여 이웃들과 즐겼다,

쇠코에 땀나듯

- 표준어 : 대응 표준어 없음
- 품 사 : 관용구
- 뜻풀이 : 소는 힘들게 일을 해도 코에 땀이 거의 나지 않기 때문에 크게 표가 나지 않음을 비유적으로 이르는 말.
- 다른 방언형 : 쇠불알에 땀나듯
- 사용 지역 : 충청도

그동안 **쇠코에 땀나듯** 시나브로 비가 내려 그닥 붇지 않던 개울물이 한꺼번에 퍼붓듯 쏟아지는 비에 골짜기가 뻑뻑했다. 〈강준희, 이카로스의 날개는 녹지 않았다(상), 1996, 245〉

소나 말, 개, 염소 등 온몸에 털이 나 있고 네 발 달린 짐승은 피부에 땀이 나지 않는다. 이런 동물들은 털이 없는 부분인 코나 혀 등을 통해 열을 발산한다. 소도 마찬가지여서 소가 힘든 일을 해도 털이 나 있는 피부에는 땀이 나지 않고 코에만 땀이 나는데 땀방울이 맺히기만 하고 흐르지는 않기 때문에 크게 표가 나지 않는다.

이와 같이 '쇠코에 땀나듯'은 어떤 일이 미세하게 서서히 진행되어 크게 표시가 나지 않는 것을 비유적으로 이르는 말이다. .

'쇠코'는 '쇠+코'로 분석할 수 있고 '쇠'는 다시 '소(牛)'에 조사가 결합된 형태로 분석할 수 있다. '쇠코'는 '소(牛)의 코'를 뜻하는 말이다. 예전에는 '쇠코, 쇠심줄, 쇠고기, 쇠불알, 쇠가죽' 등과 같이 '쇠' 형태가 주로 쓰였으나 요즈음에는 '소코, 소심줄, 소고기, 소불알, 소가죽' 등과 같이 주로 '소' 형태가 쓰인다.

순썰이

- 표준어 : 대응 표준어 없음
- 품 사 : 명사
- 뜻풀이 : 담배를 피우기 위해 끝물의 담배순을 썰어 말린 것.
- 사용 지역 : 충청도

그러나 이 맏물 황색연초를 다 태우고 나면 순썰이라고 하는 끝물의 담배 순을 따 썰어서 태우는데, 이 **순썰이**는 맛도 쓰고 빛깔도 시커매 흉측한데다 독하기가 말도 못해 한 대만 태우고 나도 딸꾹질이나고 정신이 다 어질어질 했다. 〈강준희, 이카로스의 날개는 녹지 않았다(중), 1996, 29〉

아버지는 이러며 "아사히" 담배 한 갑씩을 돌렸다. 사람들은 황송해 어쩔 줄을 몰라 했다. 그도 그럴 것이 담배가 귀해 희연(囍煙·썰어서 담은 봉지담 배. 종이에 말아서 태우거나 담뱃대로 태움)이나 **순썰이**도 마음 놓고 못 태워 인동덩굴이나 호박잎을 말려서 태우는 형편에 궐련을 그것도 한 갑씩이나 주 니 어찌 황송하지 않겠는가. 〈강준희, 이카로스의 날개는 녹지 않았다(상), 1996, 63〉

'순썰이'는 '순+썰이'로 분석할 수 있다. '순'은 나무의 가지나 풀의 줄기에서 새로 돋아 나온 연한 싹을 뜻하고 '썰이'는 칼이나 톱을 대고 아래로 누르면서 날을 앞뒤로 움직여 잘라 내거나 토막이 나게 하다의 뜻으로 쓰이는 '썰다'에서 유래한 것이다. '썰이'는 어간 '썰-'에 명사를 만드는 접미사 '-이'가 결합되어 파생된 말로 '썬 것' 또는 '써는 일'을 뜻한다. 따라서 '순썰이'는 '순을 썬 것'이라는 뜻이 된다. 이때의 '순'은 담배의 순을 말한다. 즉 '순썰이'는 담배를 피우기 위해 담배의 순이나 담배의 어린잎을 말려 썰어 놓은 것을 말한다. '순썰이'는 빛깔도 검고 담배를 피우면 맛이 쓰고 딸꾹질이 날 정도로 매우 독하다.

　담배는 키가 약 2m 가량 크는데 아래쪽과 중간 부분에 있는 잎이 가장 크고 좋으며 위쪽으로 갈수록 잎도 작고 상품가치가 떨어진다. 특히 꽃이 피는 담배 순 부분의 잎은 아주 작고 품질이 낮아 상품가치가 거의 없다. 담배가 익으면 잎을 따서 말리게 되는데 아래쪽의 잎부터 위쪽으로 올라가면서 황색으로 익기 때문에 아래쪽에서부터 위쪽으로 차례로 잎을 따 올라가면서 가공한다. 따라서 맏물로 따는 것이 잎도 크고 빛깔도 황색으로 좋으며 맛도 좋다. 그런데 '순썰이'는 상품가치가 있는 잎은 다 따고 상품가치가 없는 담배 순 부분의 어리고 작은 잎을 따서 말린 다음 가늘게 썰어 피우는 담배를 말한다.

숭년 그지 동냥 주듯

- 표준어 : 대응 표준어 없음
- 품 사 : 속담
- 뜻풀이 : 흉년이 들어 넉넉하지 못할 때는 거지에게도 동냥을 넉넉하게 주지 못한다는 말로 인색함을 비유적으로 이르는 말.
- 다른 방언형 : 숭년에 그지 동냥 주듯 한다.
- 사용 지역 : 충청도

시방까장 들어온 쌀을 볼 것 같으며는 죄다 **숭년 그지 동냥 주듯**이, 물알 든 베 찧은 싸래기쌀, 쭉정이 찧은 물은쌀, 닭 오리 모이허던 두루메기쌀, 뒷목 찧은 자갈쌀, 해설랑은이 몽땅 시게전 바닥쓸이 해온 것이나 다름이 읋더라 이것입니다. 〈이문구, 제3세대한국문학9:李文求, 우리 동네, 1983, 296〉

'숭년'은 표준어 '흉년'이 구개음화한 어형이고 '그지'는 표준어 '거지'의 어두 음절 모음이 고모음화한 충청도 방언형이다. '동냥'은 거지나 동냥아치가 돌아다니며 거져 얻는 돈이나 물건을 뜻한다. '숭년 그지 동냥 주듯'은 흉년이 든 해에는 수확량이 적어 굶주리게 되므로 남에게 거저 얻어먹는 거지에게도 동냥을 넉넉하게 주지 못한다는 말로 인색함을 비유적으로 이르는 말이다. 예문에서 보듯이 흉년에는 너나없이 먹을 것이 넉넉하지 못하기 때문에 거지에게 좋은 곡식을 넉넉하게 주지 못하고 '싸래기쌀, 물은쌀, 두루메기쌀, 자갈쌀' 등 좋지 않은 쌀을 주게 된다는 것이다. 흉년에는 이와 같이 남에게 인색하게 됨을 비유적으로 이를 때 쓰는 말이 '숭년 그지 동냥 주듯 한다'다.

스무남은

- 표준어 : 대응 표준어 없음
- 품   사 : 수사, 관형사
- 뜻풀이 : 스물이 조금 넘는 수. 또는 그런 수의.
- 다른 방언형: 수무남은, 수무남짓, 스무남짓
- 사용 지역 : 충청도

"나이 몃 살이나 되어 보입니까." "글세 몰라서 뭇지 안나." "눈어림으로 말슴을 해 보십시요." "스무남은 되엇슬까." "스물 다섯이올시다 나이 만씁지요." 〈홍명희, 임거정3, 1939, 148〉

자리를 메운 사람들은 한결같이 **스무남은** 살 안팎의 젊은이들이었다. 〈이문구, 산 너머 남촌, 1990, 106〉

방범대원이라곤 해도 자식 또래나 될까 한 **스무남은** 살 안팎된 새파란 애송이었고 걸려도 삼 분이 늦어진 통금 위반으로 집을 눈 앞에 두고 당한 봉변이라고 했다. 〈이문구, 장한몽3, 1976, 353〉

마는 **스무남은** 살 적부터 의정부, 용주리 등 몇 군데의 미군 부대를 전전하며 종업한 경력도 내세웠고, 거기서도 언제나 자기는 한국인 동료 종업원으로부터의 시기와 질투, 투서, 밀고 따위로 밥줄을 잃어 방황해야 했다고 아픈 표정으로 매듭 두려 했다. 〈이문구, 장한몽, 1976, 629〉

연탄 **스무남은** 장, 과자 부스러기가 두어 목판 놓인 초가집이었으나 부엌에선 막걸리도 파는 모양이었다. 〈이문구, 장한몽최종, 1976, 576〉

나는 다시 지게를 짊어지고 까마득한 산마루를 향해 천방지축 추어오르기

'스무남은'은 '스무'와 '남은'으로 분석되고 '남은'은 다시 '남-'과 '-은'으로 분석할 수 있다. '스무'는 그 수량이 스물임을 뜻하는 말이고 '남은'은 '남다'의 어간 '남-'에 관형사형 어미 '-은'이 결합된 것으로 이해된다. '스무남은'은 수를 셀 때 쓰는 말로 '스물 남짓' 또는 '스물이 조금 넘는 수'나 '스물이 조금 넘는 수의'를 뜻하는 말로 쓰인다. 예문의 경우 '스무남은' 뒤에 오는 일의 횟수를 세는 단위를 나타내는 의존명사 '번'을 수식하므로 '스물이 조금 넘는 수의' 정도의 뜻을 가지는 것으로 으로 해석된다. 충청도 방언에서 '스무남은' 외에 '수무남은'과 '수무남짓' 그리고 '스무남짓' 등이 '스무남은'과 같은 뜻으로 쓰인다.

충청도 방언에서 '스무남은'과 똑같은 구성으로 이루어진 말로 '여남은'이 쓰인다. '여남은'은 '여'와 '남은'으로 분석할 수 있고 '남은'은 다시 '남-'과 '-은'으로 분석할 수 있다. 이때의 '여'는 '열(十)'에서 기원한 것으로 'ㄴ'으로 시작하는 말 앞에서 받침 'ㄹ'이 탈락한 것이다. '여남은'은 '열 남짓' 또는 '열이 조금 넘는 수'나 '열이 조금 넘는 수의'를 뜻하는 말로 쓰인다.

스슥

- 표준어 : 조
- 품　사 : 명사
- 뜻풀이 : 볏과의 한해살이풀로 오곡의 하나다. 줄기는 높이가 1∼1.5미터이며, 잎은 어긋나고 좁고 길다. 9월에 줄기 끝에 이삭이 나와 원통 모양의 가는 꽃이 피고 열매는 노란색의 작은 구형(球形)이다. 오곡의 하나로 밥을 짓기도 하고 떡, 과자, 엿, 술 따위의 원료로 쓴다.
- 다른 방언형 : 서:숙, 서속, 수:숙, 스:숙
- 사용 지역 : 충청도, 강원도, 경기도, 전라도, 경상도

"그나저나 집에 일헐 사람이나 있어야 말을 않지. **스슥**두 거둬야 허겄구 고구마두 캐야겄구 헐 일은 수북헌디……." 〈이광복, 목신의 마을, 1991, 259〉

　　충청도 방언에서는 '조'의 방언형으로 '조'와 '스슥'이나 '스:숙' 등이 쓰이지만 '조'와 '스숙'은 의미 차이가 있다. '조'는 식물로서의 '조'를 가리키는 말로도 쓰이고 열매로서의 '조'를 가리키는 말로도 쓰이지만 '스숙'은 주로 식물로서의 조나 줄기와 열매를 통틀어 일컫는 의미로서의 '조'를 가리키는 말로만 쓰인다. 예를 들어, '조 한 되를 샀다'고 하면 열매로서의 조를 한 되 샀다는 뜻이 되고, '스숙 갈았다'고 하거나 '조를 심었다'고 하면 식물로서의 조를 심었다는 뜻이 된다. '스숙밭 매러 간다'고 하거나 '조밭 매러 간다'고 할 때도 '스숙'이 식물로서의 조를 뜻하는 말로 쓰인다. 그러나 열매로서의 조를 뜻하는 말로 '스슥(스:숙) 한 되 사왔다'고는 잘 쓰지 않는다. 대신 '스숙'은 '스숙 갈았다(조 심었다)'나 '스슥밭(스:숙밭) 맨다'와 같이 식물로서의 조를 가리키는 뜻으로만 쓰인다. 이와 같이 '조'와 '스슥/스:숙'은 쓰임에 차이가

있다.

참고로 경상도와 전라도 등 남부방언에서는 표준어의 '조이삭'에 대응하는 방언형으로 '조이삭, 조비알, 조비이삭' 등의 형태가 쓰이기도 하지만 나머지 지역에서는 '스숙이삭, 스숙모가지' 등에서와 같이 '스숙' 형이 주로 쓰인다. 그러나 '좁쌀'을 가리키는 말은 이와 상반된 분포를 보여 남부방언에서는 '스숙쌀' 등과 같이 '스슥, 서슥' 형이 쓰이는데 비해 나머지 지역에서는 '좁쌀, 조이쌀' 등 '조'형이 쓰이는 분포상의 특징을 보인다.

습것습것허다

- 표준어 : 주저주저하다
- 품   사 : 동사
- 뜻풀이 : 머뭇거리고 망설이면서 자꾸 주저하다.
- 다른 방언형 : 주저주저하다
- 사용 지역 : 충청도

그녀가 묻잖은 소리를 꺼내자 어머니는 다시 "워디 츠녀라더냐?" "예, 슴 시악씨래유. 배슴(舟島) 츠넌디, 어물전 들랑대던 워느 뱃놈이 중신했대유." 그녀는 이어서 "**습것습것허다**가 막상 슨을 보니께 아주 갱긋찮게 생겼더라며, 궁합두 썩 좋다구 신서방 마누라는 자랑했쌓던 디유." "슴 츠녀라구 다 시커 면허구 볼상 숭허게 생긴다더냐?" 〈이문구, 관촌수필, 1972, 143〉

'습것습것허다'는 '습것습것'과 '-허다'로 분석할 수 있다. '습것습것'은 무슨 일을 당차게 하지 못하고 머뭇거리거나 망설이면서 자꾸 주저하는 모양을 뜻하는 표준어 '주저주저'의 충청도 방언형이고, '-허다'는 어근에 붙어 동사를 만드는 접미사로 표준어 '-하다'의 충청도 방언형이다. '습것습것허다'는 어떤 일을 할 때 할까 말까 하면서 자꾸 머뭇거리고 망설이면서 주저할 때 쓰이는 표현이다.

시부정찮다

- 표준어 : 시원찮다
- 품　사 : 형용사
- 뜻풀이 : 마음에 만족스럽지 않고 못마땅하다.
- 사용 지역 : 충청도

"그럼 왜? 사람이 웨 그리 **시부정찬으냐**. 쭈그렁 밤송이처럼……"

승학은 딸을 노리고 쏘아보며 속으로는 이런 생각을 하고 있었다. 〈이기영, 고향2, 1947, 290〉

"아무래도 잘못 들어선 길 같아요, 그렇잖겠읍니까."

순평은 그런 말로 제가 답답해 시작했던 하소연을 중둥무이 해버렸다.

"애정 행각이란 게 원래 미로(迷路)를 걷는 거거든, 갈수록 끝은 없고 어려워지니까 말요."

상배도 그렇게 **시부정찮은** 대꾸나 할이만큼 더는 아는 바가 없는 거였다.
〈이문구, 장한몽, 1976, 669〉

그는 어려서부터 큰 뜻을 품고 있었다. 문짜로 표현하라면 해지(海志)였노라고 말해도 떳떳할 정도로. 시절은 그의 뜻을 알아주지 않았다. 큰 뜻이 풀리긴 기녕 데를 이어 왔던 사업, 사업이라기보다는 가업(家業)이었고, 먹고 살자던 생업이었건만 그것마저 **시부정찮게** 지리멸렬하고 말던 거였다. 〈이문구, 해벽, 1972, 351〉

"한 다랭이 받는디 시간이 월마나 걸리나?"

맨 윗배미 두렁이 젖을 만해서 처음 와 보고 남이 물었다.

"낸들 재봤간디. 워낙 짚히 타들어 가서 한두 시간 대 가지구는 제우 먼지나 젤랑말랑 허겄네."

> 　김은 배부른 흥정하듯 **시부정찮은** 내색을 하며 남의 일처럼 건성으로 중얼
> 거렸다.
> 　"줄잡아 한 다랭이에 한 시간씩 쳐두 해전에는 어렵겄지?"〈이문구, 우리 동네
> 金氏, 한국소설문학대계 55, 1995, 410〉

　'시부정찮다'는 '시부정하지 않다'의 준말이다. '시부정찮다'가 '마음
에 만족스럽지 않고 못마땅하다'의 의미를 가지므로 '시부정하다'는 '마
음에 차거나 만족스럽다'의 뜻으로 쓰인다는 것을 알 수 있다. '시부정
하다'는 마음에 차거나 만족스러움을 나타내는 어근 '시부정'과 '하다'
가 결합된 말로 분석할 수 있다.

　'시부정'과 관련된 말로 '시부정섭적'이 있다. '시부정섭적'은 다음의
예문에서 보듯이 '마음에 차거나 만족스럽지 않아서 별로 중요하게 여
기지 않고 대충 넘기는 모양'을 나타낸다.

> 　"영두는 아버지의 말이 너무 덩둘해서 시부정섭적 귀넘어로 들었으나
> 종내에는 제 성질에 못이겨 아무 여렴성도 없이 모집어서 말했다."〈이
> 문구, 산 너머 남촌, 1990, 61〉

시여터지다

- 표준어 : 대응 표준어 없음
- 품   사 : 형용사
- 뜻풀이 : 잘난 체하는 말이나 행동이 분수에 지나치고 건방져 아주 못 마땅한
  데가 있다.
- 다른 방언형 : 시여터지다, 시터지다
- 사용 지역 : 충청도

충청도 방언형 '시여터지다'는 '시다'의 어간 '시-'에 어미 '-어'가 결
합된 '시여-'와 '터지다'가 결합된 말로 분석할 수 있다. 한글맞춤법 규
정에 의하면 '시여터지다'의 올바른 표기는 '시어터지다'가 된다. 예문
에서는 '시다'의 어간 '시-'의 모음 '이'와 연결어미 '-어'가 결합할 때 선
행 모음에 이끌려 순행동화 한 음성형 '시여터지다'를 그대로 표기한
것이다. '시여터지다'는 '시다'의 어간 '시-'에 연결 어미 '-어'가 결합된
충청도 방언형 '시여'와 '터지다'가 합성된 말이다. '시다'는 '눈꼴이 시
다'나 '눈꼴이 시어서 못 보겠다'에서와 같이 잘난 체하는 말이나 행동
이 분수에 지나치고 건방져 눈에 거슬리는 느낌이 있다는 뜻으로 쓰이
고, '터지다'는 앞에 오는 말의 성질이나 상태가 아주 심한 것을 못마
땅하게 여김을 나타내는 부정적인 의미로 쓰인다. 따라서 '시여터지다'
는 '잘난 체하는 말이나 행동이 분수에 지나치고 건방져 아주 못 마땅
하고 거슬리는 데가 있다'는 정도의 뜻으로 쓰인다. 이런 유형의 단어

로 '게을러터지다'와 '느려터지다'가 있는데 모두 부정적인 의미를 내포하고 있다.

시염

- 표준어 : 수염
- 품　사 : 명사
- 뜻풀이 : 성숙한 남자의 입 주변이나 턱 또는 뺨에 나는 털.
- 다른 방언형 : 쉠, 셤, 쉐미, 쉠, 시엄
- 사용 지역 : 충청도

'시염'은 표준어 '수염'에 대응하는 충청도 방언형이다. 예문의 '시염'은 주로 턱수염을 뜻한다. 충청도 방언에서는 '시염' 외에 '셤, 쉠, 시엄'도 쓰인다. 충청도 방언에서 '시염' 또는 '셤, 쉠, 시엄'이라고 하면 턱수염과 콧수염을 구별하지 않는다. 특별히 '턱수염'만을 가리킬 때는 '턱시염' 또는 '턱셤, 턱쉠, 턱시엄' 등이 쓰이고, '콧수염'만을 가리킬 때는 '콧시염' 또는 '콧셤, 콧쉠, 콧시엄' 등이 쓰인다. 턱수염과 콧수염 외에 귀밑에서부터 턱까지 난 수염은 '구레나룻' 또는 '구리나루, 구레나루'라고 한다.

예문에서 '오백 원짜리에 시염이 났는지'는 오백 원짜리 동전에는 학이 새겨져 있고 백 원짜리 동전에는 수염이 나 있는 인물이 새겨져 있는데 얼마짜리 동전에 무슨 그림이 새겨져 있는지 모를 정도로 돈을 본 지가 오래되었다는 것을 비유적으로 표현한 말이다.

시푸르딩딩하다

- 표준어 : 시푸르뎅뎅하다
- 품　사 : 형용사
- 뜻풀이 : 고르지 아니하게 매우 짙고 푸르스름하다.
- 다른 방언형 : 시푸르둥둥하다
- 사용 지역 : 충청도

> 마당에는 푸른 이끼가 돋아 **시푸르딩딩하였다.** 〈이광복, 목신의 마을, 1991, 106〉

'시푸르딩딩하다'는 표준어 '시푸르뎅뎅하다'에 대응하는 충청도 방언형으로 '푸르딩딩하다'에 접두사 '시-'가 결합된 파생어다. '시-'는 색깔을 나타내는 일부 형용사에 붙어 '매우 짙고 선명하게'의 뜻을 더하는 기능을 한다. '푸르딩딩하다'는 '푸르다'의 어간 '푸르-'에 접미사 '-딩딩하다'가 결합된 것으로 분석할 수 있다. 여기에 접두사 '시-'가 붙은 것이 '시푸르딩딩하다'로 '고르지 않게 매우 짙고 선명하게 푸르스름하다'의 뜻으로 쓰인다.

'시푸르딩딩하다'와 같은 뜻을 가지며 어감의 차이를 보이는 충청도 방언형으로 '시푸르둥둥하다'가 있다. 이 '시푸르둥둥하다'는 접두사 '시-'와 '푸르둥둥하다'가 결합된 말로 분석된다. '푸르둥둥하다'는 다시 어근 '푸르-'에 접미사 '-둥둥하다'가 결합된 것으로 분석된다. '시푸르딩딩하다'보다 '시푸르둥둥하다'가 더 진한 색깔을 나타내는 느낌이 있다. 이는 접미사 '-둥둥하다'가 '-딩딩하다'보다 더 어둡고 무거운 느낌을 나타내기 때문이다.

쉰 살을 머리에 이고 있던 그 세검정 무녀는 언제 보아도 시푸르둥둥
한 살결이었고 〈이문구, 장한몽, 1976〉

'시푸르둥둥하다'와 비슷한 뜻으로 쓰이는 충청도 방언으로 '시푸르
스름하다'가 있다. 이것은 형용사 '푸르스름하다'에 접두사 '시-'가 결
합된 것이다. '푸르스름하다'는 어근 '푸르-'에 접미사 '-스름하다'가 결
합된 것이다. 접미사 '-스름하다'는 빛깔이나 형상을 나타내는 어근 밑
에 붙어 '빛깔이 옅거나 그 형상과 비슷하다'는 뜻을 더하는 기능을 하
는 데 비해, 접미사 '-딩딩하다'와 '-둥둥하다'는 '빛깔이 고르지 않거나
그 형상과 비슷하다'는 뜻을 더한다는 점에서 차이가 있다.
'푸르딩딩하다'와 같은 구성으로 이루어진 충청도 방언형으로 '고르
지 않게 누르스름하다'는 뜻으로 쓰이는 '누르딩딩하다'가 있다. '누르
다'의 어간 '누르-'에 접미사 '-딩딩하다'가 결합된 것으로 분석된다.
'누르딩딩하다'는 표준어 '누르뎅뎅하다'에 대응한다. '붉다'나 '검다',
'희다' 등의 어간에 접미사 '-딩딩하다'가 붙은 말은 충청도에서 관찰되
지 않는다.

시풀시풀하다

- 표준어 : #푸릇푸릇하다
- 품　사 : 형용사
- 뜻풀이 : 푸르스름한 색이 짙고 선명하게 군데군데 있다.
- 사용 지역 : 충청도

　　멍은 오른 쪽 눈 가장자리와 왼 쪽 광대뼈 언저리에 **시풀시풀** 들어 있어 보기에 흉했다. 〈강준희, 이카로스의 날개는 녹지 않았다(중), 1996, 130〉

　　온 몸에 **시풀시풀한** 멍자국을 보고서였다. 〈강준희, 이카로스의 날개는 녹지 않았다(상), 1996, 74〉

　　온 몸이 매 자국으로 구렁이 감아 놓은 듯 **시풀시풀하고** 누르면 터질 듯 멀겋게 부어오른 살이 건드리기만 해도 눈물이 날 만큼 아팠지만 어머니는 출이댁에게 사정없이 문질러 닦으라 했다. 〈강준희, 이카로스의 날개는 녹지 않았다(상), 1996, 139〉

　　'시풀시풀하다'는 '시풀시풀'과 '-하다'로 분석할 수 있다. '시풀시풀'은 조금 푸릇한 모양을 뜻하는 '시풀'이 중복된 형태로 군데군데가 푸르스름한 모양을 나타내는 어근이다. '시풀시풀하다'는 '시풀시풀'에 형용사를 만드는 접미사 '-하다'가 결합되어 푸르스름한 색이 군데군데 있다는 뜻으로 쓰이는 말이다. 예문에서와 같이 얼굴이나 몸에 멍이 들어서 군데군데 멍 자국이 푸릇푸릇하게 나 있는 모양을 나타낼 때나 봄철에 양지바른 언덕이나 들에 풀이 푸릇푸릇 돋아나는 모양을 나타낼 때 쓰는 말이다. 예문에서와 같이 '멍이 시풀시풀 들었다'나 '시풀시

풀한 멍자국', '멍이 들어 시풀시풀하다'와 같이 쓰이거나 '양지쪽에는
벌써 풀이 시풀시풀하게 돋았다'와 같이 쓰인다.

'시풀시풀'은 '매우 푸르다'의 뜻으로 쓰이는 '시푸르다'의 어간 '시푸
르-'의 축약형 '시풀'이 중복된 형태로 이해된다. 그러나 '시뻘겋다'나
'싯누렇다'에서 변한 '시뻘시뻘'이나 '싯눌싯눌' 등은 충청도 방언에서
관찰되지 않는다.

싸라기만 먹고 사나

- 표준어 : 싸라기밥을 먹었나
- 품 사 : 관용구
- 뜻풀이 : 쌀이 부서져서 반 토막이 된 싸라기로 지은 밥만 먹고 사느냐는 뜻으로, 상대편이 반말 투로 말하는 것을 빈정거리는 말.
- 다른 방언형 : 싸래기만 먹고 사나. 싸래기만 먹었나.
- 사용 지역 : 충청도

> 도대체가 인사를 해도 안 받기 예사요 말끝마다 **싸라기만 먹고 사는지** 반말 지거리 하기가 일쑤였다. 〈강준희, 이카로스의 날개는 녹지 않았다(중), 1996, 139〉

'싸라기'는 벼가 덜 여물어 쌀알이 온전하지 않거나 부스러진 쌀알을 가리키는 충청도 방언형이다. 쌀은 부서지지 않은 온전한 쌀과 부스러진 싸라기가 있는데 보통은 이모음역행동화한 '싸래기'가 많이 쓰인다. 싸라기는 물알 든 벼, 즉 벼가 덜 여물어서 물기가 많고 말랑한 곡식 알을 말려서 찧은 부스러기 쌀을 가리킨다. 예문의 '싸라기만 먹고 사나'는 반 토막이 난 싸라기로 지은 밥만 먹었느냐는 뜻으로 상대편이 반말 투로 말하는 것을 반 토막 난 싸라기로 지은 밥을 먹어서 말도 반말투로 하느냐고 빈정거릴 때 쓰는 말이다. '싸라기만 먹고 사나'는 반말투로 하지 말고 말을 공손하게 하라는 뜻도 내포되어 있다. 이와 같은 뜻으로 쓰이는 충청도 방언형으로 '싸래기만 먹었나'가 있고 표준어 관용구로 '싸라기밥을 먹었나'가 있는데 이 말들은 쌀알이 부스러져 반토막 난 싸라기에 비유하여 상대편에게 왜 반말을 하느냐고 빈정거리는 말이다.

쌍그랗다

- 표준어 : 쌍그렇다
- 품　사 : 형용사
- 뜻풀이 : 쓸쓸하고 싸늘한 느낌이 있다.
- 다른 방언형 : 쌍그렇다
- 사용 지역 : 충청도

> 鋪道로 나리는 밤안개에/ 어깨가 저윽이 무거웁다.
> 이마에 觸하는 **쌍그란** 季節의 입술/ 거리에 燈불이 함폭! 눈물 겹구나. 〈정
> 지용, 정지용시집, 歸路, 1936, 45〉

충청도 방언 '쌍그랗다'는 '쓸쓸하고 서늘한 느낌이 있다'는 뜻을 가
진 표준어 '쌍그렇다'에 대응한다. '쌍그랗다'는 '쌍그란, 쌍그랗고, 쌍
그랗지, 쌍그라닝깨'와 같이 활용하는 형용사다. 표준어의 '쌍그렇다'
는 '찬 바람이 불 때 입은 차림새가 매우 쓸쓸하고 어설프다'는 뜻과
'서늘한 기운이 있다'는 뜻으로 쓰이는데 충청도 방언 '쌍그랗다'는 쓸
쓸한 느낌과 싸늘한 느낌을 동시에 나타내는 것으로 해석된다. 위 작
품의 예문에서 '포도로 나리는 밤안개'와 '이마에 촉하는 쌍그란 계절
의 입술'로 표현한 것으로 볼 때 '밤안개'를 '계절의 입술'에 비유하여
'안개가 이마에 닿는 감촉이 싸늘함'을 나타낸 것이라고 볼 수 있다.
여기에 더하여 밤안개가 내리는 도로 위를 걷는 작중 화자의 쓸쓸함을
'어깨가 저윽이 무거웁다'로 표현한 것이라고 해석할 수 있다.

썩음털털하다

- 표준어 : #낡다
- 품 사 : 형용사
- 뜻풀이 : 자동차나 자전거 등이 심하게 녹슬거나 낡아서 삐걱거리는 소리가 날
  정도로 허름하다.
- 다른 방언형 : 낡음낡음하다, 낡옴낡옴하다
- 사용 지역 : 충청도

> 그는 도시락 가방을 핸들에 걸고 **썩음털털한** 자전거를 타고 왔다. 〈이광복,
> 목신의 마을, 1991, 201〉

'썩음털털하다'는 '썩다'의 명사형 '썩음'과 '털털하다'가 결합된 말로 분석된다. '썩음'은 '썩다'의 어간 '썩-'에 명사형 어미 '-음'이 결합된 것이다. 위 예문의 '썩다'는 '쇠붙이 따위가 심하게 녹이 슬어 부스러지기 쉬운 상태가 되다'의 뜻으로 쓰였고 '털털하다'는 '낡아서 소리가 날 정도로 허름하다' 정도의 뜻으로 쓰였다. 즉 예문의 '썩음털털하다'는 '자전거가 녹이 슬고 낡아 소리가 날 정도로 매우 허름하다'는 뜻으로 쓰였다. 이와 같이 충청도 방언형 '썩음털털하다'는 주로 기구나 기계류가 낡아서 매우 허름해진 모습을 나타내는 표현으로 쓰인다.

옷이나 천 따위가 낡아 허름하게 된 것을 나타내는 말로는 '날고롬하다'나 '낡음낡음하다' 또는 '낡옴낡옴하다'가 쓰인다.

썸성그르다

- 표준어 : 썰렁하다
- 품　사 : 형용사
- 뜻풀이 : 어딘가 허전하고 썰렁하다.
- 다른 방언형 : 썸썽글르다
- 사용 지역 : 충청도

그런데 허허벌판이나 다름없는 길가에 바람막이 하나 없이 빵 기계만 오두 마니 놓고 빵을 구워 댔으니 어설프고 **썸성그른** 건 말할 것도 없고 바람이 불거나 차가 지나가면 포장 안 된 도로에서 먼지가 구름처럼 일어 빵기계로 내려앉아 빵을 먹을 수가 없었다. 〈강준희, 이카로스의 날개는 녹지 않았다(중), 1996, 336〉

예문에서의 '썸성그르다'는 '썸성그루구, 썸성그루지, 썸성그르니깨, 썸성그르잖어, 썸성글러서' 등으로 불규칙 활용하는 형용사로 '어딘가 허전하고 썰렁하다'는 뜻으로 쓰이는 충청도 방언형이다. '썸성그르다'는 이 외에도 '날씨가 으스스하고 음산하다'는 뜻으로도 쓰이고, '서늘한 기운이 있어 조금 추운 듯하다'는 듯으로도 쓰인다. '썸성그르다'는 일을 시작하려고 하는데 날씨가 너무 추워 선뜻 일을 시작하지 못하는 상태나 불을 때지 않아서 방 안이 썰렁한 느낌이 들 때 또는 바람이 불고 비가 와서 으스스하고 음산한 느낌이 들 때 등에 쓰이는 말이다.

충청도 방언형으로 '썸성그르다' 외에 '썸썽글르다'도 쓰인다. '썸썽글르다'는 '썸썽글르구, 썸썽글르지, 썸썽글르니깨, 썸썽글르잖어, 썸썽글러서' 등으로 활용한다. 한글맞춤법을 고려하면 '썸썽그르다'고 표기해야 한다.

쓸데적다

- 표준어 : #객쩍다, #불필요하다
- 품 사 : 형용사
- 뜻풀이 : ① 시키거나 기대하지 않은 행동이나 말 또는 생각이 엉뚱하고 싱겁다.
         ② 꼭 요구되거나 있어야 하는 것이 아니어서 쓸 만한 가치가 없다.
- 다른 방언형 : 쓸데없다
- 사용 지역 : 충청도

① 나는 점점 더 기분이 좋아져 기고만장 우쭐대며 **쓸데적게** 휘파람까지 휙휙 불며 고샅을 누벼댔다. 〈강준희, 이카로스의 날개는 녹지 않았다(중), 1996, 63〉

그러나 아내는 아무 대답이 없었다. "하, 이거 내가 너무 **쓸데적은** 얘길 했나?" 나는 정말 쓸데적은 이야길 한 게 아닌가 싶어 무연해졌다. 〈강준희, 이카로스의 날개는 녹지 않았다(하), 1996, 26〉

쓸데적게 산에 들어 머루 다래를 땄고 산매들린 듯 산자락을 휘지르며 도꼬마리와 도깨비바늘이 바지가랑이에 다닥다닥 달라붙어도 아랑곳 않고 개암과 보리뚝(보리수나무 열매)을 따먹었다. 〈강준희, 이카로스의 날개는 녹지 않았다(중), 1996, 151〉

② 볏짚으로 이엉을 엮어 툭툭이 잘 해 이면 한 해쯤 걸러도 무방한데 그놈의 새를 베어다 해 이는 지붕은 걸핏하면 비가 새서 여간 큰 두통거리가 아니었다. 이엉이라도 어디 한두 마름 들어야 말이지, 이건 **쓸데적게** 집만 커서 가을이면 개초와 함께 집해 일 걱정이 태산이었다. 〈강준희, 이카로스의 날개는 녹지 않았다(중), 1996, 120〉

새는 앉을 때마다 깃털이 빠지듯, 또 이사를 하고보니 남은 건 **쓸데적게**

‘쓸데적다’는 ‘쓸데-’와 ‘-적다’로 분석할 수 있고 ‘쓸데’는 다시 ‘쓸-’과
‘데’로 분석할 수 있다. 지시적 의미로만 보면 ‘쓸 곳이 적다’는 뜻이 된
다. 실제 사용에서는 주로 ‘쓸데적게 그 소리는 해 가주구…’나 ‘쓸데
적은 소리는 고만하구 얼렁 가’에서와 같이 ‘쓸데적게’나 ‘쓸데적은’의
꼴로 쓰인다. 그런데 ‘쓸데적다’가 행동이나 말에 대하여 쓰일 때와 사
물에 대하여 쓰일 때의 의미가 약간 다르다. 예를 들면, ‘쓸데적다’가
예문 ①에서와 같이 행동이나 말에 대하여 쓰일 때는 ‘시키거나 기대
하지 않은 행동이나 불필요한 말을 하여 엉뚱하고 싱겁다’의 뜻으로
쓰인다. ‘쓸데적다’가 예문 ①과 같은 의미로 쓰일 때는 표준어의 ‘객쩍
다’에 대응한다. 이에 비해 예문 ②에서와 같이 사물에 대하여 쓰일 때
는 ‘꼭 요구되는 것이 아니어서 실용성이 적다’ 또는 ‘꼭 요구되거나 있
어야 하는 것이 아니다’의 뜻으로 쓰인다. ‘쓸데적게’가 예문 ②와 같은
의미로 쓰일 때는 ‘쓸 만한 가치가 없다’는 뜻의 표준어 ‘쓸모없다’와
바꾸어 쓸 수 있다. ‘쓸데적다’가 충청도에서는 주로 ①의 의미로 쓰인
다.

씨돝

- 표준어 : 씨돼지
- 품　사 : 명사
- 뜻풀이 : 씨를 받으려고 기르는 돼지.
- 다른 방언형 : 씨돼지, 종돈(種豚)
- 사용 지역 : 충청도

> 돼지와 염소가 암내를 피워도 그를 시켜 **씨돝**과 수염소를 물색하여 붙여오게 하고, 기르던 짐승이 병들어 어려우면 그 처리도 그에게 맡겼다. 〈이문구, 관촌수필, 1972, 194〉

'씨돝'은 '씨'와 '돝'의 합성어다. '씨'는 '새로운 동물을 낳아 번식시키는 근원이 되는 종자'를 의미하고 '돝'은 '돼지'의 옛말이다. '씨돝'은 씨를 받으려고 기르는, 종자가 좋은 돼지를 뜻한다. 현대국어 '돼지'는 '도야지> 되야지> 돼지'의 과정을 거친 것으로 볼 수 있는데 이것이 '돝'과 어떻게 연결되는지는 설명하기 어렵다.

'돝'은 멧돼지과의 포유동물로 표준어 '돼지'에 대응한다. '돝'의 방언형으로 '돗, 도야지, 뒈야지, 도새기' 등이 쓰이기도 한다. '돼지'의 방언형 '도새기'는 본래 '돼지'를 귀엽게 이르는 말이었으나 지금은 다음의 예문에서 보듯이 '돼지'를 통칭하는 말로 쓰이고 있다.

왜놈 병정들에게 돝(돼지) 잡아 술 대접한, 더러운 '친일파'요, '왜놈 고스까이'라는 것이었다.〈현기영, 잃어버린 실절, 아스팔트, 1966, 16〉

남한 지역에서는 주로 '돗, 도야지' 계열의 방언형이 주로 쓰이나 함
경도나 중국 연변 지역에서는 '돝' 계열의 방언형이 주로 쓰인다.

씨알이 먹히다

- 표준어 : 씨가 먹다, 씨가 먹히다
- 품　사 : 관용구
- 뜻풀이 : 말이 조리에 맞고 이치에 닿아 서로 소통이 되다.
- 다른 방언형 : 씨가 먹다, 씨가 먹히다
- 사용 지역 : 충청도

> 국민학교도 제대로 못나온 내가 고등학교 이상 대학을 나와 자부심이 대단한 직원들에게 강의를 한다는 것도 그랬지만 무엇보다 직원들 지시를 받으며 담배가리나 지키는 경비원 주제에 강의를 한다면 이게 **씨알이 먹히겠느냐** 싶어서였다. 〈강준희, 이카로스의 날개는 녹지 않았다(하), 1996, 159〉

충청도 방언 '씨알이 먹히다'는 표준어의 '씨가 먹다'나 '씨가 먹히다'에 대응하는 표현이다. '씨알이 먹히다'는 '말이 조리에 맞고 이치에 닿아 서로 소통이 되다'의 뜻으로 쓰이는 말이다. 충청도 방언에서 '씨알이 먹히다' 외에 '씨가 먹히다'도 같은 뜻으로 쓰이는데 실제 사용에서는 주로 '씨가 안 먹힌다, 씨도 안 먹힌다'와 같이 '말이 전혀 통하지 않는다'는 부정적인 표현에 주로 쓰인다. 충청도 방언에서 '씨가 안 먹힌다'나 '씨도 안 먹힌다'와 마찬가지로 부정적인 뜻을 가지는 말로 '씨알이 안 먹힌다'나 '씨알도 안 먹힌다'도 쓰인다.

이때의 '씨'는 옷감(천)을 짜거나 가마니나 돗자리를 칠 때 또는 짚신을 삼을 때 가로로 놓는 실, 노끈, 새끼 따위를 가리키는 말에서 기원한 것으로 보인다. '씨가 안 먹다'나 '씨가 안 먹히다'는 날줄을 날아 놓고 씨줄을 먹일 때 씨줄이 잘 먹히지 않아 옷감을 짜거나 돗자리를

치기가 어려울 때 썼던 말이 전용되어 말이 조리에 맞지 않고 이치에
닿지 않아 서로 소통이 잘 안 되는 경우에 쓰이는 것으로 이해된다.

아망떨다

- 표준어 : 대응 표준어 없음
- 품 사 : 동사
- 뜻풀이 : 막무가내로 떼를 쓰며 오기를 부리다.
- 사용 지역 : 충청도

> 상배는 겁이 났다. 저리 유유하다가도 한 번 성깔이 일면 똑 코흘리개가 **아망떨듯** 부쩌지못하게 떼거지 쓰는 버릇에 질리길 오래 됐던 것이다. 그것은 상배 체질로서도 겁을 먹기 알맞은 일이었고, 가급적이면 다시 발작하기 전에 피해야 할 일이었다. 〈이문구, 장한몽, 1976, 615〉

《표준 국어 대사전》에는 '아망'을 아이들이 부리는 오기로 풀이하고 있으나 충청도 방언에서는 예문에서 보듯이 막무가내로 떼를 쓰며 오기를 부리는 행동을 뜻하는 말로 쓰인다. '아망떨다'는 '막무가내로 떼를 쓰며 오기를 부리는 행동'을 뜻하는 '아망'에 어떤 동작이나 성질을 나타내는 행동을 경망스럽게 자꾸 하거나 그런 성질을 겉으로 나타내는 '떨다'가 결합된 말이다. 표준어의 띄어쓰기 기준에 의하면 '아망떨다'는 '아망 떨다'와 같이 띄어 쓰는 것이 원칙이나 '아망'이 충청도 방언에서 단독으로 쓰이는 예를 찾기 어렵고 항상 '떨다'와 함께 쓰인다는 점, 그리고 작가의 태도를 고려하여 여기에서는 '아망'과 '떨다'가 결합된 합성어로 보고 하나의 단어로 처리하였다.

아사리

- 표준어 : 대응 표준어 없음
- 품　사 : 부사
- 뜻풀이 : 무질서하고 어지러운 모양.
- 사용 지역 : 충청도

그래도 나는 이게 천직이다 생각하며 직수굿 일을 했다. **아사리** 봄판에 굶지 않는 게 어디냐 싶었던 것이다. 〈강준희, 이카로스의 날개는 녹지 않았다(중), 1996, 192〉

장윤이가 하마터면 삽자루에 뒤통수가 쪼개질 뻔하면서까지 홍에게 뛰어들어 홍의 허리를 감고 나뒹굴지 않았더라면 마는 아주 못 일어나게 됐을지도 몰랐다. 장윤이가 재빨리 달려들어 홍을 부둥켜 감고 자갈 **아사리**로 나뒹굴었던 것이다. 〈이문구, 장한몽5최종, 1976, 651〉

상배는 인부들이 남아 있는 현장으로 올라가 보지 않을 수 없어 가긴 가면서도 발걸음은 영 내키지 않았다. 마가와 상필이 싸운 내용은 뭘지 알 수 없었으나 그 **아사리** 밭으로 자기가 뛰어들 일을 생각하니 떨떠름하고 겁부터 난 까닭이었다. 〈이문구, 장한몽5최종, 1976, 657〉

‘아사리’는 흔히 ‘아사리판’의 꼴로 쓰인다. ‘아사리판’은 ‘아사리’와 ‘판’으로 분석할 수 있는데 ‘아사리’가 정확히 무슨 뜻인지는 알기 어렵다. 예문의 ‘아사리’는 무질서하고 어지러운 모양을 나타내는 것으로 보인다. 따라서 ‘아사리판’은 ‘무질서하고 어지러운 형국’ 또는 ‘무질서하고 어지러운 일이 벌어진 자리’를 뜻한다고 할 수 있다. 예문의 ‘아사리 봄판’은 봄날의 무질서하고 어지러운 형국을 뜻하는 말로 이해된다.

아스다

- 표준어 : 대응 표준어 없음
- 품   사 : 동사
- 뜻풀이 : 하던 일이나 할 일 또는 하려고 하던 일을 그렇게 하지 말라고 금지하다.
- 사용 지역 : 충청도

"만만이 가는 디만 쫓어댕기면 지년두 그이 부럽잖이 헐 수 있유." "아서, 아스라면……." 〈이문구, 제3세대한국문학9:李文求, 관촌수필, 1983, 192〉

그 작자의 그 망상스러운 악담이야말로 적시에 제자리를 찾게 되는 것이 아닌가. 아서라. 임자만 나서라. 어서 처분해 버리고 마마. 〈이문구, 산 너머 남촌, 1990, 221〉

아서 아서…… 구월불가(九越不可)라 해서 아홉 잔이 넘으면 못쓴다고 일러온 지가 얼만가. 〈이문구, 산 너머 남촌, 1990, 263〉

그런디두 자네들은 그게 무슨 놀이개나 된다구 씩뚝깍뚝허메 마른 확에 가물태 쭉젱이 빻는 소리나 농헌다나. 아서. 아무리 으른 아이 따루 읆어 막 가는 동네지만 그러는게 아녀. 〈이문구, 으악새 우는 사연, 1977, 151〉

선생이란 게 저런 입으로 애덜 국어를 가르치나? 야야, 아서라 아서. 남의 집 귀한 자손 버리것다. 〈이문구, 장한몽, 1976, 680〉

"이자식이." 허고 내가 방에서 뛰어나가며 곳 이를 악물고 대어드니 동자치 서방이 "아서 아서." 하고 손을 내저으며 뒤거름질을 지는데 내가 화김에 한 번 귀때기를 우려 주엇더니 〈홍명희, 임거정2, 1939, 021〉

충청도 방언 '아스다'는 주로 '아서'나 '아서라' 또는 '아스라'와 같은 명령형으로 쓰인다. 이것은 '아스다'가 금지의 뜻으로 쓰이는 '그만두다'나 '하지 마라'의 의미를 가지기 때문이라고 할 수 있다. ≪표준 국어 대사전≫에는 '아서'와 '아서라'를 각각 해체와 해라체의 감탄사로 처리했는데 위의 예들에서 보듯이 이렇게 처리할 경우 두 가지의 문제점이 있다. 하나는 감탄사에 경어 등급을 부여해야 한다는 점이고 다른 하나는 '아스라구, 아스라면, 아스슈'와 같은 이형태를 처리하기 어렵다는 점이다. 따라서 '아서, 아서라, 아스라구, 아스슈' 등을 고려할 때 감탄사가 아닌 동사로 처리해야 한다. 다만 '-어, -어라, -라, -슈(시우)' 등의 명령형 어미와 결합하여 불완전 활용을 보인다는 제약이 있다. '아스다'는 '하던 일이나 할 일 또는 하려고 하던 일을 하지 말라고 금지하다'의 의미를 가진다. 어떤 일을 하지 말라고 하는 명령형으로만 쓰이는 특징이 있다.

아스므레

- 표준어 : 아스무레
- 품　사 : 부사
- 뜻풀이 : 사물이 또렷하게 보이거나 또렷하게 들리지 아니하고 희미하고 흐릿한
　　　　　모양.
- 다른 방언형 : 어스무레
- 사용 지역 : 충청도

나는 땅속으로 꺼져내리는 듯한 현기를 느끼며 **아스므레** 눈을 떴다. 그리고 천천히 방안을 살폈다. 〈강준희, 이카로스의 날개는 녹지 않았다(상), 1996, 130〉

솔솔 불어오는 재넘이에 눈꺼풀이 스르르 감기며 몸이 수렁 속으로 빠져드는 듯 **아스므레**해졌다. 〈강준희, 이카로스의 날개는 녹지 않았다(중), 1996, 217〉

몸이 **으스스**해지면서 **아스므레** 정신이 들었다. 〈강준희, 이카로스의 날개는 녹지 않았다(중), 1996, 289〉

'아스므레'는 '아스므레하다'의 어근 '아스므레'가 부사화한 것으로 이해된다. '아스므레'는 물체가 또렷하게 보이거나 소리가 또렷하게 들리지 아니하고 희미하고 흐릿한 모양을 나타내는 부사다. '아스므레 정신이 들었다'고 하면 정신이 희미하게 돌아왔다는 것을 의미하고, '눈꺼풀이 감기며 아스므레 해졌다'는 졸음이 오거나 무엇에 취하거나 하여 의식이 희미해졌다는 것을 의미한다. '아스므레'가 위의 첫 번째 예문에서와 같이 '아스므레 눈을 떴다'고 하면 정신이 혼미하거나 하여 눈을 떴지만 또렷하게 보이지 아니하고 희미하고 흐릿하게 보이는 모

양을 의미한다. 충청도 방언에서 '아스므레'와 같은 의미로 '어스무레'
도 쓰인다. '아스므레'나 '어스무레'와 비슷한 말로 '어렴풋이'가 있다.
'어렴풋이'도 물체가 뚜렷하게 보이지 않고 흐릿한 모양이나 소리가 뜨
렷하게 들리지 않고 희미한 모양을 나타낸다. 또한 잠들거나 술에 취
하여 의식이 있는 듯 만 듯한 모양을 나타낼 때도 쓰인다.

아전붙이

- 표준어 : 대응 표준어 없음
- 품 사 : 명사
- 뜻풀이 : 조선시대에, 각 관아의 벼슬아치 밑에서 아전 일을 보던 사람.
- 사용 지역 : 충청도

> 안팎 동네 사람의 거지반이 행랑이나 **아전붙이**였었으므로 하대해야 마땅하다는 것이 할아버지의 지론이요 고집이었던 것이다. 〈이문구, 제3세대한국문학9: 李文求, 관촌수필, 1983, 23〉

'아전붙이'는 '아전＋붙이'로 분석할 수 있다. 조선 시대에, 중앙과 지방 관아의 벼슬아치 밑에서 일을 보던 사람을 뜻하는 '아전'과 '살붙이, 피붙이, 일가붙이'와 같이 '같은 겨레'라는 뜻을 더하거나 '행랑붙이, 금붙이, 쇠붙이'와 같이 어떤 물건에 딸린 같은 종류라는 뜻을 더하는 접미사 '붙이'가 결합된 말이다. 예문의 '아전붙이'는 '아전'에 접미사 '-붙이'가 붙어서 된 말로 아전 또는 아전과 같은 부류의 사람이라는 뜻으로 쓰였다.

참고로, 중앙 관서의 아전을 경아전(京衙前)이라고 하고, 지방 관서의 아전을 외아전(外衙前)이라고 하였다.

암시렇다

- 표준어 : 아무러하다
- 품 사 : 형용사
- 뜻풀이 : 구체적으로 정하지 않은 어떤 상태나 조건에 놓여 있다.
- 다른 방언형 : 암스렇다, 암스렁하다
- 사용 지역 : 충청도

  충청도 방언 '암시렇다'는 표준어 '아무렇다'에 대응하는 말로 '암시
렇게, 암시렇지두'와 같이 활용한다. '암시렇다'는 '암스렇다'가 변한 말
로 '암-'과 '-시렇다'로 분석할 수 있다. '암-'은 '아무'가 줄어든 형태고
'-시렇다'는 표준어형 '-스러하다'가 줄어든 '-스렇다'에 대응하는 충청
도 방언형이다. '-스렇다'에서 변한 -시렇다는 '그러한 상태에 있음'의
뜻을 더하고 형용사를 만드는 접미사다. 중정도 방언에서는 '슬슬→실
실, -스럽다→시럽다'에서와 같이 치조마찰음 'ㅅ'아래에서 모음 'ㅡ'
가 'ㅣ'로 변하는 현상이 있는데 '암시렇다'도 이러한 변화 과정을 겪은
것이라고 할 수 있다. 이와 같은 뜻으로 쓰이는 충청도 방언형으로 '암
스렁하다'가 있다.
  위 예문의 '암스렁두'는 '암스렁하다'의 접미사 '-하다'가 탈락된 말이

다. 전라도 방언에서는 '아무렇지도 않다'의 뜻으로 '암시랑 않다'가 쓰이기도 한다. '암시렇다'나 '암스렁하다' 또는 '암시렁하다'는 주로 전라도 지역과 전라도 지역에 인접한 충청도 지역에서 많이 쓰인다.

앙졸대다

- 표준어 : 앙잘거리다
- 품　사 : 동사
- 뜻풀이 : 윗사람에게 대들면서 자꾸 종알종알 군소리를 하다.
- 다른 방언형 : 앙잘대다, 앙알거리다
- 사용 지역 : 충청도

그는 끝까지 **앙졸대면서** 제 잘못을 뉘우치지 못할 뿐만 아니라 자기네 땅을 억울하게 **빼앗긴다**고 어거지를 쓰면서 우겨댔다. 〈이광복, 망향일지, 목신의 마을, 1991, 317〉

'앙졸대다'는 윗사람에게 대들면서 군소리를 하는 모양을 뜻하는 어근 '앙졸-'에 동작이나 상태를 나타내는 어근에 붙어 그런 상태가 잇따라 계속됨의 뜻을 더하고 동사를 만드는 접미사 '-대다'가 결합된 말이다. 따라서 '앙졸대다'는 '윗사람에게 대들면서 자꾸 군소리를 하다'의 뜻을 갖는다고 할 수 있다. 충청도 방언에서는 표준어 '앙잘거리다'의 뜻으로 '앙졸대다'보다 표준어형 '앙알거리다'를 많이 쓴다. 앙알거리는 주체가 사람이면 윗사람에게 대들면서 종알종알 군소리를 하는 것을 뜻하고, 앙알거리는 주체가 개 따위의 동물이면 상대를 향해 앙앙 소리를 내며 맞서는 것을 뜻한다.

애떼기

- 표준어 : #고집
- 품　사 : 명사
- 뜻풀이 : 자기의 의견이나 주장을 바꾸거나 고치지 않고 막무가내로 버팀. 또는
　　　　　그렇게 버티는 성미.
- 사용 지역 : 충청도

> 　그럼 어디 한 번 당해봐라. 요 **애떼기** 센 여편네야 하고 제 뺨을 사정없이
> 후려치며 온 방을 자반뒤집기로 마구 굴러댔다. 〈강준희, 이카로스의 날개는 녹지 않
> 았다(하), 1996, 220〉

　'애떼기'는 주로 '세다'와 호응하여 '애떼기 세다, 애떼기가 세다'와 같은 구성으로 쓰이는 충청도 방언이다. '애떼기'는 자기의 의견이나 주장을 바꾸거나 고치지 않고 굳게 버티는 것을 의미하거나 그렇게 버티는 성미를 나타내는 말이다.

애생이

- 표준어 : 애성이
- 품　　사 : 명사
- 뜻풀이 : 속이 상하거나 성이 나서 몹시 안달하고 애가 타는 감정.
- 다른 방언형 : 애상
- 사용 지역 : 충청도

오늘 저녁에도 희준이 집은 콩나물 죽을 쑤었다. 모친은 저녁마다 죽 그릇을 대하는 데 **애생이**를 냈다. 그는 죽이 먹기 싫다느니보다는 말년의 자기 신세가 죽을 먹지 않으면 안 되게 된 것을 싫어함이었다. 〈이기영, 고향4, 1947. 325〉

당초부터 예산을 했던 것이지만, 그래도 한 집 식구라면 모르는데 두 집 안 살림까지나 무슨 수로 댈 것이며, 또한 그것은 무슨 턱으로 댄다는 거냐. 영준의 모친도 유선달의 배짱에는 적지 않게 **애생이**가 났다. 이사들 시킨 큰 집 식구들은 우선 친정어머니와 어린 동생과 조카들이 있으니 살린대도 아깝지가 않겠다. 〈이기영, 봄봄3, 1989. 3390〉

‘애생이’는 속이 상하거나 성이 나서 몹시 안달하고 애를 태우는 감정을 뜻하는 표준어 ‘애성이’에 대응하는 충청도 방언형이다. ‘애생이’는 성이 나서 몹시 안달하고 애를 태우는 감정을 뜻하는 표순어 ‘애성이’에 대응하는 충청도 방언형이다. 충청도 방언에서 ‘애생이’ 외에 ‘애상’도 쓰인다. ‘애생이’는 ‘애상’에서 비롯된 말로 보인다. ‘반딧불→반딧불이, 부헝→부헝이’ 등에서와 같이 명사 ‘애상’에 접미사 ‘-이’가 결합되어 다시 명사로 파생된 ‘애상이’가 움라우트 되어 ‘애생이’가 된 것으로 이해된다. 또한 ‘애생이’가 어떤 일로 속이 상하거나 성이 나서 안달하고 애를 태우는 감정을 뜻하므로 주로 생각, 기억, 감정 따위의 심리적 현상이 인다는 뜻의 '나다'와 호응하여 '애성이 나서 견딜 수가 있어? '애생이 나서 못 견뎌'와 같이 쓰이는 것이 보통이다. ≪표준 국어 대사전≫에는 '애상'에 대해 '죽은 사람을 생각하고 마음이 매우 상함'과 '슬퍼하거나 가슴아파함'으로 설명하고 있고, ≪조선말 대사전≫에는 '슬프고 감상적인 것 또는 그런 생각'과 '어떤 사람의 죽음을 슬퍼하여 마음이 상하는 것'으로 설명하고 있다는 점에서 충청도 방언의 '애생이'는 표준어의 '애상'과 어원을 같이 하는 것이라고 할 수 있다. 그런데 표준어에서는 '애성이'만 있고 '애생이'는 없다.

애잇

- 표준어 : 애벌, 초벌
- 품　사 : 명사
- 뜻풀이 : 같은 일을 여러 차례 거듭하여 할 때 맨 처음 대강 하는 차례.
- 다른 방언형 : 아이, 아시, 아세, 아스, 아시벌, 초벌, 첫벌, 첫물, 초물
- 사용 지역 : 충청도

간수를 칠 때마다 부얼부얼 엉기던 순두부솥의 구수한 내음이며 엿밥을 애잇 짜내고 조청으로 졸일 때 밥맛까지 잃도록 달착지근하게 풍기던 엿 고는 냄새… 〈이문구, 제3세대한국문학9:李文求, 관촌수필, 1983, 27〉

'애잇'은 표준어 '애벌'이나 '초벌'에 해당하는 충청도 방언형이다. 충청도에서는 같은 일을 여러 차례 거듭하여 할 때 맨 처음 대강 하는 차례를 뜻하는 말로 '애잇' 외에 '아이, 아세, 아스, 아시, 첫물, 첫벌, 초물' 등이 쓰인다. '아이, 아시, 아스, 아세'형은 중세국어 '아ᅀᅵ'에서 변한 말로 이해된다. '아시'는 '아ᅀᅵ〉아시'의 과정을 거친 것이고 '아이'는 '아ᅀᅵ〉아이'의 과정을 거친 것이다. '애잇'은 '아ᅀᅵ〉아이〉애잇'의 변화과정을 거친 것으로 보인다. '애벌'의 '애'도 '아ᅀᅵ벌〉아이벌〉애벌'의 과정을 거친 것으로 이해된다. 예문의 '애잇 짜내고'는 '처음 짜낸다'는 뜻으로 쓰인 것이다.

'아이'는 '아이 빨래, 아이 빤다, 아이 맨다, 아이 쓿는다'에서 보듯이 같은 일을 여러 차례 반복할 때 첫 번째 하는 차례에 대하여 쓰이고 '이듬'은 '이듬 빨래, 이듬 빤다, 이듬 맨다, 이듬 쓿는다' 등에서와 같이 같은 일을 여러 차례 거듭할 때 두 번째 하는 차례에 때하여 쓰인

다. '이듬'은 '두벌' 또는 '재벌'이라고도 한다. 표준어 '애벌'이나 '두벌'에 대응하는 충청도 방언들은 빨래할 때, 논밭을 맬 때, 보리를 삶을 때 등과 같이 같은 일을 반복하는 일에 대하여 쓰인다. '초벌'과 그 방언형들은 같은 일을 반복할 때 맨 처음 대강 하는 차례를 뜻하고, '두벌'과 그 방언형들은 초벌 다음에 두 번째로 하는 일을 뜻한다.

애자지다

- 표준어 : 대응 표준어 없음
- 품 사 : 형용사
- 뜻풀이 : 온몸에 짜릿한 느낌이 들 정도로 심하게 애처롭다.
- 사용 지역 : 충청도

> 아아, 이 애 몸이 또 달어 오르노나./ 가쁜 숨결을 드내 쉬노니, 박나비 처럼,/ 가녀린 머리, 주사 찍은 자리에, 입술을 붙이고/ 나는 중얼거리다, 나는 중얼거리다,/ 부끄러운 줄도 모르는 多神敎徒와도 같이./ 아아, 이 애가 **애자지게** 보채노나!/ 불도 약도 달도 없는 밤. 〈정지용, 정지용시집, 發熱, 1936, 56〉

예문의 '애자지게'는 '애자지다'의 활용형으로 '애자지＋게'로 분석된다. '애자지다'는 '애자지게, 애자져서, 애자지지'와 같이 활용한다. 문맥으로 볼 때 '애자지게'는 말을 못하는 갓난애가 온 몸에 열이 나고 아파 까쁜 숨을 몰아쉬면서 자기의 아픔을 애처롭게 토해내는 상태를 나타내는 말이다. 아이가 아파 애처롭게 보채는 모습과 그러한 모습을 바라보는 부모로서 아무 것도 해줄 수 없는 부모의 심정이 잘 드러난 표현이다.

'애자지다'는 '애＋자지다'로 분석할 수도 있어 보인다. 이때의 '애'는 '초조한 마음' 또는 '애간장'을 뜻하고 '자지다'는 '깊이 스며들거나 배어들다'의 뜻으로 쓰이는 '잦다'의 원형으로 여겨진다.

앵도라지다

- 표준어 : 대응 표준어 없음
- 품 사 : 동사
- 뜻풀이 : 골이 나서 심하게 토라지다.
- 사용 지역 : 충청도

"그게 바루 발은 밟어두 신발은 밟지 말라는 소리여. 웃느라구 보릿되나 떠내여 도부쟁이 갈치 꽁댕이래두 들여놨더라면 지관(地官) 부를 뻔 했네." 아내는 **앵도라진** 채 쪼르르 건너갔다. 〈이문구, 우리 동네金氏, 한국문학49, 1977, 11〉

'앵도라지다'는 '앵'과 '도라지다'로 분석할 수 있다. '앵'은 접두사로 뒤에 오는 말을 강조하는 뜻으로 쓰이고 '도라지다'는 '골이 나서 토라지다'의 뜻으로 쓰인다. 충청도 방언형 '앵도라지다'는 삐치거나 토라지는 것을 강조하는 뜻을 가진 말로 '골이 나서 심하게 토라지다'의 뜻으로 쓰인다. 잔뜩 골이 나거나 마음에 차지 않아 말소리가 퉁명스럽고 행동도 사근사근하지 않을 때 쓰는 말이다. 충청도 방언의 '앵도라지다'는 표준어의 '앵돌아지다'와는 얼마간의 차이가 있어 보인다. ≪표준국어 대사전≫에는 '앵돌아지다'를 '노여워서 토라지다'로 설명하고 있다. '노엽다'는 '화가 날 만큼 분하고 섭섭하다'의 뜻으로 쓰이는 말인데 충청도 방언의 '앵도라지다'에는 분한 마음을 나타내기보다는 골이난 상태를 나타내는 뜻이 강하기 때문이다.

야짓잖다

- 표준어 : 대응 표준어 없음
- 품　사 : 형용사
- 뜻풀이 : 어떤 일이나 행동이 일반적인 기대치나 상식에 미치지 않아 같잖다.
- 사용 지역 : 충청도

시집살이를 하면서도 이왕에 큰손은 조심이 되지 않았던 것이다. 오종종하고 **야짓잖은** 짓을 싫어했으니 시부모와 그 떨거지들 보기에는 헤프고 규모 없는 짓으로밖에 여겨지지 않았던 것이다. 〈이문구, 제3세대한국문학9:李文求, 관촌수필, 1983, 84〉

충청도 방언 '야짓잖다'는 '야짓지 않다'가 축약된 말로 이해된다. 즉 '야짓지 않다'에서 '야짓지'의 말음절 모음 'ㅣ'가 탈락하고 남은 자음 'ㅈ'이 후행음절의 '않'과 결합하여 '잖'이 된 것이라고 할 수 있다. '야짓잖게 그게 뭐냐?', '야짓잖게두 준다' 등에서와 같이 어떤 일이나 행동이 일반적인 기대치나 상식에 미치지 않아 같잖을 때 쓰는 말이다. 가령 형이 가지고 있던 빵을 동생에게 주면서 아주 조금씩만 떼어주면 '참 야짓잖게두 준디. 주려면 머을 만큼 줘야지 그게 뭐냐'와 같이 말할 수 있다. 이때의 '야짓잖다'는 동생에게 주는 빵의 양이 기대치에 훨씬 못 미치게 적어 같잖다는 뜻이다.

야튼

- 표준어 : 여하튼, 아무튼
- 품 사 : 부사
- 뜻풀이 : 의견이나 일의 성질, 형편, 상태 따위가 어떻게 되어 있든.
- 다른 방언형 : 여튼, 우째뜬, 워째뜬, 여하튼
- 사용 지역 : 충청도

> 입대껏 들먹은 사내처럼 속절없이 담배만 축내고 있던 신이 불쑥 드티면서 지청구기 있는 말로 **"야튼** 서양화는 꾀 까드러."〈이문구, 제3세대한국문학9:李文求 우리 동네, 1983, 397〉

'야튼'은 의견이나 일의 성질, 형편, 상태 따위가 어떻게 되어 있든지의 뜻을 가진 표준어 '하여튼'이나 '여하튼' 또는 '아무튼'에 대응하는 충청도 방언형이다. '야튼'은 두 가지 관점에서 설명할 수 있다. 하나는 형태상으로 볼 때 '하여튼'의 어두음절 '하'가 줄어들고 둘째음절의 '여'가 양성모음으로 실현되었다고 보는 것이다. 국어에서 삼음절 어휘의 어두음절이 줄어들어 '일부러'가 '부러'로 된 것과 비슷한 예라고 할 수 있다. 그런데 이렇게 보려면 음성모음인 '여튼'이 양성모음 '야튼'으로 실현되는 이유를 설명하는 데 어려움이 있다. 다른 하나는 충청도 방언 '야튼'을 표준어 '여하튼'이 축약된 형태로 보는 것이다. 국어에서 모음과 모음 사이에 있는 'ㅎ'은 탈락하는 것이 일반적이다. '여하튼'의 첫 두 음절 '여하'도 모음 사이에 있는 'ㅎ'이 약화되어 탈락하면 '여아'가 된다. 모음 사이의 'ㅎ'이 탈락한 형태인 '여아'가 양성모음으로 축약하여 '야튼'으로 실현된 것으로 볼 수도 있다.

약차하다

- 표준어 : #자칫하다
- 품   사 : 동사
- 뜻풀이 : 어쩌다가 조금 어긋나 잘못되다.
- 다른 방언형 : 아차하다, 여차하다
- 사용 지역 : 충청도

> 정말 그만한 게 천행이지, **약차했으면** 어쩔 뻔 했어요 그래. 생각만 해도 끔찍해요. 약차했으면 죽었겠지. 아니면 병신이 되었던가. 〈강준희, 이카로스의 날개는 녹지 않았다(하), 1996, 24〉

'약차하다'는 '약차'와 '-하다'로 분석할 수 있다. '약차하다'는 본래 '이렇다'의 뜻으로 쓰이는 '약차하다(若此-)'의 어근 '약차-'와 앞의 말에 붙어 동사를 만드는 접미사 '-하다'가 결합된 것으로 보인다. 이 '약차하다'가 위의 예문에서는 '어쩌다가 조금 어긋났으면' 또는 '어쩌다가 조금 어긋났더라면'과 같이 표준어 '자칫하다'와 거의 비슷한 뜻으로 쓰였다는 것을 알 수 있다.

'약차하다'는 주로 '약차하면, 약차했으면'의 꼴로 쓰이고 뒤에 오는 '뻔하다'와 호응하여 쓰이는 것이 일반적이다. 이럴 경우는 '어쩌다가 조금 어긋나 잘못되다'의 뜻으로 쓰이는 표준어 '자칫하다'와 같은 뜻으로 쓰인다. 표준어 '자칫하다'도 '자칫하면, 자칫했으면, 자칫 잘못했으면'의 꼴로 뒤에 오는 서술어 '뻔하다'와 호응하여 쓰이는 것이 일반적이다.

어리덕

문학 속의 충청 방언

- 표준어 : 대응 표준어 없음
- 품　사 : 명사
- 뜻풀이 : 콩이나 팥 등과 같은 밭곡식을 수학하여 가리기 위해 고깔 모양으로
　　　　　서까래처럼 세우는 긴 나무.
- 사용 지역 : 충청도

　　죽을 애를 먹고 사방으로 한 길 이상의 생땅을 파면 그 다음엔 **어리덕** 만
한 나무를 베다가 구덩이 위에 우물정자 식으로 올려놓고 그 위에 풀을 열
짐이고 스무짐이고 베어다 처쟁이고 불을 지른다. 〈강준희, 이카로스의 날개는 녹지
않았다(상), 1996, 356〉

　　광부들이 아버지를 죽이러 온다는 기별을 듣고서였다. 이는 홍골광산에
덕대로 있는 아버지의 의제 달수 아저씨가 아침 일찍 쫓아와 귀띔을 해 줘
안 일이었다.
　　"그래? 그럼 죽어줘야지!"
　　아버지는 헛간에서 **어리덕** 한 개를 가져다 봉당에 세워놓곤 대청으로 올랐
다. 〈강준희, 이카로스의 날개는 녹지 않았다(상), 1996, 169〉

　'어리덕'은 지름이 10cm 내외가 되는 서까래 굵기의 긴 장대 여러
개의 한쪽 끝 부분을 묶어 고깔 모양으로 세워 놓고 콩이나 팥과 같은
곡식을 수학하여 가리기 위해 만든 장치다. 예닐곱 개의 긴 장대 끝부
분을 하나로 묶어 묶은 부분이 위로 가게 하고 장대 아랫부분은 둥그
렇게 벌려 펴서 고깔 모양이 되게 세운 다음 각각의 장대 아랫부분부
터 꼭대기까지 30Cm 정도의 적당한 간격을 두고 새끼나 칡으로 거미

줄 치듯이 옆으로 얽어 돌려 고깔 모양 바깥으로 콩이나 팥 또는 볏단
의 뿌리 쪽이 위로 향하게 하고 열매 쪽이 아래로 향하게 하여 차곡차
곡 둘러쌓아 올릴 수 있게 만들었다. 이렇게 하면 고깔 모양의 가운데
가 공간이어서 통풍이 잘 되고 곡식도 썩지 않으며 빨리 마른다. 가을
에 이렇게 곡식을 가려서 말렸다가 날씨가 좋은 날 타작을 한다. '콩가
리'나 '팥가리' 또는 '볏가리(볏가리)'의 '가리'는 '어리덕'에 곡식을 가려
놓은 것을 뜻한다는 점에서 땅바닥에 곡식단을 차곡차곡 쌓아올리는
'더미'와는 차이가 있다.

어리손

- 표준어 : #엉너리
- 품   사 : 명사
- 뜻풀이 : 남의 환심을 사거나 주의를 돌리기 위해 말이나 행동을 일부러 슬쩍 얼버무려 넘기는 짓.
- 다른 방언형 : 얼레발, 설레발
- 사용 지역 : 충청도

김소사는 쇠득이 처에게 말대꾸를 하고 나서 또 한 번 하하 웃었다. 그러나 희준이는 이런 것에는 도무지 상관도 없는 사람처럼 유쾌한 기분으로 마을에 들어왔다. 모친과 동리 사람은 그의 이런 기분을 이상히 여겼다. 혹시 그는 일부러 **어리손**을 치느라고 이런 기분을 강작함이나 아닐까? 그들은 희준의 심정을 참으로 알 수 없었다. 사실 그때 희준이는 진심으로 유쾌하였다. 그것은 오래간만에 고향에 돌아오는 기쁨보다도 그 동안의 변천은 어쩐지 형용하지 못할 그런 쾌감을 자아냈다. 〈이기영, 고향, 1987, 25〉

승학은 숙자의 성난 눈치를 채자 임기응변으로 **어리손**을 친다. 〈이기영, 고향 2, 1947, 299〉

'어리손'은 주로 서술어로 동사 '치다, 떨다'와 호응하여 쓰인다. '어리손치다'는 상황이 어색할 때 말이나 행동을 일부러 과장하거나 얼버무려 주의를 다른 곳으로 돌리거나 분위기를 바꾸려 할 때, 또는 남의 환심을 사려고 말이나 행동을 일부러 과장할 때 쓰는 말이다. '너스레'가 단순히 수다스럽게 떠벌려 늘어놓는 말이나 행동을 뜻하는 데 비해 '어리손'은 너스레를 떨면서 일부러 분위기를 바꾸려 한다는 점에서 약간의 차이가 있다. 표준어의 '엉너리'는 남의 환심을 사기 위하여 어벌쩡하게 서두르는 짓을 나타낼 때 쓴다는 점에서 '어리손'보다 의미 영역이 좁다고 할 수 있다.

어물쩡하다

- 표준어 : 대응 표준어 없음
- 품　　사 : 형용사
- 뜻풀이 : 말이나 일이 시원스럽지 못하고 희미하여 분명하지 못하다.
- 다른 방언형 : 어물쩍하다
- 사용 지역 : 충청도

몇 해 뒤 사변이 터졌고, 그녀는 또 남편과 사별하지 않으면 안 되었다. 그녀의 남편 최씨는 사변통에 **어물쩡하게** 살해됐던 것이다. 〈이광복, 목신의 마을, 1991, 21〉

'어물쩡하다'는 말이나 일이 시원스럽지 못하고 희미하여 분명하지 못한 모양을 뜻하거나 말이나 행동을 일부러 시원스럽게 하지 않고 은근슬쩍 하는 모양을 뜻하는 어근 '어물쩡-'에 일부 어근에 붙어 형용사나 동사를 만드는 접미사 '-하다'가 결합된 것으로 분석할 수 있다. 충청도 방언에서 이 '어물쩡하다'가 형용사로 쓰이면 '말이나 일이 시원스럽지 못하고 희미하여 분명하지 못하다'의 뜻이 되고, 동사로 쓰이면 '말이나 행동을 일부러 시원스럽게 하지 않고 은근슬쩍 하다'의 뜻이 된다. 위의 예문에서는 '말이나 일이 시원스럽지 못하고 희미하여 분명하지 못하다'는 뜻의 형용사로 볼 수도 있고, '말이나 행동을 시원스럽게 하지 못하고 은근 슬쩍하다'는 뜻의 동사로 볼 수도 있다. 여기에서는 형용사로 처리하였다. 동사로 쓰일 때는 '문 앞에 섰다가 입장료도 안 내고 어물쩡하고 들어갔다'에서와 같이 쓰이기도 한다. 충청도 방언에서는 형용사 '어물쩡하다'와 비슷한 뜻으로 쓰이는 다른 말로

'어정쩡하다'가 있다. '어정쩡하다'는 '이것도 저것도 아니고 모호한 태도를 취하다'의 의미로 사용된다. 가령, '그렇게 어정쩡한 태도를 취하지 말고 태도를 분명히 해라'나 '어정쩡하게 처리하지 말고 똑 부러지게 처리해라'와 같이 쓰인다. 표준어 '어물쩍하다'는 '말이나 행동을 일부러 분명하게 하지 아니하고 적당히 살짝 넘기다'의 뜻으로 쓰인다는 점에서 충청도 방언에서 동사로 쓰이는 '어물쩡하다'와 대응된다.

어슴막

- 표준어 : 대응 표준어 없음
- 품　사 : 명사
- 뜻풀이 : 날이 어두워진 지 얼마 되지 않아 조금 어둑어둑할 무렵.
- 다른 방언형 : 아슴막, 어슬막, 초아진, 초슬목
- 사용 지역 : 충청도, 경상도, 함경도

우리는 **어슴막**이 되어서야 자리를 일어났다. 〈강준희, 이카로스의 날개는 녹지 않았다(중), 1996, 240〉

어슴막이 지나 땅거미가 내리자 사람들은 삼삼오오 몰려오기 시작했다. 느티나무 밑엔 대형 멍석이 여남은 장 깔렸고 램프와 함께 등불이 켜져 불야성을 이뤘다. 〈강준희, 이카로스의 날개는 녹지 않았다(상), 1996, 62〉

이상하게도 나는 어디 가 하룻밤만 자도 해질녘이나 **어슴막**을 택해 귀가를 했다. 왠지 그 시각이 제일 좋았다. 〈강준희, 이카로스의 날개는 녹지 않았다(상), 1996, 322〉

'어슴막'은 해가 지고 날이 저물어갈 때를 뜻하는 말이다. 즉 해가 진지 얼마 안 되어 어스름한 나타내는 말이다. '어스름하다'는 '해가 져서 조금 어둑하다'는 뜻으로 쓰이는 말로 '어스레하다'와 바꾸어 쓸 수 있다. 지역에 따라 방언형에 차이를 보여 '어슴막'은 충청, 경남북, 함경도 등지에서 쓰이고, '아슴막'은 평북 지역에서, 그리고 '어슬막'은 평안 남북도에서 폭넓게 쓰이는 방언형이다.

충청도 방언형 '어슴막'과 같은 뜻으로 쓰이는 '초아진'은 '초애진'과 함께 평남북 지역에서 쓰이는데 같은 지역에서 '어슴막'과 같은 뜻으로 '애진', '아지내' 형의 방언이 쓰인다. 이 외에 전국적인 분포를 보이는 방언형으로 '초슬목'이 있다.

어울이

- 표준어 : 대응 표준어 없음
- 품 사 : 명사
- 뜻풀이 : ① 농사를 지을 때 주인은 토지를 제공하고 농부는 농사를 지어 가을에
   수확한 것을 주인과 농부가 나누는 제도.
   ② 소를 팔 때 소를 사 준 사람과 소를 키운 사람이 일정한 비율로 나누
   어 가지기로 하고 키우는 소.
- 사용 지역 : 충청도

아버지는 소작료는 물론 도지도 안 받겠노라 했다. 그러니까 베매기나 **어울이**는 더더구나 아니라는 이야기였다. 그냥 공짜로 아주 준다는 이야기였다. 〈강준희, 이카로스의 날개는 녹지 않았다(상), 1996, 150〉

'어울이'는 '어울-'과 '-이'로 분석할 수 있다. '어울이'는 '어울다'의 어간 '어울-'에 형용사나 동사 어간에 붙어 명사를 만드는 접미사 '-이'가 결합되어 파생된 명사다. '어울다'는 '어우르다'의 옛말로 둘 또는 세 사람을 모아 한 덩어리가 되게 한다는 뜻이다. 위의 예문에 쓰인 '어울이'는 농사를 지을 때 둘 또는 셋이서 함께 농사를 짓고 나중에 수확한 것을 나누어 가지는 제도다. 가령 주인이 농토를 제공하면 둘이나 셋이서 그 농토에 농사를 지어 가을에 수확한 곡식을 처음에 약속한 대로 일정한 비율로 땅주인과 농사를 지은 사람이 나누어 가지는 것이다. 예를 들면 '어울이로 논 두 마지기를 부치고 있다'와 같이 쓴다. 농토나 물건을 살 때도 '어울이'라는 말을 쓴다. '어울이로 논 닷 마지기를 샀다'나 '어울이로 콤바인을 샀다'와 같이 쓴다.

'어울이'는 농삿일에뿐만 아니라 가축을 기르는 일에도 쓰인다. 가축

에 쓰일 때는 남의 가축을 길러서 가축이 다 자라거나 새끼를 낸 뒤에 주인과 약속한 비율로 나누어 가지는 제도를 '어울이'라고 한다.

남이 사 준 암송아지를 길러 어미 소가 되어 새끼를 낳으면 새끼는 길러준 사람이 갖고 어미 소는 사준 주인에게 돌려주기로 하고 소를 기르는 것을 충청도에서는 '배냇소'라고 한다.

≪표준 국어 대사전≫에는 '남의 가축을 길러서 다 자라거나 새끼를 낸 뒤에 주인과 나누어 가지는 제도'를 '배내'라고 설명하였고, '배냇소'는 '주인과 나누어 가지기로 하고 기르는 소'라고 설명하였다. 그런데 충청도에서는 '소' 외에 다른 가축에 대하여는 '배내'라는 말을 사용하지 않는 것으로 보인다. 우리나라가 본격적인 산업사회로 바뀌기 전인 1970년대 이전에는 대다수의 국민이 농업에 종사했고 소가 농업 활동의 중요한 역할을 했기 때문에 주로 소에 대하여 '배내'라는 말을 쓴 것으로 보인다.

어지간해야 하룻밤 샌님하고 벗을 한다

- 표준어 : 어지간해야 생원님하고 벗하지
- 품　사 : 속담
- 뜻풀이 : 수준이나 처지가 너무 달라서 도무지 함께 어울릴 수 없음을 비유적으로 이르는 말.
- 다른 방언형 : 어지간해야 샌님하고 하룻밤 벗하지.
- 사용 지역 : 충청도

> **어지간해야 하룻밤 샌님하고 벗을 한다고**, 웬만해야 일을 하든 쩍쩌기를 하든 할게 아닌가. 소도 언덕이 있어야 비빈다고, 올가미 없이 개장수를 어떻게 한단 말인가. 〈강준희, 이카로스의 날개는 녹지 않았다(중), 1996, 180〉

'샌님'은 '생원님'의 준말이다. '생원님'은 예전에 상사람이 선비를 부르던 말이다. 양반과 상민의 신분이 엄격히 구분되던 시절에는 신분상의 차이로 말미암아 양반 신분의 사람과 상민 신분의 사람이 함께 어울릴 수 없었다. 따라서 예전에는 지체나 인품이 어느 정도 엇비슷한 사람들끼리 어울리고 벗을 했기 때문에 상민과 양반은 서로 어울리거나 벗을 하지 않았다. 위 예문의 '어지간해야 하룻밤 샌님하고 벗을 한다'는 상민이 샌님과는 신분의 차이가 너무나 커서 도무지 함께 어울릴 수 없다는 말이다. 즉 지체나 인품이 서로 엇비슷해야 어울릴 수 있는데 지체나 인품의 차이가 비교되지 않을 만큼 워낙 커서 함께 어울리거나 상대할 수 없음을 비유적으로 이르는 말이다.

어차

- 표준어 : 어기
- 품　사 : 대명사
- 뜻풀이 : 주로 어린아이에게 쓰는 말로 화자나 청자에게서 멀리 떨어져 있는 어떤 곳.
- 다른 방언형 : 어기, 저기
- 사용 지역 : 충청도

"희정아, 잘 놀아라. 할아부지 **어차** 갔다 올게." 〈이광복, 목신의 마을, 1991, 22〉

'어차'는 어른이 어린아이에게 쓰는 충청도 방언형이다. 충청도에서는 '어차' 외에 '어:기'와 '저:기'가 쓰이기도 한다. 이때의 '저기'는 청자는 그곳이 어디인지 모르는 곳이라는 점에서 표준어의 '저기'와는 의미가 다르다. 따라서 어린아이에게 '어차'나 '어기' 또는 '저기'라고 하면 청자는 모르는 곳이지만 화자의 머릿속에 정한 장소이거나 화자도 정하지 않은 막연한 장소를 가리킬 때 쓰인다. 이때의 '저기'의 정확한 뜻은 화자만 알고 있는 '저기 어디' 정도가 된다. '어차'는 청자가 너무 어리기 때문에 특정한 장소를 알려줘도 그 말을 이해하지 못할 때 '그냥 어딘가'를 지시하는 뜻으로 쓰이는 말이기 때문이다. 예를 들면 할머니가 아기인 손자를 업고 어디 가자고 할 때 '어차 가자!'와 같이 쓴다. 어린아이들은 대개 어디를 간다고 하면 그곳이 어디인지는 중요하지 않고 가는 것 자체를 좋아하기 때문이다.

'어차'는 어린아이 말이라고 할 수 있다. 엄마나 아버지 또는 할아버지나 할머니가 어린 자녀나 어린 손자녀에게 어디를 가지고 할 때 쓰는 말이다. '어차'나 '어기'와 같이 충청도에서 쓰이는 어린아이 말로는 '언능'과 '얼릉', '어푼' 등이 있다. '언능'과 '얼릉', '어푼'은 모두 '시간을 끌지 말고 바로'의 뜻으로 쓰이는 충청도 방언형이다.

어픈

- 표준어 : 얼른
- 품　사 : 부사
- 뜻풀이 : 시간을 끌지 아니하고 바로. 주로 어른이 어린아이에게 쓰는 말이다.
- 다른 방언형 : 어푼, 얼렁, 얼릉, 언능
- 사용 지역 : 충청도

> "그럼 지가 **어픈** 여다 놓고 와 안어른 업고 갈 테니께 쪼매만 기다리시소." 했을 때도 어머니는 듣질 않았다. 〈강준희, 이카로스의 날개는 녹지 않았다(상), 1996, 73〉

'어픈'은 '시간을 끌지 말고 바로'의 뜻으로 쓰이는 표준어 '얼른'에 대응하는 충청도 방언형이다. 충청도에서는 '어픈' 외에 '얼릉'과 '얼렁' 및 '언능'과 '어푼'이 많이 쓰인다. '어픈'과 '어푼'이나 '얼릉', '언능'은 어른들끼리는 잘 쓰지 않고 주로 어른이 어린아이에게 또는 어린아이가 어른에게 쓰는 말이다. 어른이나 어린아이가 쓰는 일종의 어린이 말이라고 할 수 있다. 어른이 이 말을 쓰면 청자는 주로 어린 자녀이거나 손자녀가 된다. 역으로 어린아이가 이 말을 쓰면 청자는 주로 부모이거나 조부모가 된다. 물론 어른이 남의 어린 자녀나 손자녀에게도 쓰지만 이때는 가깝게 지내는 이웃이거나 잘 아는 사이일 때다.

충청도에서 쓰이는 어린아이 말로 '어차'도 있다. '어차'는 화자와 청자에게서 멀리 떨어져 있는 어떤 곳이라는 뜻으로 쓰인다. 이런 뜻으로 '어차' 외에 '어기'와 '저기'가 쓰인다.

언구럭

- 표준어 : 엄살
- 품　사 : 명사
- 뜻풀이 : 아픔이나 괴로움 따위를 거짓으로 꾸미거나 실제보다 보태어서 나타내는 태도.
- 다른 방언형 : 엉구럭, 엉그럭, 엉구락
- 사용 지역 : 충청도, 경상도

> 아니 예원이만 곁에 있어 준다면 얼마든지 누워 있을 것 같았다. 이런 생각을 하느라니 문득 엉뚱한 마음이 생겼다. 나는 갑자기 머리가 아프다며 **언구럭**을 쓰기 시작했다. 〈강준희, 이카로스의 날개는 녹지 않았다(상), 1996, 53〉

　‘언구럭’은 아프거나 힘이 들 때 실제보다 훨씬 아프거나 실제보다 훨씬 힘이 드는 것처럼 거짓으로 꾸미거나 보태서 나타내 보이는 태도를 가리킬 때 쓰이는 표준어 ‘엄살’에 대응되는 충청도 방언형이다. 주로 ‘떨다’나 ‘쓰다’와 호응하여 ‘언구럭(을) 떨다, 언구럭(을) 쓰다’와 같은 구성으로 쓰이며 대체로 부정적인 의미가 내포되어 있다. 방언형으로 ‘언구럭’ 외에 ‘엉구락, 엉구럭’ 및 ‘엉그럭’형이 주로 강원, 충북, 경북, 경남 지역에서 많이 쓰인다. 방언형 ‘엉구락’과 ‘엉구럭’은 각각 ‘언구락’과 ‘언구럭’이 역행동화한 결과다.

언눔이

- 표준어 : 대응 표준어 없음
- 품 사 : 명사
- 뜻풀이 : 남자 어린아이를 귀엽게 부르는 애칭. 이름을 모르거나 이름을 호적에 올리기 전에 지칭하거나 호칭할 때 주로 쓰인다.
- 사용 지역 : 충청도

> 사내 아이 열여섯이면 호패를 차는데, 너는 이제 그 나이가 됐으니 어른이라는 것이었다. 그래 그런지 어머니는 **언눔이**니 간지니 하는 애칭 대신 꼭꼭 준희라는 이름을 부르기 시작했다. 〈강준희, 이카로스의 날개는 녹지 않았다(상), 1996, 338〉

'언눔이'는 남자 어린 아이를 이름 대신 귀엽게 이르는 말이다. 예전에는 아이를 낳아 기를 때 죽는 확률이 높아 호적에 올리기 전에 이름을 짓지 않고 애칭으로 부르는 경우가 많았는데 '언눔이'도 그 중 하나다. '언눔이'가 구어에서 호칭으로 쓰일 때는 '언눔아!'가 되지만 문장에서는 '언눔이가, 언눔이는, 언눔이를'과 같이 쓰여 '언눔이'가 기저형이 된다는 것을 알 수 있다. '언눔이'는 '언눔'에 주격조사 '-이'가 결합된 형태가 굳어진 말로 보인다. 따라서 '언눔이가, 언눔이는, 언눔이를'은 각각 '언눔'에 주격조사 '-이'가 결합된 '언눔이'에 다시 주격조사 '-가'나 특수조사 '-는', 목적격조사 '-를'이 연결된 것이라고 할 수 있다. '언눔'에 주격조사 '-이'가 결합된 '언눔이'로 굳어진 것은 '얼굴'에 대하여 '얼굴이가, 얼굴이를, 얼굴이는'과 같이 '얼굴'이 '얼굴이'로 굳어진 것과 궤를 같이한다.

　어린 남자 아이에 대하여 '언눔이'를 쓰는 지역에서는 이와 대응되는 말로 어린 여자 아이에게는 '언년이'를 쓴다. '언년이'는 어린 여자 아이를 이름 대신 귀엽게 부르는 말인데 호칭으로 쓰일 때에는 '언년아!'가 되지만 문장에서 쓰일 때는 '언년이가, 언년이는, 언년이를'과 같이 쓰인다. '언년이가, 언년이는, 언년이를'은 '언년'에 주격조사 '-이'가 결합되어 굳어진 '언년이'에 각각 주격조사 '-가'와 특수조사 '-는' 그리고 목적격조사 '-를'이 연결된 형태다.

얼라

- 표준어 : 어
- 품　사 : 감탄사
- 뜻풀이 : 놀라거나, 당황하거나, 초조하거나, 다급할 때 나오는 소리.
- 다른 방언형 : 어, 어라, 오라, 얼레
- 사용 지역 : 충청도

"얼라, 이 머리 연태 끓어쌓네…… 이봐라, 내가 너 줄라구 이런 거 사왔지. 뭔 중 알겠네?" 〈이문구, 제3세대한국문학9:李文求, 관촌수필, 1983, 71〉

"얼라, 시방 오는 질인감?" 〈이문구, 제3세대한국문학9:李文求, 관촌수필, 1983, 207〉

충청도 방언 '얼라'는 문장 첫머리에 쓰여 놀라거나, 당황하거나, 초조하거나, 다급함 등을 나타내는 감탄사다. '얼라'와 같은 뜻으로 쓰이는 충청도 방언형으로 '어라'와 '오라' 그리고 '얼레'가 더 있다. '얼레'는 '얼레, 그기 뭔 소리리여!'에서와 같이 전혀 예상하지 못한 말을 들어 놀랄 때 주로 쓰인다. 이런 뜻으로 쓰이는 충청도 방언으로 '얼라'와 '얼레' 외에 '얼렐레'가 있다. '얼렐레'는 '얼라'나 '얼레'보다 더 놀라는 느낌이 있다. 이에 비해 '어라'나 '오라'는 다음의 예들에서 보듯이 주로 예상하지 못했던 상항이 생겼을 때 주로 쓰인다.

어라, 이래두 안 되네.
어라, 이릏게(이렇게) 하면 됐었는데 안 되네.
오라, 그래 어디 한 번 해봐라.
오라, 요것 봐라. 들은 척도 안 하네.

얼레발치다

- 표준어 : 대응 표준어 없음
- 품   사 : 동사
- 뜻풀이 : 속마음을 숨기고 겉으로는 말이나 행동을 일부러 천연스럽게 과장하거나 얼버무리다.
- 다른 방언형 : 설레발치다, 엉누리치다
- 사용 지역 : 충청도

아마 빚쟁이가 종주먹을 대거나 아니면 빚지시한 사람이 빚물이로 무리꾸력하게 생겼다며 들이대는 모양이었다. 안 그렇고야 내가 알까봐 쉬쉬하며 **얼레발칠** 리가 있겠는가. 〈강준희, 이카로스의 날개는 녹지 않았다(하), 1996, 167〉

나는 어머니를 들쳐업고 방안을 빙그르 맴돌았다.
"아 이놈아 어지럽다. **얼레발치지** 말고 어여 내려." 〈강준희, 이카로스의 날개는 녹지 않았다(중), 1996, 51〉

충청도 방언 '얼레발치다'는 표준어 '엉너리치다'에 대응하는 말로 '얼레발'에 '-치다'가 결합된 것으로 분석할 수 있다. '얼레발'은 속으로 계산된 마음을 숨기고 겉으로는 남의 환심을 사거나 제 말을 믿게 하려고 말이나 행동을 일부러 천연스럽게 과장하거나 얼버무리는 모양을 뜻하는 말이고, '-치다'는 동작이나 성질을 나타내는 명사 뒤에 쓰여 그런 행동을 경망스럽게 한다는 뜻을 나타내는 접미사다. 따라서 '얼레발치다'는 속마음은 숨기고 겉으로는 남의 환심을 사거나 제 말을 믿게 하려고 말이나 행동을 일부러 천연스럽게 과장하거나 하여 얼버무려 넘긴다는 뜻을 가진 동사다. 충청도 방언에서 '얼레발치다'와 같

은 뜻으로 '설레발치다'도 쓰인다. 따라서 충청도 방언의 '설레발치다'
는 '몹시 서두르며 부산하게 굴다'는 뜻의 표준어와는 의미상 차이가
있다. '설레발치다'와 같은 뜻으로 '설레발떨다'가 쓰이고 '얼레발치다'
와 같은 뜻으로 '얼레발떨다'가 쓰인다.

얼룩배기

- 표준어 : 얼루기, 얼룩빼기
- 품　사 : 명사
- 뜻풀이 : 본바탕에 색이 다른 점이나 무늬가 있는 짐승이나 물건.
- 다른 방언형 : 얼럭빼기, 얼럭이, 얼룩이
- 사용 지역 : 충청도

> **얼룩배기 황소가**
> 해설피 금빛 게으른 울음을 우는 곳 〈정지용, 鄕愁, 원본정지용시집, 57〉

'얼룩배기'는 본바탕에 다른 빛깔의 점이나 줄 따위가 뚜렷하게 섞인 자국을 뜻하는 '얼룩'에 일부 명사 뒤에 붙어 무엇이 박혀 있는 사람이나 짐승 또는 물건이라는 뜻을 더하는 접미사 '-배기'가 결합된 것으로 분석할 수 있다. '얼룩배기'는 본바탕에 색이 다른 점이나 무늬가 있는 짐승이나 물건을 뜻하므로 예문의 '얼룩배기 황소'는 '얼룩이 박혀 있는 황소' 즉, 누런 색 바탕에 색이 다른 점이나 무늬가 있는 황소가 된다. 이런 소는 대부분 누런 바탕에 흰 점이나 무늬가 박혀 있는 것이 보통이다.

'얼룩배기'는 '얼룩빼기'로 표기해야 옳다. 여기에서는 설명의 편의상 충청도 방언은 '얼룩배기'로, 표준어는 '얼룩빼기'로 구별하여 표기한다.

참고로, ≪표준 국어 대사전≫에는 '얼룩빼기'를 '겉이 얼룩얼룩한 동물이나 물건'으로 풀이하여 물건이나 동물에 다 쓰이는 것으로 설명하고 있는데 충청도 방언에서는 주로 동물에 대하여 쓴다. 1960년대 이전에는 토종 소나 강아지 등에 하얀색 점이 박혀 있거나 하얀 얼룩이 있으면 ‘얼룩빼기’라고 하였다. 충청도 방언에서 ‘얼룩배기’라고 하면 머리 앞부분이나 배 분분, 발목, 어깨, 꼬리 부분 등의 일부 털빛이 하얘서 누런 바탕에 하얀 얼룩이 있는 소나 개를 뜻한다. 하얀 얼룩이 있는 우리나라의 토종 소를 얼룩소, 얼럭소, 얼럭배기 등으로 부르기도 했으나 요즈음에는 이런 토종 소를 거의 찾아보기 어렵고 중국 등지에서나 볼 수 있다.

충청도 방언에서는 ‘얼룩소’를 ‘얼럭소, 얼럭쇠’라고 하지만 이야기 중에 ‘소’가 화제일 때는 ‘얼룩배기, 얼럭이, 얼레기’라고만 하기도 한다. ‘얼룩소’에는 머리나 몸에 하얀 점이나 하얀 무늬가 적게는 한두 개부터 많게는 여러 개까지 박혀 있다. 소의 머리에만 하얀 점이나 무늬가 있는 경우도 있고 배 쪽에만 있는 경우도 있다. 발목과 꼬리, 배와 머리, 어깨, 배 등 하얀 무늬가 박혀 있는 곳이 일정하지 않다. 충청도에서는 소의 머리 한 가운데 흰 점이 하나 박혀 있는 소를 특별히 ‘쇠골배기’라고 한다.

참고로 “송아지 송아지 얼룩송아지 엄마소도 얼룩소 엄마 닮았네” 하는 동요의 ‘얼룩송아지’나 ‘얼룩소’는 우리나라의 토종 소와 송아지에 하얀 점이 박힌 것을 뜻한다는 점에서 한 때 ‘얼룩송아지’를 ‘누렁송아지’로, ‘얼룩소’를 ‘누렁소’로 바꾸어 불러야 한다던 주장은 잘못된 것이다. 이것은 아마도 우리의 토종 소에 하얀 점이 박혀 있는 얼룩이 또는 얼룩소를 보지 못한 젊은 세대가 젓소를 의식하고 어처구니없는 주장을 한 것이라고 할 수 있다.

한글 맞춤법 규정에 의하면 표준어 ‘얼루기’는 ‘얼룩이’로 표기해야 옳다. 한글 맞춤법 제20항에는 “명사 뒤에 ‘-이’가 붙어서 된 말은 그 명사의 원형을 밝히어 적는다.”고 규정하고 있다. 이 규정에 의하면 ‘얼룩이’는 명사 ‘얼룩’에 접미사 ‘-이’가 붙어서 된 말이므로 ‘얼룩이’와 같이 어원을 밝혀 적어야 한다.

엇빠르다

- 표준어 : 대응 표준어 없음
- 품　사 : 형용사
- 뜻풀이 : 말이나 행동이 비뚤고 바르지 않다.
- 사용 지역 : 충청도

> 　도리어 음전이는 인동이와 같은 농군의 안해가 되기는 너무나 지나친다 할 만큼 청초하고 아리따운 자태를 가졌을 뿐 아니라 마음세도 순량해 보이는데 그는 웨 그런 안해를 부족해 하는가. 자기 같으면 안해로는 그만하면 만점일 것 같다.
>
> 　**엇빠른** 여학생 찍그럭이보다는 차라리, 순진스러운 그런 여자가 낫지 않을 것인가. 그는 읍내 야학에서 그를 가리치고 있을 때도 얼마나 은근히 그 여자를 사모하고 있지 않았든가? 〈이기영, 고향4, 1947, 320〉

　'엇빠르다'는 말과 행동이 바르지 않다는 뜻을 가진 충청도 방언형이다. '엇빠르다'는 접두사 '엇-'과 형용사 '빠르다'로 분석할 수 있다. '빠르다'는 한글 맞춤법 규정에 의하면 '바르다'로 표기해야 할 것이다. 따라서 '엇빠르다'는 '엇바르다'로 표기해야 한다. '엇빠르다'는 '엇바르다'의 발음에 이끌린 표기라고 할 수 있기 때문이다. '엇바르다'의 '엇-'은 일부 동사나 형용사 앞에 붙어 '어긋나게' 또는 '삐뚜로'의 뜻을 더하는 접두사이고 '바르다'는 말이나 행동이 비뚤고 사리에 어긋나지 아니하다는 뜻을 가진 형용사다. 따라서 예문의 '엇빠르다'는 '말이나 행동이 비뚤고 바르지 아니하다'는 뜻의 형용사다.

　국어에서 폐쇄음 뒤에 평폐쇄음이 오면 뒤에 오는 평음을 된소리로

발음하는 규칙이 있다. 예문의 '엇빠르다'는 이러한 규칙에 따라 발음
된 것을 표기에 반영한 것이라고 할 수 있다. 접두사 '엇-'은 〔얻〕으로
발음되기 때문에 뒤에 오는 '바르다'의 첫소리 'ㅂ'이 된소리 'ㅃ'으로
발음되는데 이것이 표기에 반영되 것이 '엇빠르다'이므로 '엇빠르다'를
한글 맞춤법 규정에 따라 표기하면 '엇바르다'가 되어야 한다.

엉누리

- 표준어 : 엉너리
- 품　사 : 명사
- 뜻풀이 : 남의 환심을 사거나 주의를 돌리려고 말이나 행동을 일부러 슬쩍 어물
거려 넘기는 모양.
- 다른 방언형 : 얼레발, 설레발
- 사용 지역 : 충청도

> "응서 놈 예 있느냐!"
> 물어 볼 것도 없이 김승지 집 하인들이다.
> "응서? 없는데! 어 돌인가. 왜 그러나? 이 밤중에들."
> 벌써 눈치를 채었지만 박태복이가 이렇게 **엉누리**를 치고,
> "부모 처자 있는 사람이 집에 있지 어디 갔겠는가. 좀 들어와 이야기나 허
> 게나. 응선 이 밤중에 왜 찾지?" 〈이무영, 농민, 1972, 7〉

'엉누리'는 표준어 '엉너리'에 대응하는 충청도 방언형이다. 충청도 방언 '엉누리'가 남의 환심을 사거나 주의를 돌리려고 말이나 행동을 일부러 슬쩍 어물거려 넘기는 모양을 나타낼 때 쓰는 말인데 비해 표준어의 '엉너리'는 남의 환심을 사기 위하여 제 말이나 행동을 믿게 하려고 서둘러서 말이나 행동을 일부러 슬쩍 어물거려 넘기는 모양을 뜻하는 말이다. 표준어 '엉너리'가 서두르는 뜻을 가졌는데 비해 충청도 방언형 '엉누리'는 서두르는 뜻이 없다는 점에서 의미상 차이가 있으나 어원은 같은 것으로 보인다. 충청도 방언에서 '엉너리' 외에 '얼레발'과 '설레발'도 같은 의미로 쓰이는데 '치다', '떨다'와 연어 관계에 있다.

전라도와 평안도 등에서는 '엉누리'와 같은 뜻으로 '알랑'이 쓰이고, 경기도에서는 '어리손, 얼레발' 등의 방언형이 쓰이고 있다.

엉머구리

- 표준어 : #악머구리
- 품   사 : 명사
- 뜻풀이 : 잘 우는 개구리라는 뜻으로 초여름의 무논에서 밤에 우는 개구리를 뜻
          함. 올챙이가 자란 것으로 뒷발이 길고 발가락 사이에 물갈퀴가 있다.
          등의 색깔은 검은색을 띠고 있으며 눈 뒤쪽에는 고막이 드러나 있다.
          수컷은 울음주머니를 부풀려 소리를 내는데 크기에 비해 우는 소리가
          크고 요란하다.
- 다른 방언형 : 앙마구리
- 사용 지역 : 충청도

"강주사 어른요, 고맙습니다. 정말 정말 고맙습니다. 이 태산 같은 은혜 어떻게 갚아드려야 합니까요. 머리를 깎아 신을 삼아드려야 합니까요, 살을 저며 불을 밝혀드려야 합니까요. 강주사 어른요, 강주사 어른요!" 홍씨는 어깨를 들먹이며 **엉머구리** 울 듯 마구 울부짖었다. 〈강준희, 이카로스의 날개는 녹지 않았다(상), 1996, 151〉

그리고 무엇보다 목이 아파 울음이 안 나왔다. 그런데도 나는 아버지의 시신이 광중으로 내려가자 아버지를 부르며 **엉머구리**처럼 울었다. "실컷 울어 상주! 이제 마지막이여!""그려. 이승에선 이제 마지막 하직이여. 그러니 실컷 울어!"내가 아버지를 부르며 엉머구리처럼 울자 상두꾼들이 내 울음을 부추겼다. 〈강준희, 이카로스의 날개는 녹지 않았다(상), 1996, 337〉

울자! 실컷 울자! 울어야 한다! 우리는 **엉머구리**처럼 엉겨붙어 엉엉 울기 시작했다. 그제서야 뒷동산(만리산) 참나무에서 까치가 "깍깍깍."하고 울어 댔다. 〈강준희, 이카로스의 날개는 녹지 않았다(하), 1996, 37〉

어떤 날은 세 놈이 자다 깨어 겁먹은 표정을 한 채 서로 안고 **엉머구리**처

럼 앙앙 울기 예사였다. 〈강준희, 이카로스의 날개는 녹지 않았다(하), 1996, 133〉

충청도 방언형 '엉머구리'는 표준어 '악머구리'와 관련이 있어 보인다. ≪표준 국어 대사전≫에는 '악머구리'를 "잘 우는 개구리라는 뜻으로, 참개구리를 이르는 말"이라고 설명하고 있다. 같은 사전에서 '참개구리'는 "몸의 길이는 5~9cm이며 대개 녹색을 띤 갈색에 어두운 갈색이나 검은 무늬가 있다. 머리는 세모지고 등 쪽에는 주름과 혹 같은 돌기가 많으며 배는 희거나 누런색이다"라고 설명하고 있다. 그런데 충청도 방언에서 '엉머구리'와 '참개구리'는 서로 다른 종류의 개구리를 가리킨다. 충청도 방언에서 '엉머구리'는 '참개구리'와는 달리 등 쪽의 빛깔이 검고 크기도 참개구리보다 작으며 주로 모를 심은 무논에서 밤에 시끄럽게 우는 개구리를 가리킨다. 참개구리와는 우는 소리나 우는 리듬이 다르다. 다 자란 참개구리는 우는 소리가 저음이고 굵고 느린 편인데 비해 '엉머구리'는 우는 소리가 높고 빠르다는 차이가 있다. 이러한 차이로 볼 때 ≪표준 국어 대사전≫에서 '악머구리'를 '참개구리'라고 설명한 것은 잘못이다. 강원 방언에서는 '두꺼비'를 '엉머구리'라고 하는 지역이 있지만 예문들에서 보듯이 '엉머구리'가 주로 '울다'와 호응하여 쓰인다는 점에서 두꺼비와는 거리가 있다. '엉머구리'는 '억머구리'에서 변한 말이다. 즉 'ㅁ'앞에서 'ㄱ'이 'ㅇ'으로 비음동화한 것이다. 표준어 '악머구리'에 대응하는 충청도 방언형으로 '엉머구리' 외에 '앙마구리'와 '앙마고리'가 더 있다. '앙마고리'는 '악머구리'의 옛말이다.

여렴성

- 표준어 : 유념성
- 품 사 : 명사
- 뜻풀이 : 잊거나 소홀히 하지 않도록 마음속에 깊이 간직하여 생각하는 성질.
- 다른 방언형 : 유렴성, 유람성
- 사용 지역 : 충청도

영두는 아버지의 말이 너무 덩둘해서 시부정섭적 귀넘어로 들었으나 종내에는 제 성질에 못 이겨 아무 **여렴성**도 없이 모집어서 말했다. 〈이문구, 산 너머 남촌, 1990, 62〉

'여렴성'은 표준어 '유념성'에 대응하는 충청도 방언형이다. 표준어 '유념성'은 '잊거나 소홀히 하지 않도록 마음속에 깊이 간직하여 생각하는 성질'의 뜻으로만 쓰이는데 비해 충청도 방언의 '여렴성'은 예문에서와 같이 '잊거나 소홀히 하지 않도록 마음속에 깊이 간직하여 생각하는 성질' 외에 '물건을 아끼고 간직하는 성질'의 의미로 쓰이기도 한다. 후자의 예로 '그 애는 여렴성이 있어서 서랍에 뭔가 많이 넣어 두있다'를 들 수 있다. 표준어 '유념성'에 대응하는 충청도 방언형으로 '여렴성' 외에 '유렴성'과 '유람성'이 쓰이기도 한다. '여렴성'과 '유렴성, 유람성'은 의미상으로 '무엇인가를 깊이 간직해 두는 성질'을 공통으로 가지고 있다.

여물 한솥지기

- 표준어 : 대응 표준어 없음
- 품　사 : 관용구
- 뜻풀이 : 쇠죽솥에 한 솥 가득 채울 만큼 분량의 여물을 썰 정도의 시간.
- 사용 지역 : 충청도

그는 부러 뻔한 거짓말까지 해 가며 부득부득 사립을 나선 거였다. 길이 질어 말벗 없이 내닫더라도 **여물 한솥지기**는 좋이 들여야 읍에 닿을둥 말둥 했으므로 용모는 엉덩이가 무지근하도록 바삐 걸었다. 〈이문구, 제3세대한국문학9: 李文求, 관촌수필, 1983, 228〉

'여물 한솥지기'는 쇠죽솥에 한 솥 가득 채울 만큼 분량의 여물을 썰 정도의 시간을 뜻하는 말이다. '여물'은 말이나 소를 먹이기 위하여 말려서 썬 짚이나 마른풀을 가리킨다. 농가에서 소를 키울 때 여름에는 생풀을 베어다 먹이거나 소를 들로 몰고 나가 풀을 뜯겨 먹였고 겨울에는 짚이나 마른 풀을 썰어서 쇠죽솥에 끓여 먹였다. '한솥지기'는 한 솥 채울 만큼의 분량 또는 한 솥을 채울 만큼의 일을 하는 데 걸리는 시간을 나타내는 말이다. 따라서 '여물 한솥지기'는 여물을 한솥 채울 만큼의 분량을 써는데 걸리는 시간의 뜻으로 쓰인다. 일반적으로 '-지기'는 '한 말지기, 한 섬지기'와 같이 곡식의 양을 나타내는 명사구 뒤에 붙어 '그 정도 양의 씨앗을 심을 수 있는 논밭의 넓이'를 뜻하는 접미사로 쓰인다. 그런데 위의 예문에서는 '-지기'가 넓이를 가리키는 말로 쓰이지 않고 분량을 나타내는 명사구 뒤에 붙어 '그만큼을 마련하는 데 걸리는 시간'을 가리키는 의미로 쓰인 것이다. 충청도에서는 소가 먹기 좋게 하기 위하여 생풀을 썬 것도 '여물'이라고 하나 주로 짚이나 풀 또는 옥수숫대, 수숫대 등을 말려서 썬 것을 '여물'이라고 한다.

여물거리

- 표준어 : 대응 표준어 없음
- 품 사 : 명사
- 뜻풀이 : 소를 사 온 날 기념으로 술과 안주를 즐기는 일.
- 사용 지역 : 충청도

> "들일 끝낸 기념으로 허는 게 호미거리지 뭐유. 장 보구 와서 허는 건 쇠주거리…… 소 사온 날 허는 건 **여물거리**…… 개 먹은 날 허는 건 외발거리…… 한 짝다리 들고 해야 잘 되니께……." 〈이문구, 으악새 우는 사연, 1977, 139〉

‘여물거리’는 마소를 먹이기 위하여 말려서 썬 짚이나 마른풀을 뜻하는 ‘여물’과 일부 명사에 붙어 그 명사와 관련된 일로 한턱내는 일을 뜻하는 접미사 ‘-거리’가 결합된 말이다. ‘여물거리’는 소를 사왔을 때 소가 잘 자라기를 기원하며 술과 안주로 친구나 주위 사람들에게 한턱내는 일을 가리킨다.

‘여물거리’는 소가 여물을 먹는다는 데서 유래한 말이다. 이와 관련된 말로 ‘여물거리하다’가 있다. ‘여물거리하다’는 ‘여물로 쓸 재료로 꼴이나 짚을 장만하다’의 의미로 쓰인다는 점에서 ‘여물거리’와는 의미상 차이가 있다. ‘여물거리하다’의 ‘여물거리’에 쓰인 ‘-거리’는 ‘국거리, 반찬거리, 마실 거리’ 등에서와 같이 명사나 관형사형 어미 ‘-(으)ㄹ’ 뒤에 쓰여 ‘내용이 될 만한 재료’를 뜻하는 접미사이기 때문이다.

참고로, 어떤 명사에 붙어 그 명사와 관련된 일로 한턱내는 일을 뜻하는 접미사 ‘-거리’가 붙은 충청도 방언으로 ‘책거리, 쇠주거리, 호미거리, 외발거리’ 등이 있다. ‘쇠주거리’는 곡주나 고구마주 따위를 끓여서 만든 증류식 술인 '소주'에 어떤 일로 한턱내는 일을 뜻하는 '-거리'가 붙어서 이루어진 말이다. '책거리'는 예전에 글방 따위에서 학생이 책 한 권을 다 읽어 떼거나 다 베껴 쓰고 난 뒤에 선생과 동료들에게 떡이나 음식 등으로 한턱내는 일을 가리키는 것으로 '책씻이'라고도 한다. '호미거리'는 농가에서 농삿일, 특히 논매기의 만물을 끝낸 음력 7월 백중 무렵에 일꾼들이 날을 받아 술과 음식을 먹으며 하루를 즐겨 노는 일을 가리키는 것으로 '호미씻이'라고도 한다. '외발거리'는 개를 잡아먹은 기념으로 술과 안주를 내어 먹고 즐기는 일을 가리키는 말이다. '외발거리'라는 말은 개가 집을 나가면 돌아올 때 집을 찾아오기 위해 전봇대나 나무 등에 오줌을 지려 놓는데 이때 한쪽 다리를 들기 때문에 외발이 된다는 데서 유래된 말이다. 그런데 '책거리, 호미거리'가 '책씻이, 호미씻이'로도 쓰이는 것과 달리 '여물거리'나 '쇠주거리, 외발거리'는 '여물씻이'나 '쇠주씻이, 외발씻이'라고는 하지 않는다.

여물주걱

- 표준어 : 대응 표준어 없음
- 품 사 : 명사
- 뜻풀이 : 쇠죽을 끓일 때 여물을 뒤집거나 풀 때 쓰는 주걱이라는 뜻으로, 어떤
  일을 거부하거나 아무런 저항을 하지 못하고 남에게 종속되어 무엇이든
  따라야 하는 처지에 있는 사람을 비유적으로 이르는 말.
- 사용 지역 : 충청도

"우리네모냥 평생 끓탕에 삶기며 찍소리 한 마디 못 내 본 **여물주걱**이야 워
디서 오라면 오구 가라면 가야지 달리 숨통 댈 디 있는 중 아남?"〈이문구, 제3
세대한국문학9:李文求, 관촌수필, 1983, 225〉

'여물주걱'은 '여물'과 '주걱'의 합성어로 분석된다. '여물'은 마소를
먹이기 위하여 말려서 썬 짚이나 마른풀을 가리키고, '주걱'은 밥 따위
의 음식을 푸는 도구를 가리킨다. 따라서 '여물주걱'은 쇠죽솥에 끓인
뜨거운 여물을 뒤집거나 소에게 퍼 주기 위해 쇠죽바가지에 퍼 담을
때 쓰는 ㄱ자 형의 도구다. '여물주걱'은 쇠죽솥에 끓인 여물을 뒤집거
나 소에게 퍼 주는 데 쓰이는 도구다. 어쩔 수 없이 펄펄 끓는 솥에도
들어가야 하는 것이 여물주걱이듯이 어떤 일을 거부하거나 저항을 하
지 못하고 남에게 종속되어 무엇이든 따라야 하는 처지에 있는 사람을
비유적으로 이르는 말이다.

주관 없이 남이 시키는 대로 행동하는 사람을 비유적으로 이르는 말
인 '허수아비'와는 약간의 의미차이가 있다. '허수아비'가 시키는 대로
행동하는 사람을 비유적으로 이르는 데 비해 '여물주걱'은 상황에 따라
이리저리 맞추어 사는 사람에게도 쓰인다는 점에서 차이가 있다.

역구풀

- 표준어 : 여뀌
- 품 사 : 명사
- 뜻풀이 : 여뀟과의 한해살이 풀. 높이는 40~80cm이며 잎은 어긋나고 피침 모양이다. 6~9월에 흰 꽃이 수상(穗狀) 꽃차례로 피고 열매는 수과(瘦果)이다. 잎과 줄기는 짓이겨 물에 풀어서 고기를 잡는 데 쓴다. 잎은 매운맛이 나며 조미료로 쓰이기도 한다.
- 다른 방언형 : 여꾸, 여끼
- 사용 지역 : 충청도

> 찬 모래알 쥐여 짜는 찬 사람의 마음,/ 쥐여 짜라. 바시여라. 시언치도 않어라.
>
> **역구풀** 욱어진 보금자리/ 뜸북이 홀어멈 울음 울고,
>
> 제비 한쌍 떠스다,/ 비 마자 춤을 추어. 〈정지용, 정지용시집, 鴨川, 1936, 53〉

'역구풀'은 표준어 '여뀌'에 대응하는 충청도 방언형으로 '역구'와 '풀'이 합성된 말이다. 표준어의 '여뀌'에 해당하는 충청도 방언형으로 '역구풀' 외에 '여꾸, 여끼'도 있다. '역구'는 '여꾸'를 혼철하여 표기한 것이다. '역구풀'은 '역구'에 다시 '풀'이 결합된 합성어다. '역구풀'은 '역구 풀'과 같이 띄어 써서 두 단어로 표기할 수도 있으나 충청도 방언의 '말풀(토끼풀)'을 고려하여 여기에서는 하나의 단어로 처리하였다. '여뀌'는 주로 개울가나 습한 곳에서 잘 자라며 풀에 독성이 있어서 잎과 줄기를 짓이겨 물에 풀어서 물고기를 잡을 때 이용하기도 한다. 이 풀을 찧어 잔잔한 물에 풀면 고기가 독성에 취해 힘을 못 쓰므로 쉽게 잡을 수 있다.

염치가 읇으면 염통이나 즉으야지

- 표준어 : 대응 표준어 없음
- 품   사 : 속담
- 뜻풀이 : 염치가 없는 것도 못마땅한데 뻔뻔하고 씀씀이까지 커서 더욱 못마땅함
  을 비유적으로 이르는 말.
- 사용 지역 : 충청도

이 날 가무는디 워느 늠이 외상을 갚느냐는 겨. **염치가 읇으면 염통이나 즉으야지.** 처먹을 때마다 짜니 싱거니 허구 찍자 붙더니, 처먹구 달소수 거짐 됐으면 더러 갚을 중두 알으야지. 〈이문구, 제3세대한국문학9:李文求, 우리 동네, 1983, 368〉

'염치'가 체면을 차릴 줄 알고 부끄러움을 아는 마음을 뜻하는 말이고, '염통'은 본래 혈액을 몸 전체로 보내는 순환계 중심의 근육 기관인 심장을 가리키는 말인데 사람의 도량이나 씀씀이를 비유적으로 이르는 말로도 쓰인다. '염치가 없으면 염통이라도 작아야 한다'는 말은 염치가 없는 것도 못마땅한데 뻔뻔하고 씀씀이가 커서 더욱 못마땅함을 비유적으로 이르는 말이다. 예문에서는 먹을 때는 음식 맛이 이러니 저러니 말이 많으면서 먹고 나서는 외상값도 안 갚는 행동이 못마땅함을 비유적으로 꼬집는 뜻으로 쓰였다. 하는 행동이 어느 한 구석도 마음에 들지 않는다는 뜻으로 쓰인다.

옆돌다

- 표준어 : 겉돌다
- 품　사 : 동사
- 뜻풀이 : 중심과 서로 잘 어울리지 못하고 따로따로 되다.
- 다른 방언형 : 겉돌다
- 사용 지역 : 충청도

> 앞서 말했듯이 아버지의 사상은 할아버지의 것과 대각을 이뤘다 할만큼 가문의 파격적인 것이었다. 매사가 매양 엇먹고 **옆도는** 상태였었다. 〈이문구, 관촌수필, 1972, 149〉

'옆돌다'는 '옆'과 '돌다'가 결합된 합성어로 분석된다. '옆'은 사물의 오른쪽이나 왼쪽 또는 그 근처를 뜻하고, '돌다'는 '무엇의 주위를 원을 그리면서 움직이다'를 뜻한다. 예문의 '옆돌다'는 표준어의 '겉돌다'와 같이 '모든 일이 중심과 한데 섞이거나 융화되지 못하고 따로따로 되다'의 뜻으로 쓰였다. 그런데 '옆집 아저씨의 말씀이 옆돌고 있다는 것을 아는 데는 그리 오래 걸리지 않았다'와 같은 예에서는 '옆돌다'가 '대화의 요점이 서로 잘 맞지 않는다'는 뜻으로 쓰인다.

오뉴월 메뚜기가 오죽하면 섶에 오르겠는가

- 표준어 : 대응 표준어 없음
- 품 사 : 속담
- 뜻풀이 : 형편이 아주 좋지 않아 어쩔 수 없이 행동하게 됨을 비유적으로 이르는
  말.
- 다른 방언형 : 오뉴월 메뚜기가 섶에 오른다.
- 사용 지역 : 충청도

하지만 처녀가 아이를 낳아도 할 말이 있듯, **오뉴월 메뚜기가 오죽하면 섶에 오르겠는가.** 우는 놈도 속이 있어 운다고, 나라고 이러고 싶어 이러겠는가. 〈강준희, 이카로스의 날개는 녹지 않았다(중), 1996, 180〉

이놈아! **오뉴월 메뚜기가 오죽하면 섶에 오르겠느냐.** 이놈아! 에민들 이짓이 하고 싶어서 하는 줄 아느냐? 남의 집 단칸 셋방에 살다보니 주인 눈치가 보여 치성도 한밤중 부엌에서 도둑질 하듯 몰래하는 에미다. 〈강준희, 이카로스의 날개는 녹지 않았다(중), 1996, 184〉

메뚜기는 여름철 곤충으로 오뉴월이 제철이다. 그런 메뚜기가, 다 자란 누에가 고치를 지으려고 섶에 올라가듯이, 일생을 마감하기 위해 섶에 오른다는 뜻으로 쓰이는 말인데 사는 형편이 좋지 않아 궁여지책으로 선택하는 행동임을 비유적으로 이를 때 쓰이는 말이다. 먹을 풀이 풍성한 오뉴월이 한철인 메뚜기가 형편이 오죽했으면 이때를 즐기지 못하고 생을 마감하기 위해 섶에 오르겠느냐는 뜻에 빗대어 사람의 처지와 형편이 아주 어려워 어쩔 수 없이 하게 되는 행동을 비유적으로 이를 때 쓰는 말이다.

오리방석

- 표준어 : 대응 표준어 없음
- 품 사 : 명사
- 뜻풀이 : 오리가 헤엄쳐 다니는 물을 방석에 오리가 앉아 있는 모습에 빗대어 비유적으로 이르는 말.
- 사용 지역 : 충청도

술이 떨어졌으면 허다못해 **오리방석**이라두 떠다 놔야 헐 거 아니유. 〈이문구, 제3세대한국문학9:李文求, 우리 동네, 1983, 365〉

‘오리방석’은 ‘오리’와 ‘방석’의 합성어로 분석된다. ‘오리’는 오릿과의 새를 통틀어 일컫는 말이고 ‘방석(方席)’은 앉을 때 엉덩이 밑에 까는 작은 깔개를 일컫는 말이다. 따라서 ‘오리방석’은 ‘오리가 깔고 앉는 방석’이라는 뜻이 된다. 오리가 물 위를 떠다니면서 헤엄치는 것이 오리가 물을 방석으로 깔고 앉아 있는 것처럼 보이는 것에 빗대어 비유적으로 표현한 말이다. 결국 ‘오리방석’은 ‘물’을 뜻하는 말이다.

오복조복

- 표준어 : 조랑조랑
- 품   사 : 부사
- 뜻풀이 : 작은 열매가 탐스럽게 많이 매달려 있는 모양.
- 다른 방언형 : 오볼조볼, 오불조불, 조불조불
- 사용 지역 : 충청도

> 추수가 끝나자 나는 뒤란 둔덕에 입을 딱 벌린 채 금세 떨어질 듯 간당거리는 빠알간 알밤을 떨고 며칠 후엔 마당가에 **오복조복** 달려 진홍빛으로 익은 대추를 떨었다. 〈강준희, 이카로스의 날개는 녹지 않았다(중), 1996, 120〉

'오복조복'은 표준어의 '조랑조랑'에 대응하는 충청도 방언형이다. 작은 열매가 탐스럽게 많이 매달려 있는 모양을 나타낼 때 쓰이는 말이다. 표준어의 '조랑조랑'이 매달린 모양에 의미의 초점이 있는 표현이라면 '오복조복'은 탐스럽고 많은 모양에 초점이 있는 표현이라고 할수 있다.

충청도 방언에서 작은 열매가 탐스럽게 많이 매달려 있는 모양을 나타내는 말로 '오복조복' 외에 '조불조불'과 '오볼조볼', '오불조불' 등이 쓰이기도 한다. '오복조복'과 '조불조불'이 열매와 같이 움직이지 않는 모양을 나타낼 때 주로 사용하는 표현이라면 '오볼조볼'과 '오불조불'은 작은 열매가 많이 매달려 있는 모양뿐만 아니라 많은 벌레들이 한꺼번에 많이 매달려 움직이는 모양을 나타낼 때도 쓰인다는 점이 다르다. '오볼조볼'과 '오불조불'은 포도나 머루 송이처럼 작은 열매들이 많이 매달려 있거나 사과나 배 등의 과일이 많이 달려 있는 모양을 나타낼 때 등에도 쓰인다. 이에 비해 열매가 굵은 사과나 배가 많이 달려 있는 모양을 나타낼 때는 '오불조불'이나 '오불조불' 대신 '주렁주렁'을 많이 쓴다.

한편, 병아리나 물고기와 같은 작은 동물들이 한군데 많이 모여 움직이는 모양을 나타낼 때는 '병아리들이 오물오물 한다'나 '미꾸라지들이 오물오물 한다'와 같이 '오물오물'을 쓴다. 그런데 장구벌레나 어린 누에 같이 아주 작은 벌레들이 한군데 많이 모여 움직이는 모양을 나타낼 때는 '꼬물꼬물'을 쓰고 그런 동작이 반복되는 것을 나타낼 때는 '꼬물거리다'를 쓴다.

오지다

- 표준어 : 오달지다
- 품　사 : 형용사
- 뜻풀이 : 아주 심하거나 지독한 데가 있다.
- 사용 지역 : 충청도

옛날에 어떤 연상약한 절믄 남매가 여름 소낙비 자질때 이재를 넘어가다가 재밋 무인 지경에서 소낙비를 만나서 한줄금을 **오지게** 마젓드라우 여름 홋깃이 함씬 저젓스니 몸에 착 들려 부틀것 아니요. 〈홍명희, 임거정2, 1939, 519〉

"주뎅이만 아구같이 찢어진 중 알었등마, 아새끼 말버릇두 **오지게** 싸가지 없네." 장두식은 앉은 자리에서 여유있는 자세로 상대방의 위세를 잡도리하였다. 〈김중태, 해적 제1권, 1993〉

한번은 내가 몸살이 된통나 일주일을 **오지게** 앓았는데 그 때 마침 친구가 찾아와 녀석들에게 알린 모양이었으나 녀석들은 끝내 얼굴 한 번 비치질 않았다. 〈강준희, 이카로스의 날개는 녹지 않았다(하), 1996, 312〉

예문에 쓰인 '오지다'는 표준어 '오지다'나 '오달지다'에 대응하는 충청도 방언형으로 표준어와는 약간의 의미상 차이가 있는 것으로 보인다. 표준어에서는 '오지다'나 '오달지다'가 '허술한 데가 없이 야무지고 알차다'의 의미로 쓰이는데 충청도 방언에서는 주로 ①어떤 일이나 상황이 아주 심하거나 지독하다는 뜻의 표준어 '옴팡지다'나 ②실속 있고 내용이 알차다는 뜻의 표준어 '옹골지다'에 대응하는 말로 쓰인다. ①의 뜻으로는 '오지게 뚜디리 팼다(심하게 두들겨 팼다)', '오지게 덮어 썼다(심하게 당했다)', '오지게 앓았다(지독하게 앓았다)' 등에서와 같이 주로 '오지게'의 꼴로 쓰이고 '오지더라'나 '오진데'로도 활용하여 쓰이지만 '오지고, 오지니, 오져서' 등으로는 거의 쓰이지 않는 불완전 동사다. 이에 비해 ②의 뜻으로는 '산뽕을 한 나무에서만 땄는데두 오지드라(오지더라)'나 '고기가 얼매나 많은지 반두를 가주구 가서 장깐 (잠깐) 잡었는데두 쏟어보닝깨 오지드라.' '그때는 고기를 오지게 많이 잡었어.' 등에서와 같이 주로 '오지드라'나 '오지게'의 꼴로 쓰인다.

참고로, 충청도에서는 '옹골지다'가 다음의 예에서와 같이 '미운 사람이 잘못 되는 것을 보고 속으로 시원하고 고소하게 여기다'의 뜻으로도 쓰인다.

"아까 나를 차지러 퍽 돌아다녔지."
"매우 옹골지겟다. 속은 내가 얼뜨니까 속인 너를 나물하지 안는다."
〈홍명희, 임거정, 1939, 503〉

"아닌게 아니라 내말만 들엇드면 이런일이 업섯겟지." "매우 옹골지겟소."
"곽두령눈에는 내가 소인으로 박게 안보이는게야."〈홍명희, 임거정, 1939, 508〉

위 예문에 쓰인 '옹골지다'와 같은 뜻으로 쓰이는 충청도 방언형으로 '옹골찌다'와 '옹골짜다'도 쓰인다.

올깨끼

- 표준어 : 대응 표준어 없음
- 품   사 : 명사
- 뜻풀이 : 불가에서, 계를 일찍 받는 일.
- 사용 지역 : 충청도

> 미경은 그 동안 사문에 들어 불목하니부터 시작, 숱한 고행 끝에 중이 됐다며 명색이 **올깨끼**는 받았으나 아직 한소식을 못 얻어 선지식을 펴지 못해 부끄럽다면서 또 합장을 했다. 〈강준희, 이카로스의 날개는 녹지 않았다(하), 1996, 283〉

'올깨끼'는 '올-'과 '깨끼'가 결합된 말로 분석할 수 있다. '올-'은 '올벼, 올밤, 올콩, 올되다' 등에서와 같이 '보통보다 일찍 되는'의 뜻을 가진 접두사이고, '깨끼'는 '깎다'의 어간 '깎-'에 접미사 '-이'가 붙은 '깎이'가 움라우트 된 어형으로 이해되는데 불가에서 '계를 받는 것'을 이르는 말이다. '계'는 불가에서 쓰는 말로 '깨끗하고 착한 습관을 익혀 지키기를 맹세하는 결의'를 뜻한다. 불가에 입문하면 일정한 수련 과정을 거친 다음에 계를 받게 되는데 상대적으로 수련과정이 짧으면서도 계를 받았을 때, 즉 보통보다 일찍 계를 받는 것을 '올깨끼'라고 한다. '올깨끼'는 본래 '나이가 어려서 중이 된 사람'을 가리키는 '올깎이'에서 온 말인데 의미가 변하여 계를 일찍 받은 것 또는 계를 일찍 받은 사람을 일컫는 말로 쓰인다.

'올깎이'에 대립되는 말이 '늦깎이'다. '늦깎이'는 본래 '나이가 많이 들어서 중이 된 사람'을 가리키는 말이었으나 의미 영역이 확장되어 '나이가 많이 들어서 어떤 일을 시작한 사람'이나 '남보다 늦게 사리를 깨치는 일 또는 그런 사람'을 가리키는 말로 쓰이기도 한다.

옴닥옴닥하다

- 표준어 : #복닥복닥하다
- 품   사 : 동사
- 뜻풀이 : 많은 사람이 좁은 공간에 모여 수선스럽게 자꾸 들끓다.
- 사용 지역 : 충청도

> 희준이는 언제 나올 줄 모르고 그러니 여러 식구가 먹을 것도 없는 집안에서 그대로 **옴닥옴닥하다가는** 나중에는 농사도 짓지 못하고 할 수 없이 굶어 죽는 경상이 눈앞에 보일 것이 아닌가. 〈이기영, 고향, 1947, 27〉

> "네 아우는 네가 따루 났다구 섭섭히 알드라만 참 그렇게 하기를 잘했느니라. 늬 식구가 그냥 있어 봐라. 먹을 것도 없는 집안에서 식구들만 **옴닥옴닥**할테니. 기애는 뷘털털이로 나왔단다. 어떻게 산다니." 〈이기영, 고향, 1947, 36〉

'옴닥옴닥하다'는 표준어 '복닥복닥하다'에 대응하는 충청도 방언형으로 '옴닥옴닥'에 접미사 '-하다'가 결합된 것으로 분석할 수 있다. '옴닥옴닥'은 많은 사람이 좁은 공간에 모여 수선스럽게 자꾸 들끓는 모양을 나타내는 어근이고 '옴닥옴닥하다'는 '옴닥옴닥'에 동사를 만드는 접미사 '-하다'가 결합된 말이다. 충청도 방언 '옴닥옴닥하다'에 대응하는 표준어로 '복닥복닥하다' 외에 '복작복작하다'도 쓰인다. 그런데 표준어 '복작복작하다'나 '복닥복닥하다'는 충청도 방언 '옴닥옴닥하다'보다 더 작은 동작을 나타내는 것으로 보인다.

옴박옴박

- 표준어 : 대응 표준어 없음
- 품　사 : 부사
- 뜻풀이 : 음식물을 먹을 때 볼이 들어갔다 나왔다 할 정도로 소담스럽게 자꾸 씹는 모양.
- 다른 방언형 : 오목오목, 옴팍옴팍
- 사용 지역 : 충청도

아내는 물론 속이 나쁜 게 아니었다. 나는 명치가 콱 막혀 국수가 안 넘어갔다. 그런데도 원춘이는 **옴박옴박** 잘 먹었다. 〈강준희, 이카로스의 날개는 녹지 않았다(중), 1996, 251〉

"아빠. 우리 이제 맨날 쌀밥만 해먹지. 그치?" 땀을 철철 흘리며 밥을 **옴박옴박** 먹던 원춘이가 배를 두들기며 말했다. 〈강준희, 이카로스의 날개는 녹지 않았다(중), 1996, 264〉

지금도 나는 음식을 맛나게 먹어 입맛 없는 사람 식욕 돋구는데 일조를 하지만 그땐 **옴박옴박** 더 잘 먹어 모두 신통방통하다 했다. 〈강준희, 이카로스의 날개는 녹지 않았다(상), 1996, 327〉

'옴박옴박'은 부사 '옴박'이 중첩된 말이다. 충청도 방언에서 '옴박'은 음식을 먹을 때 가득 넣은 음식을 볼이 들어가도록 야무지고 소담스럽게 씹는 모양을 나타내는 말이고 '옴박옴박'은 그런 동작이 반복되는 모양을 나타내는 말이다. 즉 음식을 먹을 때 한 입 가득 넣은 음식을 볼이 들어갔다 나왔다 하도록 야무지고 소담스럽게 반복해서 씹는 모양을 나타내는 말이다. 이와 비슷한 의미로 쓰이는 충청도 방언형으로

'오목오목'이 있다. '오목오목'은 음식을 입에 넣고 씹을 때 볼이 들어 갔다 나왔다 하는 모양에 초점이 놓인 표현이라는 점에서 '옴박옴박'과 차이가 있다. '옴박옴박'이 음식을 소담스럽게 씹으면서 볼이 들어갔다 나왔다 하는 모양을 나타내는 표현이라면 '오목오목'은 음식을 씹는 모습이 귀여우면서 볼이 들어갔다 나왔다 하는 모양을 나타내는 표현이라고 할 수 있다. '옴박옴박'이 주로 남자에게 쓰는 표현이라면 '오목오목'은 주로 여자에게 쓰는 표현이라고 할 수 있다. 음식을 씹는 모습에 대해 '옴박옴박'보다 더 강한 표현으로 '옴팍옴팍'이 있다. '옴팍옴팍'은 '옴박옴박'에 비해 더 소담스럽고 야무지게 자주 씹는 모양을 나타내는 말로 쓰인다.

옷이 돌을 맞다

- 표준어 : 대응 표준어 없음
- 품　사 : 관용어
- 뜻풀이 : 다듬이질을 할 때 잘못하여 다듬잇방망이로 다듬잇돌 모서리에 놓여 있
       던 옷을 쳐서 옷에 구멍이 나다.
- 사용 지역 : 충청도

"아가, 밥을 잦힐 때는 불을 잠시 물렸다가 조금 후 불을 밍근하게 지펴 물이 잦아지게 해야 하고, 다듬이질 할 때 옷을 방칫돌(다듬잇돌) 모서리에 놓고 치면 **옷이 돌을 맞는** 법이란다. 알겠지?" ⟨강준희, 이카로스의 날개는 녹지 않았다 (중), 1996, 134⟩

　예전에는 주로 모시나 삼베, 무명베 등으로 옷을 해 입었다. 이들 천으로 만든 옷을 빨면 옷감에 힘이 없어 옷을 빳빳하게 하기 위해 풀을 먹였다. 풀은 주로 쌀이나 밀가루로 먹이는데 옷이나 천에 풀을 먹여서 말리면 천의 표면이 너무 거칠고 빳빳해서 피부가 상할 수 있기 때문에 다듬이질을 해서 옷을 부드럽게 해서 입었다. 이렇게 풀 먹인 옷을 다듬잇방망이로 두드리는 것을 '다듬이질'이라고 한다. 다듬이질을 할 때 다듬잇돌 위에 올려놓은 풀 먹인 옷을 다듬잇방망이로 두드리다가 실수로 다듬잇돌 모서리를 치게 되면 다듬잇돌 모서리에 닿았던 옷에 구멍이 나는 경우가 있는데 이럴 때 '옷이 돌을 맞았다'고 한다.

옹골찌다

- 표준어 : 대응 표준어 없음
- 품　사 : 형용사
- 뜻풀이 : 미운 사람이 잘못되는 것을 보고 속이 시원하고 고소하게 여기다.
- 다른 방언형 : 옹골짜다, 옹골지다
- 사용 지역 : 충청도, 경상도

"돈밖에 모르는 다라운 부자가 망하면 즈이들은 고소하고 **옹골쪄** 용춤을 춥니다요. 그게 깨소금맛보다 더 고소해서지요. 그러나 마님네는 다릅니다요. 세상천지 다 망해도 마님네만은 망하지 말아야 합니다요.…." 〈강준희, 이카로스의 날개는 녹지 않았다(상), 1996, 279〉

"안어른은 참 그런 수모를 겪으시고도……. 지 같으면 갖은 악담을 다 할 긴데. 그나저나 그놈에 새끼 바깥어른한테 얻어맞고 무릎 꿇는 거 보이 참 **옹골찌고** 시원하대요. 바깥어른 무신 쌈을 그렇게 잘 하시제요. 펄펄 나시대요. 날어." 〈강준희, 이카로스의 날개는 녹지 않았다(상), 1996, 75〉

"새끼들 꼴좋게 됐다. 깨소금맛이여 깨소금맛."
"아이구 **옹골쪄**. 아이구 통쾌해. 추석에 먹은 송편이 이제야 내려가네." 〈강준희, 이카로스의 날개는 녹지 않았다(상), 1996, 83〉

'옹골찌다'의 '옹골'은 표준어의 '옹골지다'나 '옹골차다'에서와 같이 어근으로만 쓰인다. '옹골'은 실속 있게 속이 꽉 찬 모양을 뜻하고, '-찌다'는 몇몇 명사에 붙어 그런 성질이 있음을 나타내는 접미사다. 접미사 '-찌다'는 표준어 접미사 '-지다'의 충청도 방언형이다. 표준어의 '옹골지다'는 실속이 있게 속이 꽉 차 있다는 뜻으로 쓰이는 말인데 비해 충청도 방언에서는 미운 사람이 잘못되었을 때 그것을 고소하고 속이 시원하게 여긴다는 뜻으로 쓰인다.

'옹골지다'가 표준어에서는 긍정적인 상황에서 긍정적인 뜻으로 쓰이는 데 비해 충청도 방언의 '옹골찌다'는 미운 사람에 대해 속으로 못마땅하게 생각하고 있었는데 잘못되는 것을 보고 그것을 시원하고 고소하게 여기는 부정적인 상황에서 주로 사용한다는 점에서 차이가 있다. 방언에서의 부정적인 의미도 잘못된 일로 속이 꽉 차 있다는 뜻을 나타낸다는 점에서 긍정적인 의미를 부정적인 상황에 빗대어 표현하는 말이라고 할 수 있다. 충청도 방언에서 '옹골찌다' 외에 표준어형 '옹골지다'와 '옹골짜다'도 같은 뜻으로 쓰인다. 아이들은 자기가 미워하는 대상이 잘못되면 그것이 고소하다는 표현으로 '옹골짜 짤짜 옹골짜 짤짜'하면서 리듬에 맞춰 저희들끼리 놀리기도 한다. 미운 사람에게 어찌할 수는 없고 마음속으로 못마땅하게 생각하고 있었는데 그 사람이 잘못되었을 때 고소하게 생각하면서 마음의 정화를 나타내는 감정도 얹어서 사용하는 말이다. '옹골찌다'는 미운 사람이 불행을 당한 경우에 고소하게 여겨지는 일을 뜻하는 표준어 '잘코사니'와도 유사하다. '잘코사니'는 명사나 감탄사로 쓰이는 데 비해 '옹골찌다'는 형용사로 쓰인다는 점이 다르다.

충청도 방언에서 이와 거의 같은 뜻으로 쓰이는 말로 '말똥싸다'와 '맛똥싸다'도 쓰인다.

옹신

- 표준어 : 대응 표준어 없음
- 품   사 : 부사
- 뜻풀이 : 단단히 결심하거나 무엇을 참아 견딜 때에 힘주어 어금니를 무는 모양.
- 다른 방언형 : 응신
- 사용 지역 : 충청도

> 어머니는 사정없이 종아릴 후려쳤다. 나는 이를 **옹신** 물고 참았다. 참지 않을 수가 없었다. 〈강준희, 이카로스의 날개는 녹지 않았다(상), 1996, 29〉
>
> 나는 이를 **옹신** 물고 앞 내로 갔다. 원영이도 엉거주춤 내 뒤를 따랐다. 〈강준희, 이카로스의 날개는 녹지 않았다(상), 1996, 42〉
>
> 세상이 갑자기 텅 빈 것 같았다. 가슴도 갑자기 텅 빈 것 같았다. 나쁜 계집애! 나쁜 계집애! 나는 어금니를 **옹신** 물고 바삐 걸었다. 그런데도 왠지 자꾸 눈물이 나왔다. 〈강준희, 이카로스의 날개는 녹지 않았다(상), 1996, 321〉

'옹신'은 주로 목적어를 '이'나 '어금니'로 취하고 서술어를 '물다'로 취하는 부사다. 따라서 '이를 옹신 물었다, 어금니를 옹신 물었다'와 같은 구성으로 쓰인다. '옹신'은 어금니를 힘 있게 물 때 볼에 턱의 근육이 뭉쳐지는 것이 보이는 경우에 흔히 쓰인다. 충청도 방언의 '옹신 물다'는 '단단히 결심하거나 무엇을 참아 견딜 때에 힘 주어 입을 꼭 다물다'의 뜻을 가진 표준어 '악다물다'와 비슷한 의미로 쓰인다. '악다물다'가 '입'을 다문 모양에 초점이 있는데 비해 '옹신 물다'는 '이' 특히 '어금니'를 문 모양에 초점이 있다는 점에서 차이가 있다. 충청도 방언형으로 '옹신'과 같은 뜻으로 '응신'도 쓰인다.

와그락거리다

- 표준어 : 와글거리다
- 품 사 : 동사
- 뜻풀이 : 많은 사람이 한데 모여 자꾸 떠들고 움직이다.
- 다른 방언형 : 와글거리다
- 사용 지역 : 충청도

> 그 뒤로도 수십 명의 농민들이 **와그락거리며** 줄을 잇고 있었다. 〈이광복, 목신의 마을, 1991, 197〉

‘와그락거리다’는 ‘와그락-’과 ‘-거리다’가 결합된 것으로 분석된다. ‘와그락거리다’는 ‘사람이나 동물 따위가 한 곳에 많이 모여 자꾸 떠들거나 움직이는 모양’을 뜻하는 어근 ‘와그락-’에 ‘그런 상태가 계속 됨’을 뜻하고 동사를 만드는 접미사 ‘-거리다’가 결합된 말이다. ‘와그락거리다’는 주로 사람이나 동물이 자꾸 시끄러운 소리를 낼 때 쓰이는 말이다.

‘와그락’이 중복된 ‘와그락와그락’은 사람이나 동물이 한 곳에 많이 모여 자꾸 떠들거나 소리를 내는 모양을 뜻한다. 이에 반해 작은 물건이나 사물이 서로 부딪혀 흔들리면서 맞닿는 소리나 그런 모양을 나타내는 말은 ‘달그락’이고 ‘달그락’이 중복된 ‘달그락달그락’은 자꾸 그런 소리가 나거나 그런 소리를 내는 모양을 뜻한다. ‘와글’은 ‘와그락’이 줄어든 말이고 ‘와글와글’은 ‘와그락와그락’이 줄어든 말이다. ‘와글거리다’는 ‘와그락거리다’가 줄어든 말이다. 그런데 ‘달그락’이나 ‘달그락거리다’ 또는 ‘달그락달그락’은 ‘달글’이나 ‘달글달글’ 또는 ‘달글거리다’로 축약되지 않는다.

474

와라지

- 표준어 : 대응 표준어 없음
- 품　사 : 명사
- 뜻풀이 : 일본 사람들이 신는 짚신.
- 사용 지역 : 충청도

신발도 다를 게 없어 **와라지**가 아니면 게다였고 그것도 아니면 짚신이어서 고무신 신은 아이는 쌀의 뉘 만큼 귀했다. 〈강준희, 이카로스의 날개는 녹지 않았다 (상), 1996, 50〉

'와라지'는 일본 사람들이 신는 게다 모양의 짚신을 뜻한다. 우리나라의 짚신은 짚으로 바닥을 겯어 만들고 가는 새끼로 날을 세우고 총과 돌기총으로 울을 삼아 전이 있게 삼는데 비해 와라지는 짚으로 신의 바닥 모양으로 겯어 만들고 엄지발가락을 끼울 수 있는 고리와 발등으로 걸어 넘기게 끈을 단다. 고리와 끈은 신이 벗겨지지 않도록 하기 위한 것이다. 짚으로 만든 일종의 슬리퍼라고 할 수 있다.

왕퉁이

- 표준어 : 왕벌, 말벌
- 품 사 : 명사
- 뜻풀이 : 말벌과의 큰 벌.
- 다른 방언형 : 왕팅이, 왕티이, 왕벌, 말벌
- 사용 지역 : 충청도

> 도시 사람 열이 촌 엿장수 하나만 같지 못하다고 흰소리 치고서도 코앞의 하찮은 잇속에 눈이 가려 바더리 쫓다가 **왕퉁이**에게 쐰 꼴을 당한 것이 못내 부끄럽던 것이다. 〈이문구, 제3세대한국문학9:李文求, 우리 동네, 1983, 335〉

충청도 방언의 '왕퉁이'는 표준어의 '왕벌' 또는 '말벌'에 해당하는 말 벌과의 벌로 몸은 암컷이 2.5cm, 수컷이 2cm 정도로 바더리보다 몸 집이 더 크다. 몸은 검은 갈색에 갈색 또는 누런 갈색의 털이 나 있고 가로로 검은 줄무늬가 있다. 대개 육식성으로 작은 곤충을 잡아먹는 다. 양봉을 할 때 벌통 앞에 이 말벌이 날아와서 꿀벌을 잡아먹기도 한다. 한국을 비롯하여 유럽에서 극동까지 분포하는 벌이다.

'왕퉁이' 또는 '말벌'의 뜻으로 쓰이는 충청도 방언형 '바다리'는 산의 바위 밑이나 큰 나무에 둥그렇게 집을 짓고 산다는 점에서 표준어 '바 더리'와 구별된다. 충청도 방언에서 '왕퉁이'나 '말벌'의 뜻으로 쓰이는 '바더리'는 표준어의 '바더리'보다 몸의 길이와 굵기가 훨씬 크고 힘이 세며 맹독성이 있어 혈관에 쐬면 매우 위험하다. 표준어 '말벌'의 뜻으 로 쓰이는 충청도 방언형으로 '바더리' 외에 '바다리'도 쓰인다.

충청북도 지역에서는 '왕퉁이' 외에 이형태인 '왕팅이', '왕티이' 등이 쓰이는데 '왕벌'이라고도 한다. 이때의 '왕퉁이'는 표준어의 '호박벌'에 대응한다. '호박벌'은 꿀벌과의 곤충으로 몸의 길이는 1.8cm 정도이며 암벌과 일벌은 몸이 검은 털로 덮여 있고 가슴과 배 부분은 선명한 누런색 털로 덮여 있으며 호박꽃의 꿀을 좋아한다

　'호박벌'을 '왕퉁이'나 '왕팅이', '왕티이' 등으로 부르는 지역에서는 표준어의 '왕벌'에 대응하는 방언형으로 '말벌'과 '바다리' 또는 '바더리'를 사용하기도 한다.

　참고로 표준어의 '바더리'는 말벌과의 곤충으로 몸의 길이가 2.3cm 정도이며, 검은색이고 날개는 붉은 갈색이다. 배에는 누런 띠가 둘려 있고 제5마디 아래의 누런 띠는 양옆이 활모양으로 굽어 있다. 추녀 끝에 집을 짓고 사는데 한국, 일본 등지에 분포한다. '바더리'를 표준어에서는 '등검은쌍말벌'이라고 한다.

외가 콩죽 먹고 잔뼈가 굵었더냐

- 표준어 : 외갓집 콩죽에 잔뼈가 굵었겠나
- 품 사 : 속담
- 뜻풀이 : 남에게 신세를 지고 남의 호의로 살아온 것이 아니라는 뜻으로, 남의 도움을 받기 싫어 거절할 때 이르는 말.
- 사용 지역 : 충청도

> 내가, 이 강준희가 언제 **외가 콩죽 먹고 잔뼈 굵었더냐.** 〈강준희, 이카로스의 날개는 녹지 않았다(하), 1996, 53〉

'외가(外家)'는 어머니의 친정이다. '콩죽'은 불린 콩을 갈아서 쌀과 함께 끓인 죽으로 죽 중에서도 고급으로 친다. 예전에는 여간해서 외가에 신세를 지지 않으려는 전통적인 관습이 있었다. 따라서 '외가 콩죽을 먹는다'는 말은 외가에 도움을 받았다는, 즉 남에게 신세를 지고 남의 호의와 도움을 받았다는 것을 비유적으로 이를 때 쓰는 말이다. 예문의 '외가 콩죽 먹고 잔뼈가 굵었더냐'도 외가의 콩죽을 먹고 잔뼈가 굵은 것이 아니라는 뜻이므로 남에게 신세를 지고 남의 호의로 살지 않았음을 비유적으로 표현한 말이다.

참고로, 외가에 신세를 지지 않으려는 전통과 함께 처가에 신세를 지지 않으려는 전통도 있었다. 이 때문에 생겨난 말로 '겉버리(겉보리) 스말(서말)만 있어도 처가살이 안 한다'가 있다. 이 말은 자립해서 살아갈 수 있는 힘이 조금이라도 있으면 처가살이는 하지 않는다는 뜻이다. 처가의 눈치를 보지 않으려면 처가의 신세를 지지 말아야 한다는 뜻으로 쓰는 말이다.

외발거리

- 표준어 : 대응 표준어 없음
- 품　사 : 명사
- 뜻풀이 : 개를 잡은 턱으로 술과 안주를 먹는 일.
- 사용 지역 : 충청도

"들일 끝낸 기념으로 허는 게 호미거리지 뭐유. 장 보구 와서 허는 건 쇠주거리…… 소 사온 날 허는 건 여물거리…… 개 먹은 날 허는 건 **외발거리**…… 한짝다리 들고 해야 잘 되니께……." 〈이문구, 으악새 우는 사연, 1977, 139〉

'외발거리'는 두 발이 아닌 한쪽 발을 뜻하는 '외발'에 어떤 명사에 붙어 그 명사와 관련된 일로 한턱내는 일을 뜻하는 접미사 '-거리'가 결합된 말로 분석된다. '외발거리'는 개가 집을 나갔다가 다시 집으로 찾아오기 위해 전봇대나 기둥 등에 오줌을 조금씩 갈기는데 이 때 한쪽 다리를 들고 외발로 오줌을 누는 동물이라는 데서 유래한 '외발'에 접미사 '-거리'가 결합된 말로 개를 잡아 먹은 기념으로 사람들에게 술과 안주로 한턱내는 일을 가리킨다.

참고로, '외발거리'와 같이 어떤 명사에 붙어 그 명사와 관련된 일로 한턱내는 일을 뜻하는 접미사 '-거리'가 붙은 충청도 방언으로 '여물거리, 책거리, 쇠주거리, 호미거리' 등이 있다.

'여물거리'는 소가 여물을 먹는다는 데서 유래한 말로 소를 사왔을 때 소가 잘 자라라고 사람들에게 술과 안주로 한턱내는 일을 가리키는 말이다. 이와 관련된 말로 '여물거리하다'가 있다. '여물거리하다'는 '여물로 쓸 재료로 꼴이나 짚을 장만하다'의 의미로 쓰인다는 점에서 의미상 차이가 있다.

'쇠주거리'는 곡주나 고구마주 따위를 끓여서 만든 증류식 술인 '소주'에 어떤 일로 한턱내는 일을 뜻한다.

'책거리'는 예전에 글방에서 학생이 책 한 권을 다 읽어 떼거나 다 베껴 쓰고 난 뒤에 선생과 동료들에게 떡이나 음식 등으로 한턱내는 일을 가리키는 것으로 '책씻이'라고도 한다.

'호미거리'는 농가에서 농삿일, 특히 논매기의 만물을 끝낸 음력 7월 백중 무렵에 날을 받아 일꾼들과 술과 음식을 먹으며 하루를 즐겨 노는 일을 가리키는 것인데 '호미씻이'라고도 한다. 이때는 주인이 일꾼(머슴)들에게 새 옷을 사 주기도 하고 용돈을 주기도 한다.

그런데 '책걸이'나 '호미걸이'는 '책씻이'나 '호미씻이'라고도 하지만 '외발거리, 여물거리, 쇠주거리'를 '외발씻이, 여물씻이, 쇠주씻이'라고 하지는 않는다.

외얼기

- 표준어 : 외읽이
- 품　사 : 명사
- 뜻풀이 : 흙벽을 바르기 위하여 나뭇가지나 댓가지 또는 수수깡이나 싸릿가지 따위를 가로세로 얽어 놓은 것.
- 다른 방언형 : 외, 외때기
- 사용 지역 : 충청도

> 인동이 내외는 잠이 깊이 드러서 정신 모르고 자는데 비바람이 드리처서 함씬 저진 뒷벽은 차차 틈이 버러지기 시작하다가 고만 방안으로 알칵 무너저서 자는 사람들의 몸동이 위로 떨어진 것이다. 그 바람에 음전이는 놀래서 비명을 지른 것이였다. 원칠이 내외가 뛰여 드러와보니 인동이는 이러나 앉어서 **외얼기**를 이르켜 세우고 흙덩이를 주섬주섬 치우는데 음전이는 꼼짝을 못하고 그대로 누어서 신음을 한다. 〈이기영, 고향3, 1947, 230〉

'외얼기'는 전통 한옥을 지을 때 흙벽을 바르기 위하여 가로세로로 외를 얽는 일을 뜻하는 표준어 '외읽이'의 충청도 방언이다. 표준어의 '외읽이'가 [외얼기]로 발음되는 것을 고려할 때 충청도 방언 '외얼기'는 '외읽이'를 질못 표기힌 것으로 보인다.

'외읽이'는 '흙벽을 바르기 위하여 가는 나무나 댓가지 또는 수수깡이나 싸릿가지 따위를 가로세로 얽어 놓은 것'을 뜻하는 명사 '외(椳)'와 '읽다'가 결합한 합성어 '외읽다'의 어간 '외읽-'에 명사를 만드는 접미사 '-이'가 결합된 것으로 분석할 수 있다. '외읽다'가 충청도 방언에서 '외읽지, 외읽구, 외읽는다, 외읽어'와 같이 활용하기 때문이다. 물론 '외읽다'가 구 구성을 이룰 때는 '외를 읽는다'와 같이 쓰이기도 한다.

충청도 방언 '외얼기'와 같은 뜻으로 쓰이는 또 다른 방언형으로 '외때기'와 '외'가 있다. 충청도 방언의 '외'나 '외때기'는 '흙벽을 바르기 위하여 가는 나무나 댓가지 또는 수수깡이나 싸릿가지 따위를 가로세로로 얽어 놓은 것'을 뜻한다. 예를 들면 '외를 얽은 다음 흙을 이겨 그 위에 발랐다'나 '수수깨이(수수깡)를 갖다가 외때기를 얽었다'와 같이 쓰인다.

그런데 충청도 방언에 표준어 '외얽이([외얼기])'와 비슷하게 발음되는 것으로 '외얽기([외얼끼])'가 있다. '외얽기([외얼끼])'는 '흙벽을 바르기 위하여 가로세로 외를 얽는 일'을 뜻하는 충청도 방언형이다. '외얽기([외얼끼])'는 '흙벽을 바르기 위하여 가는 나무나 수숫대 같은 것으로 가로세로 얽은 것'을 뜻하는 '외(椳)'와 '얽다'의 어간 '얽-'에 명사파생 접미사 '-기'가 결합된 '얽기'가 합성된 것으로 이해된다.

외오앉다

- 표준어 : 대응 표준어 없음
- 품　사 : 동사
- 뜻풀이 : 못 마땅하거나 마주하고 싶지 않은 대상을 피하여 자리를 조금 옆으로 돌아앉다.
- 사용 지역 : 충청도

"둘 다 이천원씩이나 벌었는디 나는 십원두 안준대유." 하고 이번에는 시키지 않은 종남이가 금방 지루퉁하고 **외오앉으며** 메주볼이 미어지게 심술을 물었다. 〈이문구, 제3세대한국문학9:李文求, 우리 동네, 1983, 322〉

'외오앉다'는 두 가지로 분석할 수 있다. 하나는 '외오'와 '앉다'의 합성어로 보는 것이고 다른 하나는 '외다'와 '앉다'의 합성어로 보는 것이다. 전자와 같이 분석하면 '외오앉다'는 '외오＋앉다'가 된다. '외오'가 '그릇' 또는 '잘못'을 뜻하는 옛말이므로 '외오앉다'의 본래 뜻은 '잘못 앉다'나 '그릇 앉다'가 될 것이므로 예문의 뜻과는 다소 차이가 있다는 문제가 생긴다. '그릇 앉다'나 '잘못 앉다'가 바로 앉지 않고 옆으로 비껴 앉는 것을 포함하는 넓은 의미로 이해하면 '외오앉다'는 '외오＋앉다'로 분석할 수 있을 것이다. 그러나 후자와 같이 분석하면 '외다'의 활용형 '외어'에 '앉다'가 결합된 것으로 볼 수 있고 의미는 '마주하던 대상을 피하여 자리를 조금 옆으로 돌아앉다'가 되어 예문과 일치하지만 '외다'와 '외오'와의 관계를 명쾌하게 설명하기 어려운 점이 있다.

용발

- 표준어 : 대응 표준어 없음
- 품　사 : 명사
- 뜻풀이 : 물건을 받쳐놓을 수 있도록 용의 발같이 만든 물건.
- 사용 지역 : 충청도

그러면 나는 해 본 가늠이 있어 누가 시키지 않더라도 항아리 속에다 침을 세 번 뱉었고, 이어 항아리가 닫히면 얼른 챗다리나 **용발** 따위를 소래기 위에 얹고 다시 김장이나 젓갈독을 지질러 눌렀던 돌멩이를 올려놓는 거였다. 〈이문구, 제3세대한국문학9:李文求, 관촌수필, 1983, 180〉

'용발'은 '용'과 '발'의 합성어로 분석된다. '용(龍)'은 상상의 동물 가운데 하나로 몸은 거대한 뱀과 비슷한데 비늘과 네 개의 발을 가지며 뿔은 사슴에, 귀는 소에 가깝다고 한다. 예문에서의 '용발'은 돌멩이나 물건을 올려놓을 수 있도록 용의 발 모양과 같이 만들어 놓은 그릇 받침을 가리킨다. 유리나 장독 뚜껑 위에 돌멩이나 물건을 직접 올려놓으면 닿는 곳에 바람도 통하지 않고 깨지기도 쉬운데 용발을 올려놓고 그 위에 돌멩이나 물건을 올려놓으면 바람도 잘 통하고 깨지지도 않아서 좋다. '용발'은 다섯 개의 발가락으로 받치게 되어 있다.

우걱거리다

- 표준어 : 대응 표준어 없음
- 품   사 : 동사
- 뜻풀이 : ① 혀와 볼을 움직여 입 안에 있는 음식물이나 침 따위를 뱉을 수 있도록 모으다.
  ② 무, 사과, 생고구마 따위를 입 안에 가득 물고 소리가 날 정도로 힘 있게 잇달아 크게 씹다.
- 사용 지역 : 충청도

> 나는 어금니가 두 대나 골병들어 주체할 수 없을 정도로 나오는 피를 **우걱거려** 뱉고는 S에게 말했다. 〈강준희, 이카로스의 날개는 녹지 않았다(중), 1996, 103〉

'우걱거리다'는 '우걱'과 '-거리다'로 분석된다. '우걱'은 혀와 볼을 한 번 움직여 입 안의 음식물이나 침을 뱉을 수 있도록 모으는 모양을 나타내는 말이고 '-거리다'는 앞 말에 붙어 그 말이 뜻하는 상태가 잇따라 계속되는 뜻을 더하고 동사를 만드는 접미사다. 따라서 예문의 '우걱거리다'는 음식물이나 침을 뱉기 위해 혀와 볼을 움직여 입 안에 있는 것을 뱉을 수 있도록 입 안에 모으는 것을 뜻하는 말로 쓰인 것이다.

충청도 방언에서 '우걱거리다'는 '고구마를 한 입 가득 베어 물고 우걱거리고 앉아 있었다'와 같이 사과나 무, 생고구마 등과 같이 딱딱한 음식을 입 안 가득 물고 소리가 날 정도로 자꾸 크게 씹는 것을 뜻하는 말로 쓰이는 것이 보통이다.

'우걱거리다'와 거의 같은 뜻으로 쓰이는 '우걱우걱하다'가 있는데

‘우걱거리다’보다 덜 자주 씹는다는 느낌이 있다. ‘우걱거리다’와 비슷한 말로 ‘아삭거리다’와 ‘아삭아삭하다’가 있다. ‘아삭거리다’는 ‘우걱거리다’보다 소리가 작고 씹는 정도가 작은 의미가 있다. ‘아삭거리다’는 씹을 때 ‘아삭’ 소리가 잇달아 나는 것을 나타내는 말인데 비해 ‘아사삭거리다’는 한 번 씹을 때마다 ‘아사삭’ 하는 소리가 나는 것을 나타내는 말이다. ‘아삭’은 한 번 씹을 때 소리가 한 번 나는 것을 나타내고 ‘아사삭’은 한 번 씹을 때 ‘아삭’ 소리가 연속해서 나는 것을 나타내는 말이다. ‘아삭거리다’는 ‘아사삭거리다’의 준말이지만 의미에는 약간의 차이가 있다.

우굿하다

- 표준어 : 우굿하다
- 품　사 : 형용사
- 뜻풀이 : 식물이 무성하여 좀 우거져 보이다.
- 사용 지역 : 충청도, 북한

보리는 겨울내 잘 거루어서 장하게 되였다. 울섶같이 둘어선 보리때는 고랑이 잘 뵈지 않게 **우굿하다**. 그들은 단둘이 되자 이상히도 마음에 고적을 느끼였다. 〈이기영, 고향, 1947, 62〉

‘우굿하다’는 표준어 ‘우긋하다’의 충청도 방언형이다. ‘우굿’과 ‘-하다’로 분석할 수 있어 보인다. ‘우굿하다’는 표준어 ‘우긋하다’의 음성형을 표기한 것으로 이해된다. 국어에서 연구개음 아래서 모음 ‘으’가 ‘우’로 실현되는 것이 보통이기 때문이다. 순자음 아래에서 모음 ‘으’가 원순모음화하여 ‘우’로 실현되는 경우도 마찬가지로 보인다.

‘우굿하다’는 풀이나 나무 등이 자라서 무성하다는 뜻을 가진 ‘욱다’나 ‘우거지다’보다 무성한 정도가 조금 덜한 느낌이 들 경우에 쓰는 말이다.

또한 풀이나 나무 등이 무성하게 자라서 우거져 보인다는 뜻을 가진 충청도 방언 ‘우굿하다’와 동음이의 관계에 있는 또 다른 ‘우굿하다’가 있다. ‘냄비나 양은그릇 따위가 안으로 조금 우그러져 있다’는 뜻으로 쓰이는 것이다. 이때의 ‘우굿하다’는 ‘조금 우그러져 모양이 곱지 아니하다’의 뜻을 가진 ‘우글다’와 관련이 있는 것으로 보인다.

우그리다

- 표준어 : 대응 표준어 없음
- 품　사 : 동사
- 뜻풀이 : 집이나 짐승 우리 등을 짓다.
- 다른 방언형 : 우구리다
- 사용 지역 : 충청도

서까래를 이밤 안으로 가져가야 한다는 그 일념이, 움막이라도 한시 바삐 **우그려야** 한다는 조급함이 끝내 일을 저지르고 만 것이다. 〈강준희, 이카로스의 날개는 녹지 않았다(중), 1996, 288〉

당장 먹을 게 없어 뱃가죽이 등가죽에 달라붙는 이 상황 앞에 어떡하든 식량톨이라도 구해놓아야 움막이고 나발이고 **우그릴** 수가 있는 것이다. 속담에 사흘 굶어 도둑질 안하는 놈이 없고 홍두깨 세 차례 맞아 담 안 뛰어넘는 소가 없다고 하질 않는가. 〈강준희, 이카로스의 날개는 녹지 않았다(중), 1996, 292〉

고심참담한 각고 끝에 집이랍시고 움막 한 칸 **우그려** 한 걱정은 덜었으나 정작 큰 걱정은 이제부터 시작되는 5천여 평의 개간에 있었다. 〈강준희, 이카로스의 날개는 녹지 않았다(중), 1996, 301〉

'우그리다'의 본래 의미는 물체를 안쪽으로 우묵하게 휘어지게 하여 모양을 낸다는 뜻으로 쓰이는데 위 예문의 충청도 방언에서는 의미가 확장되어 집이나 짐승 우리를 짓는다는 뜻으로도 쓰인다. 집이나 짐승의 우리를 지으려면 지붕을 둥그렇게 하고 마무리를 할 때 안쪽으로 오므려서 아늑하게 하는 데서 유래한 것으로 보인다. 특히 땅을 파고 그 위에 거적 따위를 얹고 흙을 덮어 추위나 비바람만 가릴 정도로 임시로 집을 짓거나 할 때 마무리하면서 안쪽으로 우묵하게 하여 움막집 모양을 내는 것을 나타내는 말이다. 기와집과 같이 좋은 집 또는 제대로 된 집은 주로 짓는다고 하는데 비해 움막과 같이 임시로 거처하기 위한 집이나 초가집과 같이 좋지 않은 집을 짓는 것을 강조할 때는 '우그린다'고 한다. 충청도 방언형으로 '우그리다' 외에 '우구리다'도 쓰이는데 표준어에서와 마찬가지로 '물체를 안쪽으로 우묵하게 휘어지게 하여 모양을 내다'의 뜻으로 쓰이는 것이 주 의미기능이다.

우는 놈도 속이 있어 운다

- 표준어 : 우는 애도 속이 있어 운다
- 품 사 : 속담
- 뜻풀이 : 사람이 우는 데에는 다 그럴만한 이유가 있다는 뜻으로, 겉으로 나타난
  행동이 속에 품은 뜻을 표현하는 것이라는 말.
- 다른 방언형 : 우는 애도 속이 있어 운다
- 사용 지역 : 충청도

우는 놈도 속이 있어 운다고, 나라고 이러고 싶어 이러겠는가. 어지간해야 하룻밤 샌님하고 벗을 한다고, 웬만해야 일을 하든 쩍쩌기를 하든 할게 아닌가. 〈강준희, 이카로스의 날개는 녹지 않았다(중), 1996, 180〉

"**우는 놈도 속이 있어 운다**고, 제딴엔 다 생각이 있어 사가지고 왔을 겝니다." 〈강준희, 이카로스의 날개는 녹지 않았다(상), 1996, 324〉

'우는 놈도 속이 있어 운다'는 말은 사람이 우는 데에는 다 나름대로 그럴 만한 사유가 있다는 뜻으로, 겉으로 드러난 행동에는 속에 품은 생각이 반영되기 마련임을 비유적으로 이르는 말이다. 즉 어떤 행동을 할 때는 나름대로 다 생각이 있어서 그렇게 행동하는 것이지 아무 생각 없이 행동하는 것이 아님을 비유적으로 이르는 말이다. 표준어에서는 '우는 애'라고 하여 '애(아이)'에 한정된 표현으로 쓰이는데 비해 충청도 방언에서는 '우는 애(아이)' 대신 '우는 놈'으로 더 일반화된 표현으로 쓰인다.

우둥지

- 표준어 : 우듬지
- 품　　사 : 명사
- 뜻풀이 : 나무의 꼭대기 부분의 중심이 되는 줄기.
- 사용 지역 : 충청도

> 　몇 백 년을 자랐는지 모르는 굵은 참나무가 듬성듬성 서 있는 중에서 그중 꼿꼿하고 허울찬 놈을 골랐던 것이다. 그래 도끼질꾼들도 신이 나서 그날 해 전으로 나무를 쓰러눕히고 **우둥지**를 죽여버렸다. 〈이기영, 봄봄, 1989, 95〉

　'우둥지'는 표준어 '우듬지'에 대응하는 충청도 방언형이다. '우둥지'는 나무의 꼭대기 부분의 중심이 되는 줄기를 뜻한다. 까치가 이 곳에 집을 짓기도 한다. 상징적인 의미로 가장 중요한 부분 또는 가장 중요한 곳이라는 뜻으로도 쓰인다. 예를 들면 '박영감네 집은 마을 앞 들판이 잘 내려다보이는 우둥지에 자리잡고 있다'와 같이 쓰인다.

우정

- 표준어 : #일부러
- 품   사 : 부사
- 뜻풀이 : 알면서 짐짓.
- 다른 방언형 : 우덩, 우뎡, 위정
- 사용 지역 : 충청도, 강원도, 경기도, 함경도, 황해도

수업을 마치고 돌아오는 길에서 나는 예의 악다귀들을 만났다. 그들이 **우정** 나의 길목을 지키고 있었던 것으로 생각된다. 〈이동하, 장난감도시, 1982, 61〉

할일 없이 공원을 배회하는 사람은 거의 없었다. 간혹 돌계단을 오르내르는 사람들도 그 작고 초라한 주검 때문에 **우정** 발길을 멈추진 않았다. 〈이동하, 장난감도시, 1982, 119〉

서먹하기는 나도 마찬가지였으나 나는 **우정** 아무렇지도 않은 얼굴로 "피난처로는 십상 좋은 곳인 것 같습니다. 궁궐처럼 아늑하고 듬직한 게 말예요." 하고 웃어 보였다. 〈박경수, 동토4회, 1969, 387〉

그녀의 그 기쁨은 임금님을 기뻐하게 한 것만큼이나 나를 유쾌하게 하였지만 내가 **우정** "이 고장에서는 유명해지기가 참 쉬운데요." 하고 말하자 "나 같은 사람은 평생을 있어도 유명해지지 않던 걸." 하고 그녀는 웃었다. 〈박경수, 동토4회, 1969, 431〉

"아니, 괜찮어 ……." 그녀는 **우정** 그러는 것처럼 명랑하게 웃었다. 〈박경수, 동토4회, 1969, 439〉

"그럴까요? 그러구 교사가 남자의 직업으로 적당한건 못 되는 것 같아요.

'우정'은 충청도 방언에서 '우정 그랬어', '우정 아무렇지도 않게' 등 과 같이 쓰인다. 충청도 방언에서 '우정 그랬어'에 쓰인 '우정'은 '거짓 으로'의 의미로도 쓰이고 '일부러'의 의미로도 쓰인다. '우정 아무렇지 도 않게'에서는 '우정'이 '일부러'의 의미로 쓰인 것이다. 위의 예문들에 쓰인 '우정'은 표준어 '일부러'에 대응하는 의미로 쓰였다.

충청도 방언 '우정'은 옛말 '우덩'이 구개음화한 것이다. '우정'은 충 청, 강원, 경기 지역과 평남북, 함남북, 황해도 지역에서 쓰이고 '우덩' 과 '우덩'은 평남북 지역과 함북의 일부 지역 등지에서 쓰인다. 충청도 방언 '우정'과 그 이형태들이 쓰이는 지역은 구개음화와 관련이 있다. 국어사적으로 볼 때 구개음화가 남부 방언에서 발생하여 북부지역으 로 확산되었으며 평안도 지역에서는 세일 나중까지 구개음화가 일어 나지 않았다는 사실과 '우정'의 방언형 분포와 일치한다.

워칙허다

- 표준어 : 어떡하다
- 품　사 : 형용사
- 뜻풀이 : 어떠하게 하다.
- 다른 방언형 : 위칙허다, 워떡허다, 워떡하다
- 사용 지역 : 충청도

"우리 것두 여적지 해결을 못 봤는디 게서 데려가면 **워칙허는** 규?"〈이문구, 제3세대한국문학9:李文求, 우리 동네, 1983, 281〉

"안 그러면 **워칙헐** 겨. 이 물이 아니면 우리게 사람들은 시방버텀 논밭을 내놔야 내년 양석 팔어 일 년 대게 생겼는디……."〈이문구, 제3세대한국문학9:李文求, 우리 동네, 1983, 282〉

"**워치기** 된 심여? 그냥저냥 해결을 본 심인감?"〈이문구, 제3세대한국문학9:李文求, 우리 동네, 1983, 283〉

'워칙허다'는 '워칙-'과 '-허다'로 분석할 수 있다. '-허다'는 표준어 동사 '하다'의 방언형이 접미사화 한 것이다. 접미사 '-허다'는 주로 '어떻게'와 함께 쓰여 '사건이나 문제 따위를 처리하다'의 뜻을 나타낸다. '워칙허다'는 '어찌어찌 하면'과 같이 조건을 나타내는 말 다음이나 '무엇을'에 해당하는 목적어 다음에 쓰이는 것이 보통이지만 위의 예문 '워치기 된 심여?'에서와 같이 부사적으로 쓰이기도 한다. 충청도 방언형 '워칙'은 표준어형 '어떻게'에 대응하는 형태다. 표준어 '어떠하게'가 줄어든 '어떻게'에 해당하는 충청도 방언형으로는 '어티기, 어티키, 어티케, 우티기, 우티게, 워티기, 워티게, 워티키' 등이 쓰이는데 '어티기, 어티키, 어티케, 우티기, 우티게'는 충청도 동부와 북부 지역에서 주로 쓰이고 '워티기, 워티게, 워티케' 등은 충청도 서부와 남부 지역에서 주로 쓰인다. '워칙허다'의 어근 '워칙'은 충청도 서부와 충청도 남부 방언형이 구개음화와 축약 과정을 차례로 거친 것으로 이해된다. 즉 '워티기, 워티게, 워티케' 등이 각각 '워치기, 워치게, 워치케' 등으로 구개음화한 다음 축약에 의해 '워칙'이 된 것이라고 할 수 있다.

　표준어 '어떻게'에 대응하는 방언형으로 '워티게, 워티기, 워티키' 등이 쓰이는 충청도 서부 지역과 충청도 남부 지역에서는 표준어 '어디, 어찌, 어느'에 대응하는 방언형으로 각각 '워디, 워찌, 워너' 등이 쓰이는 것이 일반적이다.

원두장이 쓴 외 버리듯 한다

- 표준어 : 원두한이 쓴 외 보듯
- 품　사 : 속담
- 뜻풀이 : 원두한이는 맛이 쓴 오이를 쉽게 버린다는 뜻으로, 지조를 쉽게 버림을
　　　　비유적으로 이르는 말.
- 다른 방언형 : 원두쟁이 쓴 외 버리듯 한다. 원두재이 쓴 외 버리듯 한다.
- 사용 지역 : 충청도

> 타락한 것들은 돈이라면 환장을 하고 부패한 것들은 돈이라면 사죽을 못 써 지조 따위는 **원두장이 쓴외 버리듯** 하고 청렴 따위는 객사한 놈 지팡이 버리듯 한다. 〈강준희, 이카로스의 날개는 녹지 않았다(중), 1996, 116〉

　　충청도 방언의 '원두장이'는 표준어의 '원두한이'에 대응하는 말로 '원두'와 '-장이'로 분석할 수 있다. '원두'는 밭에 심어 기르는 오이, 참외, 수박, 호박 따위를 통틀어 이르는 말이고 '-장이'는 '간판장이, 땜장이, 미장이, 양복장이, 옹기장이, 칠장이' 등에서와 같이 앞에 붙는 명사와 관련된 기술을 가진 사람의 뜻을 더하는 접미사다. 따라서 '원두장이'는 원두막에서 오이, 참외, 수박, 호박 따위를 파는 사람을 가리키는 말이고 '쓴 외'는 '맛이 쓴 오이'를 가리킨다. '외'는 '오이'의 충청도 방언으로 '물외'라고도 한다. 충청도 방언에서는 표준어형인 '오이' 외에 '외'와 '물외'가 다 쓰이지만 전통적인 방언형은 '외'와 '물외'다. 예문의 '원두장이 쓴 외 버리듯 한다'는 말은 원두막에서 오이를 파는 사람이 맛이 써서 팔 수 없는 오이를 미련 없이 버리듯이 돈을 위해 지조를 쉽게 버리는 사람을 비유적으로 이르는 말이다. 예문에서는

'원두장이 쓴 외 버리듯 한다'가 돈 때문에 지조를 쉽게 버린다는 뜻으로 쓰였지만 충청도 방언에서는 의미 영역이 확대 되어 무엇이든 소중히 여기지 않고 쉽게버리는 것을 비유적으로 이를 때에도 쓰인다.

으만무지루

- 표준어 : 에멜무지로
- 품　사 : 부사
- 뜻풀이 : 결과를 바라지 아니하고 헛일하는 셈 치고 시험 삼아.
- 다른 방언형 : 에멜무지로, 에멜무지루
- 사용 지역 : 충청도

으만무지루 칡넝쿨 올무를 해놨더니 오늘 아침에 가봉께 모가지가 옭혀 죽었더라너먼 그려. 〈이문구, 한국소설문학대계 55, 관촌수필, 1995, 288〉

'으만무지루'는 표준어 '에멜무지로'에 대응하는 충청도 방언형이다. 충청도 방언에서는 '으만무지루' 외에 표준어형 '에멜무지로'와 방언형 '에멜무지루'도 쓰인다. '으만무지루'는 특별히 어떤 일을 하면서 그 일에 대한 보상이나 좋은 결과를 기대하기보다는 헛일 삼아 그냥 한 번 해보는 모양을 나타내는 말이다. 즉, 결과가 좋으면 더 없이 좋고 결과가 좋지 않아도 아무런 미련이 없는 태도를 나타낼 때 쓰인다. 충청도 방언 '으만무지루'에 대응하는 표준어형 '에멜무지로'가 충청도 방언으로 쓰인 예는 다음의 예문들에서도 볼 수 있다.

그래서 심은 일이 풀리면 땡이요 옭히면 따라지인 줄 짐작하면서도 에멜무지로 넌덕을 떨어보았다.〈이문구, 산 너머 남촌, 1990, 41〉
영두는 무슨 틀린 일이 있는 사람처럼 뚱하고 있기가 점직스러워서 에멜무지로 물었다.〈이문구, 산 너머 남촌, 1990, 67〉

으재이뜨재이

- 표준어 : 어중이떠중이
- 품　사 : 명사
- 뜻풀이 : 여러 방면에서 모여든 사람들을 통틀어 낮잡아 이르는 말.
- 다른 방언형 : 으젱이뜨젱이, 으중이뜨중이, 으주이뜨주이, 거문뎅이센뎅이
- 사용 지역 : 충청도, 강원도

"오늘 저녁 저양반 댁에 또 잔치 한 번 벌어지겠구먼.""그렇겠지, 가근방서 **으재이뜨재이** 다 끌어 모이겠지. 형님 강주사 어른 해가면서. 소작인들도 모일 테고." 〈강준희, 이카로스의 날개는 녹지 않았다(상), 1996, 60〉

'으재이뜨재이'는 '으쟁이뜨쟁이'에서 받침 'ㅇ'이 탈락된 형태다. 충청도 방언에서 '으중이뜨중이'와 '으주이뜨주이'가 쓰이기도 하는데 '으주이뜨주이'도 '으중이뜨중이'에서 'ㅇ'이 탈락한 형태다.

'으지이뜨지이'는 '으징이뜨징이'에서 받침 'ㅇ'이 탈락한 형태다. '으징이뜨징이'는 '어중이떠중이'가 고모음화와 움라우트 그리고 비원순모음화를 차례로 경험한 결과로 보인다. 충청도 방언에서 모음 '이'로 끝나는 단어의 말음절 '-이'에 선행하는 음절의 말음이 'ㅇ'이나 'ㄴ' 받침일 때는 이들 자음이 약화 탈락하는 경향이 있는데 '으재이뜨재이'와 '으지이뜨지이', '으주이뜨주이'도 이러한 결과다. '으주이뜨주이'는 '어중이떠중이'의 모음 '어'가 장모음으로 실현될 때 고모음으로 실현되는 충청도 방언의 고모음화 현상과 관련이 있다. 즉 '어:중이떠:중이'의 장모음 '어:'가 '으:'로 고모음화한 것과 말음절 모음 '-이' 앞의 'ㅇ'이 탈락한 것이 반영된 결과라고 할 수 있다. 충청도 방언에서 말음절 모

음 '-이' 앞에서 자음 'ㅇ'이나 'ㄴ'이 탈락하는 경우 비모음으로 실현되기도 한다.

충청도 방언형 '으재이 뜨재이'에 대응하는 '으젱이뜨젱이'는 강원도와 충청도 지역에서 많이 쓰이고 '거문뒹이센뒹이'는 함경남도 지역에서 쓰인다. '거문뒹이센뒹이'는 '검은둥이흰둥이'의 방언형이다. '뒹이'는 '둥이'의 움라우트형이고 '센뒹이'는 움라우트와 'ㅎ' 구개음화가 반영된 결과로 이해된다.

말음절이 모음 '-이'로 끝날 때 선생음절의 말음 'ㅇ'이나 'ㄴ'이 탈락하거나 'ㅇ'이나 'ㄴ'이 탈락하면서 비모음화 하는 예로는 호래이∽호래~이(호랑이), 아지래이∽아지래~이(아지랑이), 호매이∽호매~이(호맹이; 호미), 지패이∽지패~이(지팡이), 가래이∽가래~이(가랑이), 가마이∽가마~이(가마니), 어머이∽어머~이(어머니) 등이 있다.

을비치다

- 표준어 : 얼비치다
- 품   사 : 동사
- 뜻풀이 : 빛이 어른거리듯이 비치다.
- 다른 방언형 : 얼비치다
- 사용 지역 : 충청도

> 그는 시름없이 마루턱에 걸어 앉아서 무심한 밝은 달을 쳐다보며 애꾸진 담배만 피우고 있다가 아무도 모르게 슬그머니 대문 밖으로 나섰다. 그 길로 그는 취운정을 향하야 올라갔다. 한 걸음 두 걸음 올라갈수록 인가는 점점 멀어지고 괴괴한 가을밤의 침묵이 울창한 숲 속을 둘러쌌다―. 그 위로 달이 **을비친다**. 이따금 부는 바람이, 우― 하고 소나무 가지를 울린다. 〈이기영, 고향 3, 1947, 43〉
>
> 한줄기 시냇물이 어림풋한 들 가운데서 흰―하게 띠를 펼친 저편으로, 항구와 같은 읍내의 전등불이 검푸른 밤을 **을비친다**. 〈이기영, 1983, 고향, 400〉

‘을비치다’는 ‘빛이 어른어른 비친다’는 뜻의 표준어 ‘얼비치다’의 충청도 방언형이다. ‘을비치다’는 표준어 ‘얼비치다’의 어두음절의 모음 ‘어’기 고모음화한 것이다. 충청도 방언에서 어두음절의 모음 ‘어’가 장모음으로 실현되면 ‘으’로 고모음화 하는 현상이 있다. 어두 음절 위치에서 모음 ‘어’가 장음으로 발음되는 ‘거:머리, 거:지, 없:다, 어:른, 설:움’ 등이 중부방언에서 각각 ‘그:머리, 그:지, 읎:다, 으:른, 스:럼’ 등으로 발음되는 것과 마찬가지로 ‘얼:’이 ‘을:’ 로 고모음화하여 ‘을비치다’가 된 것으로 보인다. ‘얼비치다’의 ‘얼-’은 ‘분명하지 않게’ 정도의 의미를 가지는 접두사다.

을씬네

- 표준어 : 어르신네
- 품　사 : 명사
- 뜻풀이 : ① 남의 아버지를 높여 이르는 말.
　　　　　② 아버지와 벗이 되는 어른이나 그 이상 되는 어른을 높여 이르는 말.
- 다른 방언형 : 을신, 을씬, 을신네, 얼씬네, 으르신네
- 사용 지역 : 충청도, 강원도

> "자네가 없으믄 을씬네가 짓잖내벼." 〈이광복, 목신의 마을, 1991, 72〉

> "오쟁이 을씬네가 나가셨어. 혹시나 해서 여기 왔는디. 못 봤나?" 〈이광복, 목신의 마을, 1991, 158〉

> "자네 을씬네가 버섯 공장 때미 고생두 허셨지만 그건 워디까지나 지난 일 아닌감." 〈이광복, 목신의 마을, 1991, 264〉

> "참 을씬네두……. 벌초허는디 지게 안 지구 댕겨유." 〈이광복, 목신의 마을, 1991, 271〉

'을씬네'는 '어르신네'가 변한 말이다. 충청도 방언은 음장 방언이어서 단어의 첫째 음절 위치에서 '어'가 장음으로 발음되면 고모음화여 '으'로 발음되는 경향이 강하다. 충청도 방언의 '어른'도 첫째음절의 모음 '어'가 장모음인 '어:른'이고 이 '어:른'의 어두음절 모음이 고모음화하여 '으:른'으로 발음 된 것이다. 마찬가지로 '어:른신네'도 고모음화한 '으:르신네'로 발음된다. 예문의 '을씬네'는 '으:르신네'의 둘째음절 모음 '으'가 탈락되어 '을:신네'로 축약된 다음 자음 'ㄹ' 아래에서 〔을:씬네〕로 발음된 음성형을 표기한 것으로 이해된다.

이그지그

- 표준어 : 이리저리
- 품 사 : 부사
- 뜻풀이 : 뚜렷한 방향이 없이 이쪽저쪽으로.
- 사용 지역 : 충청도

사내는 잠깐 한눈을 판다 싶을 찰나, 갑희는 그의 손가락을 물고 **이그지그** 내둘렀다. 〈이광복, 목신의 마을, 1991, 108〉

'이그지그'는 표준어 '이리저리'에 대응하는 충청도 방언형이다. 일정한 방향이 없이 이쪽저쪽으로 마구 흔들거나 뛰는 모양을 나타내는 부사다. 일정한 방향도 없고 목적도 없이 마구 내두르거나 흔들어대는 모양을 나타낼 때 주로 쓰이는 말이다.

이녀

- 표준어 : 대응 표준어 없음
- 품　사 : 명사
- 뜻풀이 : 이 여자.
- 사용 지역 : 충청도

나는 가물거리는 의식에서도 **이녀**들이 하는 말을 듣고 있었다. 그런데도 어쩐 일인지 어머니의 말소리는 들리질 않았다. 〈강준희, 이카로스의 날개는 녹지 않았다(상), 1996, 130〉

위의 예문에 쓰인 '이녀'는 작가 개인어로 보인다. '이녀'는 '이'와 '녀'로 분석된다. '이'는 말하는 이에게 가까이 있거나 말하는 이가 생각하고 있는 대상을 가리키는 지시 대명사이고 '녀(女)'는 여자를 가리키므로 '이녀'는 '이 여자'를 뜻한다. 표준어에서 '그녀'는 주로 글에서, 앞에서 이미 언급한 여자를 가리키는 삼인칭의 중칭 대명사로 쓰이는데 충청도 방언에서는 이와 비슷하게 앞에서 언급한 여자를 가리키는 삼인칭의 근칭 대명사로 '이녀'가 쓰인 것이다. 그러나 '저 여자'를 뜻하는 '저녀'는 쓰이지 않는다.

이마직

- 표준어 : 이즈음
- 품　사 : 명사
- 뜻풀이 : 얼마 전부터 이제까지의 무렵.
- 다른 방언형 : 이맘적
- 사용 지역 : 충청도

　그때에는 별일이 없이 고을 사람들은 제각기 생애에 골몰하야 여렴이 없었다. 군민의 대부분은 농사를 짓고 그리는 속에서 자식을 낳고 기르고 장가가고 시집가고 하는 중에 한편으로는 젊은이가 늙어가고 늙은이가 죽어갔다.
　그래서 **이마직**은 뉘 집에서 혼인을 지내고 누구네의 환갑 잔치가 있다든가 누구는 생활난으로 자살을 했다든가 장날 어떤 장꾼이 술주정을 하다가 붓들려 갔다던가 노름군이 어쨌다든가! 그렇지 않으면 어디서는 도적놈이 나고 어떤 계집은 간통을 하다가 서방에게 들켜서 매를 죽도록 마젔다는 것이 그들의 생활 리면(裡面)에 떠오르는 "일상화제."가 될 뿐이였다. 〈이기영, 고향, 1947, 158〉

　그의 뒷줄에는 방개가 노 ― 트를 펴고 앉었다. 그는 **이마직**에 새로 입학했다. 촌색시 같지 않은 "모 ― 던." 풍인데다가 장날 약장사가 연설하면서 파는 도금반지를 꼈다. 〈이기영, 고향, 1947, 161〉

　그러나 옥회의 사정으로 말하면 그때 형편이 한시바삐 량단 간에 결정해야 할 처지에 있었다. 더구나 **이마직**에는 경계가 엄중하기 때문에 여간해서는 손쉽게 만나기도 어려운 판이다. 그런데 어느 핸가에 시간을 약속해 갖이고 다시 맞날 수 있겠으랴? 우선 오늘 저녁만 해도 가깟으로 어제 저녁때 약속할 틈을 탄 것이 아니든가. 〈이기영, 고향4, 1947, 280〉

'이마직'은 '얼마 전부터 이제까지의 무렵'을 뜻하는 표준어 '이즈음'에 대응하는 충청도 방언형이다. 예문에서 보는 바와 같이 '이마직'은 시간을 나타내는 표현과 어울려 쓰이는 것이 보통이다. 충청도 방언형으로 '이마직' 외에 '이맘적'도 쓰인다. '이맘적'은 '이맘+적'으로 분석할 수 있을 것으로 보이는데 '이맘'이 무엇인지 알 수 없다. '적'은 일부 명사나 어미 '-은', '-을' 뒤에 쓰여 그 동작이 진행되거나 그 상태가 나타나 있는 때, 또는 지나간 어떤 때를 나타내는 말로 보인다.

참고로, 표준어 '이마적'은 충청도 방언 '이마직'과 형태상으로는 유사하지만 의미상으로는 차이를 보인다. 표준어 '이마적'은 '지나간 얼마 동안의 가까운 때'를 뜻하는데 비해 충청도 방언 '이마직'은 '얼마 전부터 이제까지의 무렵'을 뜻하기 때문이다.

이빨 흔들린 늙은이 암상떨듯

- 표준어 : 대응 표준어 없음
- 품　사 : 속담
- 뜻풀이 : 자기가 잘못한 것이나 불편한 것을 남에게 짜증을 내거나 화풀이하는
　　　　　행동을 비유적으로 이르는 말.
- 사용 지역 : 충청도

아내는 동치미 맛본다고 **이빨 흔들린 늙은이 암상떨듯** 내흉스럽게 아이만 구박했다. 〈이문구, 제3세대한국문학9:李文求, 우리 동네, 1983, 289〉

'암상'은 본래 '남을 시기하고 샘을 잘 내는 마음 또는 그런 행동'을 뜻하는 말이고, '떨다'는 동작이나 성질을 나타내는 일부 명사 뒤에 붙어 '그런 행동을 경망스럽게 자꾸 하다'를 뜻하는 말이다. 그런데 예문에서는 '암상'이 '남에게 심술을 부리거나 화풀이를 하여 괴롭힌다'는 뜻으로 쓰였다. 이가 시원찮은 늙은이가 이빨이 흔들리면 음식을 마음대로 먹을 수 없으므로 다른 사람에게 짜증을 내거나 화풀이를 하는데 그런 행동에 빗대어 자기가 불편하거나 잘못한 것을 다른 사람에게 전기히어 화풀이하거나 괴롭히는 것을 비유적으로 이를 때 쓰이는 말이다.

일매짓다

- 표준어 : 단정하다
- 품　사 : 동사
- 뜻풀이 : 한 번에 딱 잘라서 판단하고 결정하다.
- 사용 지역 : 충청도

> 이윽고 나는 그 소리가 무엇이라고 서슴없이 **일매지을** 수 있었다. 〈이문구,
> 제3세대한국문학9:李文求, 관촌수필, 1983, 181〉

　　충청도 방언의 '일매짓다'는 '일매'와 '짓다'로 분석할 수 있다. '일매'
는 다시 '일＋매'로 분석 할 수 있어 보인다. '일매'는 하나를 뜻하는
'일'과 '매듭'을 뜻하는 '매'가 결합된 말로 해석할 수 있고, '짓다'는 '이
어져 온 일이나 말 따위의 결말이나 결정을 내다'의 뜻으로 해석할 수
있다. '짓다'는 '짓다, 짓고, 짓지, 지어, 지으면, 지을' 등으로 활용하
는 'ㅅ'불규칙 동사다. '일매짓다'는 '한 번에 매듭짓다'로 바꾸어 쓸 수
있다. 따라서 위 예문의 '일매짓다'는 어떤 일을 결정할 때 고민이나
망설임이 없이 한 번에 딱 잘라서 판단하고 결정한다는 뜻으로 쓰이는
말이다.

임새

- 표준어 : 어간, 사이
- 품 사 : 명사
- 뜻풀이 : 시간이나 공간의 일정한 사이.
- 다른 방언형 : 어간, 새이, 사이
- 사용 지역 : 충청도

속이야 어찌됐든 겉으로 보기엔 나무랄 데 없는 양옥이 즐비했다. 그 **임새**에 이층집도 많이 늘었다. 〈이광복, 목신의 마을, 1991, 131〉

‘임새’는 어떤 장소와 다른 장소 사이의 일정한 공간을 나타낼 때나 어떤 때에서부터 다른 때까지의 일정한 시간 사이를 나타낼 때 쓰이는 말이다. 예문에서는 ‘저녁 새참 임새에 잠깐 다녀왔다’(‘저녁 새참’은 ‘들일을 할 때 점심과 저녁 사이에 먹는 음식 또는 그 때’를 뜻함)’에서와 마찬가지로 시간과 시간 사이를 나타내는 뜻으로 쓰였다. 그러나 충청도 방언에서 ‘빵집은 지서와 면서 임새에 있다’에서와 같이 ‘임새’가 공간적인 사이를 의미할 때도 쓰인다.

‘임새’의 ‘새’는 ‘사이’를 뜻하는 ‘새’와 관련이 있는 것으로 보이지만 선행 요소인 ‘임’이 무엇인지는 알 수 없다. 충청도 방언에서 ‘임새’ 외에 ‘새이’와 ‘사이’도 쓰인다. ‘새이’는 ‘사이’의 움라우트형이다.

충청도 방언으로 ‘임새’와 같은 뜻으로 ‘새이’나 ‘사이’ 외에 ‘어간’도 쓰인다. ‘어간’도 공간과 공간 사이 어디쯤이나 시간과 시간 사이의 어디쯤을 뜻하는 충청도 방언이다.

자갈쌀

- 표준어 : 대응 표준어 없음
- 품 사 : 명사
- 뜻풀이 : 타작할 때에 북데기에 섞인 벼나 마당에 흩어진 벼를 모아 찧은 쌀.
- 사용 지역 : 충청도

시방까장 들어온 쌀을 볼 것 같으며는 죄다 숭년 그지 동냥 주듯이, 물알든 베 찧은 싸래기쌀, 쭉젱이 찧은 물은쌀, 닭 오리 모이허던 두루메기쌀, 뒷목 찧은 **자갈쌀**, 해설랑은이 몽땅 시계전 바닥쓸이 해온 것이나 다름이 읎더라 이것입니다. 〈이문구, 제3세대한국문학9:李文求, 우리 동네, 1983, 296〉

'자갈쌀'은 '자갈'과 '쌀'의 합성어로 분석된다. '자갈'의 어원은 강이나 바다의 바닥에서 오랜 동안 갈리고 씻겨 반질반질하게 된 잔돌과 관련이 있을 것으로 보이지만 분명하지 않다. 위 예문에서 보듯이 '자갈쌀'은 '뒷목을 찧은 쌀'을 가리킨다. '뒷목'은 타작할 때 북데기에 섞이거나 마당에 흩어진 찌꺼기 곡식을 가리키는데 여기에 잔돌이 많이 섞이기도 한다. 이렇게 잔돌이 섞인 뒷목을 찧은 쌀을 '자갈쌀'이라고 한다.

'쌀'을 부르는 명칭은 위의 예문에 쓰인 '자갈쌀' 외에 '두루메기쌀, 싸래기쌀, 물은쌀'과 '청치' 등이 있다.

'두루메기쌀'은 '두루메기'와 '쌀'로 일차 분석할 수 있고, '두루메기'는 다시 '두루-'와 '메기'로 분석할 수 있다. '두루메기'의 '두루'는 '무엇에나 닥치는 대로 쓰일 만하게'의 뜻인 '휘뚜루' 정도의 의미로 이해되고 '메기'는 '먹다'에서 파생된 '먹이'의 움라우트형으로 이해된다. '두루메기'는 '무엇이나 닥치는 대로 휘뚜루 먹일 만한' 정도의 뜻으로 쓰이는 말이고 여기에 '쌀'이 결합된 말이 '두루메기쌀'이다. 다시 말하면 '두루메기쌀'은 닭, 오리 등 집에서 기르는 가금류의 모이로 휘뚜루 먹일 수 있는 품질 낮은 쌀을 뜻한다.

'싸래기쌀'은 충청도에서 보통 '싸래기'라고 하는데 표준어 '싸라기'에 대응한다. ≪표준 국어 대사전≫에서는 '싸라기'를 '부스러진 쌀알'이라고 설명했는데 충청도에서는 '부스러진 쌀' 외에 벼가 덜 여물어 쌀알이 온전하지 못한 것까지 포함하는 의미로 쓰인다. 이와 관련하여 충청북도 지역에서는 벼가 덜 여문 것을 수학하여 방아를 찧으면 쌀이 푸른 빛깔을 띠는 데 이것을 따로 '청치'라고 한다. 표준어에서는 '현미에 섞인, 덜 여물어 푸른 빛깔을 띤 쌀알'을 가리키는 것으로 설명되어 있다.

'물은쌀'은 벼가 덜 여물어서 물기가 많고 말랑말랑한 벼를 말려 방아 찧은 쌀을 뜻한다. 벼가 덜 여물어 물기가 많고 말랑말랑한 곡식을 표준어에서는 '물알'이라고 하는데 충청도에서는 이것을 '무녀물'이라고 한다. '무녀물'은 '물＋여물'에서 온 말로 보인다. '무녀물'은 주로 '무녀물 들었다'나 '아직 무녀물도 안 들었다'와 같이 '들다'와 함께 쓰이는 특징이 있다. '물은쌀'은 벼타작을 할 때 알이 찬 곡식은 따로 모아두고 남은 쭉정이들을 모아 찧은 쌀을 가리킨다.

자부룩하다

- 표준어 : 자오록하다
- 품 사 : 형용사
- 뜻풀이 : 연기나 안개 따위가 잔뜩 끼어 흐릿하고 고요한 느낌이 있다.
- 사용 지역 : 충청도

> 그리고 아직도 눈은 하늘 자욱 내리고 있었다. 함박눈이었다. 나는 마치 동화의 나라에나 온 듯 들뜬 마음으로 **자부룩한** 눈길을 터벅터벅 걸었다. 그러나 어디가 길인지 분간할 수가 없어 그냥 눈대중으로 발길을 떼어 놓았다.
> 〈강준희, 이카로스의 날개는 녹지 않았다(중), 1996, 312〉

'자부룩하다'는 '자부룩'과 '-하다'로 분석된다. '자부룩'은 연기나 안개가 잔뜩 끼어 흐릿하거나 눈이 많이 와서 흐릿한 모양을 뜻하고 여기에 형용사를 만드는 접미사 '하다'가 결합된 말이 '자부룩하다'다. 예문에 쓰인 '자부룩하다'는 함박눈이 자욱하게 내리는 눈 때문에 시야가 흐릿하고 사위가 고요한 느낌이 드는 분위기를 나타내는 형용사다.

자양

- 표준어 : 재행(再行)
- 품   사 : 명사
- 뜻풀이 : 혼인한 뒤에 처음으로 신랑이 처가에 감.
- 다른 방언형 : 재양
- 사용 지역 : 충청도

'자양'은 표준어 '재행(再行)'의 충청도 방언형이다. '자양'은 충청도 뿐만 아니라 경상도 지역에서도 쓰인다. '재행(再行)'은 혼인한 뒤에 신랑이 처음으로 처가댁에 가는 것을 말한다. 충청도 방언에서 '재행'의 'ㅎ'발음이 약화 탈락하여 '재양' 또는 '자양'으로 발음되는 것으로 보인다. '재행'이 '재양'으로 발음되는 것은 '재행(再行)'의 '행(行)'을 '항'으로 발음하는 것과 관련이 있는 것으로 보인다. '자양'으로 발음되는 것은 '재행(再行)'의 중세국어 시기의 발음과 관련이 있는 것으로 보인다. 중세국어 시기에는 '재'가 이중모음 〔caj〕로 발음되었고 여기에 '항(行)'이 결합된 〔cajhang〕의 'ㅎ'이 모음 사이에서 약화 탈락된 〔cajang〕에 기원하는 것으로 볼 수 있기 때문이다.

충청도에서는 '재행'이라는 말과 같은 뜻으로 '근친(覲親)'이라는 말이 쓰이기도 하는데 시집간 딸이 신랑과 함께 처음으로 친정에 방문하는 것을 말하기도 한다. 본래 '근친'이라는 말은 신부의 처지에서 쓰는 말이기 때문에 신랑의 처지에서 쓰는 '재행'과는 다른 뜻이나 혼인한 뒤에 신랑과 신부가 처음으로 처가와 친정을 간다는 점에서 같은 의미로 쓰인다고 할 수 있다.

시집간 딸이 처음으로 친정에 가서 부모를 뵈는 것을 '근친'이라고 하는데 충청도에서는 근친한 뒤 시집으로 돌아갈 때 엿이나 떡 등의 음식을 장만해서 가져가는 것이 보통이다. 시집간 딸이 근친한 뒤에 가져가는 엿을 '근친엿'이라고 하기도 하고 '채반엿'이라고 하기도 한다. 표준어에서는 새색시가 근친한 뒤에 시집으로 돌아갈 때 해 가는 음식을 '채반'이라고 하는데 충청도에서는 '채반'만 단독으로 쓰이는 예는 찾기 어렵다. '채반엿', '채반떡'과 같이 주로 합성어로 쓰인다.

잔술팔이

- 표준어 : 대응 표준어 없음
- 품   사 : 명사
- 뜻풀이 : 술을 낱잔으로 파는 일.
- 사용 지역 : 충청도

> 그녀가 역전 여관 골목에서 어물전으로 가는 곱은탱이 술집들의 **잔술팔이** 하던 여자들과 조금도 다를 게 없다고 여겨 두기 한두 번 아니었으니까. 〈이문구, 제3세대한국문학9:李文求, 관촌수필, 1983, 91〉

'잔술팔이'는 '잔술'과 '팔이'가 합성된 것으로 분석할 수 있다. '잔술'은 한 잔씩 낱잔으로 담은 술을 뜻하는 말로 '잔'과 '술'이 합성된 것으로 분석할 수 있고, '팔이'는 값을 받고 물건이나 권리 따위를 남에게 넘긴다는 뜻으로 쓰이는 '팔다'의 어간 '팔-'에 '그러한 일'의 뜻을 더하고 명사로 만드는 접미사 '-이'가 결합된 파생어로 분석할 수 있다. 따라서 '잔술팔이'는 '술을 한 잔씩 낱잔으로 파는 일'을 뜻한다. 그런데 '잔술팔이'를 '잔술팔다'의 어간 '잔술팔-'에 '그러한 일'을 뜻하고 명사를 만드는 접미사 '-이'가 결합된 것으로 분석할 수도 있다. '잔술팔다'의 어간 '잔술팔-'은 다시 '잔술+팔-'로 분석할 수 있고 '잔술'은 다시 '잔+술'로 분석할 수 있다. 충청도 방언에서 '잔술팔구, 잔술판지, 잔술팔어서'와 같이 활용한다는 점에서 '잔술팔-'에 접미사 '-이'가 결합된 것으로 분석할 수도 있다.

잘람잘람

- 표준어 : 잘름잘름
- 품 사 : 부사
- 뜻풀이 : 가득 찬 액체가 넘칠 듯이 흔들리는 모양.
- 다른 방언형 : 찰름찰름, 찰랑찰랑
- 사용 지역 : 충청도

이장은 억지로 주전자를 빼앗아 황 영감 잔에 술을 채웠다. 술이 잔 위에서 **잘람잘람** 넘치고 있었다. 〈이광복, 목신의 마을, 1991, 53〉

충청도 방언의 '잘람잘람'은 액체가 그릇에 가득 차서 넘칠 듯이 조금씩 자꾸 흔들리는 모양을 가리키는 말이다. '잘름'이 중복된 의태어로 표준어의 '잘름잘름'과 비슷한 뜻으로 쓰인다. 표준어의 '잘름잘름'은 '술잔이나 그릇 등에 액체가 가득 차서 넘치는 모양'을 뜻하지만 충청도 방언의 '잘람잘람'은 넘치지는 않고 가득 차서 넘칠 듯 말 듯한 상태를 뜻한다. '잘람잘람'에 접미사 '-하다'가 붙으면 '액체가 가득 차서 넘칠 듯이 조금씩 자꾸 흔들리다'의 뜻을 가진 동사가 된다.

충청도 방언에서 액체가 그릇에 가득차서 넘칠 듯이 자꾸 흔들리는 모양을 나타내는 말로 '잘람잘람' 외에 '찰름찰름'이 있다. 충청도 방언 '잘람잘람'이나 '찰름찰름'과 비슷한 말로 '찰랑찰랑'이 있다. '찰랑찰랑'이 액체가 그릇에 가득차서 자꾸 흔들리는 데 초점이 있다면 '잘름잘름'이나 '찰름찰름'은 액체가 그릇에 가득차서 자꾸 넘치려고 한다는데 초점이 있다.

장 푸러 가서 시룻전 긁는 소리

- 표준어 : 자다가 봉창 두드리는 소리
- 품　사 : 속담
- 뜻풀이 : 이야기 주제와 전혀 관계없는 엉뚱한 소리를 함을 비유적으로 이르는 말.
- 사용 지역 : 충청도

> "얘는 새꼽빠지게 툭허면 **장 푸러가서 시룻전 긁는 소리**만 퉁퉁 헌당께. 새벽버텀 가기는 워디를 가자는 겨?" 〈이문구, 제3세대한국문학9:李文求, 우리 동네, 1983, 289〉

'장 푸러 가서 시룻전 긁는 소리 한다'는 말은 장독에 장을 푸러 가서 장은 푸지 않고 엉뚱하게 시룻전을 긁는 소리가 난다는 말로 이야기 주제와 전혀 관계가 없이 엉뚱한 소리를 하는 것을 비유적으로 이르는 말이다. 장은 간장, 고추장, 된장 따위를 통틀어 일컫는 말이다. 시루는 떡이나 쌀 따위를 찌는 데 쓰는 둥근 질그릇이고, '전'은 그릇이나 화로 등의 위쪽 아가리 둘레나 모자 따위의 가장자리가 조금 넓적하게 된 부분을 가리킨다. '시룻전'은 '시루'와 '전'이 결합하여 이루어진 합성어로서 표준어 '시루 전'에 대응하는 충청도 방언이다.

간장은 액체이기 때문에 풀 때 거의 소리가 나지 않는다. 된장은 메주로 간장을 담근 뒤에 장물을 떠내고 남은 겔 상태의 메주 건더기이고, 고추장은 쌀이나 보리 따위로 질게 지은 밥이나 떡가루 또는 되게 쑨 죽에 메줏가루와 고춧가루 그리고 소금을 넣어서 만든 겔 상태의 매운 장이다. 따라서 간장이나 된장, 고추장 등을 풀 때 소리가 나지 않는다. '장 푸러 가서 시룻전 긁는 소리 한다'는 말은 장을 풀 때는 소리가 나지 않는 법인데 엉뚱하게 질그릇으로 만든 시루의 전을 긁는 소리가 난다는 뜻이다. 즉 어떤 일의 본질이나 이야기의 주제와 전혀 관계없는 엉뚱한 말을 하는 것을 비유적으로 이르는 말이다. 표준어에서는 이와 비슷한 뜻으로 쓰이는 말로 '자다가 봉창 두드리는 소리 한다'가 있고 충청도 방언에서는 '자다가 봉창 두드린다'가 있다.

장

- 표준어 : 항상
- 품　사 : 부사
- 뜻풀이 : 언제나 변함없이.
- 다른 방언형 : 노상
- 사용 지역 : 충청도

"……안녕허세유. 목천 칠남인디…… 하, 하…… 일찍 나오셨네. ……재민 뭐 **장** 그렇지유." 〈이광복, 목신의 마을, 1991, 118〉

"아저씬 좀 어떠세유?"
"**장** 그려. 사람은 알어보는디 헛소리를 해서 탈이라니께." 〈이광복, 목신의 마을, 1991, 259〉

"하나는 빠르고 거센 내요, 하나는 물살은 온순하나 **장** 고여 있는 낸데……. 어느 쪽으로 모릿까?" 〈김성동, 풍적연꽃과 진흙, 1992, 79〉

"정식이 집에 간게지유. 바누질 배우러 간다고 **장** 가지 않우." 〈이기영, 고향, 1947, 018〉

"나두 **장** 걱정이란 이가 보구시픈데 형님 왜 날 안 데리구 가우. 이담 갈 때는 꼭 가치 갑시다." 〈홍명희, 임거정1, 1939, 332〉

"그러게 내 말이 말씀이라는 겨. 인적 드믄 허허벌판에 임자 모르는 시퍼런 돈이 넘칠대며 흘러 가는디, 내 땅에서 난 게 아니라구 아닌 보살 허구 있겄남. 농삿군은 **장** 비가 돈이여. 나는 사람이 어질다 말구, 싸가지두 떡잎 적에 벌레 먹어서 가만히 못 있는 승질이라." 〈이문구, 우리 동네 정씨, 문학과지성33,

1978〉

"클났어, 짜장면은 워디 갔건, 모기약 옰이는 여름을 나두, 커피 댓 잔 값은 장 늫구 나스야 얼굴을 이고 댕길수 있으니……." 〈이문구, 우리 동네 정씨, 문학과지성33, 1978〉

"우리게는 장 인물 옰어옰어 했더니 인저 됐어. 어서 와서 연설 한마디 허여." 〈이문구, 우리 동네 정씨, 문학과지성33, 1978〉

방언에서 부사의 의미와 기능을 설명하기란 매우 어렵다. 충청도 방언 '장'도 마찬가지다. 위의 예문들에 쓰인 충청도 방언 '장'은 '늘, 항상' 정도의 의미와 기능을 가진다. '장'은 '늘, 항상'이 쓰일 자리에 습관적으로 쓰이는 부사라고 하는 것이 좋을 듯하다.

근래에는 '장'을 충청도 방언의 노년층 화자들에게서만 들을 수 있다. 젊은층의 충청도 방언 화자들은 '장' 대신 '늘, 항상' 또는 '맨날' 등을 쓰는 것이 보통이다. 장년층 이하 연령층의 화자들에게서는 사어화되어 가고 있는 말이다.

장내기

- 표준어 : 대응 표준어 없음
- 품   사 : 명사
- 뜻풀이 : 장군을 쳐서 가진 물건을 빼앗는 행위를 뜻하는 말.
- 사용 지역 : 충청도

"담을 넘구 지붕에 올르는 것은 이왕 배운 재주니까 전에는 송도 부중에까지 들어가서 집 뒤짐을 다녓지만 지금은 나살두 먹구 마누라가 하두 성화를 해서 집 뒤짐은 고만두구 **장내기**나 뜨내기를 가지구 지내가우." 〈홍명희, 임거정 1, 1939, 208〉

"**장내기**는 장군을 치는 것이구 뜨내기는 예사 행인을 떠는 것이구 또 집뒤짐이란 것은 남의 집에 가서 재물을 뒤지는 것인데 주인시켜 뒤저내는 것이 원뒤짐이구 주인 몰래 뒤저오는 것이 까막뒤짐이요." 〈홍명희, 임거정1, 1939, 208〉

'장내기'는 '장'과 '-내기'의 구성으로 이루어진 충청도 방언이다. '장내기'는 '장'을 '내 온다'는 말에서 유래한 것이다. 여기에서의 '장'은 '장군'을 가리키는 것으로 보인다. '내기'는 '내다'의 어간 '내-'에 명사를 만드는 접미사 '-기'가 결합된 것이다. 그런데 에문을 통해서는 '장군'의 의미를 명확하게 파악하기가 어렵다. 예문의 '장군'은 두 가지로 해석할 수 있기 때문이다. 하나는 술, 간장 따위의 액체를 담아서 옮길 때에 쓰는 그릇으로 오지나 나뭇조각으로 만든 것을 가리키는 것으로 보는 것이고 다른 하나는 군대를 통솔하는 우두머리인 '장군(將軍)'으로 보는 것이다. 전자의 뜻으로 쓰이는 '장군'은 주로 '치다'와 호응하여 쓰인다. 이때는 '장군을 친다'고 하면 장군에 술이나 간장을 담아서 내 온다는 말이 된다. 즉 술이나 간장 따위를 장군에 담아 남의 것을 훔치는 것을 비유적으로 이르는 말로 해석된다. 한편, '장군'을 후자의 뜻으로 보면 '장내기'가 '장군(將軍)'이 가진 돈이나 물건을 빼앗는다는 뜻이 될 것이다. 그런데 장군이 가진 돈이나 물건을 쉽게 빼앗을 수 있는 것이 아니므로 이런 뜻으로 보는 데에는 무리가 있어 보인다. 예문에 쓰인 '장내기'의 구성과 용법으로 보면 전자의 뜻으로 해석하는 것이 타당해 보인다. '장내기'를 '장을 내다' 또는 '장군을 내다'의 의미로 보아야 문맥상 자연스럽고 현실성이 있어 보이기 때문이다.

참고로 '장내기'와 같은 구성을 이루는 '뜨내기'가 있다. '뜨내기'는 지나가는 행인의 물건을 빼앗는 것을 뜻하는데 요즈음에는 주로 한자어 '강도(強盜)'를 쓴다. 이와 달리 남의 물건을 훔치는 것을 '집뒤짐'이라고 한다. '집뒤짐'은 '집을 뒤진다'는 말에서 유래한 것으로 '원뒤짐'과 '까막뒤짐'이 있다. '원뒤짐'은 주인이 시켜서 주인집의 물건을 뒤져서 내 오는 것을 뜻하고, '까막뒤짐'은 주인 몰래 뒤져서 내 오는 것을 뜻한다.

장님 간장 떠먹듯

- 표준어 : 장님 막대질 하듯
- 품　사 : 속담
- 뜻풀이 : 정확히 알지 못하면서 어림짐작으로 일하는 것을 비유적으로 이르는
　　　　　　말.
- 사용 지역 : 충청도

> 나는 **장님 간장 떠먹듯** 도나 개나 마구 두들겨댔다. 그식이 장식이었다. 〈강
> 준희, 이카로스의 날개는 녹지 않았다(중), 1996, 203〉

　'장님 간장 떠먹듯'은 앞을 못 보는 장님이 간장을 떠먹는 것과 같다는 말로 어떤 일을 할 때 어림짐작으로 행동함을 비유적으로 이르는 말이다. 장님은 앞을 보지 못하므로 예문에서와 같이 간장을 떠먹어도 정확하게 뜨지 못하고 어림짐작으로 하는 것에 빗대어 어떤 일을 할 때 정확하고 정밀하게 하지 못하는 것을 비유적으로 이르는 말이다. ≪조선말대사전≫에는 이와 같은 뜻으로 '장님 막대질 하듯'과 '장님 덧막대기 젓듯' 그리고 '장님 칼부림하듯'이라는 속담이 소개되어 있다.

장대낫

- 표준어 : 대응 표준어 없음
- 품　사 : 명사
- 뜻풀이 : 장대 끝에 낫을 매어 낫자루가 길게 만든 낫.
- 사용 지역 : 충청도

> 삭정이는 대개 큰소나무에 많았고 높이도 대개 나무의 중간 이상에 있었으므로 **장대낫**이 아니고는 따기가 어려웠다. 웬만한 건 나무에 올라가 딸 수 있지만 팔이 자라지 않아 딸 수 없는 데는 **장대낫**으로 따야 했다. 〈강준희, 이카로스의 날개는 녹지 않았다(중), 1996, 167〉

'장대낫'은 '장대'와 '낫'의 합성어로 분석된다. '장대'는 대나무나 나무를 다듬어 만든 긴 막대기를 뜻하고 '낫'은 곡식이나 풀, 가는 나무 따위를 베는 데 쓰는 농기구를 뜻한다. '장대낫'은 '장대'에 낫을 매단 것을 이르는 말이다. 곧은 소나무와 같이 가늘고 긴 장대를 베어 그 끄트머리를 한 뼘쯤 쪼개어 그 곳에 낫의 뾰족한 슴베 부분을 끼워 넣고 칡이나 끈으로 친친 동여매어 만든다. 주로 높은 곳에 있는 나뭇가지를 베거나 삭정이를 딸 때 또는 높은 곳에 달려 있는 열매를 딸 때 사용한다.

'장대낫'과는 용도가 비슷하지만 '장대낫'보다는 자루가 짧고 일반 낫보다는 자루가 긴 낫을 가리키는 표준어 '걸낫'이 있다. 표준어 '걸낫'은 자루를 길게 하여 먼 곳에 있는 것을 걸어 잡아당기는 데 편하도록 만든 낫이다.

저니

- 표준어 : 저이
- 품   사 : 대명사
- 뜻풀이 : 아내가 남편을 조금 높여 이르는 이인칭 대명사.
- 다른 방언형 : 저이
- 사용 지역 : 충청도

일반적으로 '저니'는 '저 사람'을 조금 높여 이르는 삼인칭 대명사인
데 위 예문의 충청도 방언에서는 아내가 남편을 조금 높여 삼인칭화한
것이라고 할 수 있다. 아내가 충청도 방언 삼인칭 대명사 '저니'를 사
용하여 남편을 지칭하는 것은 남편을 가리키는 적당한 이인칭 대명사
가 없기 때문이라고 할 수 있다. 충청도 방언형 '저니'가 쓰이는 지역
에서는 표준어 '그이'에 해당하는 대명사로 '그니'를 사용하고 '이이'에
해당하는 대명사로 '이니'를 사용한다. '저니, 이니, 그니'는 아내나 남
편에게 뿐만 아니라 남녀 구별 없이 제3의 인물에게도 쓰인다. 이때의
'저니'는 '저사람'을 뜻하는 삼인칭 대명사로 쓰인다.

저벅거리다

- 표준어 : 어서석거리다
- 품   사 : 동사
- 뜻풀이 : ① 단단하고 깨지기 쉬운 얼음 조각이나 김치 잎 따위가 씹히거나 부딪치면서 가볍게 부서지는 소리가 자꾸 나다. 또는 그런 소리를 자꾸 내다.
  ② 연하고 싱싱한 과일이나 채소 따위를 부드럽게 베어 무는 소리가 자꾸 나다. 또는 그런 소리를 자꾸 내다.
- 다른 방언형 : 저벅저벅하다, 어석거리다, 아삭거리다
- 사용 지역 : 충청도

그러면 어머니가 이 눈치를 알아차리고 너희들 시장하지? 하고 부엌으로 나가 묵(메밀묵)을 쳐서 따끈한 물에 말아 참기름 한 방울 떨구고 송송 썬 배추김치 얹어 얼음이 **저벅거리는** 동치미 한 사발과 함께 들여왔다. 〈강준희, 이카로스의 날개는 녹지 않았다(중), 1996, 47〉

'저벅거리다'는 '저벅'과 '-거리다'가 결합된 것으로 분석된다. 위 예문의 '저벅거리다'는 김치나 얼음조각을 한 번 씹을 때 나는 소리를 나타내는 '저벅'에 그런 상태가 잇달아 계속됨의 뜻을 더하고 동사를 만드는 접미사 '-거리다'가 결합된 말이다. 어근 '저벅'이 중복되면 의성어 '저벅저벅'이 된다. '저벅저벅'은 음식을 먹거나 할 때 얼음조각이나 김치 잎이 씹히거나 부딪치면서 가볍게 부서지는 소리가 자꾸 나는 모양을 뜻하고 '저벅거리다'는 이렇게 음식이나 얼음을 씹거나 할 때 그것이 씹히거나 부딪치는 소리가 자꾸 난다는 뜻으로 쓰이는 말이다. 겨울에 얼음 섞인 식혜를 씹어 먹을 때 '얼음이 저벅거린다', '얼음이

저벅거리는 소리가 난다'고 한다. 음식을 씹을 때 '저벅거린다'고 하면 다소 부정적인 의미가 내포되어 있다.

'저벅'은 음식을 씹을 때 외에 발을 크고 묵직하게 한 번 내디디는 소리를 나타낼 때도 쓰인다. 충청도 방언에서 '장화를 신은 채 저벅거리면서 걸어갔다'와 같이 '저벅거리다'가 '크고 묵직하게 발을 내디디는 소리가 계속 나다'의 뜻으로도 쓰인다. 표준어에서는 '저벅거리다'가 '크고 묵직하게 발을 내디디며 계속 걷다'로 풀이되어 있는데 충청도 방언에서는 걸을 때 발을 크고 묵직하게 자꾸 내디디는 소리를 가리키는 말로 쓰인다.

점두록

- 표준어 : 저물도록
- 품 사 : 부사
- 뜻풀이 : 해가 져서 어두워질 때까지.
- 다른 방언형 : 점두룩, 점드락, 저물두룩
- 사용 지역 : 충청도, 전라도

인순이는 작년 가을에 공장으로 들어간 뒤로 그동안 두 번밖에는 집에 오지 않았다. 그래서 그는 미친 사람처럼 **점두록** 인순이 타령만 하고 고시랑거렸다. 〈이기영, 고향, 1947 ,48〉

다리 긴 王子처럼 다니는 것이려니,
나도 일즉이, **점두록** 흐르는 강가에/ 이 아이를 뜻도 아니한 시름에 겨워/ 풀피리만 찢은 일이 있다
이 아이의 비단결 숨소리를 보라. 〈정지용, 정지용시집, 太極扇, 1936, 63〉

원칠이는 희준이와 같이 읍내로 드러갔다. 그는 사돈집이 가까워질수록 연해 큰 기침을 점잖게 하면서 갈지자 걸음을 메여 놓는다. 그러나 그는 버선 코빡이를 기운 것이 마음에 걸녀서 **점두록** 그것을 드려다 보았다. 〈이기영, 고향3, 1947, 58〉

권상철은 자기딴은 하느라고 **점두록** 사정을 해보았는데 안승학은 점점 기승을 피우지 안는가. 거기에 그는 고만 속이 붓적 상했다. 그래 마주 대드렀다. 〈이기영, 고향3, 1947, 87〉

갑숙이의 자기에게 대한 태도가 그와 같이 냉정하게 된 것은 지금에 처지가 서로 달너진 까닭이 아닌가. 갑숙이는 **점두록** 설음한 태도로 자기를 끄리

는 모양 같다. 〈이기영, 고향3, 1947, 170〉

경호는 그날 종일 사무를 어떻게 보았는지 자기도 모른다. 정신이 있는지 없는지 머리가 멍하니 흐리다. 그는 오직 아까 안승학에게서 드른 그 말이 **점두록** 심중에 떠돌고만 있었다. 〈이기영, 고향3, 1947, 210〉

'점두록'은 표준어 '저물도록'의 충청도 방언형 '저물두록'이 축약된 형태로 해석된다. '저물두록'은 '저물-'과 '-두록'으로 분석되며 '해가 져서 어두워지도록' 또는 '해가 져서 어두워질 때까지'의 의미로 쓰인다. '저물-'은 '해가 저서 날이 어두워지다'의 뜻으로 쓰이는 '저물다'의 어간이고 '-두록'은 용언 어간이나 어미 '-으시-' 뒤에 붙어 앞의 내용이 뒤에서 가리키는 사태의 목적이나 결과, 방식, 정도 등이 됨을 나타내는 표준어 연결어미 '-도록'에 대응하는 충청도 방언형이다. 충청도 방언에서 '저물두록'의 축약형 '점두록' 외에 '저물두룩'의 축약형 '점두룩'도 쓰인다.

양성모음형 '점두록'보다는 음성모음형 '점두룩'이 더 일반적으로 쓰이는 충청도 방언형이다. '점두록'이나 '점두룩'은 어떤 상태나 동작의 진행이 해가 저무는 시점까지 계속되는 경우에 쓰인다. 모음조화를 고려하면 '점도록'이나 '점두룩'으로 표기해야 할 것이다. 충청도 방언에서는 '점두록'이나 '점두룩'이 하나의 단어처럼 굳어져 쓰인다. 표준어 '저물도록'에 대응하는 충청도 방언형으로 폭넓게 쓰이는 것은 '저물두룩'과 '점두룩'이다.

정월 보름날 투가리에 시래기 무쳐 담듯 허다

- 표준어 : 대응 표준어 없음
- 품　사 : 속담
- 뜻풀이 : 격식과 예의를 차리지 않고 성의 없이 대충대충 일하는 것을 비유적으로 이르는 말.
- 사용 지역 : 충청도

> **정월 보름날 투가리에 시래기 무쳐 담듯** 허지 마시구 혼인 때 쓸 두붓모처럼 깨끗허게 쌓주시라 이겝니다. 〈이문구, 제3세대한국문학9:李文求, 우리 동네, 1983, 286〉

예부터 정월 보름날은 대보름날이라고 하여 설날이나 추석 못지않게 중요하게 여겼던 명절로 이날은 다양한 음식을 해 먹는다. 이날 해 먹는 음식으로는 오곡밥과 묵은 나물, 약식 등이 대표적이다. 대보름날에는 맵고 짠 음식을 먹지 않는다는 풍습이 있어 맵고 짠 ‘김치’나 ‘깍두기’와 같이 고춧가루나 소금이 많이 들어간 반찬 대신 ‘다래 순, 싸리 순, 고사리, 고춧잎, 시래기’ 등으로 심심하게 무친 묵은 나물을 먹는다. 충청도에서는 정월 보름날 맵거나 짠 음식을 먹으면 ‘몸쌔기가 난다(갑자기 몸의 어느 곳에서 따끔하며 으쓱하는 현상이 생긴다)’는 속설이 있어 싱거운 반찬만 해 먹는 풍습이 있다. ‘정월 보름날 투가리에 시래기 무쳐 담듯 허다’도 반찬을 싱겁게 해 먹는 풍습과 관련이 있다. ‘시래기’는 무청을 겨우내 말렸다가 끓는 물에 삶아 물기를 빼고 약간의 간을 하여 참기름을 넣고 무쳐 먹는 나물의 한가지다. ‘시래기’는 귀한 나물이 아닐뿐더러 모양을 낼 수도 없다. 이 때문에 이런 나물은 주로 큼직하고 투박한 투가리(뚝배기)에 담아내는 것이 보통이다. 예문에 쓰인 '정월 보름날 투가리에 시래기 무쳐 담듯 허다'는 시래기를 무쳐 투박한 그릇에 담아내듯이 어떤 일을 할 때 격식과 형식을 차리지 않고 성의 없이 대충 일하는 것을 비유적으로 이르는 충청도 속담이다. 예문에서 보듯이 이와 대립되는 말로 '혼인 때 쓸 두부모 같다'가 있다. 두부모는 본래도 반듯하게 자르는데 혼인잔치 할 때는 두부모를 더욱 정성들여 반듯하고 보기 좋게 잘라 놓는 것과 같이 일의 결과가 아주 깨끗하고 반듯함을 비유적으로 이르는 말이다.

조자앉다

- 표준어 : 대응 표준어 없음
- 품 사 : 동사
- 뜻풀이 : 팔다리를 오그려 몸을 작게 옴츠리고 쪼그려 앉다.
- 사용 지역 : 충청도

> 시절은 봄이라하나 새벽부터 찬 논물에 **조자앉아** 있으면 이게 보통 추운 게 아니어서 이가 딱딱 마주쳐진다. 〈강준희, 이카로스의 날개는 녹지 않았다(중), 1996, 15〉

'조자앉다'는 '조자-'와 '앉다'로 분석할 수 있다. '조자앉다'는 팔다리를 오그려 몸을 작게 옴츠리는 뜻을 가진 충청도 방언형 '조자'에 '앉다'가 결합된 것으로 이해된다. '조자앉다'는 팔다리를 오그려 몸을 작게 옴츠리고 쪼그려 앉는다는 뜻을 가진 동사다. '조자'는 어원적으로 '상투나 낭자를 틀어서 죄어 매다'의 뜻을 가진 '좇다'의 어간 '좇-'에 연결 어미 '-아'가 결합된 형태로 파악된다. '조자'가 상투나 낭자를 틀 때 풀어지지 않도록 죄어 매는 것을 가리키는 말로 쓰이던 것이었는데 이렇게 죄어 매는 동작과 팔다리를 오그려 몸을 작게 옴츠리는 동작을 관련지은 표현이라고 할 수 있다.

졸밋거리다

- 표준어 : 대응 표준어 없음
- 품 사 : 동사
- 뜻풀이 : 마음이 조마조마하고 불안하여 특정 부위의 근육이 자꾸 오그라들었다 펴졌다 하며 오물거리는 듯하다.
- 다른 방언형 : 쫄밋거리다, 쫄밋대다, 졸밋대다
- 사용 지역 : 충청도

평소 대복이네 집 외엔 남의 집 울안에 들어가 본 적이 없기로 소문을 가진 터에 방안까지 들어온 것이 신기하고 기특했던 것인지, 아니면 차마 나가 달라는 말이 나오지 않아 그랬으리라고 짐작되었다. 그러나 나는 마음이 편치가 않았고 초조하고 불안해 시종 오금이 **졸밋거림**을 억누를 수 없었다. 〈이문구, 관촌수필, 1972, 145〉

순평이 눈앞을 읽었던 것도 그 순간 뿐이었기로, 곧 터지게 된 웃음, 참다간 되레 제가 또 똑같은 걸 꿰어 시합하자고 나설 것처럼 **졸밋거려지기도** 하는 창황 중에, 에라, 이왕 염치없이 돼버린 판, 웃음도 덜 겸, 해 본다고 한 소리가

"가고가 이쁘다곤 했지만, 보니 역시 고 손한테 델 건 아니군요."

하는, 씨아 없는 말이었다. 〈이문구, 장한몽, 1976, 676〉

'졸밋거리다'는 마음이 조마조마하고 불안하여 어떤 부위의 근육이 졸아들었다 펴졌다 하며 오물거리는 듯한 느낌을 나타내는 어근 '졸밋-'에 그런 상태가 잇따라 반복되는 뜻을 더하고 동사를 만드는 접미사 '-거리다'가 결합되어 이루어진 말로 분석된다. 따라서 '졸밋거리다'는 '마음이 조마조마하고 불안하여 특정 부위의 근육이 잇달아 오그라들

었다 펴졌다 하며 오물거리는 듯하다'는 뜻으로 쓰인다. '졸밋거리다'와 동의어로 '졸밋대다'도 쓰인다. '졸밋대다'도 '졸밋거리다'와 마찬가지로 마음이 조마조마하고 불안하여 어떤 부위의 근육이 졸아들었다 펴졌다 하며 오물거리는 듯한 느낌을 나타내는 어근 '졸밋-'에 그런 상태가 잇따라 반복되는 뜻을 더하고 동사를 만드는 접미사 '-대다'가 결합되어 이루어진 말로 분석된다.

좁으장하다

- 표준어 : 조붓하다
- 품   사 : 형용사
- 뜻풀이 : 조금 좁은 느낌이 든다.
- 다른 방언형 : 쫍으장하다, 쪼붓하다, 쪼붓하다
- 사용 지역 : 충청도

좁으장한 어깨에 허리가 폭을 두로 흐른것도 덕성이 무던해 보여 마음이 놓였다. 그러고 보니 궁금한 것은 일껏 선을 보러 왔던 사내가 대관절 무엇을 보고 내뺐는지 당최 모를 일이었다. 〈이문구, 산 너머 남촌, 1990, 272〉

원래가 산둥성이를 휘넘어간 오솔길 초입이었기에, 황소바위를 거처 신작로로 타내려간 그 길바닥은 겨우 지게나 지나다닐 만하게 **좁으장한** 거였었다.
〈이문구, 관촌수필, 1972, 138〉

'좁으장하다'는 '약간 좁은 듯한 모양'의 뜻을 나타내는 어근 '좁으장-'에 형용사를 만드는 접미사 '-하다'가 결합된 것으로 분석할 수 있다. 따라서 '좁으장하다'는 '약간 좁은 듯하다'는 뜻으로 파악된다. '좁으장하디'의 어근 '좁으장-'은 '좁다'의 어간 '좁-'에 '-으장'이 결합하여 이루어진 말로 보인다. 충청도 방언에서 '좁으장하다' 외에 '쫍으장하다'도 쓰인다. '좁으장하다'보다 '쫍으장하다'가 더 많이 쓰이는 방언형이다.

참고로, '좁으장하다'와 마찬가지 구성을 이루는 예로 '조금 큰 것이 약간 구부러져 있다'는 뜻으로 쓰이는 '구부정하다'와 '작은 것이 약간 꼬부라져 있다'는 뜻으로 쓰이는 '꼬부장하다' 등이 있다. '구부정하다'는 '구부정'에 접미사 '-하다'가 결합되어 파생된 것이고 '꼬부장하다'는

'꼬부장'에 접미사 '-하다'가 결합되어 파생된 것이다. '구부정'은 '굽다'의 어간 '굽-'에 '-으정'이 결합된 것이고 '꼬부장'은 '곱다'의 어간 '곱-'에 '-으장'이 결합된 것이다. '깔꾸장하다'와 '깔꼬장하다'도 이와 같은 구성으로 이루어진 말이다. 이들 두 단어는 '속이 좁아 너그럽지 못하고 마음속으로 꽁하고 있다'는 뜻으로 쓰인다.

종발

- 표준어 : #종지
- 품   사 : 명사
- 뜻풀이 : 간장, 고추장 따위를 담아 놓는 작은 그릇.
- 다른 방언형 : 종그래기, 종재기
- 사용 지역 : 충청도, 경상도

새곰새곰 시어가는 김치와 날두부 한 접시, 그리고 간장 **종발**이 개다리소반에 놓여져 있었다. 〈이광복, 목신의 마을, 1991, 233〉

조반 지을 쌀뜨물을 아내 모르게 한 **종발** 여퉈내는 덴 그리 애쓰지 않아도 되었고, 미리 부시어 놨던 빈 박카스 병에 뜨물을 담고 간장 치는 데도 아내한테 들키지 않을 수 있었다. 〈이문구, 장한몽3, 1976, 279〉

"술을 따르게."
매월당은 소주 한 **종발**을 한 번에 들이켜고 나서
"자네도 목을 축이지 않을 수 없으렷다." 〈복거일, 문학과지성 시인선 권70, 1459〉

매월당은 소주 두 **종발**을 거푸 들이켰다. 안주는 정인지의 소식이었다. 〈복거일, 문학과지성 시인선 권70, 1460〉

중앙어의 '종발'은 중발보다는 작고, 종지보다는 조금 너부죽한 그릇을 뜻하는 것이나 충청도 방언에서의 '종발'은 예문에서 보듯이 '간장이나 고추장 따위를 담아서 상에 놓는, 종발보다 작은 그릇'을 뜻하는 '종지'의 뜻으로도 쓰이고 '종발'의 뜻으로도 쓰이는 것으로 해석된다. 예문을 통해서 볼 때 충청도 방언에서는 '종지'와 '종발'을 명확하게 구

별하여 쓰지 못한다는 것을 알 수 있다. 충청도 방언에서는 '종발' 외에 '종지'를 뜻하는 말로 '종재기'와 '종그래기' 등이 더 쓰이고 있다. 그릇은 '종지〉종발〉중발〉주발'과 같이 크기에 따라 작은 것에서부터 큰 것 순으로 구별된다. 그러나 방언에서는 그릇의 크기에 따른 명칭을 명확히 구별하지 못하는 경향이 있어 명칭을 혼동하여 쓰기도 한다. 예를 들면 충청도 방언에서는 '종지'와 '종발'을 잘 구별하지 못하고, 놋쇠를 재료로 만든 '주발'과 흙을 원료로 만든 '사발'을 구별하지 못하기도 한다. 또 '주발'과 '사발'의 상위어인 '식기'와도 구별하지 않고 사용하기도 한다.

죄는 청송개비가 짓고
베락은 고목나무가 맞는다

- 표준어 : 죄는 막둥이가 짓고 벼락은 샌님이 맞는다
- 품　사 : 속담
- 뜻풀이 : 나쁜 짓을 한 사람은 따로 있는데 억울하게 다른 사람이 벌을 받게 됨을 비유적으로 이르는 말.
- 사용 지역 : 충청도

> 맞어. **죄는 청송개비가 짓고 베락은 고목나무가 맞았지.** 〈강준희, 이카로스의 날개는 녹지 않았다(상), 1996, 84〉

'베락'은 '벼락'의 충청도 방언형이다. 충청도 방언에서 양순음 'ㅁ, ㅂ, ㅍ' 뒤에 이중모음 'ㅕ'가 오면 주로 'ㅔ'로 단모음화하여 나타난다. 이에 따라 '며칠 → 메칠, 멸치 → 멜치, 몇 → 멫, 벼 → 베, 벼슬 → 베실, 편하다 → 펜하다, 펴다 → 페다' 등과 같이 실현된다. '벼락'도 이중모음 'ㅕ'의 'ㅔ' 단모음화에 의해 '베락'이 된 것이다. '청송개비'는 '청송갑'에 주격조사 '-이'가 결합된 '청송갑이'가 움라우트 되어 굳어진 결과로 이해된다. '청송갑'이 무엇인지는 알기 어려우나 뒤에 오는 '고목나무'와 대응한다는 점에서 '청송(靑松)'과 관련이 있는 것이 아닌가 한다. 예문에서 '죄는 청송개비가 짓고 베락은 고목나무가 맞았다'는 말은 죄를 지은 주체는 '청송개비'인데 벌을 받아 벼락을 맞은 대상은 '고목나무'라는 뜻으로 죄를 짓거나 나쁜 짓을 한 사람은 따로 있는데 엉뚱하게 다른 사람이 벌을 받거나 피해를 보게 됨을 비유적으로 이르는 충청도 속담이다. 《표준 국어 대사전》에는 충청도에서 쓰이는 속

담 '죄는 청송개비가 짓고 베락은 고목나무가 맞는다'와 같은 뜻으로
쓰이는 표준어 속담으로 '죄는 샌님이 짓고 벼락은 막둥이가 맞는다'와
'죄는 천도깨비가 짓고 벼락은 고목이 맞는다'가 소개되어 있다.

주리끼다

- 표준어 : 끼다
- 품　사 : 동사
- 뜻풀이 : 곁에 두거나 가까이 하다.
- 다른 방언형 : 주리찌다
- 사용 지역 : 충청도

‘주리끼다’는 ‘주리’와 ‘끼다’의 합성어로 보인다. ‘주리’는 다리를 다른 사람의 다리와 다리 사이에 걸쳐서 어긋나게 하는 것을 뜻하고 ‘끼다’는 곁에 두거나 가까이 하다의 의미를 가진다. 따라서 ‘주리끼다’는 다리를 다른 사람의 다리와 다리 사이에 넣고 가까이 한다는 뜻이 된다. 따라서 예문의 ‘주리끼고 자다’는 디리를 다른 사람의 다리와 다리 사이에 끼워 넣어 포개고 잔다는 뜻에 빗대어 아이를 혼자 재우지 않고 곁에 두거나 가까이 하는 것을 비유적으로 이르는 말이다. 충청도 방언형 ‘주리찌다’는 ‘주리끼다’의 ‘끼다’가 구개음화한 것이다.

주섬거리다

- 표준어 : 주섬주섬하다
- 품   사 : 동사
- 뜻풀이 : 여기저기 널려 있는 물건을 하나하나 주워 자꾸 거두다.
- 다른 방언형 : 주섬주섬하다
- 사용 지역 : 충청도

> 나는 벽력같이 소리치고 벌떡 일어나 청년을 노려봤다. 서슬에 청년이 화들짝 놀라더니 방안 가득 흩어진 돈을 **주섬거리기** 시작했다. 〈강준희, 이카로스의 날개는 녹지 않았다(하), 1996, 331〉

'주섬거리다'는 '주섬'과 '-거리다'가 결합된 것으로 분석된다. '주섬'은 '거리다'와 함께 '주섬주섬'의 뜻으로 쓰인 것이다. '주섬주섬'은 여기저기 널려 있는 물건을 하나하나 주워 거두는 모양을 나타내는 말이고 '주섬거리다'는 여기저기 널려 있는 물건을 하나하나 자꾸 주워 거둔다는 뜻으로 쓰인다. '주섬거리다'와 바꾸어 쓸 수 있는 말이 '주섬주섬하다'인데 '주섬주섬하다'에 쓰인 접미사 '-하다'는 반복적인 의미를 나타내는 기능이 없지만 '주섬주섬'이 그러한 기능을 한다. 이 때문에 접미사 '-하다' 앞에 반복을 나타내는 '주섬주섬'이 쓰인 것이다. 이에 비해 접미사 '-거리다'는 어떤 일이 자꾸 반복되는 것을 나타내는 의미가 있기 때문에 반복적인 의미가 없는 어근 '주섬'과 결합되어도 반복적인 의미를 나타낼 수 있다.

주척

- 표준어 : 대응 표준어 없음
- 품　사 : 부사
- 뜻풀이 : 주저함이 없이 선뜻.
- 사용 지역 : 충청도

"오까다군! 빨리 창가 불러야지." 내가 창가를 부르고 싶어 앞으로 **주척** 나서놓고도 가만히 있자 요시노는 채찍으로 제 손바닥을 탁탁 치며 독촉을 했다. 나는 아버지의 눈치를 슬슬 보면서 창가를 부르기 시작했다. 〈강준희, 이카로스의 날개는 녹지 않았다(상), 1996, 99〉

'주척'은 기다렸다는 듯이 주저하지 않고 어떤 행동을 선뜻 행하는 모양을 나타내는 충청도 방언형으로 주로 '나서다'와 호응하여 쓰인다. 위 예문의 경우 '주척'이 '나서다'와 호응하여 기다렸다는 듯이 주저하지 않고 선뜻 나서는 모양을 나타내는 뜻으로 쓰였다. 예문의 '주척 나서놓고도 가만히 있었다'는 주저하지 않고 선뜻 나서기는 했지만 그 다음 행동을 하지는 못했다는 뜻이다. 어떤 일에 선뜻 나서서 거침없이 헤 나간 때 쓸 수 있는 말이다.

죽

- 표준어 : 줄기
- 품　사 : 명사
- 뜻풀이 : 소나기나 우박 따위가 길게 쏟아지는 형세를 세는 단위.
- 다른 방언형 : 줄금
- 사용 지역 : 충청도

그새 소나기 한 **죽**만 있었더라도 봄 것 거둔 터에 뒷그루로 푸성가리를 부쳐, 벌써 여러 뭇 솎아 가용푼이나 해 썼을 거였다. 〈이문구, 제3세대한국문학9:李文求, 우리 동네, 1983, 267〉

‘죽’은 주로 수량을 나타내는 말 뒤에서, 그러한 형세가 이 말 앞에 오는 수량사만큼이라는 뜻을 나타낼 때 주로 쓰인다. 충청도 방언 ‘죽’은 표준어에서 ‘소나기가 한 줄기 왔다’고 할 때의 ‘줄기’와 거의 같은 뜻으로 쓰이는 의존 명사다. 충청도 방언에서 ‘죽’과 같은 뜻으로 쓰이는 말로 ‘줄금’이 있다. ‘소나기가 한 줄금 하고 지나갔다’나 ‘소나기가 한 줄금 하고 나니까 시원하다’와 같이 쓰인다.

충청도 방언형 ‘줄금’은 ≪표준 국어 대사전≫에서는 표준어 ‘줄기’의 북한어로 처리하였고 ≪우리말 큰사전≫(한글)과 ≪국어 대사전≫(금성)에서는 ‘줄기’의 방언으로 처리하였다.

줄불나다

- 표준어 : 대응 표준어 없음
- 품　사 : 동사
- 뜻풀이 : 어떤 일이 그치지 않고 계속 일어나다.
- 다른 방언형 : 중뿔나다
- 사용 지역 : 충청도

성질로 봐서는 당장 절교선언을 하던가 아니면 귀쌈이라도 **줄불나게** 후려치며 대갈 일성 소리쳐야 하는데 이와는 반대로 태연하니 내가 생각해도 내 마음을 헤아릴 수가 없었다. 〈강준희, 이카로스의 날개는 녹지 않았다(하), 1996, 30〉

이놈의 자식이 제 잘되라고 타이르면 고맙습니다 하고 개과천선 할 일이지 뭐가 잘했다고 됩데 큰소리냐며 따귀를 **줄불나게** 후려쳤다. 〈강준희, 이카로스의 날개는 녹지 않았다(하), 1996, 141〉

아버지에겐 고양이 앞에 귀처럼 옴쭉달싹 못하면서도 서슬 푸른 일본 관헌 앞엔 그리도 당당해 따귀를 **줄불나게** 올려붙이던 어머니. 〈강준희, 이카로스의 날개는 녹지 않았다(중), 1996, 194〉

'줄불나다'는 '줄불'과 '나다'의 합성어로 분석되고 〔줄뿔나다〕로 발음된다. '줄불'은 본래 불놀이할 때 쓰는 놀이 방법의 하나로 참숯 가루 따위를 섞어 종이로 싸서 줄에다 죽 달아 놓고 한 군데에 불을 붙여 대면 옆으로 차례로 번져 일어나는 불을 뜻한다. '줄불나다'는 이 '줄불'에 불이 붙은 것과 같이 연달아 계속해서 어떤 일이 일어나는 것을 일컫는 말이다. 주로 '줄불나게'의 꼴로 쓰이고 뒤에는 구체적인 행위를 나타내는 동사가 와서 그 동작이 계속해서 자주 일어나는 것을 나타낸다. 충청도 방언에서는 '줄불나다' 외에 '중뿔나다'도 쓰인다. 충청도 방언형 '중뿔나다'는 '중뿔나게 드나들다'에서와 같이 주로 '중뿔나게'의 꼴로 쓰이고 뒤에 오는 동사가 뜻하는 동작이 자주 일어나는 것을 가리키는 말로 쓰인다. 따라서 '중뿔나게 드나들다'는 '시도 때도 없이 자주 드나들다'의 뜻이 된다. 이에 비해 표준어에서의 '중뿔나다'는 '어떤 일에 관계없는 사람이 불쑥 참견하며 나서는 것이 주제넘다'는 뜻과 '하는 일이나 모양이 유별나거나 엉뚱하다'의 뜻으로 쓰인다는 점에서 충청도 방언형 '중뿔나다'와는 의미상 상당한 차이가 있다.

즌접스럽다

- 표준어 : 대응 표준어 없음
- 품 사 : 형용사
- 뜻풀이 : 천박하고 추한 데가 있다.
- 다른 방언형 : 전접스럽다
- 사용 지역 : 충청도

'즌접스럽다'는 '즌접-'과 '-스럽다'로 분석할 수 있다. '즌접-'은 '천박하고 추함'을 뜻하는 어근인데 문학작품에서 '즌접'이 독립적인 명사로 쓰인 예는 찾아보기 어렵다. '-스럽다'는 일부 명사 뒤에 붙어서 '그러한 성질이 있다'는 뜻을 더하고 형용사로 만드는 접미사다. 따라서 '즌접스럽다'는 '천박하고 추한 성질이 있다' 또는 '천박하고 추한 데가 있다'는 뜻으로 쓰이는 형용사라고 할 수 있다. 충청도 방언 '즌접'은 '전접'이 어두 음절 모음 '어'가 '으'로 고모음화한 것으로 이해된다. 충청도와 경기도, 전라도 등의 방언에서 어두음절의 모음 '어'가 장모음일 '[어:]'일 때 '[으:]'로 고모음화 하는 현상이 있는데 '즌접'도 '전:접'의 어두음절 모음이 고모음화한 것이기 때문이다. 위 예문의 '즌접스러서'는 [전:접스러서→즌:접스러서]의 과정을 거친 것으로 이해되는데 예문에는 음장이 표기되지 않은 것이다. 다음의 예문에서와 같이 충청도 방언에서 '즌접스럽다' 외에 '전접스럽다'도 쓰인다.

547

  김도 두 건달이 술 개평하러 오는 게 마뜩찮아 남은 술병일랑 푸서리 틈에 숨겼으면 싶었으나, 먹는 것 가지고 근천 떨기도 전접스럽거니와 그랬다가 무안당하면 누구 욕을 먹을지 모르겠어 그대로 두었다.〈이문구, 한국소설문학대계 55, 우리 동네 김씨, 1995, 412〉

지게귀신

- 표준어 : 대응 표준어 없음
- 품　사 : 명사
- 뜻풀이 : 지게를 떠나지 못하는 귀신과 같은 처지와 형편이라는 뜻으로 농사꾼 또는 나무꾼을 면하지 못하는 신세를 비유적으로 이르는 말.
- 사용 지역 : 충청도

그런데 어머니가 얘야, 고기는 큰 물에 가야 큰 고기가 된다. 이 산중에서 만날 천날 지게목발 두들겨봐야 **지게귀신** 신세 밖에 안 된다. 〈강준희, 이카로스의 날개는 녹지 않았다(중), 1996, 137〉

　충청도 방언 '지게귀신'은 '지게'와 '귀신'의 합성어로 분석된다. '지게귀신'은 순 우리말 '지게'와 한자어 '귀신'의 합성어로서 앞말이 모음으로 끝난 경우 사이시옷을 받치어 적는다는 한글 맞춤법 제30항의 규정에 의하면 '지겟귀신'으로 표기해야 한다. '지게귀신'은 지게를 떠나지 못하는 귀신과 같은 처지와 형편이라는 뜻으로 오직 외곬으로 지게를 이용하여 살아 가는 사람, 즉 농삿일을 면하지 못하는 신세를 비유적으로 이르는 말이다. 지게는 농부가 늘 사용하는 기구의 한 가지이므로 지게를 벗지 못하는 농부의 신세를 '지게귀신'에 비유한 것이다.

　'지게귀신'과 조어 방법과 의미 유형이 같은 충청도 방언형으로 '방앗간귀신'이 있다. '방앗간귀신'은 방앗간을 운영하면서 한평생을 보내는 처지에 있는 사람을 비유적으로 이르는 말이다. '00(지명)귀신'은 00 지역에서 한평생을 살고 있는 사람을 비유적으로 이르는 말이다.

지경살이

- 표준어 : 지경
- 품　사 : ① 부사 ② 명사
- 뜻풀이 : ① '어떤 형편이나 상태로'를 부정적으로 이르는 말.
　　　　　② '어떤 형편이나 상태'를 부정적으로 이르는 말.
- 사용 지역 : 충청도

여편네 속두 지지리두 쎅여쌓더니…… 저 **지경살이** 맹글어 놓구 죽을 바이면 진작 죽어 주던지…… 〈이문구, 제3세대한국문학9:李文求, 관촌수필, 1983, 203〉

사람으루 태어나서 저 **지경살이**루 죽는다면 말이나 되간. 〈이문구, 장한몽5최종, 1976, 662〉

'지경살이'는 관형사나 관형어 아래 쓰여 그 관형어가 가리키는 '정도'나 '형편' 또는 '경우'의 뜻을 부정적으로 나타내는 '지경'에 어떤 일에 종사하거나 어디에 기거하여 사는 생활'의 뜻을 더하는 접미사 '-살이'가 결합된 것으로 분석할 수 있다. 예문의 '지경살이'는 이 말 앞에 오는 관형어와 함께 '그 관형어가 나타내는 정도나 형편같이 좋지 않은 상태'라는 뜻으로 쓰인다. 참고로, '저 지경'이라고 하면 '저런 정도로 좋지 않은 상황' 또는 '저렇게 좋지 않은 경우', '저런 정도로 좋지 않은 형편'의 뜻이 된다.

'지경살이'와 같은 구성을 이루는 충청도 방언으로 '강심살이, 곁방살이(곁방살이), 셋방살이, 종살이, 타향살이, 서포살이(협호살이), 처가살이, 머슴살이' 등이 있다. '강심살이'는 '강한 마음으로 고되게 꾸려가는 살림살이'를 뜻하고 '셋방살이'는 '월 단위 또는 연 단위로 세를 내고 빌려 쓰는 남의 집 방에서 꾸려가는 살림살이'를 뜻한다. 이와 비슷한 말이 '집이 없는 사람이 남의 집에 있는 여분의 방을 빌려서 꾸려가는 살림살이'를 뜻하는 '젙방살이'인데 표준어 '곁방살이'에 대응한다. 충청도 방언형의 '서포살이'는 '집이 없는 사람이 남의 집에 있는 여분의 방을 빌려서 생활하는 것'을 뜻하는 '곁방살이'와 본채와 떨어져 있어 딴 살림을 하게 되어 있는 집채에서 생활하는 것을 뜻하는 '협호살이(夾戶-)'를 아우르는 의미로 쓰인다.

지려물다

- 표준어 : 사리물다
- 품   사 : 동사
- 뜻풀이 : 어금니를 마주하고 힘 있게 꼭 물다.
- 다른 방언형 : 사려물다, 옹신물다, 응신물다
- 사용 지역 : 충청도

나는 어머니의 손을 쓸어만지며 흐느끼는 소리로 말했다. "그래야지. 그래야 하고말고. 그래야 하고말고!" 어머니는 복받치는 설움을 참느라 어금니를 **지려물었다.** 〈강준희, 이카로스의 날개는 녹지 않았다(상), 1996, 156〉

'지려물다'는 '지리다'와 '물다'가 합성된 것으로 분석할 수 있다. 충청도 방언의 '지리다'는 '지지려 밟다'의 '지지리다'와 관련이 있는 것으로 보인다. '지지려'는 '지지리다'의 활용형이다. '지지리다'는 '위에서 힘 있게 은은히 내리 누르다'의 뜻으로 쓰인다. '지려물다'의 '지려'는 '지지리다'의 활용형 '지지려'의 축약형으로 파악된다는 점에서 어원을 같이하는 것으로 보인다. 즉 '어금니를 마주하고 힘 있게 꼭 물다'의 뜻으로 쓰이는 '지려물다'는 의미상으로 볼 때 다른 충청도 방언형 '옹신물다'나 '응신물다'와 같은 뜻으로 쓰인다. '옹신물다'와 '응신물다'의 '옹신'과 '응신'은   어금니를 마주하고 볼의 근육이 튀어 나오도록 힘 있게 꼭 무는 모양을 나타내는 말이다. 이렇게 옹신무는 것을 충청도 방언에서는 '지려문다'고도 한다.

지벅지벅

- 표준어 : 대응 표준어 없음
- 품　사 : 명사
- 뜻풀이 : 입에 들어간 모래나 먼지, 흙 따위가 씹히는 느낌이나 소리.
- 다른 방언형 : 저벅저벅
- 사용 지역 : 충청도

바람이 불거나 차가 지나가면 포장 안된 도로에서 먼지가 구름처럼 일어 빵기계로 내려앉아 빵을 먹을 수가 없었다. 먼지가 **지벅지벅** 씹혀서였다. 〈강 준희, 이카로스의 날개는 녹지 않았다(중), 1996, 336〉

'지벅지벅'은 '지벅'이 중첩된 형태의 부사다. '지벅지벅'은 지벅거리는 느낌이나 소리, 즉 음식을 먹을 때 음식에 들어간 작은 모래나 먼지 또는 흙 따위가 자꾸 씹히는 느낌이나 소리를 나타내는 말이다. '지벅지벅'과 비슷한 뜻으로 쓰이는 충청도 방언형으로 '저벅저벅'이 있다. '저벅저벅'도 '지벅지벅'과 마찬가지로 '저벅'이 중첩될 말로 음식을 먹을 때 작은 모래나 흙 따위가 자꾸 씹히는 느낌이나 소리를 나타낸다는 점에서는 같으나 '지벅지벅'보다 어감이 크고 무거운 느낌이 있다. '지벅지벅'이나 '저벅저벅'과 비슷한 뜻으로 쓰이는 말로 '어석어석'도 쓰인다. '어석어석'은 '어서석어서석'의 준말로 무나 고구마 따위를 날 것으로 한 입 가득 베어 물고 씹을 때 처음 씹히는 소리를 나타내는 말이다. '지벅지벅'이나 '저벅저벅'이 주로 입 안에서의 느낌이나 소리를 나타내는 데 비해 '어석어석'은 씹는 소리가 입 밖에서도 들릴 정도라는 점에서 차이가 있다. 겨울에 물김치나 식혜에 떠 있는 얼음을 입

안에 넣고 씹을 때 나는 소리를 나타낼 때도 '어석어석 한다'고 한다. '어석어석'은 모래나 흙 따위가 있어 방바닥이나 마루가 매끄럽지 못한 경우에도 쓰인다. 예를 들면 '문을 열어놨더니 문대기가 들어와서 방바닥이 어석어석 한다'나 '마루가 어석어석해서 쓸어야 되겠다'와 같이 쓴다.

지심이

- 표준어 : 기미
- 품 사 : 명사
- 뜻풀이 : 병을 앓거나 힘든 일을 하거나 심한 괴로움 따위로 얼굴에 끼는 거뭇한 얼룩점.
- 다른 방언형 : 지미, 짐, 김
- 사용 지역 : 충청도

> 그 다음으로 놀랜 것은 그의 안해였다. 그는 희준이보다 몇 살 더 먹어 뵈이는데 이마에는 주름살이 잡히고 강심사리에 고생을 많이 해서 그런지 얼굴에는 **지심이**가 끼고 살결은 검누렇게 푸석돌 같이 푸수수해 보인다. 〈이기영, 고향2, 1947, 408〉

'지심이'는 표준어 '기미'에 대응하는 충청도 방언형인데 충청도 지역에서 그리 폭넓게 쓰이지는 않는다. 표준어 '기미'에 대응하는 충청도 방언형으로는 '김' 또는 '짐, 지미' 등이 쓰이는데 '짐'과 '지미'가 폭넓게 쓰인다. '짐'은 '김'이 구개음화한 어형이고 '기미'는 '김'에 접미사 '-이'가 붙어 파생된 '김이'가 재구조화한 형태로 보인다. '지미'는 '기미'가 구개음화한 어형이다. '지미'는 '기미'와 마찬가지로 '짐'에 접미사 '-이'가 결합하여 파생된 '짐이'가 재구조화한 형태로 볼 수 있다. 충청도 방언에서 접미사 '-이'에 의한 재구조화와 구개음화의 선후 관계를 정확히 파악할 수는 없으나 중앙어를 고려할 때 구개음화가 나중에 일어난 것으로 보인다. 왜냐하면 15세기 국어 자료인 ≪훈민정음≫에 나오는 '부형, 그력, 올창' 등이 16세기 자료에는 '부형이, 그려기, 올창이' 등으로 나타나고 구개음화는 국어사에서 17세기와 18세기 교체기에 일어난 것으로 알려져 있기 때문이다. 예문의 '지시미'도 구개음화한 것으로 이해되나 '시'가 어중에 삽입된 근거는 찾기 어렵다

지지굴거리다

- 표준어 : 재잘거리다
- 품　사 : 동사
- 뜻풀이 : ① 참새 따위의 작은 새들이 서로 어울려 자꾸 지저귀다.
            ② 어린아이들이 자꾸 떠들다. 참새 따위의 작은 새들이 자꾸 지저귀는
              것에 비유하여 쓰이는 말이다.
- 사용 지역 : 충청도

‘지지굴거리다’는 ‘지지굴’과 ‘-거리다’가 결합된 것으로 분석된다. ‘지지굴’은 작은 새들이 서로 어울려 자꾸 지저귄다는 뜻을 가진 ‘지지굴거리다’의 어근이고 ‘-거리다’는 동작 또는 상태가 계속되는 뜻을 더하고 동사를 만드는 접미사다. 따라서 ‘지지굴거리다’는 참새와 같은 작은 새들이 서로 어울려 자꾸 지저귀는 것을 나타낼 때 쓰이는 말이다. 참새와 같이 작은 새들이 서로 어울려 자꾸 지저귀는 모양을 나타내는 말로 ‘지지굴지지굴’이 쓰인다. ‘지지굴지지굴’은 ‘지지굴’이 중복된 형태다. 충청도 방언에서 ‘지지굴’이 단독으로 쓰인 예는 찾아보기 어렵다. ‘지지굴거리다’와 비슷하게 쓰이는 말로 ‘재재굴거리다’와 ‘재지굴거리다’가 있다. 충청도 방언형 ‘지지굴거리다’와 ‘재재굴거리다’, ‘재지

굴거리다'는 표준어 '재잘거리다'와 함께 사람에게도 쓸 수 있다. 이들 단어가 사람에게 쓰이면 아이들이 빠른 목소리로 떠들썩하게 자꾸 이야기하는 것을 참새와 같이 작은 새들이 서로 어울려 자꾸 지저귀는 모양에 빗대어 이르는

지지려빠지다

- 표준어 : 용렬하다
- 품   사 : 형용사
- 뜻풀이 : 사람이 모자라고 변변하지 못하여 옹졸하다.
- 다른 방언형 : 지지리빠지다
- 사용 지역 : 충청도

아까 낮에 고향 하늘을 바라보며 한텃재에서 흘린 눈물과 지금 다시 또 흘리는 눈물. 나는 사내자식이 **지지려빠지게** 눈물을 짜는구나 하며 2절을 불렀다. 〈강준희, 이카로스의 날개는 녹지 않았다(상), 1996, 318〉

이런 날이면, 아버지가 출입을 하거나 술자리 또는 노름판을 벌이고 신식 여자를 데리고 오는 날이면 나는 고도의 유배자처럼 별채의 독방에서 혼자 자야했다. 그래도 어머니는 나를 불러주질 않았다. 다 큰 사내자식을 에미가 주리끼고 자면 **지지려빠져** 못 쓸뿐만 아니라 아무 짝에도 쓸모 없는 암사내가 된다 했다. 그래 나는 죽으나 사나 혼자 자야 했다. 〈강준희, 이카로스의 날개는 녹지 않았다(상), 1996, 33〉

'지지려빠지다'는 '지지리다'와 '빠지다'가 결합한 말로 분석할 수 있을 것이다. '지지려'는 '지지리다'의 어간 '지지리-'에 어미 '-어'가 결합된 활용형이다. 충청도 방언에서 '지지리다'가 단독으로 쓰이는 예는 관찰되지 않고 다른 동사와 어울려 쓰이는 예만 관찰된다. 충청도 방언에서 '지지리다'는 좀 모자라고 변변하지 못하며 옹졸한 사람을 나타낼 때 쓰이는 말이고, '빠지다'는 일부 형용사 뒤에서 '-어 빠지다' 구성으로 쓰여 앞말의 성질이나 상태가 아주 심한 것을 못마땅하게 여김을 나타내는 말이다. '지지려빠지다'는 사람이 모자라고 변변하지 못하여 옹졸한 정도가 심한 상태를 나타낸다.

참고로, 충청도 방언형 '지지리다'에서 파생된 것으로 보이는 부사 '지지리'는 '지지리 못생겼다'나 '지지리두 복두 읎어', '지지리두 못 살면서 허풍을 떨더라' 등에서와 같이 주로 부정적인 뜻을 나타내는 말과 함께 쓰여 '아주 몹시' 또는 '지긋지긋하게'의 뜻으로 쓰인다. '지지려빠지다'와 같은 구성을 이루는 충청도 방언형으로 '용해빠지다, 순해빠지다, 약아빠지다' 등이 쓰인다.

지쪽새

- 표준어 : 소쩍새
- 품 사 : 명사
- 뜻풀이 : 올빼밋과의 여름새로 등은 어두운 회색이고 온몸에 갈색 줄무늬가 있으며 귀깃이 있다.
- 다른 방언형 : 서쪽새
- 사용 지역 : 충청도

그러노라면 웬놈의 뻐꾸기는 그렇게 울어쌓는지 온 산이 그대로 떠나갔다. 하지만 어디 뻐꾸기 뿐이던가? 종다리 밀화부리 찌르레기 휘파람새는 또 얼마나 우는지 산 전체가 반란이라도 일으키듯 소란스러웠다. 여기다 **지쪽새**와 부꾹새가 청승을 떨고 장끼까지 한 몫 끼어 호들갑을 떨면 사위는 장중한 코오러스에 묻혀 둥둥 떠다녔다. 〈강준희, 이카로스의 날개는 녹지 않았다(중), 1996, 325〉

뻐꾸기와 장끼소리에 밀화부리와 **지쪽새**, 그리고 휘파람새도 목청을 뽑았고 얘 이놈들아 그것도 목소리냐는 듯 미성 중의 미성인 꾀꼬리가 맑고 고운 소리로 목청을 뽑았다. 〈강준희, 이카로스의 날개는 녹지 않았다(상), 1996, 340〉

충청도 방언에서 쓰이는 '지쪽새'는 새의 울음소리를 흉내내어 붙여진 이름이다. 새가 '지쪽지쪽'하고 운다고 해서 '지쪽새'라고 한다. '지쪽새'는 '지쪽새'는 봄철에서부터 여름까지 볼 수 있으며 크기는 참새만하고 털 빛깔은 약간의 회색빛이 돈다. 봄에 산란철이 되면 논밭이나 들판 여기저기에서 이 새 소리를 자주 들을 수 있다.

지치러기

- 표준어 : 지스러기
- 품　사 : 명사
- 뜻풀이 : ① 골라내거나 잘라 내고 남은 나머지. 짚 부스러기, 까끄라기, 장작 부
　　　　스러기, 콩깍지 따위를 통틀어 이르는 말.
　　　　② 아무 쓸모없거나 속이 텅 빈 사람을 비유적으로 이르는 말.
- 다른 방언형 : 지치레기, 지처러기, 지스레기, 찌스리기, 찌시래기, 찌시리기,
　　　　　　지지겁지, 지저겁지
- 사용 지역 : 충청도

가을걷이 **지처러기**인 콩깍지와 메밀대를 때는 게 분명했다. 〈이문구, 제3세대
한국문학9:李文求, 관촌수필, 1983, 26〉

황이 복역 중에 사변은 발발한 거였고, 괴뢰군이 덮쳐 오자 좀도둑 따위
지치러기는 괴뢰군 손에 철창문이 열려 인민 공화국 만세를 부르며 뛰쳐 나
온대도 별 수 없어 방치해 둔 채 철수, 남하를 했던가 보았다. 〈이문구, 장한몽,
1976, 636〉

　충청도 방언 '지치러기'는 크게 두 가지 의미로 쓰인다. 하나는 위의
첫 번째 예문에서와 같이 짚 부스러기, 콩깍지, 까끄라기와 같은 북데
기뿐만 아니라 장작 등을 팰 때 나오는 부스러기, 목재로 쓰려고 나무
를 다듬을 때 나오는 나무 부스러기, 대팻밥 등을 통틀어 일컫는 뜻으
로 쓰이고, 다른 하나는 위의 두 번째 예문에서와 같이 아무 쓸모없거
나 속이 텅 빈 사람을 비유적으로 이르는 뜻으로 쓰인다. 첫 번째 예
문에서는 짚, 콩, 낟알, 장작 등과 같이 중요한 것을 골라내거나 잘라
내고 남은 '지스러기'를 의미하고 두 번째 예문에서는 속이 차거나 실

하지 않은 사람을 의미한다는 점에서 둘 다 중요하지 않은 것을 가리
킨다는 공통 의미가 있다.

　충청도 방언형으로 '지치러기' 외에 '지치레기, 지치리기, 지처러기,
찌스레기, 찌스리기, 찌시레기, 찌시리기, 지저겁지, 지지겁지' 등도
쓰인다.

진늿국

- 표준어 : 대응 표준어 없음
- 품　사 : 명사
- 뜻풀이 : 절인 배춧잎이나 절인 무청을 삭힌 것으로 끓인 국.
- 사용 지역 : 충청도

전에는 먹던 김치 짠지에 **진늿국**만 끓여 놓고도 부를 만한 이면 나이 없이 부를 수 있었고, 투가리에 우거지 지져 간장 곁에 놓고, 바래기에 시래기 무쳐 짱아찌 앞에 올린 상을 받더라도 허물한 적이 없었으나 〈이문구, 제3세대한국문학9:李文求, 우리 동네, 1983, 301〉

'진늿국'은 '진늿'과 '국'의 합성어로 분석된다. '진늿국'은 진늿으로 끓인 국을 가리키는 말이다. '진늿'은 충청도에서 겨울에 해 먹는 저장 음식 가운데 하나다. '진늿'은 겨울에 먹기 위해 땅에 단지를 묻고 시원치 않은 배춧잎이나 무청을 소금에 절여 김장하듯이 저장하여 익힌 일종의 김치를 말한다. 고춧가루나 마늘, 파, 생강 등 양념을 넣지 않고 소금으로만 간을 하고 저장하여 익힌 음식이다. '진늿'은 좋은 배추나 무를 구할 수 없을 정도로 가난한 사람들이 주로 해 먹던 음식이다. 근래에는 살림이 넉넉한 사람들도 겨울에 먹기 위해 이 진늿을 마련하는 경우가 있는데 이때는 배추나 무청도 좋은 것을 사용한다. 겨울에 고구마를 먹을 때 목이 메지 않도록 시원한 진늿 국물을 떠다 먹기도 하고 시원한 배춧잎이나 무 잎을 썰어 먹기도 한다.

'진늿'을 재료로 하여 호박을 넣고 끓인 국을 '호박진늿국'이라고 하고 아무 것도 넣지 않고 진늿만 넣고 끓인 국을 '진늿국'이라고 한다.

진닢을 넣고 끓인 국을 '진짚국'이라고 하듯이 진닢을 넣고 끓인 죽은 '진닢죽'이라고 한다. 이와 같이 진닢과 함께 넣어 죽을 끓이는 재료에 따라 '찹쌀진닢죽', '좁쌀진닢죽', '호박진닢죽' 등의 이름을 붙여 부른다.

진조밥

- 표준어 : 대응 표준어 없음
- 품 사 : 명사
- 뜻풀이 : 깨어져 산산이 부서지거나 박살이 난 것을 비유적으로 이르는 말.
- 사용 지역 : 충청도

연탄은 오전에 한 리어카 오후에 한 리어카를 끌었는데, 오후에 끌고 나간 연탄은 골목길에서 그만 **진조밥**을 만들고 말았다. 골목이 비스듬한 오르막인 데다 눈이 녹아 얼어붙은 빙판이어서 여간 미끄럽질 않았다. 〈강준희, 이카로스의 날개는 녹지 않았다(하), 1996, 115〉

도화가 나를 보는가 하자 그만 물동이를 머리에서 떨어뜨렸다. 물동이는 요란한 소리와 함께 **진조밥**으로 박살이났다. 〈강준희, 이카로스의 날개는 녹지 않았다 (중), 1996, 328〉

노래로 고향을 찾아 향수를 달래보자함이었다. 그런데 이런 "울진 뱃사공" 을 아니 그 많은 유성기판과 유성기를 모리야와 후꾸시마가 모조리 짓밟아 박살낸 채 **진조밥**을 만들었으니 어찌 어머니가 가만있을 리 있겠는가." 〈강준 희, 이카로스의 날개는 녹지 않았다(상), 1996, 213〉

'진조밥'은 '진-'과 '조밥'으로 분석되고 '조밥'은 다시 '조'와 '밥'으로 분석된다. '진'은 '질다'의 어간 '질-'에 관형사형 어미 '-ㄴ'이 결합된 것 이다. '조밥'은 좁쌀로 지은 밥을 뜻한다. '진조밥'은 조밥이 질어서 밥 알이 으깨져 밥알 모양이 거의 없어진 것을 뜻한다. 예문에서의 '진조 밥'은 좁쌀이 작기 때문에 조밥이 질면 으깨어져서 그 모양을 잃어버

리게 되는 것에 비유하여 그릇이나 가구 등이 부서져서 박살이 난 것
을 비유적으로 일컫는 말로 쓰였다.

진펄에 개구리 뛰듯

- 표준어 : 대응 표준어 없음
- 품   사 : 속담
- 뜻풀이 : 뚜렷한 목표나 방법도 없이 이리저리 대중없이 마구 행동하는 것을 비유적으로 이르는 말.
- 다른 방언형 : 개구리 진펄 뛰듯.
- 사용 지역 : 충청도

나는 개울둑에 퍼질러 앉아 물이 줄줄 흐르는 옷을 비틀어 입고는 **진펄에 개구리 뛰듯** 덮어놓고 걷기 시작했다. 〈강준희, 이카로스의 날개는 녹지 않았다(하), 1996, 74〉

나는 점점 더 몸이 달아 **진펄에 개구리 뛰듯** 팔딱거리며 어머니를 불렀다. 〈강준희, 이카로스의 날개는 녹지 않았다(상), 1996, 331〉

이게 당최 뜬구름 잡듯 허망하기 짝이 없는 일이고 보니 기가 차고 어이없을 수밖에 없었다. 미친년 널뛰듯 덤비던 안 되는 일이 되는 것도 아니요, 진펄에 개구리 뛰듯 나댄다고 없는 돈이 생기는 것도 아닌데 말이다.〈강준희, 쌍놈 열전, 1996〉

'진펄'은 넓고 평평하게 생긴 질퍽한 땅을 의미한다. 진펄에 빠진 개구리는 특별히 정해진 방향이나 목표가 없이 이리 뛰고 저리 뛰고 하면서 진펄을 빠져 나오려고 한다. '진펄에 개구리 뛰듯'은 진펄에 빠진 개구리가 진펄에서 빠져 나오려고 대중없이 이리 뛰고 저리 뛰고 하듯이 옳고 그름을 따지거나 형편을 헤아리지 못하고 뚜렷한 목표나 방법도 없이 대중없이 마구 행동하는 것을 비유적으로 이르는 충청도 속담이다.

충청도 방언에서는 다음의 예문에서와 같이 이와 똑같은 뜻으로 어순을 바꾸어 '개구리 진펄 뛰듯'이라고도 한다.

천생 개구리 진펄 뛰듯 열닷 냥식으로 팔 수밖에 없었다. 나는 엿을 어떻게 떼었는지, 고물을 어떻게 받았는지 알 수 없이 마을을 돌아쳤다.〈강준희, 이카로스의 날개는 녹지 않았다(중), 1996, 203〉

질래

- 표준어 : 끝내
- 품　사 : 부사
- 뜻풀이 : ① 끝까지 내내. ② 마침내.
- 다른 방언형 : 길래
- 사용 지역 : 충청도

"아씨, 워쩌면 쓴대유. 저리 되면 **질래** 죄용허게 살기가 심든 벱인디." 〈이문구, 제3세대한국문학9:李文求, 관촌수필, 1983, 83〉

충청도 방언의 '질래'는 표준어 '길래'의 구개음화형이지만 표준어의 '길래'와는 약간의 의미차이가 있다. 표준어의 '길래'는 '오래도록 길게'의 뜻으로 쓰이지만 충청도 방언 '질래'는 '암만 타일러두 질래 말 안 듣드라' 또는 '질래 그 버릇을 못 고쳤어' 등에서와 같이 '끝까지 내내'의 뜻으로 쓰이거나 '그릏게 싸우드니 질래는 갈라스드라구'에서와 같이 '마침내'의 뜻으로 쓰인다.

충청도 방언 '질래'의 의미 영역이 표준어 '길래'의 의미 영역보다 넓다는 점에서 의미가 확장되었다고 할 수 있다. 충청도 방언 '질래'는 표준어 '길래'가 구개음화한 형태다. '마침내'의 뜻으로 쓰이는 '질래'에 특수조사 '-는'이 결합된 '질래는'과 같은 의미로 쓰이는 충청도 방언형으로 '종당에'와 '종당에는'이 있다. 표준어에서는 '종당'이 주로 '종당에'의 꼴로 쓰이고 '일의 마지막'을 뜻한다. 그런데 충청도 방언에서는 '종당에'와 '종당에는'의 꼴로 쓰이고 의미에도 약간의 차이가 있다. '종당에'는 '종당에 가서는 다 잡혔어(잡혔어)'와 같이 '마지막에'의 뜻으로 쓰이는데 비해 '종당에는'은 '종당에는 해꼬지를(해코지를) 하드라구'에서와 같이 '마지막에는'이나 '마침내는', 끝내는' 정도의 의미로 쓰인다.

충청도 방언형으로 예문의 '질래'와 같은 뜻으로 '질내'와 '질내는'도 쓰인다. '질래'와 '질래는'은 각각 '질내'와 '질내는'이 유음화한 형태다. '질내는' 또는 '종당에'와 '종당에는'은 주로 어떤 일의 결과를 알고 있을 때 쓸 수 있는 말이다. 따라서 미래에 일어날 일에 대하여는 쓰이지 않는다.

질삐

- 표준어 : 대응 표준어 없음
- 품   사 : 명사
- 뜻풀이 : 등짐을 질 때 어깨에 멜 수 있도록 짐에 매어 놓은 끈.
- 다른 방언형 : 질빵
- 사용 지역 : 충청도

> 장고 소리로 풍악이 시작 되며 대왕을 그네 우에 올려 세윘다. 함진 아비의 **질삐**와 갓고 내행보교의 얼기와 가튼 무명 끄트로 아래 우를 동여 매는데 잡아 매엇다. 〈홍명희, 임거정3, 1939, 489〉

'질삐'는 동사 '지다'의 관형사형 '질'과 끈을 나타내는 명사 '삐'가 합성된 말로 보인다. 지게에 매여 있는, 지게를 지는 끈을 '밀삐'라고 하는 것과 마찬가지로 등짐을 지기 위하여 어깨에 멜 수 있도록 짐에 매어 놓은 끈을 '질삐'라고 한다. 충청도 방언으로 '질삐' 외에 '질빵'이 쓰이기도 한다. 충청도 방언에서 쓰이는 '-빵'은 '묶을 수 있도록 만든 띠 모양의 긴 끈'을 뜻하는 형태소로 '질빵, 허리빵(허리띠)' 등과 같이 쓰인다. 이 '질삐'나 '질빵'을 만드는 재료는 주로 헝겊이지만 칡넝쿨, 새끼, 삼끈 등 끈을 만들 수 있는 것이면 무엇이든 재료로 쓸 수 있다.

'허리빵'은 표준어의 '허리띠'에 해당하는 말인데 본래는 헝겊으로 만든 것만을 가리키는 말이었으나 해방 이후 가죽 허리띠가 나온 이후 가죽 허리띠도 '허리빵'이라고 한다. 의미가 확장된 것이라고 할 수 있다.

'질삐'와 '질빵'의 관계와 같고 비슷한 뜻으로 쓰이는 말로 '밀삐'와

'밀빵'이 있다. '질삐'와 '질빵'이 등에 질 수 있도록 만든 끈인데 비해 '밀삐'와 '밀빵'은 어께에 멜 수 있도록 만든 끈을 말한다. '밀삐'는 특히 지게를 질 수 있도록 지게목발과 새장에 메어 놓은 지게 끈을 가리킨다. ≪표준 국어 대사전≫에는 '질빵'을 '짐을 걸어서 메는 데 쓰는 줄'로 풀이하고 있으나 '등짐을 지기 위하여 양 어깨에 멜 수 있도록 짐에 매어 놓은 끈'이라고 해야 할 것이다.

참고로, 말이나 소를 몰거나 부리려고 재갈이나 코뚜레와 굴레에 잡아매는 줄을 가리키는 '고삐'를 충청도 방언에서 '골삐', '고뺑이', '골뺑이'라고 한다. '질빵'과 '허리빵'을 고려할 때 '고뺑이'와 '골뺑이'는 각각 '고빵'에 접미사 '-이'가 결합한 다음 움라우트를 경험한 것으로 볼 수 있다. '고뺑이'는 '골뺑이'에서 'ㄹ'이 탈락한 것으로 보인다. 즉 '골뺑이'는 '골빵〉골빵이〉골뺑이'의 과정을 거친 것이고, '고뺑이'는 '골빵〉골빵이〉골뺑이〉고뺑이'의 과정을 거친 것이라고 할 수 있다.

질음하다

- 표준어 : ① #질척하다 ② 걸다
- 품　사 : 형용사
- 뜻풀이 : ① 진흙이나 반죽 따위에 물기가 많아 조금 진 듯하다.
　　　　　② 말이나 행동이 거리낌 없이 매우 푸지고 외설스럽다.
- 다른 방언형 : 지룩하다
- 사용 지역 : 충청도

① 말이 좋아 무료 봉사라고 돌려댔을 뿐 우리들은 순전히 뛰어노는 재미로 그 일을 자청한 셈이다. 매흙이 **질음하게** 반죽되어 깔린 위에 아이들은 대오리로 엮은 발이나 헌 가마니를 덮고는 자글자글 떠들어대며 가로세로 뛰고 짓밟아 다지는 거였다. 〈이문구, 관촌수필, 1972, 140〉

② "예밋— 우리 여편네허구 씨비헐 새두 읎는디 넘허구 시비를 허여?" 거탈뿐인지 알았던 고가 뼈 든 소리로 맞설 낌새를 보이자, 이윽고 말반죽이 **질음한** 조가 한 다리를 걸고 들어왔다. 〈이문구, 으악새 우는 사연, 1977, 139〉

'질음하다'는 형용사 '질다'의 어간 '질-'에 명사형 어미 '-음'과 접미사 '-하다'가 결합되어 이루어진 충청도 방언형이다. '질음하다'와 같은 뜻으로 쓰이는 충청도 방언형으로 '지룩하다'도 쓰인다. '질음하다'와 '지룩하다'는 두 가지의 의미로 쓰인다. 하나는 죽이나 풀 또는 진흙이나 반죽 등에 물기가 많아 조금 질다는 뜻을 가진 표준어 '질척하다'보다는 덜 질다는 의미로 쓰이는 것이고, 다른 하나는 말(言) 또는 말과 관련된 표현과 함께 쓰여 말이 거리낌 없이 매우 푸지고 외설스럽다는 의미로 쓰이는 것이다. '질음하다'나 '지룩하다'가 '질척하다'와 비슷한 의미로 쓰일 때는 흙이나 가루에 물을 붓고 반죽할 때 물기가 적당해야 하는데 생각하는 기준보다 물기가 약간 많아 조금 진 듯한 상태를 뜻한다. 질음한지의 여부는 절대적인 수분 함량 비율에 따라 결정되는 것이 아니고 화자가 생각하는 기준에 따라 결정된다. 화자가 생각하는 적당한 정도보다 수분 함량이 많다고 여겨지면 '질음하다'고 하고 반대로 화자가 생각하는 적당한 정도보다 수분 함량이 적다고 생각되면 '되직하다'고 한다. 따라서 수분 함량 비율이 같더라도 반죽 대상이 무엇이고 용도가 무엇이냐에 따라 '질음하다'고 할 수도 있고 '되직하다'고 할 수도 있다.

참고로 명사형 어미 '-음'이 '질음하다'에서와 같이 접미사 '-하다'와 함께 형용사 어간에 붙어 그 어간에 내포된 의미와 같은 느낌이 나게 한다는 뜻을 나타내는 예들이 있다. 그런데 이 '-음'이 접미사 '-하다'와 함께 색을 나타내는 형용사의 어간과 결합하면 '그러한 빛이 돈다'는 뜻을 나타내기도 한다. 충청도 방언에서 '푸른빛이 돈다'는 뜻을 나타내는 형용사로 '푸르름하다'가 쓰이고 '누른빛이 돈다'는 뜻을 나타내는 형용사로 '누르름하다'가 쓰인다.

집뒤짐

- 표준어 : #도둑질
- 품　사 : 명사
- 뜻풀이 : 남의 집에 들어가서 재물을 뒤져 가져오는 일. 그 집 주인을 시켜 재물을 가져오게 하는 '원뒤짐'과 주인 몰래 들어가서 재물을 가져오는 '까막뒤짐'이 있다.
- 사용 지역 : 충청도

"담을 넘구 지붕에 올르는 것은 이왕 배운 재주니까 전에는 송도 부중에까지 들어가서 **집뒤짐**을 다녓지만 지금은 나살두 먹구 마누라가 하두 성화를 해서 집뒤짐은 고만두구 장내기나 뜨내기를 가지구 지내가우." 〈홍명희, 임거정1, 1939, 208〉

"장내기는 장군을 치는 것이구 뜨내기는 예사 행인을 떠는 것이구 또 **집뒤짐**이란 것은 남의 집에 가서 재물을 뒤지는 것인데 주인시켜 뒤저내는 것이 원뒤짐이구 주인 몰래 뒤저오는 것이 까막뒤짐이요." 〈홍명희, 임거정1, 1939, 208〉

'집뒤짐'은 집을 뒤진다는 말에서 유래한 것으로 '집'과 '뒤짐'의 합성어로 분석된다. '뒤짐'은 '뒤지다'의 어간 '뒤지-'에 명사형 어미 '-ㅁ'이 붙어 이루어진 말이다. '집뒤짐'은 집에 들어가서 그 집의 재물을 뒤져 가져오는 것을 의미하는데 집주인을 시켜 그 집의 재물을 가져오게 하는 것과 그 집 주인 몰래 들어가서 재물을 뒤져 가져오는 것으로 구분된다. 주인을 시켜 그 집 재물을 가져오게 하는 것을 '원뒤짐'이라고 하고, 주인 몰래 들어가 그 집 재물을 뒤져오는 것을 '까막뒤짐'이라고 한다. '까막뒤짐'은 ≪표준 국어 대사전≫에 등재되어 있으나 '원뒤짐'

은 등재되어 있지 않다. '집뒤짐'이 상위어이고 '원뒤짐'과 '까막뒤짐'이
하위어라고 할 수 있다.

짚누리

- 표준어 : 짚더미
- 품 사 : 명사
- 뜻풀이 : 짚단을 쌓아 올린 더미.
- 다른 방언형 : 짚토매
- 사용 지역 : 충청도

그러나 지금도 기억에 짙게 남아있는 건 그 벤 둥치와 가지를 장작개비로 쌓으면서 솟아나던 눈물을 걷잡지 못해했던 일이다. 이제 그 감나무 자리엔 **짚누리**가 앉아있었다. 〈이문구, 관촌수필, 1972, 131〉

그런 중에도 대복이는 가끔 소문 없이 집에 들어와서 자고 나가기도 했던가 보았다. 그런 날이면 나도 칠성바위께나 **짚누리** 틈에서 문득 그와 마주칠 수가 있었다. 〈이문구, 관촌수필, 1972, 106〉

'짚누리'는 '짚'과 '누리'가 합성된 단어로 분석된다. '짚'은 벼, 보리, 밀, 조 따위의 이삭을 떨어낸 줄기와 잎을 뜻한다. '누리'는 표준어 '더미'에 해당하는 충청도와 경상도 방언형이다. 충청도 방언형 '누리'가 제주도에서는 '눌'의 형태로 나타난다. 이에 따라 '짚더미'가 제주도 방언에서는 '찝눌', '찍눌'로 나타난다. 충북 단양 지역에서는 '짚'에 '가리'의 방언형 '가래'가 연결된 '짚가래'로 나타나기도 한다.

'짚누리'는 지역에 따라 타작을 하고 남은 '짚단'을 묶어 수북이 쌓아 놓은 더미를 가리키기도 하고, 타작을 하지 않은 '볏단'을 수북이 쌓아 놓은 더미를 가리키기도 하나 주로 '짚단을 쌓아 올린 더미'를 가리킨다.

　참고로, 볏단을 쌓아 올린 더미는 '볏누리' 또는 '벳누리'라고 한다. '볏누리'는 표준어 '볏가리'에 대응하는 충청도 방언형으로 '벼'와 '누리'가 합성된 말이다. 이때의 '벼'는 '베어 놓은 벼'를 뜻하고 '누리'는 '더미'를 뜻한다.

짚토매

- 표준어 : #짚단
- 품　　사 : 명사
- 뜻풀이 : ① 볏짚을 크게 묶어놓은 단. 단의 크기가 어른 기준으로 한 아름 이상 된다.
　　　　　② 짚단을 쌓아 올린 더미
- 다른 방언형 : 토매, 짚누리
- 사용 지역 : 충청도

> 대복이 게막은 저만큼 떨어져 같은 모양새로 지어져 있었는데 벌써 **짚토매**를 깔고 앉아 게 두름을 엮어대고 있었다. 〈이문구, 관촌수필, 1972, 142〉

'짚토매'는 '짚'과 '토매'가 합성된 것으로 분석된다. '짚'은 벼를 떨고 남은 줄기를 뜻하고 '토매'는 크게 묶어놓은 단을 뜻한다. 전라도와 충청도, 특히 충청남도 지역에서는 벼를 베어 묶어 놓은 '볏단'을 '나락토매'라고 하기도 한다. 충청도 전체로 보면 '나락토매'보다 '베토매'라고 쓰는 지역이 많다. 전라도 지역에서는 '토매'라고만 쓰기도 한다. 충청북도 북부 지역에서는 '볏단'을 '베토매'라고 하기도 한다. '베토매'는 '볏단'보다 훨씬 크게 묶은, 볏단 열 개 정도 크기로 묶은 단을 일컫는다.

충청도 방언에서 '토매'는 일반적으로 단이 아름드리 정도로 큰 것을 일컫는다. 충청도 북부 지역에서는 주로 벼를 떨고 난 볏짚을 묶은 커다란 단을 가리키는 말로 '토매'를 쓰는데 그 짚단의 크기가 성인을 기준으로 한 아름 이상 된다. 반면에 몇 모슴 정도로 묶은 작은 단은 '짚단'이라고 한다. 따라서 짚단 여럿을 하나로 묶어 한 아름 이상 정도의 크기로 묶은 것을 '짚토매'라고 한다. 그런데 이런 짚토매를 여러 개 쌓아 놓은 더미를 '짚토매'라고 하기도 한다. 즉 '짚토매'가 '볏짚을 크게 묶어 놓은 단'을 뜻하기도 하고 '볏짚을 크게 묶어 놓은 단 여럿을 쌓아 놓은 더미'를 뜻하기도 한다. '볏짚을 크게 묶어 놓은 단 여럿을 쌓아 놓은 더미'를 뜻하는 말로 '짚누리'도 쓰인다.

쫄쩍쫄쩍

- 표준어 : 대응 표준어 없음
- 품 사 : 부사
- 뜻풀이 : 바닥에 물기나 기름기가 있어 발이나 물건이 자꾸 미끄러지는 모양.
- 사용 지역 : 충청도

게다가 비까지 내린 뒤여서 바위와 이끼가 미끄러워 발이 **쫄쩍쫄쩍** 헛놓였다. 〈강준희, 이카로스의 날개는 녹지 않았다(상), 1996, 127〉

'쫄쩍쫄쩍'은 '쫄쩍'이 중복된 부사다. '쫄쩍'은 '바닥이 얼어서 쫄쩍 미끄러졌다'에서와 같이 바닥이 미끄러워 발이나 물건이 기우뚱 하면서 한 번 죽 미끄러지는 모양을 나타내는 부사다. '쫄쩍쫄쩍'은 '쫄쩍'이 자꾸 반복되는 모양을 나타내는 말이다. '쫄쩍쫄쩍 미끄러지면서 얼음판을 건너가더라'에서와 같이 바닥이 미끄러워 잇달아 자꾸 미끄러지는 모양을 뜻하는 말이다. 주로 발이 자꾸 미끄러지면서 균형을 잃을 때 쓰이는 말이다.

미끄러지는 모양을 나타내는 말로 '미끌'과 '미끌미끌'이 있다. '미끌'은 미끄러워서 손이나 발 등에 붙지 않고 한 번 작게 밀리거나 미끄러지는 모양을 나타내는 말이고 '미끌미끌'은 미끄러워서 손이나 발 등이 붙지 않고 자구 밀리거나 미끄러지는 모양을 나타내는 말이다.

'쫄쩍'이나 '쫄쩍쫄쩍'이 발이나 물건이 미끄러지는 모양을 나타내는 말인데 비해 '미끌'이나 '미끌미끌'은 손이나 발, 물건 등 부위나 대상을 가리지 않고 미끄러지는 모양을 나타내는 말이라는 점에서 차이가 있다. 그리고 '쫄쩍'이나 '쫄쩍쫄쩍'이 '미끌'이나 '미끌미끌'보다 미끄러지는 정도가 크다는 점에서도 차이가 있다.

찌풋찌풋하다

- 표준어 : 쭈뼛쭈뼛하다
- 품　사 : 동사
- 뜻풀이 : 무섭거나 놀라서 머리카락이 자꾸 꼿꼿하게 일어서는 듯한 느낌이 들다.
- 사용 지역 : 충청도

> 황 영감은 닭바위 늪을 지날 때마다 지난 날의 그 끔찍했던 장면이 떠올라 머리끝이 **찌풋찌풋하였다.** 〈이광복, 목신의 마을, 1991, 33〉

‘찌풋찌풋하다’는 ‘찌풋찌풋’과 ‘-하다’가 결합된 것으로 분석된다. ‘찌풋찌풋’은 표준어 ‘쭈뼛쭈뼛’에 대응하는 충청도 방언형이다. ‘찌풋찌풋하다’는 ‘무섭거나 놀라서 머리카락이 자꾸 꼿꼿하게 일어서는 듯한 느낌’을 뜻하는 ‘찌풋찌풋’에 앞 말에 붙어 그러한 동작을 나타내는 접미사 ‘-하다’가 결합된 말이다. 충청도 일부 지역에서는 ‘찌풋찌풋하다’가 어줍거나 부끄러워서 자꾸 머뭇거리거나 주저주저하는 모양을 나타낼 때도 쓰인다.　머뭇거리거나 주저하는 모양을 뜻하는 충청도 방언으로 ‘쭈뼛쭈뼛하다’나 ‘쭈뼛거리다’도 쓰인다.

　충청도 방언에서는 ‘찌풋찌풋’과 ‘찌풋찌풋하다’ 외에 ‘쭈뼛쭈뼛’과 ‘쭈뼛쭈뼛하다’가 더 일반적으로 쓰인다. ‘찌풋찌풋’이나 ‘쭈뼛쭈뼛’은 ‘머리끝이 찌풋찌풋 스드라’나 ‘머리끝이 찌풋찌풋 하드라’와 ‘머리칼이 쭈뼛쭈뼛 스드라’나 ‘머리칼이 쭈뼛쭈뼛 하드라’에서와 같이 주로 ‘서다’나 ‘하다’와 어울려 쓰인다.

찡구짱구

- 표준어 : 단짝
- 품　사 : 명사
- 뜻풀이 : 서로 뜻이 맞거나 매우 친하여 늘 함께 어울리는 사이.
- 다른 방언형 : 단짝
- 사용 지역 : 충청도

"그날까지만 해두 엄 기사허구 최 기사는 **찡구짱구**였거든. 근디 옥자란 그 여자…… 여간내기가 아니었던걸."
그날 저녁은 탈없이 끝났으나 그 다음날 아침부터 엄 기사와 최 기사는 등을 돌렸다. 공사판에 퍼진 소문으로는 그날 밤 두 사람이 옥자와 동침하기 위해 서로 다퉜다는 거였다. 〈이광복, 목신의 마을, 1991, 76〉

'찡구짱구'는 표준어 '단짝'에 대응하는 충청도 방언형으로 서로 뜻이 맞거나 매우 친하여 늘 함께 어울리는 사이를 일컫는 말이다. 아주 절친하여 흉허물 없이 지내고 서로 친형제처럼 지내는 사람을 가리킬 때 쓰이는 말이다.

서로 옳으니 그르니 하면서 다투는 행위나 그렇게 다투는 것을 뜻하는 '옥신각신'이 동사 '오다(來)'와 '가다(去)'에 어원을 둔 것이라면 '찡구짱구'도 명확한 뜻을 알기 어렵지만 '찡구'와 '짱구'에 기원하는 것이 아닌가 한다. '찡구짱구'의 어원에 대하여는 좀 더 면밀한 조사와 검토가 필요하다.

차례걸음

- 표준어 : 대응 표준어 없음
- 품 사 : 명사
- 뜻풀이 : 순서 있게 일정한 방향으로 발을 옮겨 가는 움직임으로, 먼저 태어난 사람이 먼저 죽음을 비유적으로 이르는 말.
- 사용 지역 : 충청도

"부모는 **차례걸음**이라고 했네. 늙은이가 먼저 간다는 얘기여. 혼정신성(昏定晨省)은 못하더라도 몸 불편한 사람 맘이라도 놓게 해드리게나." 〈이문구. 산 너머 남촌, 1990, 158〉

"아부지도 지게질 하시잖아요. 밭도 메고 똥지게까지 지시잖아요!" 나는 비감한 생각이 들어 입술을 깨물었다. "애빈 **차례걸음** 아니냐. 애빈 이제 60이 넘은 늙은이니 아무려면 어떠냐. 그건 그렇고 준희야!" 〈강준희. 이카로스의 날개는 녹지 않았다(상), 1996, 302〉

'차례걸음'은 '차례'와 '걸음'이 합성된 단어로 분석되는 충청도 방언이다. '차례'는 어떤 일을 순서 있게 구분하여 벌여 나가는 순서나 그 구분에 따라 각각에게 돌아오는 기회를 뜻하고, '걸음'은 일정한 방향으로 나아가는 움직임을 뜻한다. 따라서 '차례걸음'의 개념적 의미는 '순서 있게 일정한 방향으로 발을 옮겨 가는 움직임'이라고 할 수 있다. 그런데 예문에서는 '차례걸음'의 개념적 의미가 비유적으로 쓰였다. 즉 일이 순서 있게 일정한 방향으로 진행되듯이 '먼저 태어난 사람이 태어난 순서대로 먼저 죽음을 비유적으로 이르는 말'로 쓰였다.

참새 여울 건너듯

- 표준어 : 뭇 백성 여울 건너듯
- 품　사 : 속담
- 뜻풀이 : 여럿이 왁자지껄하게 떠드는 모양을 비유적으로 이르는 말.
- 사용 지역 : 충청도

> 코흘리개 아이들은 **참새 여울 건너가듯** 재지굴거리며 괜히 좋아 팔딱거렸
> 다. 〈강준희, 이카로스의 날개는 녹지 않았다(상), 1996, 61〉

　참새는 무리를 지어 사는 텃새다. 참새가 무리를 지어 나뭇가지나 울타리에 앉아 재잘거리는 소리는 빠르고 시끄럽다. '여울'은 강이나 내의 바닥이 얕거나 폭이 좁아 물살이 빠른 곳으로 물이 흐르는 소리가 시끄럽고 떠들썩하게 들린다. '참새 여울 건너듯' 한다는 말은 참새가 재잘거리는 소리와 여울물이 흐르는 소리를 대비시킨 표현이다. 참새 떼가 재잘거리는 것도 시끄러운데 그런 참새들이 시끄럽고 떠들썩하게 흐르는 여울을 재잘거리며 건너가는 모양에 빗대어 여러 사람, 특히 여러 아이들이 시끄럽게 떠드는 모양을 비유적으로 이르는 말이다.

참새

- 표준어 : 대응 표준어 없음
- 품 사 : 명사
- 뜻풀이 : 억새보다 키가 작고 줄기는 가늘며 윤이 나는 질긴 풀의 일종.
- 사용 지역 : 충청도

이엉감은 짚이 아닌 한 새가 그중 나았다. 새도 키가 크고 줄기가 굵은 억새는 안 되고 키가 작고 줄기도 가늘어 윤이 자르르한 **참새**라야 했다. 왜냐하면 억새는 잎과 줄기가 억셀 뿐만 아니라 몸체도 야물고 단단하질 못해 비나 눈을 맞으면 쉬 상하기 때문에 개초감(이엉)으론 부적합했다. 그러나 **참새**는 억새와 달라 야물고 단단해 웬만한 눈 비에도 일 년은 갔다. 〈강준희, 이카로스의 날개는 녹지 않았다(상), 1996, 352〉

'참새'는 '새'의 일종이다. '새'는 볏과 식물의 여러해살이풀로 억새 따위를 통틀어 이르는 말이다. 충청도 방언에서는 '새'를 '참새'와 '억새'로 구분한다. '참새'는 키가 약 30~120cm 정도로 '억새'보다 키가 작고 더 가늘며 줄기에 윤이 나는 볏과 식물을 일컫는다. 연한 잎은 베어다가 마소의 먹이로도 쓴다. '참새'는 줄기가 단단하고 야물어 지붕을 이는 재료로 많이 쓰인다. '억새'는 키가 1~2m로 자라고 9~10월경에 흰 갈색의 꽃이 핀다. 꽃이 피지 않은 푸른 '새' 또는 '억새'를 충청도에서는 '새갱이'라고도 한다. '새갱이에 손을 비었어'와 같이 쓰인다. '억새'는 키가 크고 줄기가 굵기는 하지만 물러서 잘 썩기 때문에 지붕을 이는 재료로는 적합하지 않지만 볏짚이 없는 경우에는 줄기와 잎을 베어다 지붕을 이기도 한다.

　‘새’를 ‘참새’와 ‘억새’로 구분하는 것은 ‘참기름’과 ‘들기름’, ‘참나리’와 ‘들나리’, ‘참꽃’과 ‘개꽃’, ‘참미나리’와 ‘돌미나리’ 등을 구분하는 것과 궤를 같이하는 것이다. ‘들-’이나 ‘개-’, ‘돌-’ 등은 ‘참-’에 대립되는 접두사로 일부 명사에 붙어 ‘야생 상태의’ 또는 ‘질이 떨어지는’의 뜻을 더하는 기능을 한다.

　충청도 방언에서 ‘떡살구 : 개살구’, ‘떡개구리 : 귀신개구리’ 등에서와 같이 ‘참-’에 대응하는 뜻의 접두사로 ‘떡-’도 쓰인다.

채상

- 표준어 : 개상
- 품　사 : 명사
- 뜻풀이 : 볏단을 메어쳐서 이삭을 떨어내는 데 쓰던 농기구.
- 다른 방언형 : 태상, 탯돌, 공상, 가상, 걸상
- 사용 지역 : 충청도

> 그래 **채상**에다 대고 떠는 자리개질이 너무 힘겹고 또 배도 출출한지라 마루에 걸터앉아 꽁보리 찬밥을 물에 말아 텃밭의 풋고추로 새참을 먹으려는데 장가 운운하며 할머니가 들어섰다. 〈강준희, 이카로스의 날개는 녹지 않았다(중), 1996, 59〉

　충청도 방언 '채상'은 '챗상'으로 표기하고 '[채쌍]'이라고 발음해야 할 것을 잘못 표기한 것으로 보인다. '채상'은 표준어 '개상'에 대응하는 충청도 방언형으로 타작할 때 쓰는 농기구의 하나다. 네 개 혹은 두 개로 된 받침대에 굵은 통나무나 넓적한 돌을 경사지게 올려놓고 밀단이나 보릿단 또는 볏단 등을 메어쳐서 떠는 일종의 탈곡기구다. 지역에 따라 굵은 서까래 같은 통나무 네댓 개를 가로로 대어 엮고 다리 네 개를 박아 만들기도 한다. '챗상'을 받치는 다리를 '챗상다리' 또는 '챗다리'라고 하고 그 위에 올려놓는 돌을 '챗돌' 또는 '챗상돌'이라고 한다.

　'챗상'의 방언형으로 표준어형 '개상'을 비롯하여 '가상, 공상, 채상, 태상, 탯돌' 등이 있다. '탯돌'은 본래 '개상'에 올려놓는 돌만을 가리켰는데 의미역이 넓어져 '개상'을 뜻하는 말로도 쓰이고 개상에 올려놓는 돌만을 뜻하는 말로도 쓰인다.

　표준어형인 '개상'형은 경기, 경북, 전남, 전북, 충남, 충북 등지에서 폭넓게 쓰이고 '가상'형은 전남, 경북 지역에서 쓰이며, '공상'형은 전남 지역에서 주로 쓰인다. '챗상'형은 주로 충북 지역에서 쓰이고 '태상(탯상), 탯돌'형은 경기, 경북, 강원 지역 등지에서 쓰인다. 챗상에 곡식을 떨 때는 볏단을 끈으로 둘러 묶은 다음 어깨 너머로 들어 올렸다가 메어치는데 이 때 곡식 단을 묶는 끈을 '자리개' 또는 '자리개끈'이라고 하고 자리개로 둘러 묶은 곡식 단을 어깨 너머로 들어 올렸다가 챗상에 내리치면서 떠는 동작을 '자리개질'이라고 한다. '자리개'는 주로 삼으로 꼰 것을 쓰거나 짚으로 꼰 새끼로 만들어 쓴다.

　'챗상'은 '탯상'에서 기원한 것으로 보인다. '탯상'은 '태질'할 때 밑에 바치는 일종의 상으로 주로 통나무나 크고 넓적한 돌 또는 절구통 따위를 쓴다. '태질'은 세게 메어치거나 내던지는 행위를 뜻하는 말인데 구개음화에 이끌려 '채질'로 발음하게 된 것으로 보인다. '챗상'도 '채질'과 마찬가지로 '태질'할 때 밑에 받치는 도구를 뜻하는 말인데 '탯상'이 구개음화에 이끌린 결과로 보인다.

　'태질, 탯상' 등과 관련하여 충청도 방언형 '태기치다'가 있다. '태기치다'는 어떤 물건을 손에 쥐고 높이 쳐들었다가 바닥으로 힘껏 내리치거나 내던지는 것을 뜻하는 말로 '태기＋치다'로 분석할 수 있다.

　'태기'나 '태질'은 논밭의 새를 쫓기 위해 만든 도구 '태'와 관련이 있는 것으로 파악된다. '태'는 표준어 '파대'에 해당되는 도구로 가을철에 논밭의 새를 쫓기 위해 짚을 꼬아 만든 줄 끝에 삼, 말총, 짐승 가죽 따위를 매어 만든 매끼다. 이것을 높이 쳐들었다가 잡아채거나 둘러서 잡아채면 그 끝이 휘감기게 되어 "딱!" 하면서 총소리와 같은 소리가 나는데 이때 새가 놀라서 날아간다. 이렇게 태를 높이 들었다가 잡아채면서 소리가 나게 하는 동작을 '태기' 또는 '태질'이라고 한다.

천둥지기 천봉답

- 표준어 : #천수답
- 품 사 : 관용구
- 뜻풀이 : 물을 대기가 어려워 비가 와야 모를 심을 수 있는 작고 척박한 논.
- 사용 지역 : 충청도

> 그런데다 또 이 논은 하늘의 비만 바라보는 **산골 논다랑이의 천둥지기 천봉답**하고는 달라 사시장춘 무수천의 맑은 물이 마를 줄 모르고 흘러 칠년대한(七年大旱) 왕가뭄이 아닌 한 물 걱정이 없는 논이었다. 〈강준희, 이카로스의 날개는 녹지 않았다(상), 1996, 151〉

'천둥지기'는 천둥이 쳐야 농사를 지을 수 있는 곳이라는 말로 비가 와야 그 빗물로 모를 심어 농사를 지을 수 있는 논을 비유적으로 이르는 말이다. '천봉답'은 '천둥지기'와 같이 비가 와야 농사를 지을 수 있는 논이라는 뜻으로 쓰이는 말로 '천(天)＋봉답'으로 분석된다. '봉답', '천수답', '하늘바라기'와 함께 물을 대기 어려운 산골의 척박한 논을 의미한다. '논다랑이'가 산골짜기의 비탈진 곳 따위에 있는 계단식으로 된 좁고 긴 논배미를 뜻하므로, 예문의 '산골 논다랑이의 천둥지기 천봉답'은 농토 중에는 좋지 않은 조건을 다 갖춘 척박한 논임을 강조하는 의미가 있다. 뒤에 이어지는 예문 '칠년대한 왕가뭄이 아닌 한 물 걱정이 없는 논'과 대조가 되도록 표현한 것이다.

쳐쟁이다

- 표준어 : 처쟁이다
- 품   사 : 동사
- 뜻풀이 : 물건을 차곡차곡 포개어 많이 쌓아 두다.
- 다른 방언형 : 처쟁이다
- 사용 지역 : 충청도

나는 우선 어머니를 도와 농삿일을 열심히 하며 자갈부역을 안 나가고 보초를 안 서는 날은 금수산에 가 나무를 해 날랐다. 많이 해다 **쳐쟁여** 놓고 겨울에 매장 져다 팔 요량에서였다. 〈강준희, 이카로스의 날개는 녹지 않았다(상), 1996, 348〉

죽을 애를 먹고 사방으로 한 길 이상의 생땅을 파면 그 다음엔 어리덕 만한 나무를 베다가 구덩이 위에 우물정자 식으로 올려놓고 그 위에 풀을 열 짐이고 스무짐이고 베어다 **쳐쟁이고** 불을 지른다. 〈강준희, 이카로스의 날개는 녹지 않았다(상), 1996, 356〉

'쳐쟁이다'는 '쳐-'와 '쟁이다'가 결합된 것으로 분석된다. '쳐-'는 동사 앞에 붙어서 '마구', '많이'의 뜻을 더하고 동사가 의미하는 동작을 속되게 이르는 표준어 접두사 '처-'의 충청도 방언형인데 발음상으로는 '처-'가 된다. 국어에서 'ㅈ, ㅊ, ㅉ' 등의 구개자음 아래에서는 이중모음 '야, 여, 요, 유'가 단모음으로 발음되므로 예문의 '쳐쟁이다'는 표준어와 마찬가지로 '처쟁이다'로 표기해야 옳다. '쟁이다'는 '물건을 차곡차곡 포개어 쌓아 두다'는 뜻을 가지는 '재다'와 같은 뜻으로 쓰이는 충청도 방언형이다. 충청도 방언에서는 '쟁이다'가 표준어에서와 같이

'물건을 차곡차곡 포개어 쌓아 두다'의 의미 외에 '저장하다'의 뜻도 내포하고 있다. '쟁이다'에 저장하다의 뜻이 있는 것은 물건을 차곡차곡 포개어 쌓아 두는 것이 나중을 위한다는 의미가 함축되어 있기 때문이다. '쳐쟁이다'는 '물건을 차곡차곡 포개어 마구 쌓아 두다'의 뜻으로 쓰여 쟁이는 행동을 부정적으로 나타낼 때 쓰인다는 것을 알 수 있다. 이런 부정적인 의미는 접두사 '쳐-' 때문이다. 전남 지역에서는 '쟁이다'가 '쌓다'의 의미로도 쓰인다. 경남 지역에서는 '쌓다'의 의미로 '동개다'가 쓰이는데 '동개다'는 '포개다'의 뜻도 내포한다.

초년고생은 말년 호강이다

- 표준어 : 초년고생은 만년(晚年) 복이라
- 품　사 : 속담
- 뜻풀이 : 젊어서 고생을 하면 후에 낙이 오는 수가 많으므로 그 고생을 달게 여기라는 말.
- 다른 방언형 : 초년 고상은 말년 호강이다. 초년에 고상하면 말년에 호강한다
- 사용 지역 : 충청도

> 젊어 고생은 금을 주고도 사란 말이 있고 **초년 고생은 말년 호강**이란 말도 있다. 〈강준희, 이카로스의 날개는 녹지 않았다(상), 1996, 302〉

'초년'은 사람의 일생 주기로 볼 때 초기, 곧 젊은 시절에 해당하고 '말년'은 일생의 주기로 볼 때 말기, 즉 노년에 해당한다. 따라서 '초년고생'은 젊은 시절의 고생이라는 뜻이고 '말년호강'은 나이가 든 노년에 호강한다는 뜻이다. 즉 젊었을 때 겪는 고생은 평생토록 도움이 되기 때문에 노후에는 풍요롭고 편안한 삶을 누리게 되므로 젊었을 때의 고생을 달게 여기라는 뜻의 속담이다. 이와 비슷한 속담으로 '초년고생은 금을 주고도 못 한다', '초년고생은 금 주고 산다', '초년고생은 돈을 주고도 못 산다', '초년고생은 돈 주고 사서도 한다', '초년고생은 사서도 한다', '초년고생은 은을 주고 바꾼다', '초년의 고생은 금을 주고도 못 산다' 등이 있는데 모두 젊었을 때 겪는 고생이 살아가는 데 도움이 되므로 이를 소중하게 여기라는 말이다.

초롱거리다

• 표준어 : 대응 표준어 없음
• 품 사 : 동사
• 뜻풀이 : 별빛이나 불빛 따위가 밝고 또렷하게 잇따라 나타났다가 사라지다.
• 사용 지역 : 충청도

　나팔담배를 말아 쓰디쓴 풍년초를 태워가며 밤이 이슥하도록 하모니카 연주를 한 나는 **초롱거리던** 별이 성기고 삼태성이 하늘 가로 척 기울어서야 집으로 돌아왔다. 〈강준희, 이카로스의 날개는 녹지 않았다(중), 1996, 30〉

　'초롱거리다'는 '초롱'과 '-거리다'로 분석된다. '초롱거리다'는 별빛이나 불빛 따위가 밝고 또렷한 모양을 나타내는 어근 '초롱-'에 어떤 동작이나 상태가 잇따라 계속되는 뜻을 더하고 동사를 만드는 접미사 '-거리다'가 결합된 말이다. 따라서 '초롱거리다'는 별빛이나 불빛 따위가 밝고 또렷하게 잇따라 나타나는 것이 계속된다는 뜻을 나타낸다.

　'초롱'이 중복된 '초롱초롱'은 별빛이나 눈빛 따위가 밝고 또렷한 모양이 잇달아 나타나는 것을 나타내는 말이다. '초롱초롱'은 '눈에 정기가 있고 맑은 모양'을 나타날 때도 쓰이고 '정신이 맑고 또렷한 무양'을 나타낼 때도 쓰인다.

　'초롱'은 '촛불'과 '등롱'의 혼성어(blend)로 보인다. 등롱 안에 주로 촛불을 넣기 때문이다. ≪표준 국어 대사전≫에는 '초롱'을 '등롱'을 달리 이르는 말이라고 설명하였다. '초롱'의 최초 어형은 16세기 문헌인 ≪훈몽자회≫에 '쵸롱'으로 나타난다. '쵸롱'은 '쵸'와 '롱(籠)'으로 분석된다. '초롱'은 '쵸롱〉쵸롱〉초롱'의 과정을 거친 것이다.

초상에 개잡는 소리

- 표준어 : 대응 표준어 없음
- 품　사 : 속담
- 뜻풀이 : 때와 장소를 가리지 못하고 엉뚱하고 경망스럽게 말하거나 행동하는 경우를 비유적으로 이르는 말.
- 다른 방언형 : 초상집에 개 잡는 소리한다.
- 사용 지역 : 충청도

모르는 소리두 뒤게 해쌌네. 있으면 읊는 것버덤 낫지 무슨 **초상에 개잡는 소리**라나? 〈이문구, 으악새 우는 사연, 1977, 148〉

　유교적인 풍습이 강한 우리나라에서는 초상이 나면 몸가짐을 조심하고 금기하는 것이 많았다. 예컨대 노래를 부르거나 춤을 추는 것은 즐거울 때 하는 것이므로 슬픈 일을 당한 초상집에서는 금기시 하였다. 초상이 났을 때는 개를 잡는 것도 금기시 하였다. 민간에서 개를 잡을 때 두들겨 패서 잡는 풍습이 있어 개를 잡기 위해 두들겨 패면 개의 비명 소리가 나게 되므로 초상집에서는 개 잡는 것을 금기시 하였다. 초상난 데서 개 잡는 소리가 난다는 말은 때와 장소를 분별하지 못하고 경망스럽게 행동하는 것을 비유적으로 나타낸 표현이라고 할 수 있다. '초상난 데 춤추기'나 '초상술에 권주가 부른다'도 사람이 죽은 데 대하여 삼가고 경건하게 해야 하는데 춤을 추거나 노래를 부르는 것은 예의와 도리가 아니라는 점에서 '초상에 개잡는 소리'와 비슷한 뜻으로 쓰이는 말이다. 모두 상황이나 분위기와 어울리지 않는 행동이라는 뜻이다.

추다

- 표준어 : 대응 표준어 없음
- 품　사 : 동사
- 뜻풀이 : (주로 행위나 상태를 나타내는 명사와 함께 쓰여)본래의 정도나 상태보다 적게 하다.
- 사용 지역 : 충청도

> 　그가 남의 돈까지 5부 이자로 끄어대며 관정(管井) 시설을 하여 논이 허옇게 물을 싣고도 부러 이날 저날 하며 기다린 것은, 품삯 없는 학생 봉사대의 울력만으로 일을 **추어** 보려던 속셈이었다. 〈이문구, 제3세대한국문학9:李文求, 우리 동네, 1983, 357〉

　'추다'는 주로 행위나 상태를 나타내는 명사와 함께 쓰여 '본래의 정도나 상태보다 적게 하다'의 뜻을 나타내는 충청도 방언이다. '추다'와 공기하는 목적어 위치에는 '일, 밥' 등과 같이 정도나 상태를 나타낼 수 있는 명사가 오는 것이 보통이다. 예를 들면 '일을 많이 추었다', '음식을 많이 추었다'와 같이 쓰인다. '해야 할 일을 많이 줄였다', '음식을 많이 먹어서 어느 정도 소비했다' 정도로 바꾸어 쓸 수 있다.

　한편 '추다'가 '본래의 정도나 상태보다 적게 하다'라는 뜻과 상반되는 뜻으로 쓰이기도 한다. 예를 들면 '또 물에 빠져서 일을 추는구만'에서와 같이 '일을 저지르다, 일을 만들다' 정도의 의미로도 쓰이는 말이다.

추어오르다

- 표준어 : 대응 표준어 없음
- 품　사 : 동사
- 뜻풀이 : 위쪽에 있는 목표를 향하여 아래쪽에서 위쪽으로 힘써 이동하다.
- 사용 지역 : 충청도

> 아니나 다를까 어머니는 계속 내 뒤를 따르고 있었다. 내가 산모퉁이를 돌아 한틧재를 **추어오를** 때까지 어머니는 그렇게 내 뒤를 따르며 내가 돌아볼 때마다 어서 가라고 손짓을 했다. 〈강준희, 이카로스의 날개는 녹지 않았다(상), 1996, 305〉
>
> 돈이 아까워 허리만 잔뜩 동여매곤 하늘 밑 첫 동네의 금수산 아래까지 허위단심 **추어오르는** 어머니. 〈강준희, 이카로스의 날개는 녹지 않았다(중), 1996, 91〉

‘추어오르다’는 ‘추다’와 ‘오르다’가 합성된 ‘추어-＋오르다’로 분석할 수 있다. ‘추어’는 ‘추다’의 어간 ‘추-’에 연결어미 ‘-어’가 결합된 형태다. ‘추다’는 단순히 일정한 목표를 향하여 아래쪽에서 위쪽을 향하여 힘써 이동한다는 뜻 외에 ‘치밀어 올리다’나 ‘채어 올리다’ 또는 ‘위로 솟구다’의 뜻을 더 가지고 있다. 여기에 아래에서 위로 움직여 가다의 뜻으로 쓰이는 ‘오르다’가 결합된 말이 ‘추어오르다’다.

표준어에서는 ‘추어오르다’를 두 개의 단어로 보아 ‘추어 오르다’로 처리하였다. 이때의 ‘추다’는 일정한 목표를 향하여 이동하다의 뜻으로 쓰이는 동사로 처리하고 ‘등성이 쪽으로 추어 오르다’, ‘언덕길을 추어 올라간다’와 같은 예를 들었다. 그런데 예문의 경우는 ‘추다’가 항상

'오르다'와 함께 '추어'의 꼴로 쓰인다는 점에서, 그리고 화자들의 단어에 대한 인식과 태도를 존중하여 합성어로 처리할 수도 있을 것이다. 다만 이렇게 처리할 경우 기술이나 설명의 일관성이 없다는 문제가 있을 수 있기 때문에 여러 경우를 검토해야 할 것이다.

츠녀

- 표준어 : 처녀
- 품　사 : 명사
- 뜻풀이 : 결혼하지 않은 성년 여자.
- 다른 방언형 : 처녀
- 사용 지역 : 충청도, 강원도, 경기도

그녀가 묻잖은 소리를 꺼내자 어머니는 다시 "워디 **츠녀**라더냐?" "예, 슴시약씨래유. 배슴(舟島) 츠년디, 어물전 들랑대던 워느 뱃늠이 중신했대유."
〈이문구, 관촌수필, 1972, 143〉

예문의 '츠녀'는 표준어 '처녀'의 충청도 방언형이다. '츠녀'는 충청도 방언을 비롯한 중부 방언과 경상도 방언에서도 쓰인다. 충청도를 비롯한 중부방언에서는 어두 음절의 모음이 '어'이고 장모음으로 실현될 때 장모음 '어:'가 '으:'로 고모음화하는 경향이 있다. 예문의 '츠녀'도 충청도 방언에서 첫째음절이 장모음으로 실현되는 '처:녀'가 고모음화 하여 '츠:녀'로 실현된 것인데 예문에 장모음이 표시되지 않은 것이다. 단어의 첫째음절 위치에 오는 장모음 '어:'가 '으:'로 실현되는 고모음화는 '거:머리→그:머리, 거:지→그:지, 어:른→으:른, 널:→늘:(棺), 더:럽다→드:럽다, 없:다→읎:다' 등에서와 같이 매우 폭넓게 나타난다. 단어의 첫째음절 위치에서 장모음 '어:→으:' 고모음화하는 충청도 방언을 포함하는 중부방언에서 매우 폭넓게 실현되는 현상이다. 그러나 음장이 변별적 기능을 상실한 젊은층에서는 장모음으로 실현되더라도 고모음화를 보여주지 않는 것이 일반적이다.

츰

- 표준어 : 처음
- 품　사 : 명사
- 뜻풀이 : 시간적으로나 순서상으로 맨 앞.
- 다른 방언형 : 첨, 처음
- 사용 지역 : 강원도, 전라도, 충청도, 경상도

"삼십 년을 모시면서 보기를 **츰** 보겄다. 아마 평생 **츰**이실 걸……." 〈이문구, 관촌수필, 1972, 150〉

"그러구보니 슬 쇠고 **츰**인가베…… 게는 요새 어때?" 〈이문구, 산 너머 남촌, 1990, 194〉

"고향을 등지는 스름두 많었지만 나는 등지구 타관으루 나서야 했유. 왜냐, 내가 죄인인지 황가가 죄인인지를 잘 물르겄응께, 잘 몰를 적에 되망쳐 온 겝니다. 지가 좀 취허네유, 그렁께 이런 얘기럴 허지유, **츰** 허는 얘깁니다." 〈이문구, 장한몽최종, 1976, 614〉

'츰'은 표준어 '처음'의 축약형인 '첨'이 고모음화한 충청도 방언형이다. 현대국어의 '처음'은 15세기 국어의 '처섬'이던 것이 '저섬〉처엄〉처음'의 변화를 거친 것이다. 위 예문의 '츰'은 '처음'이 축약된 장모음 '첨:'이 고모음화 하여 '츰:'으로 변한 것이다.

충청도를 비롯한 중부방언에서는 어두 음절의 모음이 '어'이고 장모음으로 실현될 때 장모음 '어:'가 '으:'로 고모음화하는 경향이 강하다. 예문의 '츰'도 충청도 방언에서 첫째음절 모음이 장음으로 실현되는

'첨:'이 고모음화한 것인데 문학작품에서 장모음이 표시되지 않은 것이다. '첨:→츰:'의 변화는 충청도 방언에서 '널:→늘:(棺), 설:→슬:(元旦), 섬:→슴(島)'의 변화와 궤를 같이 하는 것이다. 이러한 예는 충청도 방언을 비롯한 중부방언에서 매우 폭넓게 관찰되고 있다. 그러나 음장이 변별적 기능을 상실한 장년층 이하의 화자들은 '널:→늘:, 설:→슬:, 섬:→슴'과 같은 고모음화를 실현시키지 않고 '널, 설, 섬' 또는 '널:, 설:, 섬:' 등으로 발음하는 것이 일반적이다. 이는 표준어 교육의 영향으로 문자에 이끌린 발음을 하기 때문으로 보인다. 그러나 장년층 이하의 화자들도 이들 어휘가 고모음화를 겪은 어형으로 재구조화되어 굳어진 경우에는 고모음화한 어형으로 실현시킨다.

충청도 방언에서 장모음 '어'의 '으' 고모음화는 '거:지→그:지, 어:른→으:른, 없다→웂:다, 거:머리→그:머리, 더:럽다→드럽다:꺼:리다→끄:리다, 서럽다→스:럽다' 등에서와 같이 단음절어뿐만 아니라 2음절어나 3음절어의 어두 위치에서도 폭넓게 실현되는 현상이다.

치렵다

- 표준어 : #주체스럽다
- 품 사 : 형용사
- 뜻풀이 : 짐스럽고 부담스러우며 귀찮은 데가 있다.
- 사용 지역 : 충청도

> 나는 아내와 짐 보따리를 번차례로 바라봤다. "필요 없어요. 끝났으면 가야지 뭣 하러 있어. 이젠 남남 아녜요? 아이들이 **치렵다면** 데리고 나가겠어요. 그리고 돈같은 거 필요 없어요. 까짓 거 죽기 아니면 살기지 뭐!"〈강준희, 이카로스의 날개는 녹지 않았다(하), 1996, 253〉

'치렵다'는 표준어 '주체스럽다'와 비슷한 뜻으로 쓰이는 충청도 방언형이다. '치렵구, 치렵지, 치려워서, 치려우니깨' 등으로 활용하며 '부담스럽고 짐스러우며 귀찮은 데가 있다'는 의미로 쓰인다. 보통 '짐이 되고 귀찮다' 정도의 의미로 쓰이는 충청도 방언형이다.

치륵치륵

- 표준어 : #키드득키드득
- 품　사 : 부사
- 뜻풀이 : 참다못하여 입에서 자꾸 새어 나오는 작은 웃음소리. 또는 그런 모양.
- 다른 방언형 : 키득키득
- 사용 지역 : 충청도

나는 무릎을 꿇고 조심하며 어른이 어려운 앞에서 먹기보다 훨씬 밥맛이 좋던 것이다. 그날도 나는 옹점이와 마주 앉아 서로 자기 밥을 떠서 상대방 입에 먹여 가며 **치륵치륵** 소리 죽여 웃곤 했다. 한창 그러는데 안방에서 어머니 음성이 들려오고 있었다. 〈이문구, 관촌수필, 1972, 143〉

'치륵치륵'은 '치륵'이 중첩된 말로 참다못하여 입에서 자꾸 새어 나오는 작은 웃음소리나 그렇게 웃는 모양을 뜻하는 표준어 '키드득키드득'에 대응하는 작가 개인어로 보인다. '치륵치륵'은 '치르륵치르륵'의 준말이다. '치륵'은 억지로 참다가 한 번 새어나오는 웃음을 나타내는 말이고 '치륵치륵'은 이런 웃음이 반복되는 것을 나타내는 말이다. 억지로 참으면서 웃는 것이기 때문에 웃음소리가 거의 나지 않거나 조금씩 새어 나오는 정도의 웃음을 가리키는 말이다.

칙갈맞다

- 표준어 : 칙살맞다
- 품　사 : 형용사
- 뜻풀이 : ① 하는 짓이나 말 따위가 얄밉게 잘고 다랍다.
　　　　　② 말이나 행동이 남보기에 몹시 미움을 받을 만한 데가 있다.
- 다른 방언형 : 착살맞다, 미깔맞다, 밉쌀맞다
- 사용 지역 : 충청도

　위 예문의 '칙갈맞다'는 '칙갈-+-맞다'로 분석할 수 있다. '칙갈맞다'는 하는 짓이나 말 따위가 얄밉게 잘고 인색함을 뜻하는 어근 '칙갈-'에 그러한 성격을 지니고 있음을 뜻하고 형용사를 만드는 접미사 '-맞다'가 결합된 말이다. 어떤 사람의 말이나 행동이 얄미워 마음에 들지 않을 때 쓰는 말로 사람에게만 쓸 수 있다. 따라서 어떤 사람에게 '칙갈맞다'고 하면 그 사람의 말이나 행동을 부정적으로 평가하는 의미가 있다. '칙갈맞다'와 거의 같은 뜻으로 쓰이는 충청도 방언으로 '착살맞다'가 있다. '착살맞다'는 하는 짓이나 말이 어떤 사람에게 착 달라붙어 얄밉게 하는 데가 있다는 뜻으로 쓰인다. 이와 비슷한 구성의 충청도 방언으로 '뚜깔맞다'와 '미깔맞다', '밉쌀맞다'가 있는데 '뚜깔맞다'는 '말이나 행동이 부드럽지 못하고 투박하며 무뚝뚝하다'의 뜻으로 쓰이고 '미깔맞다'와 '밉쌀맞다'는 말이나 행동이 매우 밉살스러운 데가 있다는 뜻으로 쓰인다. '칙갈맞다, 미깔맞다, 뚜깔맞다'는 모두 사람에게만 쓰이고 사람의 성격을 나타낸다는 공통점이 있다.

칠촌의 양자 빌 듯

- 표준어 : 대응 표준어 없음
- 품　사 : 속담
- 뜻풀이 : 어떤 일을 이루기 위하여 온갖 사정을 다하며 다닌다는 뜻을 비유적으로 이르는 말.
- 사용 지역 : 충청도

> 이제 집도 한 칸 장만했으니 얼마나 좋은가, 빚은 살아가면서 갚으면 될 게 아니냐면서 되레 **칠촌의 양자 빌 듯** 빌었지만 아내의 태도는 냉담 그것이었다. 〈강준희, 이카로스의 날개는 녹지 않았다(하), 1996, 203〉

'양자'는 아들이 없는 집에서 대를 잇기 위하여 동성동본 중에서 데려다 기르는 조카뻘 되는 남자 아이를 일컫는 말이다. 따라서 양자를 빌려면 삼촌 간인 조카뻘이 되는 자기 형제의 아들을 데려와야 하는데 양자를 청하기 어려운 칠촌이 되는 사이에서 양자를 빌기 위해서 온갖 사정을 다한다는 뜻에서 아주 어려운 일을 부탁하거나 청하기 위해 온갖 사정을 다하는 것을 비유적으로 이를 때 쓰이는 속담이다.

위 예문의 '칠촌'과 같이 친족 사이의 멀고 가까움을 나타내는 관계를 '촌수'라고 한다. 부모와 자식 사이가 일촌이므로 형제간에는 촌수로 이 촌이 된다. 따라서 칠촌은 아버지의 육촌이나 자기와 육촌의 자녀 사이가 된다.

코맹넝이

- 표준어 : 코맹맹이
- 품　사 : 명사
- 뜻풀이 : 코가 막혀서 소리를 제대로 내지 못하는 상태. 또는 그런 사람.
- 다른 방언형 : 코맹매기, 코맹맹이
- 사용 지역 : 충청도

'코맹넝이'는 '코'와 '맹넝이'가 결합된 합성어로 분석된다. 충청도 방
언 '코맹넝이'는 '코맹매기'나 '코맹맹이'로도 쓰인다. 예문의 '코맹넝이
소리'는 코가 막힌 상태에서 말을 할 때 나는 콧소리를 뜻한다. '코맹
매기 소리'나 '코맹맹이 소리'도 같은 뜻으로 쓰인다. 충청도 방언형
'코맹넝이'와 '코맹매기', '코맹맹이'가 다 같은 뜻을 가진다는 점에서
'맹넝이', '맹매기', '맹맹이'도 같은 뜻이라고 할 수 있다. '맹넝이', '맹
매기', '맹맹이'는 각각 '맹넝+-이', '맹맥+-이', '맹맹+-이'로 분석할
수 있다. 의미상으로 보면 '맹넝', '맹맥', '맹맹'은 코가 막힌 채 말할
때 나는 소리를 나타내는 어근이고 '-이'는 그런 사람을 나타내는 접미
사다. 따라서 '코맹넝이'와 '코맹매기', '코맹맹이'는 코가 막혀 콧소리
를 내는 사람을 뜻하는 충청도 방언이다.

　한편 《표준 국어 대사전》에는 '맹넝이'를 '칼새'의 방언형으로 설명
하고 있다. 표준어의 '칼새'는 충청도 방언에서 '맹매기'라고도 한다.
'맹매기'는 제비와 같이 생겼고 몸은 검은 갈색인데 허리, 목, 턱이 희

고 꼬리 위쪽은 진한 갈색이며 나는 속도가 빠르다. 집은 처마 밑이나 절벽에 짓는데 아래는 제비집과 같지만 돔과 같이 위를 덮어씌우고 입구를 동굴처럼 길게 만들어 짓는다. 충청도에서 집을 지을 때 입구가 좁거나 방이 좁으면 '맹매기 콧구멍 같다'고 한다. 그런데 예문의 '코맹녕이'가 표준어 '칼새'와 관련이 있는지는 분명하지 않다. '맹녕이'가 '칼새'의 방언이라고 해서 '코맹녕이'와 바로 연결시키는 것은 무리로 보인다.

퀘퀘쓰다

- 표준어 : 대응 표준어 없음
- 품　사 : 형용사
- 뜻풀이 : 비위에 거슬릴 정도로 달갑지 않고 매우 싫거나 괴롭다.
- 사용 지역 : 충청도

'퀘퀘쓰다'는 '퀘퀘'와 '쓰다'로 분석할 수 있다. '퀘퀘'는 비위에 거슬릴 정도로 역겨운 모양을 나타내는 말이고 '쓰다'는 달갑지 않고 매우 괴롭다는 뜻으로 쓰이는 말이다. '퀘퀘쓰다'는 비위에 거슬릴 정도로 달갑지 않고 매우 싫거나 괴롭다는 뜻으로 쓰인다. '퀘퀘쓰다'와 호응하는 주어로는 주로 '입맛'이 쓰인다. 본래는 '쓰다'가 혀로 느끼는 맛 가운데 혀 안쪽에서 느끼는 불쾌한 맛을 나타내는 말이었는데 이것이 달갑지 않고 매우 싫거나 괴로움을 나타내는 말에 비유되어 쓰인 것이다. 충청도 방언에서는 표준어의 '입맛이 쓰다'에 대응하는 관용적인 표현으로 '입맛이 쓰다' 외에 '입맛이 퀘퀘쓰다'도 쓰인다.

타라매다

- 표준어 : 대응 표준어 없음
- 품   사 : 동사
- 뜻풀이 : 힘없이 고개를 숙인 채로 있다.
- 사용 지역 : 충청도

그랬는데 현장에 다다르자 왠지 시들한 생각이 들었다. 고향 생각 무수천 생각을 너무 많이 해 그런 모양이었다. 나는 고개를 **타라맨** 채 아버지의 뒤만 따랐다. 〈강준희, 이카로스의 날개는 녹지 않았다(상), 1996, 301〉

나는 고개를 **타라맨** 채 터벅터벅 걸어가며 아리아를 부르는 승준이의 축 쳐진 어깨에 눈을 보냈다. 〈강준희, 이카로스의 날개는 녹지 않았다(중), 1996, 132〉

신훈이는 작년에 입학을 해 2학년이 됐는데 이게 명색이 사내코투리라고 제법 의젓했다. 그런데도 늘 고개를 **타라맨** 채 힘이 없었다. 〈강준희, 이카로스의 날개는 녹지 않았다(하), 1996, 195〉

풀이 죽어 고개를 **타라맨** 아이들도 아이들이었지만 무엇보다 나한테 시집 와 고생한 아내를 버릴 수가 없었다. 〈강준희, 이카로스의 날개는 녹지 않았다(하), 1996, 204〉

'타라매다'는 '타라-'와 '매다'로 분석할 수 있어 보인다. '타라-'는 '탈다'의 어간 '탈-'에 연결어미 '-아'가 결합된 것으로 이해된다. '탈다'는 본래 '되게 비튼다'는 뜻으로 쓰이는 말이고 '매다'는 끈이나 줄 등으로 감아서 잘 풀어지지 않게 마디를 만든다는 뜻으로 쓰인다. 따라서 '타라매다'는 끈이나 줄로 되게 비틀어 감아서 잘 풀어지지 않게 묶는다는 뜻에 빗대어 '고개를 타라매었다'고 할 때는 '힘없이 고개를 숙인 채 있다'의 뜻으로 쓰인다. 충청도 방언의 '타라매다'는 '힘없이 고개를 숙이다'의 의미에 '그런 상태를 지속하다'의 의미가 더 내포되어 있다. 따라서 '고개를 타라맨 채'는 '힘없이 고개를 숙인 채' 정도로 바꾸어 쓸 수 있다.

투가리

- 표준어 : 뚝배기
- 품 사 : 명사
- 뜻풀이 : 찌개 따위를 끓이거나 설렁탕 따위를 담을 때 쓰는 오지그릇.
- 다른 방언형 : 툭배기, 뚝배기
- 사용 지역 : 충청도, 경기도, 강원도, 전라도

불씨가 담긴 그릇이 매흙질하는 **투가리**나 무슨 사금파리 조각같이 작지 않고, 급한 김에 자루가 삐죽 나오는 부삽이나, 낯선 대복이네 그릇에 담아 나를 경우엔 일쑤 들통이 나던 거였다. 〈이문구, 제3세대한국문학9:李文求 관촌수필, 1983, 92〉

"서울물이 좋아 군둥내 나던 **투가리**가 곰내 나는 대접만 된다면야 성을 갈아서라도 주민등록부터 파 옮기고 말고…….." 하며 하기 좋은 말로 빈정거렸다. 〈이문구, 산 너머 남촌, 1990, 53〉

"멋이라? **투가리**보다 장맛이라? 아이 그럼 내가 투가리라 이 말이고? 어이? 이눔에 여핀네들이 밥해 먹이노이께 간이 널브러져 그러나 몬할 소리가 없구마." 〈강준희, 그리운 보릿개(상),1993, 280〉

고문정이 혼잣말로 고시랑거리고 있으니 말귀는 바늘귀보다 더뎌도 군소리 이삭 줍는 데엔 수가 익어서 마누라가 금방 **투가리** 끓어넘는 소리로 두런거렸다. 〈이문구, 산 너머 남촌, 1990, 119〉

정월 보름날 **투가리**에 시래기 무처 담듯 허지마시구, 혼인때 쓸 두붓모처럼 깨끗허게 쌓주시라 이겝니다. 〈이문구, 우리 동네金氏, 한국문학49, 1977. 11〉

'투가리'는 표준어 '뚝배기'에 대응하는 충청도 방언형으로 충청, 경기, 강원, 전라도 지역에서 쓰이는 말이다. '투가리'는 흙으로 빚어 가마에 구워 만든 오지그릇으로 형태가 두 가지다. 하나는 아가리 쪽이 밑면보다 약간 벌어진 모양이고 다른 하나는 중간에 배가 불룩하게 나오고 밑면과 아가리 부분이 약간 좁게 생긴 모양이다. 아가리가 벌어진 모양의 투가리는 곰탕이나 설렁탕 등을 담을 때 주로 쓰이고 아가리고 좁은 모양의 투가리는 주로 찌개를 끓이거나 장을 끓일 때 쓰인다. 충청도 방언에서 된장찌개를 끓일 때 쓰는 투가리는 흔히 '장투가리'라고 한다.

충청도 방언에서 표준어 '뚝배기'에 대응하는 방언형으로 '투가리' 외에 '툭배기'와 '뚝배기'도 쓰인다. 된장찌개를 끓일 때 쓰는 '툭배기'는 흔히 '장툭배기'라고 한다. 충청도 지역에서는 '투가리'나 '툭배기', '뚝배기'에 곰탕이나 설렁탕을 담아 먹지는 않았다. 충청도 지역에서는 설렁타보다 곰탕을 주로 끓여 먹었다. '곰탕'은 주로 무쇠 솥에 끓였고 먹을 때는 주로 대접에 먹었다. 부잣집에서는 놋그릇에 담아 먹기도 했지만 드물었다.

틀물다

- 표준어 : 대응 표준어 없음
- 품   사 : 동사
- 뜻풀이 : 골이 나서 퉁명스럽게 말하거나 행동하다.
- 사용 지역 : 충청도

> "뒙데 나더러 긁는 소리 허네. 그럼 안 그려? 어채피 남으 돈 쓰는디 이왕 이자 무는 것, 털 벳긴 남으 살 한점이나 집어보게 허면……. 왜 워디가 워치기 되게 생겼담. 그려 안 그려?"
> 그녀는 잔뜩 **틀물은** 말을 뱉고서야 빈 그릇을 포갬거려 챙겼다. 그 말에 김은 성질이 벌떡 했으나 꿈자리가 되살아나 이내 군소리로 에웠다. 〈이문구, 우리 동네 金氏, 한국문학49, 1977, 11〉

충청도 방언형 '틀물다'는 '틀-'과 '물다'로 분석할 수 있다. '틀-'은 골이 나거나 마음에 차지 아니하여 얼굴 표정도 밝지 않고 입에 무엇을 문 것처럼 퉁명스럽게 말하거나 행동할 때 쓰는 말이다. 예를 들면 '틀물은 말'은 못마땅하여 잔뜩 골이 나서 하는 말이고 '틀물은 표정'은 잔뜩 골이 난 기색이라고 할 수 있다.

'틀다'는 어떤 사정 때문에 못마땅하여 잔뜩 골이 나서 삐뚤어지게 행동하는 것을 뜻하는 말이고 '물다'는 위 아래 이나 입술을 마주 누르는 것을 뜻하는 말이다. 따라서 '틀물다'는 비위가 상하거나 못마땅하여 잔뜩 골이 난 채 하는 말이다.

티각거리다

- 표준어 : 티격태격하다
- 품　사 : 동사
- 뜻풀이 : 서로 뜻이 맞지 아니하여 자꾸 이러니저러니 따지거나 다투다.
- 다른 방언형 : 티격거리다, 티각태각하다
- 사용 지역 : 충청도

　충청도 방언 '티각거리다'는 표준어 '티격태격하다'에 대응하는 충청도 방언형으로 어근 '티각-'과 접미사 '-거리다'로 분석할 수 있다. '티각거리다'는 서로 뜻이 맞지 아니하여 이러니저러니 따지는 일을 뜻하는 어근 '티각-'에 동작 또는 상태를 나타내는 일부 어근 뒤에 붙어 '그런 상태가 잇따라 계속됨'의 뜻을 더하고 동사를 만드는 접미사 '-거리다' 결합된 말이다. 따라서 '티각거리다'는 서로 뜻이 맞지 않아 자꾸 이러니저러니 따지거나 다툰다는 뜻으로 쓰이는 말이다. 이러한 뜻의 충청도 방언형으로 '티각거리다' 외에 '티격거리다'와 '티각태각하다' 등의 방언형이 더 쓰인다.

팔꿈셍이

- 표준어 : 팔꿈치
- 품   사 : 명사
- 뜻풀이 : ① 팔의 위아래 마디가 붙은 관절의 바깥쪽.
           ② 팔의 위아래 마디가 붙은 관절의 바깥쪽을 속되게 이르는 말.
- 다른 방언형 : 팔꿉, 팔꼬뱅이, 팔꾸마리, 팔꾸머리, 팔꿈치
- 사용 지역 : 충청도

아프기도 아팠지만 첫째로 기분이 상해 견딜 수 없었다. 참을 수가 없었다며 자기가 먼저 그랬노라고 석공은 말했다. "형씨, 나헌티 뭔 유감 있유? **팔꿈셍이**루 치구 굿수발루 짓밟게…… 나두 내 승질 근디리면 바뻐지는 인격이니께 참어 보슈." 했더니, 석공 나이 또래나 됐지 싶은 그 청년은 대뜸 "요것 싹바가지 읎이 까부는 것 보장께, 얼레 요 작것이 삿대질할래 헌다요." 하면서 멱살을 잡자고 덤볐다. 〈이문구, 관촌수필, 1972. 152〉

'팔꿈셍이'는 표준어 '팔꿈치'에 대응하는 충청도 방언형이다. 즉 '팔꿈셍이'는 팔의 위아래 마디가 붙은 관절의 바깥쪽을 의미하는 표준어 '팔꿈치'를 중립적으로 가리키는 뜻도 있고 '팔꿈치'를 속되게 이르는 의미도 있다. 충청도 방언에서 '팔꿈셍이'가 '팔꿈셍이가 아퍼서 병원에 갔다 왔어'나 '모설캥이(모서리)에 팔꿈셍이럴 부대꼈드이(부딪쳤더니) 멍이 들었어'와 같이 단순 서술이나 사실을 설명할 때는 주로 중립적인 의미로 쓰이고, '한 번만 더 팔꿈셍이루 처(쳐) 바라(봐라) 내(내가) 팔꿈셍이럴 뿐질러 놓지'와 같이 욕을 하거나 화가 난 상황에서는 주로 욕이나 속된말으로 쓰인다.

표준어 '팔꿈치'에 대한 방언형은 매우 다양하다. 평안도와 함경도

등 북부지역에서는 주로 '팔고방, 팔고뱅이, 팔고배, 팔곱, 팔고비' 등
이 주로 쓰이고, 제주도와 경상도, 전라도 등 남부 지역에서는 '폴고
비, 폴굽지, 폴꽁대미, 폴꿈치, 폴뒤꿈치, 폴뒤꾸마리, 폴꾸마리' 등이
주로 쓰인다. 우리나라 북부지역에서 쓰이는 방언형과 우리나라 남부
지역에서 쓰이는 방언형에서 보이는 '팔' 계열의 방언형과 '폴' 계열의
방언형의 차이는 소실문자 'ㆍ'의 변화와 관련이 있다. 즉 현대국어 '팔
(臂)'은 15세기에 '폴'이었는데 중부지역을 중심으로 한 북부지역에서
는 '팔'로 변하고 남부지역에서는 '폴'로 변했기 때문이다. '팔꿈치'의
방언형 가운데 가장 넓은 사용 분포를 보이는 것은 '팔곱'인데 '강원도,
경상도, 전라도, 충청도, 평안도, 함경도' 등 거의 전국적인 분포를 보
인다. 충북 지역에서는 표준어 '팔꿈치'에 대응하는 방언형으로 '팔꾸
머리'가 가장 널리 쓰인다. 역시 중립적인 의미와 속되게 이르는 의미
에 다 쓰인다.

포르륵포르륵

- 표준어 : #포롱포롱
- 품　사 : 부사
- 뜻풀이 : 작은 새가 가볍게 계속 나는 소리. 또는 그런 모양.
- 사용 지역 : 충청도

> 　장끼란 놈은 이따금 솔포기 밑에서 꿔엉 꿩 억지울음으로 산천을 찌렁찌렁 울려놓고는 푸드득 날아올라 저쪽 골짜기로 내려앉고, 이에 놀란 멧새들은 혼비백산 재재거리며 **포르륵포르륵** 달아난다. 〈강준희, 이카로스의 날개는 녹지 않았다(상), 1996, 19〉

　‘포르륵포르륵’은 ‘포르륵’이 중첩된 말이다. ‘포르륵’은 작은 새가 가볍게 날갯짓을 하며 나는 소리이고 ‘포르륵포르륵’은 작은 새가 날갯짓을 계속하면서 나는 모양이나 그런 날갯짓 소리를 나타내는 말이다. ‘포르륵포르륵’보다 어감이 큰 말로 ‘푸르륵푸르륵’이 있다. ‘푸르륵푸르륵’은 조금 큰 새가 날갯짓을 계속하면서 나는 모양이나 그런 날갯짓 소리를 나타내는 말이다. ‘포르륵포르륵’이나 ‘푸르륵푸르륵’과는 달리 ‘푸드득푸드득’은 조금 큰 새가 날지는 못하면서 날려고 날갯짓을 계속하는 모양이나 그런 날갯짓 소리를 나타내는 말로 쓰인다.

푸렝이

- 표준어 : 대응 표준어 없음
- 품　사 : 명사
- 뜻풀이 : '공산주의자'를 속되게 이르는 '빨갱이'에 대립되는 말.
- 사용 지역 : 충청도

"나 같은 수민(手民) 따위야 민족주의 공산주의, **푸렝이** 뿔갱이 찾을 것 있겄나. 그저 먹자주의가 당세관(當世冠)이지……." 〈이문구, 제3세대한국문학9:李文求, 관촌수필, 1983, 189〉

'푸렝이'는 '푸렝'과 '-이'로 분석할 수 있다. '푸렝이'는 푸른 빛깔이나 물감을 뜻하는 '푸렁'에 사람을 뜻하는 접미사 '-이'가 결합된 '푸렁이'가 움라우트에 의해 이루어진 말로 작가가 인위적으로 만들어 쓴 말로 보인다. '푸렝이'는 '푸렁+이→푸렁이→푸렝이'의 과정을 거친 것으로 이해된다. '푸렝이'와 같이 색깔과 관련된 말에서 파생되어 사람이나 동물을 뜻하는 말로 쓰이는 충청도 방언으로는 각각 '빨갱이, 뿔갱이'와 '누렁이, 누렝이, 누링이, 누레이, 노랭이, 노렝이' 등이 있다. 위의 예문에서 '푸렝이'와 대립되는 '뿔갱이'는 흔히 '빨갱이'라고 하는데 표준어로는 '빨강이'다. '빨갱이'나 '뿔갱이', '뿔갱이'는 공산주의자를 속되게 이르는 말이다. 이에 반해 '누렁이'와 그 이형태들은 사람을 가리키는 말로는 잘 쓰이지 않고 주로 소나 개 따위와 같은 짐승을 가리키는 말로 쓰인다. 충청도에서 쓰이는 '뽈갱이, 뿔갱이, 푸렝이, 누렁이, 누렝이, 누링이, 누레이, 노랭이, 노렝이' 등은 다 같은 조어법에 의해 만들어진 말이다.

푸성가리

- 표준어 : 푸성귀
- 품 사 : 명사
- 뜻풀이 : 사람이 가꾼 채소나 저절로 난 나물 따위를 통틀어 이르는 말.
- 다른 방언형 : 푸성거리, 푸성구, 풋나물, 푸정구, 푸정가리, 푸징가리
- 사용 지역 : 충청도

그새 소나기 한 죽만 있었더라도 봄것 거둔 터에 뒷그루로 **푸성가리**를 부쳐, 벌써 여러 뭇 솎아 가용푼이나 해 썼을 거였다. 〈이문구, 제3세대한국문학9:李文求 우리 동네, 1983, 267〉

"좋아져서, 젊어서 **푸성가리**만 치우던 속에 늙어서 돼지고기를 쟁여대가지고 풍끼가 더 기승을 했는지도 모른겠더구면." 〈이문구, 산 너머 남촌, 1990, 131〉

초승에 갈아서 하순에 먹는 **푸성가리**도 오풍십우(五風十雨로), 닷새에 하루는 바람이 있고 열흘에 한번씩은 비가 와야 반찬이 되는데, 하물며 인륜대사가 아닌가? 〈이문구, 산 너머 남촌, 1990, 136〉

벌레나 진디 읋는 **푸성가리** 사먹지 마라— 이게 노래랑께. 그러면 벌레먹은 푸성가리는 농약이 있어두 순박헌 농민이라 양심상 안 뿌린 게냐구 묻더면…
〈이문구, 으악새 우는 사연, 1977, 147〉

'푸성가리'는 표준어 '푸성귀'에 대응하는 충청도 방언형이다. 지역에 따라 '푸성거리, 푸성귀, 푸성구, 풋나물, 푸정구, 푸정가리, 푸징가리' 등으로 나타나기도 한다. '푸성가리'는 충청도와 강원, 경남 지역에서도 쓰이는 방언형이고, '푸성거리'는 제주도에서 주로 쓰인다. 이해 비

해 '푸정가리'나 '푸징가리'는 주로 전남지역에서 많이 쓰이고 '푸성구'
는 강원, 경기, 충청, 전라도 등 넓은 지역에서 쓰인다. '풋나물'은 경
상도와 충청도 일부 지역에서 쓰인다. 이와 같이 '푸성귀'에 대한 방언
형이 지역에 따라 다양하게 분포되어 있지만 개념적인 의미로는 모두
'채소'의 뜻으로 쓰인다.

푸장나무

- 표준어 : 잎나무
- 품　　사 : 명사
- 뜻풀이 : 가을에 잎이 떨어졌다가 봄에 새잎이 나는 떨기나무를 잎이 떨어지기 전에 베어 마련한 땔감을 이르는 말.
- 다른 방언형 : 잎나무
- 사용 지역 : 충청도

> 나는 소스라쳐 놀라 일어나 신발을 뒤집어 꿰고는, 마당 한켠 화덕에 **푸장나무**를 때고 앉았던 대복어메더러. 〈이문구, 제3세대한국문학9:李文求, 관촌수필, 1983, 94〉

'푸장나무'는 '푸장'과 '나무'가 결합된 합성어로 분석할 수 있다. '푸장'의 정확한 의미를 파악하기는 어렵지만 충청도 방언에서 장작을 패기 위한 나무인 '등걸나무'와 대립되는 '잎이 달린 줄기 나무'를 뜻하는 것으로 이해된다. 이때의 '나무'는 '땔감'을 뜻한다. 결국 '푸장나무'는 가을에 잎이 떨어졌다가 봄에 새 잎이 나는 나무 가운데 키가 작고 원줄기와 가지의 구별이 분명하지 않으며 밑동에서 가지를 많이 치는 떨기나무를 잎이 떨어지기 전에 베어 마련한 땔나무를 뜻하는 말이라고 할 수 있다. 요약하면 땔감으로 준비한 떨기나무 가지에 잎이 붙어 있는 것을 '푸장나무'라고 한다. 충청북도에서는 가지에 잎이 붙어 있는 땔나무를 '잎나무'라고도 한다. 땔감으로 준비하는 '푸장나무'의 재료로는 주로 떡갈나무와 진달래, 철쭉, 싸리나무, 물푸레나무, 옷나무, 붉나무 따위가 있다.

푸재사르기

- 표준어 : 대응 표준어 없음
- 품 사 : 명사
- 뜻풀이 : 풀을 태워 재를 만드는 일.
- 사용 지역 : 충청도

> 그게 무엇인가 하면 퇴비 베기와 **푸재사르기**, 그리고 도토리 줍기였다. 이
> 는 동동팔월의 바쁜 추수기에 앞서 논둑 밭둑 다 접어놓은 어정칠월에 할 일
> 이었다. 〈강준희, 이카로스의 날개는 녹지 않았다(상), 1996, 355〉
>
> **푸재**는 높은 산 중턱 양지쪽 풀이 무성한 곳에서 사르어야 하는데 이게 보
> 통 힘드는 게 아니었다. 〈강준희, 이카로스의 날개는 녹지 않았다(상), 1996, 355〉

'푸재사르기'는 풀을 태우고 남은 재를 뜻하는 '푸재'와 '사르다'가 결
합된 '푸재사르다'의 어간에 명사파생접미사 '-기'가 결합된 것으로 분
석할 수도 있고, 풀을 태우고 남은 재를 뜻하는 '푸재'와 '불에 태워 없
다'의 뜻으로 쓰이는 '사르다'의 어간 '사르-'에 명사를 만드는 접미사 '-
기'가 결합된 '사르기'가 결합된 것으로 분석할 수도 있다. 예문에서는
전자와 같이 분석하는 것이 너 나낳해 보인다. 후자와 같이 분석할 경
우 '사르기'가 독립해서 쓰이지 않는다는 점에서 자연스럽지 못한 반면
'푸재사른다, 푸재사르지, 푸재사르구'와 같은 활용형이 관찰된다는 짐
에서 합성어에서 파생된 것으로 보는 것이 타당함을 뒷받침해 주기 때
문이다.

'푸재'는 '푸'와 '재'의 합성어로 분석된다. '푸재'는 '풀재'의 받침 'ㄹ'

623

이 탈락한 것이다. '푸재'는 "끝소리가 'ㄹ'인 말과 딴 말이 어울릴 적에 'ㄹ' 소리가 나지 아니하는 것은 아니 나는 대로 적는다"는 한글 맞춤법 제28항의 규정에 따른 표기다. 즉 '불삽, 불나비, 불손, 쌀전'을 각각 '부삽, 부나비, 부손, 싸전' 등으로 적는 것과 마찬가지로 '풀(草)'의 'ㄹ' 받침이 'ㅈ' 앞에서 탈락한 것이다. 결국 '푸재'는 풀을 불에 태우고 남은 가루 모양의 재를 의미한다. '푸재사르기'는 푸재를 마련하기 위해 풀을 태우는 일을 이르는 말이다.

푸재를 사르는 방법은, 사방으로 한 길 이상의 생땅을 파고 그 구덩이 위에 서까래 굵기의 나무를 베어다가 우물정자 모양으로 올려놓고 그 위에 풀을 열 짐이고 스무 짐이고 베어다 쌓은 다음 불을 질러 풀을 태우는 것을 말한다. 풀이 다 타고 나면 재가 구덩이 안에 떨어져 쌓이는데 그것을 '푸재'라고 한다. '푸재'는 비료나 거름이 적었던 시절에 보리나 밀을 심을 때 거름으로 사용하기 위해 마련하였다.

풍장치다

- 표준어 : 풍물치다
- 품   사 : 동사
- 뜻풀이 : 농악에 쓰는 꽹과리, 태평소, 소고, 북, 장구, 징 따위의 악기를 불거나 치다.
- 다른 방언형 : 풍물치다
- 사용 지역 : 충청도

> 정초나 한가위 또는 동네에 무슨 경사가 있는 날은 이곳에서 **풍장치고** 상모 돌리고 버꾸치고 날라리 불며 한 마당 신명을 풀었다. 〈강준희, 이카로스의 날개는 녹지 않았다(중), 1996, 28〉

'풍장치다'는 '풍장'과 '치다'의 합성어로 분석된다. '풍장'은 '풍물'의 충청도 방언형이다. '풍장' 즉 '풍물'은 농악에 쓰는 꽹과리, 태평소, 소고, 북, 장구, 징 따위의 악기를 통틀어서 이르는 말이다. '풍장치다'는 '꽹과리, 북, 장구, 징 등을 두드리고 논다'는 뜻으로 쓰이는 표준어 '풍물놀이 하다'에 대응하는 말이다. 이 풍물로 연주하는 것이 '농악'이다. '농악'은 농촌에서 농부들이 '꽹과리, 태평소, 북, 장구, 징' 등의 악기로 연주하는 우리니리 고유의 음악이다. 나발, 날라리, 소고, 꽹과리, 북, 장구, 징 따위를 불거나 치면서 노래하고 춤추며 때로는 곡예를 곁들이기도 한다. 주로 정초나 추석 무렵 또는 백중 무렵에 술과 안주를 곁들이며 노는데 한 해의 안녕과 풍년을 기원하는 전통적인 풍습 가운데 하나다. 모내기를 하거나 논을 맬 때는 '꽹과리, 북, 장구, 징'만으로 풍장을 치기도 한다. 이때 논에서는 일꾼들이 모를 심거나 논을 매고 논두렁에서는 풍장을 치면서 선소리꾼이 일꾼들을 향하여 선소리를 매기면 일꾼들이 선소리를 받으면서 일을 한다.

충청도 방언에서 '풍장치다' 외에 '풍물치다'도 쓰인다. '풍물'을 치고 노는 것을 '풍물놀이'라고 하고 '풍장놀이'라고는 하지 않는다.

하냥

- 표준어 : 함께
- 품   사 : 부사
- 뜻풀이 : 둘 이상의 사람이 같이. 또는 둘 이상의 사람이 서로 더불어.
- 다른 방언형 : 같이
- 사용 지역 : 충청도, 전라도

"언니가 젤 많이 잡었지. 그지?" 흔들어 깨우고 나서 그렇게 물으니, "대복이는 더 많이 잡았을 텐디. 가서 대복이더러 와서 이 밥 **하냥** 먹자고 일러라." 하며 형은 독 안에 든 게부터 내게 건져 보낼 채비를 했다. 〈이문구, 관촌수필, 1972, 142〉

"너는 벨걸 다 걱정허더라, 동네 그까짓것들을 다 동무라고 그러네? 니가 얌전허구 공부 잘 허기루 소문나 있으닌게, 너구 **하냥** 놀먼 즤들이 쩔리닌게 피허는 것을……." 〈이문구, 관촌수필, 1972, 134〉

문정은 뚜렷한 갈망도 없이 **하냥** 다짐을 하다가 그만 무르춤하고 말았다. 〈이문구, 산 너머 남촌, 1990, 133〉

"대부께서 보시기에 앞으로는 어떨 것 같습니까요?"
"츠목과 **하냥** 늙자 헌 사람너러 새쌈빠지게 뭘 묻구 있는겨? 지집이 갈린 건 몰러두 젓가락 바뀐 건 알더라구, 수십 리 바깥 것이 산인지 구름인지 워찌 안다나? 백수모년(白首暮年)에 배차씨 장사를 해두 입을 지킬 줄 알으니게 구만두세야." 하고 석담은 웃었다. 〈이문구, 산 너머 남촌, 1990, 156〉

"아따 그렇게 갑갑허걸랑 광걸엄니 입던 게라두 갖다 한쌍 맹글어."
"우리 여편네 것은 남댑문표가 아녀. 남댑문표허구 **하냥** 놓면 또 짝재기가 된단 말여."

"그럼 무슨 표여? 왕십리표여?" 〈이문구, 으악새 우는 사연, 1977, 148〉

"아스슈, 아슈, 나는 뭐가 뭔지 모르겠어서 그냥 있었는디 다 **하냥** 늙어가는 츠지에 이게 무슨 꼴이라요." 〈이문구, 장한몽5최종, 1976, 653〉

"새루 한시가 거짐 됐을 텐디, 안 갈튜? 근수아버지 명복아버지가 와서 **하냥** 가자고 챷어쌓던디. 이장두 연장 잊지 말구, 지각 말라구 멫 번씩 방송허더먼……." 〈이문구, 우리 동네 金氏, 한국문학49, 1977〉

'하냥'은 표준어 '함께' 또는 '같이'에 대응하는 충청도 방언형이다. 위의 예문에서 보듯이 충청도 방언 '하냥'은 '놀다, 먹다, 다짐하다, 가다, 늙다, 놓다' 등과 같이 다른 사람과 함께 하는 뜻을 가진 동사와 호응할 때 자연스럽게 쓰이고 사물에 대하여는 거의 쓰이지 않는다. 이 때문에 '하냥'과 호응하는 동사의 동작이 미치는 대상은 주로 사람이지만 동물에게도 쓰인다. '하냥'은 '둘 이상의 사람이 같이 또는 둘 이상의 사람이 더불어'의 의미를 갖는다. 그런데 "모란이 지고 말면 그뿐, 내 한 해는 다 가고 말아 / 삼백 예순 날 하냥 섭섭해 우옵내다."(〈김영랑, 모란이 피기까지는〉)나 "눈이와도 하냥 푸른 소나무로 하여금 인간의 비정을 돌아다 보게 한다."(〈이병주, 고인과의 대화〉)에서와 같이 시나 소설과 같은 문학 작품에서는 '하냥'이 '늘' 또는 '계속하여 줄곧'의 의미로도 쓰인다는 것을 알 수 있다. 이는 지역에 따라 '하냥'의 의미와 용법이 다를 수 있음을 의미하는 것이다.

한무세월허다

- 표준어 : 대응 표준어 없음
- 품 사 : 동사
- 뜻풀이 : 시간의 구애를 받지 않고 여유 있게 행동하다.
- 다른 방언형 : 세월아네월아하다, 시월아니월아하다
- 사용 지역 : 충청도

"저냥 **한무세월허구** 한둔해 가며 걸어가자면 오죽 되구 어려울까."〈이문구,
제3세대한국문학9:李文求, 관촌수필, 1983, 47〉

'한무세월허다'는 '한무세월'과 '-허다'로 분석할 수 있다. '-허다'는
명사 뒤에 붙어 동사를 만드는 접미사다. 따라서 '한무세월허다'는 동
사가 된다. '한무세월'은 '한(限)＋무세월(無歲月)'로 분석할 수 있어
보인다. '한(限)'은 시간, 공간, 수량, 정도 따위의 끝을 나타내는 말로
주로 '없다'나 '있다'와 함께 쓰이는데 여기에서는 '없다'의 뜻인 '무(無)'
와 함께 쓰였다. '한무세월'은 '세월이 끝이 없다' 또는 '끝없는 세월'이
라는 뜻으로 해석되므로 '한무세월허다'는 '끝없는 세월(시간)처럼 여
기다', 즉 '세월(시간)을 한정하지 않다'의 뜻으로 해석된다. 따라서 예
문에서는 '한무세월하다'가 '시간의 끝이 없는 것처럼 여기고 서두르지
않고 느릿느릿 걸어가는 모습을 나타낸 것으로 이해할 수 있다.

한소식

- 표준어 : 깨달음
- 품　사 : 명사
- 뜻풀이 : 종교적으로 깊이 깨우친 이치. 또는 그런 경지.
- 사용 지역 : 충청도

세상의 삼라만상과 어천만사가 한낱 부질없고 무상해 **한소식**(깨달음)으로 선지식을 펴 중생을 구제한다는 불승. 〈강준희, 이카로스의 날개는 녹지 않았다(하), 1996, 196〉

한소식과 선지식의 경지에까지는 이르지 못한다할지라도 스님으로써의 최소한의 수행마저 못하는 그를 시간이 아까워서 더는 만날 수가 없었다. 〈강준희, 이카로스의 날개는 녹지 않았다(하), 1996, 197〉

미경은 그 동안 사문에 들어 불목하니부터 시작, 숱한 고행 끝에 중이 됐다며 명색이 올깨끼(일찍 계를 받는 것)는 받았으나 아직 **한소식**(깨달음)을 못 얻어 선지식을 펴지 못해 부끄럽다면서 또 합장을 했다. 〈강준희, 이카로스의 날개는 녹지 않았다(하), 1996, 283〉

'한소식'은 불가에서 주로 쓰는 말로 스님들이 수행 정진하여 깊이 깨우친 이치 또는 그런 경지를 뜻한다. '한소식'을 다른 말로 '깨우침' 또는 '바른 도리'라고 하기도 한다.

함폭

- 표준어 : 함뿍
- 품 사 : 부사
- 뜻풀이 : 분량이 차고 남도록 넉넉하게
- 다른 방언형 : 함뿍
- 사용 지역 : 충청도

砲彈으로 뚫은 듯 동그란 船窓으로/ 눈섶까지 부풀어 오른 水平이 엿보고, 하늘이 **함폭** 나려 앉어/ 크악한 암닭처럼 품고 있다. 〈정지용, 정지용시집, 海峽 1936, 40〉

그대의 눈을 들어 푸리 하오리까/ 속속드리 맑고 푸른 湖水가 한쌍 밤은 **함폭** 그대의 湖水에 깃드리기 위하야 있는 것이오리까./ 내가 감히 金星노릇하야 그대의 湖水에 잠길법도 한 일이오리까. 〈정지용, 정지용시집, 슬픈偶像 1936, 257〉

鋪道로 나리는 밤안개에/ 어깨가 저윽이 무거웁다. 이마에 觸하는 쌍그란 季節의 입술/ 거리에 燈불이 **함폭**! 눈물 겹구나. 〈정지용, 정지용시집, 歸路, 1936, 45〉

충청도 방언형 '함폭'은 위의 예문에서 보듯이 주로 동작을 나타내는 말 앞에 쓰여 '분량이 차고 남도록 넉넉하게' 정도의 의미로 쓰인다. 충청도 방언에서 '함폭' 외에 '함뿍'과 '함뿍'도 쓰인다.

해살하다

- 표준어 : 대응 표준어 없음
- 품　사 : 동사
- 뜻풀이 : 해치거나 다치게 하여 못살게 굴다.
- 사용 지역 : 충청도

최는 참새들이 처마 밑에 알자리를 보더라도 남들처럼 쑤석거려 **해살**할 생각이 없었다. 〈이문구, 제3세대 한국문학9:李文求, 우리 동네, 1983, 327〉

'해살하다'는 '해살-'과 '-하다'로 분석된다. '-하다'가 일부 명사나 어근에 붙어 동사를 만드는 접미사라는 점에서 '해살-'이 명사거나 어근이어야 한다. 그런데 충청도 방언에서 '해살'이 명사로 쓰이는 예는 관찰되지 않으므로 '어근'으로 보는 것이 좋을 듯하다. '해살'은 누군가를 해치거나 물건을 깨뜨리는 모질고 악한 행동을 뜻하는 어근이다. 따라서 '해살하다'는 '누군가를 해치거나 물건을 깨뜨리는 모질고 악한 행동을 하다'의 뜻을 갖는다고 할 수 있다. 예문에서는 '해살하다'가 참새 알을 쑤석거려 알을 깨뜨리거나 알을 곯게 하여 알을 깔 수 없게 한다는 뜻으로 쓰였다.

해설프다

- 표준어 : 설핏하다
- 품　사 : 형용사
- 뜻풀이 : 해가 기울어져 밝았던 햇빛이 약하다.
- 다른 방언형 : 해설푸다, 설풋하다
- 사용 지역 : 충청도

시월도 다 가던 어느 날 **해설픈** 새참 때나 되어서 있은 일이다. 조무래기들로 시끌덤벙한 소리와 사나운 울부짖음 소리가 귀에 들어와 밖을 내다보게 되었다. 〈이문구, 관촌수필, 1972, 157〉

'해설프다'는 '해'와 '설프다'가 결합된 말로 분석할 수 있다. '설프다'는 '설핏하다'와 관련이 있는 것으로 보인다. '설핏하다'는 '밝았던 햇빛이 약해진 모양'을 뜻하는 어근 '설핏'에 접미사 '-하다'가 결합되어 형용사가 된 것이다. 해가 기울어져서 밝았던 햇빛이 약해질 때 쓰는 말이다. 해가 아직 넘어가지 않아 저녁노을도 생기지 않고 황혼도 깃들지 않은 해거름 무렵의 상태를 나타내는 말이다. '해설프다'와 바꾸어 쓸 수 있는 충청도 방언으로 '해설푸다'와 '설풋하다'가 있고 표준어형 '설핏하다'도 쓰인다. '설핏하다'와 '설풋하다'는 주로 '해가 설핏하년', '해만 설풋하면' 등과 같이 반드시 '해'와 공기한다는 특징이 있다. '해설푸다'는 '해설프다'가 원순모음화한 형태다.

'해설프다'나 '설핏하다'와 관련된 충청도 방언으로 '해설피'가 있다. '해설피'는 '해가 넘어갈 무렵 햇빛이 약하게 된 모양'을 나타내는 말이다. '해설피'는 '해설프다'에 부사파생 접미사 '-이'가 결합된 것으로 이해된다. '해설피'는 '해가 설핏하게'로 풀이할 수 있다. '설핏하다'는 해가 기울어 한낮의 강렬하던 햇빛이 힘을 잃어 약하게 된 상태를 이르는 형용사다. 시간적으로 보면 저녁 무렵이 되어 한낮의 뜨겁고 밝은 햇빛이 한풀 꺾여 약해진 상태를 나타낼 때 '해가 설핏하다'고 한다. 해가 설핏한 때를 지나면 해가 넘어가면서 저녁노을이 생기고 어둠이 깔리게 된다.

해전치기

- 표준어 : 대응 표준어 없음
- 품　사 : 명사
- 뜻풀이 : 하루해가 지기 전에 일을 마무리하는 일.
- 사용 지역 : 충청도

　　해전치기를 할 수 있는 둘레의 안산을 두루 뒤지고 나면 그녀는 매일같이 묵을 쑤어 팔기 시작했으며, 그녀의 묵판은 장터까지 차례 갈 겨를 없이 의례건 동네에서 바닥이 났다. 〈이문구, 제3세대한국문학9:李文求, 관촌수필, 1983, 191〉

　　'해전치기'는 '해전'과 '치기'가 결합된 말로 분석할 수 있다. '해전'은 해가 지기 전 또는 하루 종일을 뜻하고 '치기'는 '볼일을 보다'의 뜻으로 쓰이는 '치다'의 어간 '치-'에 명사파생 접미사 '-기'가 결합된 것으로 이해된다. 충청도 방언에서 '해전'은 "해전 어디 갔다 인제 오니?"나 "해전 놀다가 저녁때가 다 돼서 집에 들어왔어." 등에서와 같이 주로 '하루 종일'의 뜻으로 쓰인다. '해전'의 본래 의미는 '해가 지기 전'이었는데 이것이 하루 종일의 의미로 변한 것으로 보인다.

　　'해전치기'를 '해전치-+-기'로 분석할 수도 있다. 충청도 방언에서 '해전치구 와야지'나 '해전치는 걸 뭐.', '해전치잖어'와 같은 활용형이 관찰되지 않는다는 점에서 합성어 '해전치다'의 어간 '해전치-'에 명사를 만드는 접미사 '-기'가 결합된 것으로 보는 것은 타당해 보이지 않는다. '해전치기'는 해가 지기 전에 볼 일을 마치는 일 또는 하루 안에 볼 일을 끝내는 일의 의미로 쓰인다. '해전치기'와 같은 구성을 이루는 말로 '환치기, 돈치기, 엿치기' 등이 있다.

해톤

- 표준어 : 양식
- 품　사 : 형용사
- 뜻풀이 : 사람이 사는 데 필요한 먹을 거리.
- 다른 방언형 : 식량
- 사용 지역 : 충청도

"올 같은 어거리풍년에두 벌써 내년 보릿동에 **해톤** 댈 걱정을 허슈?" 〈이문구, 제3세대한국문학9:李文求, 우리 동네, 1983, 311〉

말이 그렇지 요새같이 밭곡식으로 반양식하여 **해톤**을 대는 보릿동이고 보면, 옴니암니 나가는 씀씀이조차도 기워낼 도리가 없던 것이다. 〈이문구, 제3세대한국문학9:李文求, 우리 동네, 1983, 324〉

모내기가 늦어 추수는 예년의 절반도 못 추릴 터에 지하수 뚫느라고 얻어 쓴 빚을 가리고 나면 무엇으로 **해톤**을 댈는지, 모도 심기 전에 명년 봄 보릿동 넘길 양식 걱정부터 앞당기지 않을 수 없이 된 판이었다. 〈이문구, 제3세대한국문학9:李文求, 우리 동네, 1983, 357〉

'해톤'은 사람이 먹고 살 기위해 필요한 먹을거리를 일컫는 말이다. 주로 '대다'와 함께 '해톤 댈, 해톤을 대는, 해톤을 댈는지' 등 '해톤 대다'의 구성으로 쓰인다. '해톤 대다'는 가을에 수학한 곡식으로 이듬해 햇보리가 날 때까지 먹을 양식을 댄다는 뜻으로 쓰이는 말이다.

'해톤'은 한글맞춤법 제7항의 "'ㄷ'소리로 나는 받침 중에서 'ㄷ'으로 적을 근거가 없는 것은 'ㅅ'으로 적는다."는 규정에 따라 '해톳'으로 적어야 옳다.

허발나다

- 표준어 : 허발하다
- 품　사 : 형용사
- 뜻풀이 : 몹시 굶주려 있거나 궁하여 체면 없이 함부로 먹거나 덤비는 성질이 있다.
- 다른 방언형 : 허벌나다, 허발딩겁하다, 허발딩겁을 하다
- 사용 지역 : 충청도

놈들은 흡사 꽁치에 상성이 되고 쌀밥에 포원이라도 진 듯 아귀아귀 먹어댔다. 나는 이런 놈들을 보자 그만 명치가 뻐근하고 콧날이 시큰해졌다. 아내도 **허발나게** 퍼먹어대는 놈들을 멀거니 보다 말고 고개를 돌렸다. 그러며 "찬찬히 먹어. 체할라." 했다. 〈강준희, 이카로스의 날개는 녹지 않았다(하), 1996, 38〉

원춘이와 미라는 이 진귀한 성찬에 제세상 만난 듯 눈을 동그랗게 뜨고 **허발나게** 먹어댔다. 〈강준희, 이카로스의 날개는 녹지 않았다(하), 1996, 43〉

아, 이때의 그 메밀묵 맛을 어디다 비길까. 우리는 땀을 뻘뻘 흘리며 묵 한 사발을 **허발나게** 먹는데 이상하게도 이때쯤이면 뒷산에서 바람소리가 우우 났고 누구의 집에선가 다듬이질 하는 소리가 전설처럼 또드락또드락 들려왔다. 〈강준희, 이카로스의 날개는 녹지 않았다(중), 1996, 47〉

나는 몇 끼 굶은 사람처럼 **허발나게** 밥 한 그릇을 때려 눕혔다. 〈강준희, 이카로스의 날개는 녹지 않았다(중), 1996, 247〉

춘궁기에는 그래도 냉이 달래 쑥 산나물 같은 구황초라도 있었지만 밀 보리의 하곡이 다 떨어진 음력 7월은 가을 햇곡이 아직 나오지 않을 때여서 생배를 곯다시피 했다. 그래 사람들은 금쪽만큼이나 귀한 술과 고기를 걸신들

린 듯 **허발나게 먹어댔다.** 〈강준희, 이카로스의 날개는 녹지 않았다(상), 1996, 235〉

그러나 우리 집은 형편이 어려워 국수가 고작이었다. 한데도 청년들은 국수를 두 그릇씩이나 **허발나게 먹었다.** 어머니의 국수 솜씨가 유별났기 때문이었다. 〈강준희, 이카로스의 날개는 녹지 않았다(상), 1996, 355〉

'허발나다'는 '허발'과 '나다'로 분석할 수 있다. 충청도 방언 '허발나다'는 몹시 굶주려 있거나 궁하여 체면 없이 함부로 먹거나 덤비는 것을 이르는 어근 '허발'에 일부 명사나 명사성 어근 뒤에 붙어서 그런 성질이 있음을 더하고 형용사를 만드는 접미사 '-나다'가 결합된 말이다. '허발나다'는 주로 '허발나게'의 꼴로 '먹다'와 함께 쓰여 몹시 굶주려 있거나 궁하여 체면 없이 함부로 먹거나 덤비는 모양을 가리킬 때 쓰인다.

위 예문에서는 '허발나다'가 체면없이 함부로 먹거나 덤비는 것을 뜻하는 말로 쓰였지만 지역에 따라 '허발나게' 또는 '허벌나게'의 꼴로 쓰여 체면이나 염치 불구하고 '어떤 일을 정신없이 마구 하거나 정신 차릴 수 없이 당하다'의 뜻으로 쓰인다. '허벌나다'는 다음의 예문에서와 같이 주로 '허벌나게'의 꼴로 쓰인다.

괜히 나섰다가 허벌나게 두드려 맞았다.
제일 힘이 세어 보이는 녀석을 허벌나게 두들겨 팼다.

충청도 방언에서 '허발나게 먹는다'와 같은 뜻으로 '허발딩겁을 하구 먹는다'와 '허벌딩겁을 하더라'에서와 같이 '허발딩겁'과 '허벌딩겁'이 쓰인다. 전라도 지역에서는 주로 '허벌나게'의 꼴로 쓰인다.

허울차다

- 표준어 : 대응 표준어 없음
- 품　사 : 형용사
- 뜻풀이 : 겉으로 보기에 훌륭하고 튼실하다.
- 사용 지역 : 충청도

> 몇 백 년을 자랐는지 모르는 굵은 참나무가 듬성듬성 서 있는 중에서 그중 꼿꼿하고 **허울찬** 놈을 골랐던 것이다. 그래 도끼질꾼들도 신이 나서 그날 해 전으로 나무를 쓰러눕히고 우둥지를 족여버렸다. 〈이기영, 봄봄, 1989, 95〉

'허울차다'는 '생긴 겉모양'을 뜻하는 어근 '허울'에 '이지러진 데가 없이 아주 온전하다'는 뜻을 가진 '차다'가 결합된 말로 분석된다. 그런데 이때의 '차다'는 본래 '어떤 한도에 이르는 상태가 되도록 가득하게 되다'의 뜻을 가진 형용사에서 기원한 것으로 보인다. '차다'를 형용사로 보면 '허울'은 부사가 되어야 하는데 예문에서 보듯이 '허울'을 부사로 볼 수 없다는 점에서 '-차다'는 접미사로 보아야 한다. 다만 이때의 '-차다'는 형용사에서 기원한 것으로 형용사를 만드는 문법적인 기능만 하는 접미사와는 성격이 다른 것으로 보이다.

표준어의 '허울'은 '허울 뿐이다, 허울 좋은 개살구, 허울 좋은 하눌타리' 등의 예에서 보듯이 '내용은 보잘것없고 겉모습만 그럴 듯하다'의 뜻으로 쓰이는 것이 일반적이라는 점에서 '생긴 겉모양'을 뜻하는 '허울'과는 의미상 다소의 차이가 있다.

허채이

- 표준어 : 언청이
- 품   사 : 명사
- 뜻풀이 : 선천적으로 윗입술이 세로로 찢어진 사람. 또는 그렇게 찢어진 입술.
- 다른 방언형 : 허챙이, 헤챙이, 어채이, 어챙이, 어칭이, 어치이, 언챙이, 얼챙이, 얼칭이, 입때기, 입째지개, 째보
- 사용 지역 : 충청도, 강원도, 경기도, 경상도, 전라도, 평안도, 함경도, 황해도

"인심이야 바깥 양반도 좋지. 지주 치고 그양반 만한 이도 없어. 성질이 불칼이라 그렇지, 경우 바르고 인정 많고……."
"허채이(언청이) 아니면 일색이지, 성질 불같아 덕될 거 뭐 있어." 〈강준희, 이카로스의 날개는 녹지 않았다(상), 1996, 61〉

'허채이'는 표준어 '언청이'에 대응하는 충청도 방언형이다. '허채이'는 '허챙이'의 받침 'ㅇ'이 어말 모음 '이' 앞에서 약화 탈락한 형태다. '허챙이'나 '허채이'형은 경기, 경북, 충북, 함북, 황해 등 중부 지역에서 많이 쓰인다. 표준어 '언청이'에 대응하는 방언형은 '허챙이' 외에도 '어채이, 어챙이, 언챙이, 얼챙이, 얼칭이, 입때기, 째보, 헤챙이' 등 다양하다. '어채이, 어챙이, 언챙이, 얼챙이, 얼칭이'는 같은 계열의 방언형인데 주로 경기, 강원, 전남, 충남, 충북 등 중부 지역에서 많이 쓰이는 형태들이다. '언챙이'는 '언청이'가 움라우트 되어 '언쳉이'로 되었던 것인데 둘째음절 위치에서 모음 '에'가 '애'에 합류한 결과가 반영된 것이다. '어챙이'는 '언챙이'의 받침 'ㄴ'이 탈락한 형태이고 '어채이'는 '어챙이'의 어말 모음 '이' 앞에서 받침 'ㅇ'이 탈락한 형태다. '얼칭

이'는 '얼챙이'의 둘째음절 모음 '에'가 구개음 'ㅊ' 아래서 고모음화 한 것으로 보인다. 특이한 형태인 '입때기, 입째지개'형은 주로 함경북도와 함경남도 지역에서 쓰이고 '째보'형은 강원, 전북, 경남, 충남, 전남, 충북, 경북, 평남, 평북, 황해 등 주로 중부 지역과 그 인접 지역에서 쓰인다.

헐떠덕거리다

- 표준어 : 헐떡거리다
- 품　　사 : 동사
- 뜻풀이 : 신 따위가 헐거워서 자꾸 벗겨지려고 하다.
- 다른 방언형 : 헐떡거리다
- 사용 지역 : 충청도, 강원도, 함경도

> 그러느라 신발이 **헐떠덕거려** 자꾸 벗어졌고 치마는 진흙이 매대기로 칠해져 매란이 없었다. 〈강준희, 이카로스의 날개는 녹지 않았다(중), 1996, 132〉

'헐떠덕거리다'는 '헐떠덕-'과 '-거리다'로 분석할 수 있다. '헐떠덕-'은 신 따위가 헐거워서 자꾸 벗겨지려고 하는 모양을 나타내는 말이고 여기에 동작 또는 상태를 나타내는 일부 어근 뒤에서 '그런 상태가 잇따라 계속됨'의 뜻을 더하고 동사를 만드는 접미사 '-거리다'가 붙어서 된 말이다. '헐떡거리다'에 비해 '헐떠덕거리다'는 신 따위가 벗겨지려는 동작이 이중으로 일어나는 것을 나타내는 기능이 있다.

'헐떡거리다'는 신이 벗겨지려는 동작이 한 번씩 잇달아 일어나는 것을 나타내는데 비해 '헐떠덕거리다'는 신이 벗겨지려는 동작이 한 번에 연거푸 두세 번씩 헐떡거리는 것을 나타낸다. 이와 비슷한 구성으로 이루어진 말로 '펄럭거리다'와 '펄러덕거리다'가 있다. 표준어에서는 '펄럭거리다'를 '펄러덕거리다'의 준말이라고 설명하고 있는데 의미상 약간 차이가 있다. '펄럭거리다'는 '펄럭'과 '-거리다'로 분석되는데 '펄럭'은 '깃발 따위가 바람에 빠르고 힘차게 한 번 나부끼는 모양'을 뜻하는 어근이고 '-거리다'는 어근 '펄럭' 뒤에 붙어 어근이 의미하는 상태가 잇따라 계속됨의 뜻을 더하고 동사를 만드는 접미사다. 따라서 ‘펄럭거리다’는 깃발 따위가 바람에 빠르고 힘차게 나부끼는 모양이 잇따라 일어나는 것을 뜻하는데 비해 ‘펄러덕거리다’는 깃발 따위가 한 번에 연거푸 두세 번씩 바람에 힘차게 나부끼는 모양을 나타낸다.

　‘펄러덕거리다’는 이불이나 홑이불 따위를 들었다 놓았다 해서 이불이나 홑이불이 파도치듯이 아래 위로 펄럭일 때 나는 소리나 그런 모양을 나타낼 때 쓰이기도 한다. 어린아이들이 이불 속에서 장난을 치면 이불이 들썩거리는데 이런 경우에도 ‘펄러덕거리지 마라.’고 한다.

헤고제치다

- 표준어 : 대응 표준어 없음
- 품 사 : 동사
- 뜻풀이 : 잘난 체하거나 우쭐하며 기세 좋게 과장하여 행동하다.
- 다른 방언형 : 히구제치다, 시구제치다
- 사용 지역 : 충청도

> 의암은 의기양양 **헤고제쳤다.** 처녀는 이런 김 의암에게 홀딱 반했다. 〈강준희, 이카로스의 날개는 녹지 않았다(중), 1996, 36〉

'헤고제치다'는 '헤다'와 '제치다'가 합성된 말이다. '헤다'는 여럿 가운데서 가장 잘난 체하며 마음대로 행동하는 것을 뜻하는 말이고 '제치다'는 '젖히다'의 충청도 방언형으로 어떤 행동을 크고 힘차게 하다의 뜻으로 쓰인다. 따라서 '헤고제치다'는 '잘난 체하거나 우쭐하며 기세 좋게 과장하여 행동하다'의 뜻을 가지는 것으로 해석할 수 있다. '헤고제치다'에는 다른 사람에게 과시한다는 뜻과 행동을 과장한다는 의미가 함축되어 있기 때문이다. 충청도 방언에서 '헤고제치다' 외에 '히구제치다'와 '시구체치다'도 같은 의미로 쓰인다. '시구체치다'는 '히구제치다'의 구개음화형이다.

헤멀겋다

- 표준어 : 희멀겋다
- 품 사 : 형용사
- 뜻풀이 : 눈 따위가 맑지 않아 생기가 없고 게슴츠레하다.
- 다른 방언형 : 허여멀겋다, 희멀겋다
- 사용 지역 : 충청도, 북한

박성녀는 이를 해 — 벌리며 웃는다. 불암소 꼬리 같은 노란 머리를 간신이 정수리에 감어 언고 눈꼽이 낀 매꼰한 두 눈을 **헤멀거니** 뜨고 섰는 모친의 경상을 쳐다볼수록 인순이는 가슴이 멍쿨하였다. 그것이 갑숙이의 애젊은 고운 살결과 또는 맵시있는 비단옷과 서로 좋은 대조가 되었다. 〈이기영, 고향, 1947, 105〉

"그래두 우리집에서는 거짓말을 안 했단다. 그짓말하니까 끼었었다."

쇠득이는 저만큼 서서 **헤멀건** 눈을 끄먹어리며 뜨염뜨염 하는 말을 방울방울 떨어트린다. 그는 평생에 남과 다투어 본 적이 없던 만큼 처음으로 성난 꼴을 본 여러 사람들은 어룬 아이 할 것 없이 모두 그 꼴이 웃읍게 보였다. 〈이기영, 고향, 1947, 244〉

비로소 경호는 옥희의 말을 믿고 이러나 앉으며 허트러진 머리를 씨다듬는다. 그는 오히려 흥분된 모양으로 장차 옥희의 입에서 무슨 말이 나올는지 모르는 불안에 쌓인 것처럼 **헤멀건** 두 눈을 끄먹그먹하고 앉었다. 〈이기영, 고향 4, 1947, 292〉

'헤멀겋다'는 '희고 멀겋다'의 뜻으로 쓰이는 표준어 '희멀겋다'의 충청도 방언형으로 '헤-'와 '멀겋다'로 분석할 수 있다. '헤-'는 표준어 '희다'의 어간 '희-'의 변이형이고, '멀겋다'는 '투명하게 맑지 않고 약간 흐릿하다' 또는 '국물 따위가 진하지 않고 매우 묽다' 또는 '눈에 정기가 없고 흐릿하다' 등의 뜻으로 쓰이는 형용사다. 예를 들면 '헤멀건 막걸리 한 사발을 죽 들이켰다', '헤멀건 국물을 한 대접 마셨다', '헤멀건 눈', '눈이 헤멀겋다'와 같이 쓰인다.

충청도 방언에서 '헤멀겋다' 외에 '허여멀겋다'와 '희멀겋다'도 쓰인다. '허여멀겋다'는 '허옇다'의 어간 '허여-'와 '멀겋다'가 합성된 말이고 '희멀겋다'는 '희다'의 어간 '희-'와 '멀겋다'가 합성된 말이다. '허옇다'는 '산뜻하지 않고 탁하고 흐릿하게 희다'의 뜻으로 쓰이고 '희다'는 '눈이나 우유의 빛깔과 같이 밝고 선명하다'의 뜻으로 쓰인다. 따라서 '허여멀겋다'가 '희멀겋다'보다 더 탁하고 산뜻하지 않으면서 흰빛이 돈다는 뜻으로 쓰인다.

헤벌씸하다

- 표준어 : 헤벌쭉하다
- 품　사 : 형용사
- 뜻풀이 : 입이나 구멍 따위가 속이 들여다보일 정도로 벌어져 있다.
- 다른 방언형 : 뻘쭘하다
- 사용 지역 : 충청도

　　그는 1년 내내 남과 다투는 법이 없었고, 집안에서도 큰소리 한 번 내지 않았다. 그는 늘 **헤벌씸하게** 웃고 다녔는데 속이 좋기로는 들꽃말에서도 제일이었다. 〈이광복, 목신의 마을, 1991, 23〉

　　표준어의 '헤벌쭉하다'가 어근 '헤벌쭉'에 접미사 '-하다'가 결합되어 이루어진 것과 마찬가지로 '헤벌씸하다'는 '들여다보일 듯 말듯 한 정도로 입이 벌어져 있는 모양'을 뜻하는 어근 '헤벌씸'에 형용사를 만드는 접미사 '-하다'가 결합되어 이루어진 말이다. '헤벌씸하다'는 항상 입안이 들여다보일 정도로 입을 벌리고 다니는 모습을 가리킬 때 또는 안이 들여다보일 정도로 문이 약간 열려 있는 모양을 나타낼 때 쓰는 말이다. 또한 단정하거나 야무지지 못하고 어딘가 풀어져 있는 모양을 나타낼 때에도 쓰이는데 이때는 부정적인 의미가 내포되어 있다.

　　'헤벌씸하다'와 비슷하게 쓰이는 충청도 방언형으로 '뻘쭘하다'가 있다. '헤벌씸하다'가 사람에 대하여 쓰이는 데 비해 '뻘쭘하다'는 사람에 대하여는 쓰이지 않고 주로 '문'이나 '서랍' 등과 같은 사물에만 쓰인다는 점에서 차이가 있다. 따라서 '방문이 헤벌씸하게 열려 있다.'와 같은 표현은 쓰이지 않고 '방문이 뻘쭘하게 열려 있다.'와 같이 쓰인다.

협호살이

- 표준어 : 협호살림
- 품　　사 : 동사
- 뜻풀이 : 남의 집 본채와 떨어져 있어서 딴살림을 할 수 있게 되어 있는 집채를
　　　　　빌려서 사는 것.
- 다른 방언형 : 서포살이
- 사용 지역 : 충청도

> 그렇지 않고서야 이런 궁촌에 방만 한 칸 달랑 얻어 **협호살이**를 할 리가
> 없다고 했다. 〈강준희, 이카로스의 날개는 녹지 않았다(상), 1996, 46〉

'협호살이'는 본채와 떨어져 있어서 딴살림을 하게 되어 있는 집채를
뜻하는 '협호'에 어디에 기거하여 사는 생활을 뜻하는 접미사 '-살이'가
결합된 것으로 분석된다. 따라서 '협호살이'는 남의 집 본채와 떨어져
있어서 딴살림을 할 수 있게 되어 있는 집채를 빌려서 사는 생활을 뜻
한다. 충청도 방언형으로 '협호살이' 외에 '서포살이'도 쓰인다. '서포살
이'는 '협호살이>섭호살이>서포살이'의 과정을 거친것이다. '협호살이>
섭호살이'는 'ㅎ' 구개음화를 겪은 것이고 '섭호살이>서포살이'는 음성
에 이끌려 재구조화한 결과라고 할 수 있다. 왜냐하면 '서포살이'를 쓰
는 화자들은 이 말의 어원이 무엇인지 모르고 있기 때문이다.

　참고로 ≪표준 국어 대사전≫에는 표준어 '협호살림'에 대한 뜻풀이
가 충청도 방언 '협호살이'와 같이 되어 있는데 뜻풀이가 바람직해 보
이지 않는다. 왜냐하면 '-살림'은 '한 집안을 이루어 살아가는 일'의 뜻
을 더하는 접미사이고, '-살이'는 '어떤 일에 종사하거나 어디에 기거하

여 사는 생활'의 뜻을 더하는 접미사이기 때문이다.

'시집살이'와 '셋방살이', '시집살림'과 '셋방살림'의 관계도 마찬가지다. '시집살이'와 '셋방살이'는 각각 '시집에 기거하여 사는 생활'과 '셋방에 기거하여 사는 생활'의 뜻으로 쓰이지만 '시집살림'과 '셋방살림'은 각각 '시집을 이루어 살아가는 일'과 '셋방을 이루어 살아가는 일'의 뜻으로 쓰여 의미상 커다란 차이가 있다.

'협호살이'와 같은 구성을 이루는 충청도 방언형으로 '지경살이, 머슴살이, 종살이, 처가살이' 등이 있다.

호랑이가 새끼 칠 정도다

- 표준어 : 호랑이가 새끼 치겠다
- 품　사 : 속담
- 뜻풀이 : 김을 매지 않아 논밭에 풀이 무성함을 꾸짖거나 비꼬기 위해 비유적으로 이르는 말.
- 다른 방언형 : 호랑이 새끼 쳐 가겠다.
- 사용 지역 : 충청도

> 밭은 **호랑이가 새끼칠** 정도로 바랭이가 우거졌고, 햇볕은 무쇠라도 녹을 듯 퍼부어대 하루종일 김을 매고 나면 몸이 소금에 절인 푸성귀처럼 풀이 죽어 늘어졌다. 〈강준희, 이카로스의 날개는 녹지 않았다(상), 1996, 280〉

호랑이는 깊은 산중에 사는 맹수로 사람의 눈에 띄지 않는 은밀한 곳에 새끼를 낳아 기른다. '호랑이가 새끼 칠 정도'는 호랑이가 몸을 숨기고 새끼를 칠 정도로 논이나 밭에 풀이 무성한 것을 비유적으로 이르는 말이다. 즉 게을러서 논이나 밭에 난 풀을 뽑지 않아 풀이 무성함을 빗대어 꾸짖거나 비꼬면서 비유적으로 이를 때 쓰는 속담이다.

충청도 방언으로 '호랑이가 새끼 칠 정도다' 외에 '호랭이가 새끼 쳐 가겠다'나 '호랭이가 새끼 치겠다'도 같은 의미로 쓰인다.

호맹이

- 표준어 : 호미
- 품　사 : 명사
- 뜻풀이 : 김을 매거나 감자나 고구마 따위를 캘 때 쓰는 쇠로 만든 농기구. 끝은
　　　　뾰족하고 위는 대개 넓적한 삼각형으로 되어 있는데 목을 가늘게 휘어
　　　　구부린 뒤 둥근 나무 자루에 박는다.
- 다른 방언형 : 호매이, 호무, 호미
- 사용 지역 : 충청도, 경기도, 강원도, 경상도, 전라도

> "그러다가 **호맹이**루 막을 디 가래루두 못 막느믄 그래유." 〈이광복, 목신의 마
> 을, 1991, 184〉

'호맹이'는 표준어 '호미'의 방언형으로 강원도, 경기도, 경상도, 전
라도, 충청도 등 넓은 지역에서 쓰인다. 제주도에서는 '호미'의 방언형
으로 '갈갱이, 갈개'형이 쓰이고, 나머지 지역에서는 주로 '호맹이'와
같거나 비슷한 계열인 '호매이, 호매, 호무' 등이 쓰인다. 충청도 방언
에서 '호맹이'는 '호매~이'와 같이 받침 'ㅇ'이 약화되면서 비모음화하
거나 '호매이'와 같이 받침 'ㅇ'이 완전히 탈락된 형태로 나타나기도 한
다. '호맹이'와 동일한 양상을 보이는 예들로 표준어 '호랑이, 지팡이,
아지랑이…' 등에 대응하는 각각의 충청도 방언형으로 '호랭이∽호래~
이∽호래이'와 '지팽이∽지패~이∽지패이', '아지랭이∽아지래~이∽아
지래이' 등이 쓰인다.

호미거리

- 표준어 : 호미씻이
- 품　사 : 명사
- 뜻풀이 : 농가에서 농사일, 특히 논매기의 만물을 끝낸 음력 7월 백중 무렵에 날
을 받아 술과 음식을 먹으며 하루를 즐기며 노는 일.
- 다른 방언형 : 호무거리, 호무씻이, 호미씻이, 호미씨새, 호무시
- 사용 지역 : 충청도

"내 말이 그 말이라. 나두 여름내 **호미거리** 한번 맘 먹구 못 해봤으니
께⋯⋯."
"**호미거리**는 뭐래유?"
오서기가 물었다.
"들일 끝낸 기념으로 허는 게 **호미거리**지 뭐유. 장 보구 와서 허는 건 쇠주
거리⋯⋯ 소 사온 날 허는 건 여물거리⋯⋯ 개 먹은 날 허는 건 외발거
리⋯⋯ 한짝다리 들고 해야 잘 되니께⋯⋯." 〈이문구, 으악새 우는 사연, 1977, 139〉

'호미거리'는 표준어 '호미씻이'에 대응하는 충청도 방언형으로 김을
매거나 감자나 고구마 따위를 캘 때 쓰는 쇠로 만든 농기구를 뜻하는
'호미'와 일부 명사에 붙어 그 명사와 관련한 일로 한턱내는 일을 뜻하
는 접미사 '-거리'가 결합된 말로 이해된다.

'호미거리'는 농촌에서 마지막 논매기가 끝나서 더 이상 호미를 쓸
일이 없어 호미를 씻어 둔다고 하여 유래된 말이다. 주로 칠월 백중
무렵에 농토가 많은 부잣집에서 머슴이나 일꾼들에게 하루 날을 잡아
술과 음식을 제공하여 나누어 먹으면서 즐겨 노는 세시풍속의 하나다.
부잣집에서는 이때 머슴이나 일꾼들에게 새 옷을 마련해 주거나 용돈

을 주기도 한다.

'호미거리'와 같은 구성을 이루는 충청도 방언형으로 '여물거리, 책거리, 쇠주거리, 외발거리' 등이 있다.

'여물거리'는 소를 사왔을 때 소를 산 기념으로 소가 잘 자라라고 사람들에게 술과 안주로 한턱내는 일을 가리키고, '책거리'는 예전에 서당이나 글방에서 학생이 책 한 권을 다 읽어 떼거나 다 베껴 쓰고 난 뒤에 선생과 동료들에게 떡이나 음식 등으로 한턱내는 일을 가리킨다. '책거리'는 '책씻이'라고도 한다. '쇠주거리'는 장을 보고 와서 기분이 좋아 술을 한 잔 하면서 즐기는 일을 가리킨다. '쇠주'는 '소주'의 충청도 방언형이다. '외발거리'는 개를 잡아먹은 기념으로 술과 안주를 한턱내는 일을 가리킨다. 개는 집을 나서면 자기 영역을 표시하거나 집을 찾아오기 위해 나무나 기둥, 벽 등에 뒷다리 하나는 들고 외발로 서서 오줌을 지려 놓는다. 개가 이렇게 외발로 서서 볼일을 보는 것에 빗대어 '외발거리'라고 한다.

혼구녕

- 표준어 : 혼구멍
- 품 사 : 명사
- 뜻풀이 : 사람의 몸 안에서 몸과 정신을 다스린다는 비물질적인 것(혼)이 드나드는 구멍이라는 뜻으로 매우 심한 꾸지람을 비유적으로 이르는 말.
- 다른 방언형 : 혼구멍, 혼구녁
- 사용 지역 : 강원도, 경상도, 전라도, 충청도, 평안도, 함경도, 황해도

꺽정이가 화가 나서 쑥덕공론하는 사람의 본보기로 안해를 회령에 끌어내다가 **혼구녕**을 내고 시픈 생각까지 낫섯스나 꿀걱 참고 〈홍명희, 임거정3, 1939, 41〉

"이런 오구러질 여편네, 에미버텀 **혼구녕**을 내놔야 쓰겠구먼." 〈이문구, 제3세대 한국문학9:李文求, 관촌수필, 1983, 107〉

"담뱃집 것이, 그 섯바닥 빠진 년이 공중 와설랑 사람 오장육부를 홀랑 뒤집어 놓구 가잖여. **혼구녕**을 내줄랑께 시적부적 가버리네." 〈이문구, 한국소설문학대계 55, 관촌수필, 1995, 325〉

제년헌티 들키기나 허야 **혼구녕**을 내주지유. 〈이문구, 한국소설문학대계 55, 관촌수필, 1995, 115〉

'혼구녕'은 '혼'과 '구녕'의 합성어로 분석된다. '혼구녕'과 같은 의미로 쓰이는 또 다른 충청도 방언으로 '혼구멍'이 있다. '혼구멍'은 '혼'과 '구멍'으로 분석된다. 주로 '내다'나 '나다'와 함께 '혼구멍을 내다, 혼구녕을 내다, 혼구멍이 나다, 혼구녕이 나다'의 구성으로 쓰인다. '혼'은

한자어 '혼(魂)'을 뜻하는 말이고 '구녕'은 '구멍'의 충청도 방언형다. 따라서 '혼구녕'은 '혼구멍'과 같은 말이다. '혼구멍'과 '혼구녕'은 둘다 사람의 몸 안에서 몸과 정신을 다스린다는 비물질적인 것(혼)이 드나드는 구멍이라는 뜻으로 쓰이는 말이다. 결국 '혼구녕 내다'나 '혼구멍 내다'는 혼이 드나드는 구멍을 낼 만큼이라는 뜻으로 호되게 꾸짖는 것을 비유적으로 이르는 말이다. 표준어에서 '몹시 꾸짖거나 벌을 주다'의 뜻으로 쓰이는 '혼쭐내다'가 충청도 방언형혼구멍을 내다'나 '혼구녕을 내다'와 비슷한 뜻으로 쓰인다.

다음의 예들을 통해서 충청도 방언형 '혼구멍'의 쓰임을 알 수 있다.

그러나 개뚝배미 층층다랑이가 생계의 전부인 김으로서는 혼구멍이 난 무녀리처럼 먼산바라기만 하고 앉아 있을 수만도 없었다. 꺽정이가 곳 나가서 혼구멍들을 내놓으려다가 말을 좀 해볼 작정으로〈홍명희, 임거정3, 1939, 170〉

"빈 말이라두 큰일 날 말을 다 하네 자네가 광복산에서 혼구멍이 나 구두 대장이 무서운 줄을 모르나."〈홍명희, 임거정3, 1939, 396〉

"저런 자식은 혼구멍을 내줘야지, 저런 놈이 사람 여럿 잡을 놈이라 구."〈이문구, 장한몽5최종, 1976, 654〉

혼인 때 쓸 두붓모

- 표준어 : 대응 표준어 없음
- 품　사 : 속담
- 뜻풀이 : 일의 결과가 아주 깨끗하고 반듯함을 비유적으로 이르는 말.
- 사용 지역 : 충청도

> 정월 보름날 투가리에 시래기 무쳐 담듯 허지 마시구 **혼인 때 쓸 두붓모**처럼 깨끗허게 쌓주시라 이겝니다. 〈이문구, 제3세대 한국문학9:李文求, 우리 동네, 1983, 286〉

전통적으로 혼인은 인륜지대사(人倫之大事)로 여긴 크고 중대한 일이므로 규모가 크고 성대하게 의식을 치렀다. 이렇게 크고 중요한 행사인 혼인 때 쓸 두부는 순두부를 두부판에 담아 돌 따위로 눌러 굳힌 다음 두부모를 자를 때 모양이 예쁘고 모가 나도록 반듯반듯하게 정성을 다하여 자른다. 위의 예문에 쓰인 '혼인 때 쓸 두붓모'는 어떤 일의 결과가 모양이 예쁘고 모가 나도록 반듯반듯하게 정성을 다하여 자른 두붓모와 같이 아주 깨끗하고 반듯함을 비유적으로 이르는 말이다. 예문에서는 모가 나도록 반듯반듯하게 자른 두붓모처럼 퇴비 더미를 반듯하고 규모 있게 쌓아달라는 뜻으로 한 말이다.

'혼인 때 쓸 두붓모'와 대조적으로 쓰이는 말이 격식과 예의를 차리지 않고 성의 없이 대충 일을 한다는 뜻으로 쓰이는 '정월 보름날 투가리에 시래기 무쳐 담듯'이다.

참고로, 충청도 방언에서는 표준어의 '두부모'를 〔두부모〕와 〔두분모〕로 발음한다. 전자와 같이 발음하면 '두부모'로 표기해야 할 것이고 후자와 같이 발음하면 예문에서와 같이 ‘두붓모’로 표기해야 할 것이다. 한글맞춤법 제30항은 사이시옷을 적을 때 “뒷말의 첫소리 ‘ㄴ, ㅁ’ 앞에서 ‘ㄴ’ 소리가 덧나는 것”에는 사이시옷을 받치어 적도록 하고 ‘텃마당, 뒷머리, 잇몸, 깻묵’ 등을 예로 들었다. 예문의 ‘두부모’도 한글맞춤법 제30항에 따라 ‘두붓모’로 적어야 옳다.

혼전만전

- 표준어 : 흔전만전
- 품 사 : 부사
- 뜻풀이 : 매우 넉넉하고 흔한 모양.
- 다른 방언형 : 흥청망청
- 사용 지역 : 충청도

> 아이들은 무슨 청승이며 근천을 떠느라고 그랬을까. 음식이 **혼전만전**한 잔치집 마당임에도 불구하고 모닥불 재티 속에서 굴러나오는 콩알과 하얗게 튀겨진 깡밥을 주워 먹느라고, 얼굴엔 온통 굴왕신 뺨치게 검댕 천지를 해서는, 달이 서쪽으로 바삐 내달은 줄도 모른 채 뛰놀고 있었다. 〈이문구, 관촌수필, 1972, 146〉

'혼전만전'은 표준어 '흔전만전'에 대응하는 충청도 방언형이다. 예문의 '혼전만전'은 음식이 매우 넉넉하고 흔한 모양을 나타내는 말이다. 하지만 충청도 방언에서는 '혼전만전'이 주로 돈이나 물건, 음식 따위를 아끼지 아니하고 흔하게 마구 쓰는 모양을 가리키는 말로 사용하는 것이 일반적이다.

충청도에서 '혼전만전'과 같은 뜻으로 쓰이는 말로 '흥청망청'과 '혼전만전'이 있다. '흥청망청'이나 '혼전만전' 역시 돈이나 물건 또는 음식 따위를 아끼지 않고 마구 쓰는 모양을 나타낼 때 쓰이는 말이다. 충청도 방언에서는 '흥청망청'과 '혼전만전'이 주로 부정적인 의미로 쓰인다는 점에서는 비슷하지만 예문에서와 같이 '흔하다' 정도의 중립적인 의미로도 쓰인다. 부정적인 의미로 쓰일 때는 주로 서술어로 '쓰다, 먹다, 마시다, 뿌리다' 등과 호응한다.

홉작홉작하다

- 표준어 : 호비작호비작하다
- 품　사 : 동사
- 뜻풀이 : 손가락이나 작은 도구를 이용하여 좁은 틈이나 구멍 속을 갉거나 돌려 파내다.
- 다른 방언형 : 호비작거리다, 호비작호비작하다
- 사용 지역 : 충청도

갑출은 두 손으로 떠받드는 시늉을 하며 황 영감을 가리켰다. 차석은 새끼 손가락 끝으로 귓속을 **홉작홉작**하면서 말했다. 〈이광복, 목신의 마을, 1991, 89〉

'홉작홉작하다'는 '홉작홉작'과 '하다'로 분석할 수 있다. '홉작홉작'은 손가락이나 작은 도구로 틈이나 구멍을 내기 위해 속을 자꾸 갉거나 조금씩 파내는 모양을 뜻하는 '호비작호비작'의 준말이고 '하다'는 어근에 붙어 그러한 동작을 나타내고 동사를 만드는 접미사다. 따라서 '홉작홉작하다'는 '호비작호비작하다'의 준말이다. '홉작홉작하다'와 거의 같은 뜻으로 쓰이는 충청도 방언으로 표준어형 '호비작거리다'와 '호비작호비작거리다'가 있다.

'호비작거리다'는 손가락이나 작은 도구로 틈이나 구멍 속을 갉거나 파내는 모양을 뜻하는 어근 '호비작'에 어떤 동작이나 상태가 잇달아 계속되는 뜻을 더하고 동사를 만드는 접미사 '-거리다'가 결합된 말이다. '호비작호비작거리다'는 자꾸 갉거나 조금씩 파내는 모양을 나타내는 '호비작호비작'에 역시 잇달아 계속되는 뜻을 더하는 '-거리다'가 결합된 말이라는 점에서 비슷한 뜻을 가지지만 '호비작호비작거리다'가

‘호비작거리다’보다 더 규칙적이고 지속적인 느낌이 있다.
  ‘호비작거리다’나 ‘호비작호비작거리다’보다 더 크고 무거운 느낌을
주는 말이 ‘후비적거리다’와 ‘후비적후비적거리다’다

홍목

- 표준어 : 비계
- 품　사 : 명사
- 뜻풀이 : 건물 따위를 지을 때 높은 곳에서 일을 할 수 있도록 임시로 설치한 나무 가설물.
- 사용 지역 : 충청도

나는 뒤따라 올라오는 두 서씨를 비켜주기 위해 벽돌 부려놓을 자리를 찾고 있었다. 그런데 바로 이때 갑자기 **홍목**이 우지끈 하고 부러지는 소리가 났다. 약한 **홍목**이 우리 세 사람의 체중과 하중을 견디지 못해 부러진 것이었다. 〈강준희, 이카로스의 날개는 녹지 않았다(하), 1996, 18〉

충청도 방언의 '홍목'은 고층 건물이나 높은 곳에서 일을 할 수 있도록 건물 외벽에 임시로 설치한 나무 가설물을 가리킨다. 표준어로 '비계'라고 하는데 이 가설물을 설치하고 거기에 널빤지나 철판을 올려놓고 그 위에 올라서서 일을 할 수 있게 하였다. 높은 건물의 외벽과 나란히 약 1m 간격으로 서까래 굵기의 기둥을 세우고 각 기둥끼리 약 1m 높이 마다 가로로 서까래 굵기의 나무를 묶어 건물 외벽에 세운 기둥이 넘어지지 않도록 한다. 기둥과 벽 사이에는 벽과 직각이 되게 서까래 굵기의 나무를 묶어 서로 의지가 되고 고정되어 가설물이 넘어지지 않게 한다. 벽과 기둥 사이에는 널빤지나 철판를 올려놓고 발판 삼아 거기에 올라서서 일을 할 수 있도록 서까래 굵기의 나무를 댄다. 건물을 짓기 위해 설치한 이런 가설물을 '홍목'이라고 한다.

후당당거리다

- 표준어 : 대응 표준어 없음
- 품　사 : 동사
- 뜻풀이 : 심리적인 충격을 받아서 가슴이 세차게 자꾸 뛰다.
- 사용 지역 : 충청도

> 그녀는 내 볼에 키스를 하고도 한참을 내 몸에 기대 있다가 바람처럼 홱 돌아섰다. 그리고는 뒤도 돌아보지 않고 도망치듯 방을 나갔다. 나는 **후당당거리는** 가슴을 억제 못한 채 그 자리에 그래도 서 있었다. 〈강준희, 이카로스의 날개는 녹지 않았다(중), 1996, 163〉

‘후당당거리다’는 ‘후당당’과 ‘-거리다’로 분석할 수 있다. 위 예문의 ‘후당당’은 심리적인 충격을 받아 가슴이 자꾸 세차게 뛰는 모양을 뜻하는 말이고 ‘-거리다’는 동작 또는 상태가 계속되는 뜻을 더하고 동사를 만드는 접미사다.

‘후당당’이 심장이 빠르고 세차게 뛰는 소리를 나타내는 데 비해 ‘쿵쾅쿵쾅’이나 ‘쿵쿵’은 심장이 규칙적이면서 세차게 뛰는 소리를 나타낸다는 차이가 있다. 위의 예문에서는 ‘후당당거리다’가 심리적인 충격을 받아 가슴이 빠르고 세차게 뛰는 상태가 계속되는 것을 나타내는 말로 쓰였다. 그런데 충청도 방언에서 ‘후당당거리다’가 아이들이 이리저리 시끄럽게 뛰어다니는 소리를 나타내는 말로 쓰이기도 한다. 마찬가지로 ‘쿵쾅쿵쾅’이나 ‘쿵쿵’이 심리적인 충격으로 심장이 규칙적으로 세차게 뛰는 소리나 그런 모양을 나타내는 데 쓰이기도 한다.

‘쿵쾅쿵쾅’이나 ‘쿵쿵’은 규칙적으로 발을 세게 구르는 소리를 나타내는 데에 쓰이기도 한다. 위의 예문에서와 같이 '후당당거리다'가 가슴이 자꾸 세차게 뛰는 소리를 나타내는데 반해 숨이 차거나 심리적인 충격을 받거나 하여 가슴이 자꾸 세차게 뛰는 모습을 뜻하는 말로 '벌렁거리다'와 '벌렁벌렁거리다' 및 '벌러덩거리다'가 쓰인다.

　'후당당거리다'와 '쿵당거리다'나 '콩당거리다' 또는 '콩닥거리다'가 주로 소리를 나타내는데 쓰인다면 '벌렁거리다'와 '벌렁벌렁거리다' 및 '벌러덩거리다'는 주로 동작이나 상태가 계속되는 것을 나타낼 때 쓰인다.

후질르다

- 표준어 : 휘지르다
- 품   사 : 동사
- 뜻풀이 : 어떤 일을 하느라고 옷을 보기 흉하게 구기거나 더럽히다.
- 다른 방언형 : 휘질르다, 후질르다, 후지르다
- 사용 지역 : 충청도

> "아이구 저이가 웬일이래여……. 저 옷 꼴 좀 봐요. 어서 들어가 누워요!"
> 그의 처가 남편의 음성을 듣고 쫓아나온다. 그는 곤드레만드레한 남편을 집안으로 잡아끌었다.
> "뭐 웬일야. 술을 좀 먹었지, 퉤! 퉤!"
> 경춘이는 함부로 침을 뱉는다.
> "옷을 **후질렀으니까** 그렇지요. 얼마나 자셨길래 이러우 아이 술내야."
> 아내는 바지 가랭이에 흙이 묻은 것을 털어주며 밉상스레 경춘이를 쳐다 본다.
> "그까짓 거 옷 좀 **후질르면** 어때. 마누라 난 참 오늘 술을 많이 먹었는 데……." 〈이기영, 봄봄2, 1989, 182〉

충청도 방언형 '후질르다'는 '후질르지, 후질르구, 후질르니까, 후질러서'와 같이 규칙활용 하는 동사다. '옷을 보기 흉하게 더럽히다'의 뜻으로 쓰이는 것이 보통이지만 옷이 땀이나 비에 젖어 아주 보기 흉하게 처지거나 구겨진 모습을 나타낼 때도 쓰인다.

충청도 방언에서 '후질르다'는 두 가지 뜻으로 쓰인다. 하나는 '이리 저리 어지럽게 마구 돌아다니다'의 뜻으로 쓰이는 것이고, 다른 하나는 표준어에서와 같이 '어떤 일을 하느라고 옷에 흙이 묻거나 땀이나 비에 젖거나 하여 아주 보기 흉하게 더럽히다'의 뜻으로 쓰이는 것이다. 예를 들면 '비가 오는데 들에 나가서 일을 하더니 옷을 저렇게 휘질러 놨다'나 '비오는 날은 옷 좀 휘질르지 말어' 등과 같이 쓰인다. 위 예문에서는 후자의 의미로 쓰였다.

'후질르다'나 '휘질르다'가 능동적인 의미로 쓰이는데 비해 '후질러지나'나 '휘질러지다'는 '어떤 일을 하느라고 옷에 흙이 묻거나 땀이나 비에 젖거나 하여 아주 보기 흉하게 더럽혀지다'와 같이 피동적인 의미로 쓰인다. '후질르다'가 이슬이 많은 풀섶이나 들판을 다녀 바지가 이슬에 젖고 흙이 묻어 더러워졌을 때 그렇게 한 행동을 한 사람을 중심으로 하는 표현인데 비해 '후질러지다'는 조심하면서 다녔는데도 결과적으로 바지가 이슬에 젖고 흙이 묻어 더러워졌을 때 바지를 중심으로 하는 피동적인 표현이다. 따라서 '후질르다'는 '옷 좀 후질르고 다니지 마라'와 같이 쓰이는 데 비해 '후질러지다'는 '어떻게 했길래 바지가 그렇게 후질러졌니?'와 같이 쓰인다.

훌섞다

- 표준어 : 대응 표준어 없음
- 품　사 : 동사
- 뜻풀이 : 단번에 가볍고 능란하게 이것저것 마구 섞다.
- 사용 지역 : 충청도

　　저녁맛을 꿀맛이어서 곱삶이 보리밥을 시커먼 물박에다 붓고 밭으로 뻘뻘 기어가다시피 하는 겉절이와 울타리에 거꾸로 매달린 애호박에 귀가 쨍하도록 매운 조선고추를 썰어 넣고 끓인 된장찌개를 고추장과 함께 **훌섞어** 버무리듯 썩썩 비벼 걸신들린 듯 퍼먹고 나면 아아 세상은 온통 내 것이었다. 〈강준희, 이카로스의 날개는 녹지 않았다(상), 1996, 351〉

　‘훌섞다’는 ‘훌-’과 ‘섞다’로 분석된다. ‘훌-’은 동작이나 행동을 단번에 가볍게 하거나 쉽고 능란하게 하는 모양을 나타내는 접두사이고 ‘섞다’는 두 가지 이상의 것을 한데 합친다는 뜻을 나타내는 말이다. ‘훌섞다’와 비슷한 뜻으로 쓰이는 충청도 방언형으로 ‘훌훌섞다’가 있다. ‘훌훌섞다’는 ‘훌훌’과 ‘섞다’로 분석된다. ‘훌훌’은 동작이나 행동을 단번에 가볍게 하거나 쉽고 능란하게 하는 모양을 나타내는 접두사 ‘훌-’이 중복된 것이다. ‘훌섞다’가 단번에 가볍고 쉽게 이것저것 마구 섞는다는 뜻으로 쓰이는데 비해 ‘훌훌섞다’는 동작이나 행동을 여러 번 연속해서 쉽고 가벼우면서도 능란하게 이것저것 마구 섞는다는 뜻으로 쓰인다.

훌치다

- 표준어 : 대응 표준어 없음
- 품　사 : 형용사
- 뜻풀이 : 몹시 시장하거나 과음하여 배 속이 훑어내듯이 쓰리고 거북하다.
- 사용 지역 : 충청도

갑출은 장터 부근을 더듬었다. 새벽참부터 나무내로, 서포로 한바탕 돌아다녔더니 속이 **훌쳐서** 견딜 수가 없었다. 〈이광복, 목신의 마을, 1991, 121〉

'훌치다'는 '쓰리다'보다 속이 더 아프고 거북한 상태를 가리키는 말이다. 장이 좋지 않거나 과음하여 속을 훑어내듯이 쓰리고 아픈 상태를 나타낼 때 쓰이는 말이다. 위 예문의 '훌쳐서'는 먹은 음식은 없는데 위산이 분비되어 속을 훑어 내듯이 쓰리고 거북한 상태를 나타낸 것이다.

충청도 방언형 '훌치다'는 '훑다'의 피동형 '훑이다'에 기원하는 것으로 보인다. 배탈이 나서 속이 쓰리고 설사를 할 때는 '속을 훑는다'고 하기 때문이다. 이 '훑다(훑는다)'의 피동형은 '훑이다(훑인다)'인데 '훑이다'를 소리나는 대로 표기한 것이 '훌치다'다. 한글맞춤법을 고려하면 '훌치다'는 '훑이다'로 표기해야 하지만 언중들의 인식을 고려하여 여기에서는 재구조화한 것으로 보고 '훌치다'로 표기하였다. 이런 경우의 표기에 대하여는 이 방언의 어휘체계를 고려해야 할 것이다.

휘지르다

- 표준어 : 휘젓다
- 품　사 : 동사
- 뜻풀이 : ① 이리저리 어지럽게 마구 돌아다니다.
  　　　　② 어떤 일을 하느라고 옷을 몹시 구기거나 더럽히다.
- 다른 방언형 : 후질르다
- 사용 지역 : 충청도

　　그러나 심서방네라고 예외일 리가 없어 그동안 그 일로 왔다 갔다한 사람은 열에 일고여덟이 대개 사철에 두 철은 마실 다니듯 해온 밭떼기장수를 비롯, 한로 상강에서 동지 건너 세안까지 동네마다 **휘지르며** 다니며 햇곡자루를 몰아가는 되먹이 장수, 보리누름 철에 외상을 늘어놓고 입동 어름에 돌면서 곡식으로 받아가던 옹기장수, 경운기 밀어내게 시끄러운 헌털뱅이 오토바이로 안 가는 데가 없이 훑으며 닭 오리 토끼 거위 염소 개 따위를 흥정해다가 잡아서 음식점에 넘기는 어리장수들이 고작이었음은 묻지 않아도 알 만한 일이었다. 〈이문구, 산 너머 남촌, 1990, 141〉

　　정은 김이 당선될 경우, 이번 일을 빌미로 두어 가지 이용해먹을 계획이 서자 식전부터 안팎 동네를 **휘지르고** 다니며, 아무나 붙들고 어렴성 없이 도장을 부탁했다. 〈이문구, 우리 동네 정씨, 문학과지성33, 1978〉

　　아버지가 집에 없자 나는 신이 났다. 그래 나는 학교에 갔다 오기 급하게 경중경중 노루뜀을 뛰며 동무들과 산과 들을 **휘지르고** 다녔다. 〈강준희, 이카로스의 날개는 녹지 않았다(상), 1996, 181〉

　　'휘지르다'는 '휘-'와 '지르다'로 분석할 수 있다. '휘지르다'는 '마구'

또는 '매우 심하게'의 뜻을 더하는 접두사 '휘-'에 '이리저리 다니다' 정
도의 뜻으로 쓰이는 '지르다'가 결합된 말로 분석할 수 있다. 충청도
방언에서는 '휘지르다'가 두 가지 뜻으로 쓰인다. 하나는 예문에서와
같이 '이리저리 어지럽게 마구 돌아다니다'의 뜻으로도 쓰이는 것이고,
다른 하나는 표준어에서와 같이 '어떤 일을 하느라고 옷을 몹시 구기
거나 더럽히다'의 뜻으로 쓰이는 것이다. 후자의 의미로 쓰이는 예로
는 '비가 오는데 들에 나가서 돌아다니더니 옷을 저렇게 휘질러 놨다.'
나 '비오는 날은 옷 좀 휘질르지 말어.' 등을 들 수 있다. 충청도 방언
에서 '휘지르다' 외에 '후질르다, 후질르구, 후질러서, 후질러'와 같이
활용하는 '후질르다'도 같은 뜻으로 쓰인다.

흡뜨다

- 표준어 : #치뜨다
- 품   사 : 동사
- 뜻풀이 : 눈알을 위로 굴리고 눈시울을 위로 치뜨다.
- 사용 지역 : 충청도

방안에는 피투성이가 되었는데, 송장은 눈을 **흡뜨고** 혀를 빼물고 그리고 두 주먹을 잔뜩 쥔 것은 아마 죽기에 애를 무둥 쓰고 분통을 참을 수 없는 원한에 사무친 까닭이었던지! 〈이기영, 봄봄2, 1989, 156〉

정병태는 참외를 한 개씩 돌려준다. 오재철은 고대 핀잔을 줄 때와는 딴판으로 연신 코를 맡아 보면서 단 놈을 고르려고 눈을 **흡뜨고** 대들었다. 〈이기영, 봄봄3, 1989, 319〉

어떤 학생은 안빵을 통채로 입안에 넣고 두볼이 메여 지도록 눈을 **흡뜨고** 씹는다. 〈이기영, 고향2, 1947, 286〉

"응 해산귀신이 부뜰렸어요. 아이구 저 일을 어짤까." 노파는 기급을 해서 눈을 **흡뜨고** 부르짖는다. 〈이기영, 고향2, 1947, 356〉

승학은 무심이 피봉을 뜯어보더니 별안간 두 눈을 **흡뜨고** 어 – 소리를 지른다. 〈이기영, 고향3, 1947, 36〉

"이 아가씨랑 나랑 천양지차 같더니, 무슨 농담을 그렇게 진담처럼 진하게 하셔?"양마담은 눈을 **흡뜨며** 따따부따할 채비를 하였다. 〈이문구, 산 너머 남촌, 1990, 283〉

오주의 안해가 눈을 **흡뜨고** 누어잇는데 그 눈이 숨지는 사람의 눈과 가텃다 오주가 장모를 떼밀다 시피하고 방으로 들어와서 안해 여페가서 펄쩍 주저 안즈면서 곳 억개를 쥐고 흔들엇다. 〈홍명희, 임거정1, 1939, 377〉

그때 그녀는 눈을 **흡뜨고** 나를 노려보고 있었다. 〈윤대녕, 달의지평선1권, 1998〉

"안돼! 내길 했잖어. 누가 더 많이 뽑나 내길 했잖어. 내길 했으면 지켜야잖어!" 나는 단호하게 말하며 원영이를 **흡떠** 봤다. 그러나 사실은 나도 힘들고 겁이나 당장 그만 두고 싶었다. 〈강준희, 이카로스의 날개는 녹지 않았다(상), 1996, 21〉

'흡뜨다'는 표준어 '홉뜨다'에 대응하는 충청도 방언으로 '흡-'과 '뜨다'로 분석할 수 있다. '흡뜨다'는 '눈알을 위로 굴리면서 눈시울을 위쪽으로 향하는 모양'을 뜻하는 접두사 '흡-'에 '감았던 눈을 벌리다'의 뜻을 가진 '뜨다'가 결합된 말이다. 상대방의 말이나 행동이 못마땅할 때 그것이 못마땅하다는 것을 눈짓으로 표현하는 방법 가운데 하나다. 이렇게 함으로써 상대방의 말이나 행동을 멈추게 하거나 간접적으로 자기의 의사를 표현하기도 한다. 이렇게 눈을 뜨면 흰 동자가 많이 보인다.

희떡

- 표준어 : 대응 표준어 없음
- 품 사 : 부사
- 뜻풀이 : 갑자기 몸을 뒤로 젖히며 나자빠지는 모양. 물고기 따위의 하얀 배가
  보이게 빠르게 몸을 뒤집거나 뒤집히는 모양.
- 다른 방언형 : 히뜩, 히떡
- 사용 지역 : 충청도

저지레 중에서는 밤중에 개울(무수천이라는 개울)에서 멱감는 동네 처녀들의 옷을 몰래 감춰놓고 똥바가지로 변소의 똥을 퍼다가 멱감는 상류에 뿌린 다음 숨을 죽인 채 가슴 졸이며 지켜본다든지, 횃불을 밝혀 들고 촉고나 족대(반두)로 뜸메 뜨는 청년들에게 살금살금 다가가 넓적한 돌을 머리 위로 들어 올려 느닷없이 물 복판으로 냅다 던지고는 "으악!"하는 비명과 함께 **희떡** 나자빠지는 청년들을 보고 깔깔대며 달아나는 따위의 장난은 장난 중에서도 단연 압권이었다. 〈강준희, 이카로스의 날개는 녹지 않았다(상), 1996, 36〉

'희떡'은 사람이나 물고기 또는 동물이 빠르게 몸을 뉘거나 뒤집히는 모양을 나타내는 말이다. 사람에게 쓰일 때는 사람이 가슴과 배를 위로 하고 빠르게 넘어지거나 경기(驚氣,〔경끼〕)를 하는 아이가 눈알을 위로 굴리며 뒤로 넘어지는 모양을 나타는데 비해 '물고기'에 쓰일 때는 빠르게 몸을 뉘거나 뒤집혀 배 부분이 순간적으로 하얗게 보이는 모양을 나타낸다. '희떡'에는 '벌렁' 또는 '벌러덩'과 같이 다소 부정적인 의미가 내포되어 있는 것으로 파악된다.

ㄱ

ㅁ

ㅊ

강영봉·곽충구·박경래(2007), <문학작품속의 방언(2)>, ≪방언학≫ 6, 한국방언학회.
곽충구(1996), <이용악 시의 시어에 나타난 방언과 문법의식>, ≪문학과 언어의 만남≫, 신구문화사. 이기문 외(2001) 편, ≪문학과 방언≫, 2001, 역락.
곽충구(2007), <방언의 사전적 수용>, ≪국어국문학≫ 147, 국어국문학회.
곽충구·강영봉·이상규·박경래(2007), <문학작품속의 방언(1)>, ≪방언학≫ 5, 한국방언학회.
국립국어연구원 편(1999), ≪표준국어대사전≫, 동아출판사.
국립국어원(2007), <국어 어휘의 역사 검색 프로그램>, ≪한민족언어정보화 통합 검색 프로그램≫, 국립국어원.
국립국어원(2007), <한국 방언 검색 프로그램>, ≪한민족언어정보화 통합 검색 프로그램≫, 국립국어원.
금성출판사 편(1996), ≪국어대사전≫, 금성출판사.
김용직(1996), <방언과 한국문학—문학 작품에 나타난 방언의 문제—>, ≪새국어생활≫ 6-1, 국립국어연구원. 이기문 외(2001) 편, ≪문학과 방언≫, 2001, 역락
김재홍 편(1997), ≪시어 사전(한국 현대시)≫, 고려대 출판부.
민충환(1995), ≪<임꺽정> 우리말 용례사전≫, 집문당.
민충환(2001), ≪이문구 소설어 사전≫, 고려대학교 민족문화연구원.
박경래(2007), ≪충북 제천지역의 언어와 생활≫, 태학사.
박경래(2009), <새로 발굴한 방언(4)>, ≪방언학≫ 10, 한국방언학회.
박경래(2009), ≪충북 청원지역의 언어와 생활≫, 태학사.
박경래(2010), <방언조사와 국어사전>, 최명옥 선생 정년 퇴임 기념 국어학논총, 태학사.
사회과학원(1992), ≪조선말대사전≫, 평양:사회과학출판사.
이기문(1982), <소월시의 언어에 대하여>, ≪백영 정병욱 선생 화갑 기념논총≫, 신구문화사, 이기문 외(2001) 편, ≪문학과 방언≫, 2001, 역락.
이상규(2005), ≪위반의 주술, 시와 방언≫, 경북대학교 출판부.
이태영(2004), <문학 작품에 나타난 방언의 기능>, ≪어문론총≫ 41, 한국문학언어학회.
한글학회 편(1957, 1992). ≪우리말큰사전≫, 한글학회.

저자 약력

박경래

충북 괴산 출생(1957)
충북대학교 사범대학 국어교육과 졸업(1981)
서울대학교 대학원 국어국문학과 석사, 박사(1993)
현, 세명대학교 미디어문학부 한국어문학과 교수
지역어조사 추진위원

〈저서〉
『방언학 사전』(공편, 2002, 태학사)
『디지털시대의 글쓰기』(2002, 도서출판 박이정)
『지역어 조사 질문지』(2006, 국립국어원)
『충북 제천 지역의 언어와 생활』(2007, 태학사)
『충북 청원 지역의 언어와 생활』(2009, 태학사)

〈논문〉
「괴산 방언의 음운에 대한 세대별 연구」(1983)
「괴산 지역어의 사회언어학적 고찰」(1984)
「충주 방언의 음운에 대한 사회언어학적 연구」(1993)
「중국 연변 정암촌 방언의 상대경어법」(2003)
「방언조사와 국어사전」(2010) 외

국립국어원 문학 속의 방언 총서 03

문학 속의 충청 방언

초판 인쇄 2010년 11월 12일
초판 발행 2010년 11월 22일

지 은 이 박경래
펴 낸 이 최종숙
펴 낸 곳 글누림출판사 / 서울 서초구 반포4동 577-25 문창빌딩 2층
전   화 02-3409-2055 FAX 02-3409-2059
홈페이지 http://www.geulnurim.co.kr
이 메 일 nurim3888@hanmail.net
등   록 2005년 10월 5일 제303-2005-000038호

정   가 48,000원

ISBN 978-89-6327-071-5 94710
       978-89-6327-068-5 (전5권)